# हमारे परम वीर चक्र विजेता

लेखिका
## श्याम कुमारी

विज बुक्स इंडिया प्राइवेट लिमिटेड
नई दिल्ली (भारत)

पुस्तक        : हमारे परम वीर चक्र विजेता
कॉपीराइट     : लेखिका


प्रकाशक      : विज बुक्स इंडिया प्राइवेट लिमिटेड
              2/19, अंसारी रोड, दरियागंज, नई दिल्ली-110002
              दूरभाष : 91-11-43596460, 91-11-47340674
              Mob : 98110 94883
              e-mail : contact@vijpublishing.com
              wed : www.vijbooks.in


ISBN         : 978-93-90917-80-8 (PB)


प्रथम संस्करण : 2022

---

**HAMARE PARAM VIR CHAKRA VIJETA** *by Shyam Kumari*

मैं यह पुस्तक श्री अरविन्द के चरण कमलों में अर्पित करती हूँ –

जिन्होंने स्वदेश के लिये समस्त वैयक्तिक सुख-सुविधाओं का त्याग किया और हँसते-हँसते असीम कष्ट सहे,

जिन्होंने स्पष्ट शब्दों में जन्मभूमि को 'जननी' और 'देवी' घोषित किया,

जिन्होंने 'वन्दे मातरम्' और 'कर्मयोगिन्' पत्रों द्वारा दलित एवं मृतप्राय भारत-शक्ति को पुनर्जीवित करके, किशोरों और युवाओं में प्राणदान का मंत्र फूँका,

जिन्होंने अंग्रेज़ों द्वारा बंदी किये जाने पर, अलीपुर जेल में निवास करते समय वासुदेव-दर्शन किया,

जिनकी तपःपूत योगशक्ति से आंग्ल शासकों का सिंहासन विचलित और स्खलित हुआ,

जो क्रांतिकारियों में अग्रणी और स्वतंत्रता यज्ञ के ऋत्विज थे,

एवं श्री माँ के चरण कमलों में भी अर्पित करती हूँ –

जो अदृश्य रूप से भारत की रक्षा कर रही हैं,

और समस्त सृष्टि को एक स्वर्णिम भविष्य की ओर ले जा रही हैं।

– श्याम कुमारी

# लेखिका की अन्य पुस्तकें

## हिंदी :

गुलाब की पँखुड़ियाँ : 21 मौलिक कहानियों का संग्रह

अपराजिता : 24 कहानियाँ, 2 नाटक

प्रेम दीवानी : 35 कहानियाँ, 2 नाटक

श्री अरविन्द एवं श्री माँ की दिव्य लीला (भाग 1 और 2)

भगवान् की ओर (भाग 1 और 2)

भारत, विश्व और मानवता का भविष्य—श्री अरविन्द एवं श्री माँ के आलोक में

जीने की कला (भाग 1 और 2) अनुपम कहानियाँ आरंभिक (भाग 1)* अनुपम कहानियाँ (भाग 1, 2, 3, 4)

मधुर कहानियाँ (भाग 1 और 2)

शिशु रंग-तरंग (भाग 1)* नव बाल रंग-तरंग (भाग 1 और 2)* नव राग-अनुराग

## English :

Musings on the Mother's Prayers and Meditations, Volumes 1 to 3

How They Came to Sri Aurobindo and the Mother, Volumes 1 to 4

Vignettes of Sri Aurobindo and the Mother

More Vignettes of Sri Aurobindo and the Mother

Beautiful Vignettes of Sri Aurobindo and the Mother

Sunlit Days, Sweet Steps, Towards Light.

Teacher's Guide to Sunlit Days, Sweet Steps and Towards Light.

Lights From Nolini Kanta Gupta (compilation)

How They Came to Sri Aurobindo and the Mother, Volume 5

(coming soon)

(vi)

Charming Vignettes of Sri Aurobindo and the Mother

(coming soon)

Our Great War Heores : Seven Param Vir Chakra Recipients

Volume 1

Our Great War Heroes : Six Param Vir Chakra Recipients Volume 2

*(निम्नलिखित पुस्तकें हिंदी और अंग्रेज़ी दोनों में उपलब्ध हैं।)*

हमारे महान् क्रांतिकारी कनाईलाल दत्त

हमारे महान् क्रांतिकारी चंद्रशेखर 'आज़ाद'

हमारे परम वीर चक्र विजेता मेजर सोमनाथ शर्मा

हमारे परम वीर चक्र विजेता सेकेंड लेफ़्टिनेंट राम राघोबा राणे

हमारे परम वीर चक्र विजेता मेजर शैतान सिंह

हमारे परम वीर चक्र विजेता कर्नल धन सिंह थापा

हमारे परम वीर चक्र विजेता कंपनी क्वार्टरमास्टर हवलदार अब्दुल हमीद

हमारे परम वीर चक्र विजेता लेफ़्टिनेंट कर्नल आर्देशिर बुरजोरजी तारापोर

हमारे परम वीर चक्र विजेता लांस नायक अल्बर्ट एक्का

हमारे परम वीर चक्र विजेता सेकेंड लेफ़्टिनेंट अरुण खेत्रपाल

हमारे परम वीर चक्र विजेता मानद कैप्टेन बाना सिंह

हमारे परम वीर चक्र विजेता कैप्टेन विक्रम बतरा

हमारे परम वीर चक्र विजेता कैप्टेन मनोज कुमार पांडे

हमारे परम वीर चक्र विजेता ग्रेनेडियर योगेन्द्र सिंह यादव

हमारे परम वीर चक्र विजेता राइफ़लमैन संजय कुमार

# अनुक्रम

# आभार

---

परम वीर चक्र विजेताओं की कहानियाँ लिखने के लिये यह जानना आवश्यक था कि किस वातावरण में इन परम वीरों का पालन-पोषण हुआ, किन व्यक्तियों या घटनाओं ने उन्हें प्रभावित किया, उनमें देश प्रेम का स्फुरण कब और किस प्रकार हुआ तथा उनके आदर्श वीर कौन थे। ये सूचनाएँ पाने के लिये परम वीरों के परिवारों के सदस्यों से तथा उनके अन्तरंग मित्रों से संपर्क स्थापित करना एवं उनके साक्षात्कार लेना आवश्यक था। किन्तु मैं विगत 52 वर्षों से पांडिचेरी छोड़ कर नहीं गयी। अब समस्या थी कि किस प्रकार इन परम वीरों के आरंभिक जीवन के विषय में अनुसंधान किया जाये? मेरी चिन्ता व्यर्थ थी क्योंकि इस कार्य में ईश्वर-कृपा ने पल-प्रतिपल मेरी सहायता की।

पुस्तक की प्रथम कहानी के नायक भारत के प्रथम परम वीर चक्र विजेता सोमनाथ शर्मा हैं। उस कथा के लिये औरोविल निवासी मेजर जनरल के.के. तिवारी ने उत्साह से मुझे अपने मित्र एवं साले मेजर सोमनाथ शर्मा की जीवनी विषयक अधिकाधिक सूचनाएँ एवं अनेक काग़ज़ात दिये। इसके पश्चात् लिखी गई सात परम वीर चक्र विजेताओं की जीवनियों के लेखन के लिये मेरी प्रिय बहिन राका एवं उसके पति श्री सत्यप्रकाश जी और पुत्री कुमारी तरु ने इन परम वीरों से और उनके परिवारों से संपर्क किया। किसी के घर जाकर या किसी को अपने घर निमंत्रित करके उनसे साक्षात्कार लिये, उनकी कहानियाँ टेपबद्ध कीं और उनको लिपिबद्ध करके कथाएँ मुझे भेजीं। बाद में उन वीरों/परिवारों से मेरे अतिरिक्त प्रश्नों के उत्तर और शंकाओं के समाधान प्राप्त किये। आवश्यकता पड़ने पर स्वयं भी मैंने दूरभाष द्वारा इन परिवारों से बातें कीं।

दुर्भाग्यवश, जब राका और सत्यप्रकाश दोनों ही अस्वस्थ हो गये तब राष्ट्रभक्त श्री राकेश ओझा ने इस कार्य का दायित्व लिया। एक दिन मेजर जनरल मृणाल सुमन ने दूरभाष पर मुझे बताया कि दो परम वीर चक्र विजेताओं, राम राघोबा राणे तथा धन सिंह थापा के परिवार पूना में रहते हैं। उन्होंने मुझे दोनों परिवारों के पते तथा दूरभाष नंबर दिये। श्री राकेश ओझा ने पूना जाकर इन दोनों

परिवारों से साक्षात्कार किया और उनसे उपलब्ध सामग्री मुझे भेजी। मैं श्री राकेश की आभारी हूँ।

मैं परम वीर राम राघोबा राणे की पत्नी सुश्री राजेश्वरी राणे की आभारी हूँ जिन्होंने अपने पति के विषय में हृदय की मंजूषा में संचित अपनी अंतरंग और अमूल्य स्मृतियाँ, जिनके समावेश से यह कहानी प्रामाणिक और मर्मस्पर्शी बनी, हमें दीं। *बाम्बे इंजीनियर्स* के द्वारा भेजी गई सूचनाओं से भी मुझे इस कथा को पूर्ण बनाने में सहायता मिली। मैं उन्हें भी धन्यवाद देती हूँ।

परम वीर शैतान सिंह की कथा के लिये श्री राकेश ओझा ने फलोदी ग्राम, जिसे अब 'मेजर शैतान सिंह नगर' कहते हैं, जाकर परम वीर शैतान सिंह के एकमात्र पुत्र श्री नरपत सिंह से भेंट की। उन्होंने श्री राकेश को अपने पिताश्री के संस्मरणों से भरपूर राजेन्द्र सिंह राठौड़ द्वारा संपादित *स्मृति ग्रंथ राष्ट्रवीर मेजर शैतान सिंह* नामक पुस्तक की एक प्रति भेंट की। उस पुस्तक से ही हमें मेजर शैतान सिंह के अंतिम अमूल्य पत्र एवं उनके सहयोगियों एवं सहपाठियों द्वारा लिखे संस्मरण मिले। मैं श्री नरपत सिंह को हार्दिक धन्यवाद देती हूँ। मेजर जनरल राज मेहता ने रेजांग ला की जलवायु के विषय में सूचनाएँ देकर, उस अति दुष्कर प्रदेश को हमारे सम्मुख मानों साकार कर दिया। इसके अतिरिक्त उनके अंग्रेज़ी लेख *उत्तुंग हिमालय में थरमोपाइली की पुनरावृत्ति* (थरमोपाइली रिडक्स इन हाई हिमालयाज़) के बिना यह कहानी अधूरी रह जाती। उन्हें अनेकानेक धन्यवाद एवं हार्दिक कृतज्ञता अर्पित करती हूँ।

परम वीर मेजर धन सिंह थापा की पुत्री कुमारी पूर्णिमा थापा ने अपने वीर पिता के विषय में समस्त सूचनाएँ क्रमबद्ध रूप से लिख कर भेजीं, मेरी हर शंका का समाधान किया तथा हर प्रश्न का अविलंब उत्तर दिया। सुश्री शुक्ला थापा ने भी अपनी अंतरंग और अमूल्य स्मृतियाँ पूर्णिमा के माध्यम से भेजीं, जिनके समावेश से यह कहानी प्रामाणिक और मर्मस्पर्शी बनी। मैं सुश्री शुक्ला थापा एवं कुमारी पूर्णिमा थापा के प्रति हार्दिक कृतज्ञता व्यक्त करती हूँ।

मैंने परम वीर अब्दुल हमीद के पुत्र श्री अली हसन से दूरभाष पर संपर्क स्थापित किया तथा परम वीर की पत्नी श्रीमती रसूलन बीबी से भी बातें कीं। उन्होंने मेरी बहुत सी शंकाओं का समाधान किया। अगस्त 2012 में श्री राकेश ओझा ने कानपुर जाकर श्री अली हसन से साक्षात्कार किया और उनसे मेरा पुनः वार्तालाप कराया। श्री अली हसन के पुत्र ने अपने परम वीर दादाजी से संबंधित बहुत सी सूचनाएँ मुझे ई-मेल द्वारा भेज दीं। इस सामग्री में से परम वीर अब्दुल

के परिवार विषयक जानकारी, उनके स्मारकों तथा उनके सम्मान में निकले हुए डाक टिकटों आदि की सूचनाएँ, इस कथा में समाविष्ट हैं। मैं इस परिवार के सहयोग देने वाले सभी सदस्यों के प्रति आभारी हूँ।

21-22 फ़रवरी, 2009 को झाँसी निवासी श्री सी.बी. सिंह ने झाँसी में देश के कुछ जीवित परम वीर चक्र विजेताओं तथा कुछ परम वीर चक्र विजेताओं के परिवारों को, जिन्हें मरणोपरान्त परम वीर चक्र प्रदान किया गया था, सम्मानित करने के लिये *महायोद्धाओं का महाकुम्भ* नामक एक अविस्मरणीय कार्यक्रम आयोजित किया। इस अवसर पर परम वीर चक्र विजेता लेफ़्टिनेंट कर्नल आर्देशिर बुरज़ोरजी तारापोर को भी सम्मानित किया गया। उनकी पुत्री सुश्री ज़रीन बॉयस उस समय जोर्डन में पर्यटन कर रही थीं। यह सूचना पाते ही उन्होंने अपना पर्यटन-कार्यक्रम स्थगित कर दिया और इस समारोह में भाग लेने झाँसी पधारीं। सुश्री राका तथा उसके पति सत्यप्रकाश मेरे प्रतिनिधि बन कर इस उत्सव में भाग लेने झाँसी गये। वहीं पर उन्होंने श्रीमती ज़रीन बॉयस का साक्षात्कार लिया। श्रीमती ज़रीन ने अपने शूरवीर पिता के कुछ सुन्दर एवं मार्मिक संस्मरण सुनाये। मैं श्रीमती ज़रीन बॉयस की भी अत्यधिक आभारी हूँ, जिन्होंने बचपन से अपने हृदय में संजोयी हुई अपने महान् पिता की यादगारें सुनाईं।

मैं कर्नल महीप तोमर को भी धन्यवाद देती हूँ जिन्होंने मेरे अनुरोध करने पर स्वर्गीय लेफ़्टिनेंट जनरल हनूत सिंह पी.वी.एस.एम., एम.वी.सी. द्वारा लिखित पुस्तक *फ़ख़्रे हिंद, पूना हॉर्स की कहानी (फ़ख़्रे हिंद, द स्टोरी ऑफ़ पूना हॉर्स)* नामक पुस्तक की एक प्रति मुझे भेज दी। इस पुस्तक ने उस युद्ध की रोमांचक वास्तविकता का मेरे सम्मुख अनावरण कर दिया। उसे पढ़ते समय कभी-कभी तो मुझे प्रतीत होता था कि मैं उस युद्ध को अंतःचक्षुओं से देख रही हूँ। यह जीवनी लिखने में इस पुस्तक से अमूल्य सहायता मिली। मैं 36 पदाति डिवीज़न के जनरल कमांडिंग ऑफ़िसर मेजर जनरल जी.एस. बल, वी.एस.एम. की भी कृतज्ञ हूँ जिन्होंने इस कहानी की टाइप प्रति पढ़ी।

संग्रह की सातवीं कहानी परम वीर लांस नायक अल्बर्ट एक्का की है। राँची से लगभग 180 कि.मी. दूर, झारखंड के जारी नामक ग्राम के निवासी शहीद अल्बर्ट एक्का की पत्नी एवं परिवार से मैं किस प्रकार सम्पर्क स्थापित करूँ? यह प्रश्न मुझे चिन्तित कर रहा था। मैंने 14 गार्ड्स के तत्कालीन सी.ओ. ले. कर्नल सम्राट नागर से संपर्क स्थापित करके सहायता माँगी। उन्होंने मुझे अपनी बटालियन के इस अभियान से संबंधित बहुत से काग़ज़ात भेजे तथा 14 गार्ड्स के सेवा-निवृत्त

मेजर देवेन्द्र नाथ दास से मेरा परिचय कराया। प्रखर देश-प्रेमी मेजर देवेन्द्र नाथ दास दो गाड़ियों में फ़ोटोग्राफ़रों तथा अन्य सहायकों के साथ 265 कि.मी. यात्रा करके अपनी बटालियन के गौरव-शिखर परम वीर अल्बर्ट एक्का के गाँव जारी गए और उनकी पत्नी, पुत्र तथा अन्यान्य परिचितों एवं संबंधियों से भेंट की। उन्होंने दूरभाष द्वारा परम वीर अल्बर्ट एक्का की पत्नी सुश्री बलमदीना से मेरा वार्तालाप भी कराया। मेजर देवेन्द्र नाथ दास द्वारा भेजी गयी विपुल सामग्री में अनेक फ़ोटो तथा अल्बर्ट एक्का के विषय में तत्कालीन समाचार पत्रों में छपे विविध समाचारों की कतरनें भी थीं। इस जीवनी के लिए 14 गार्ड्स के (से.नि.) कर्नल अशोक कुमार तारा वीर चक्र ने भी अपने संस्मरण मुझे भेजे। मैं मेजर देवेन्द्र नाथ दास, कर्नल अशोक कुमार तारा तथा ले. कर्नल सम्राट नागर के प्रति हार्दिक कृतज्ञता व्यक्त करती हूँ।

परम वीर अरुण खेत्रपाल की गाथा के लिये श्रीमती राका और कुमारी तरु ने इंटरनैट से खोज कर वीरवर अरुण खेत्रपाल से संबंधित मूल्यवान सामग्री मुझे भेजी और दिल्ली जाकर वीर अरुण के पिता और माता, ब्रिगेडियर मदन लाल खेत्रपाल एवं श्रीमती महेश्वरी खेत्रपाल से साक्षात्कार किया। परम वीर सेकेंड लेफ़्टिनेंट अरुण के पिता ब्रिगेडियर मदन लाल खेत्रपाल, ए.वी.एस.एम. और माता श्रीमती महेश्वरी खेत्रपाल ने मुझे हार्दिक सहयोग दिया है। उन्होंने प्रसन्नता से दूरभाष पर मेरे विविध प्रश्नों के उनर दिये और 16 नवम्बर, 2005 को सेना भवन के मुख्य कार्यालय में बसांतर के युद्ध में परम वीर सेकेंड लेफ़्टिनेंट अरुण की वीरता के उपलक्ष्य में हुए भव्य उत्सव के विषय में सूचनाएँ भेजीं और अन्य सामग्री के साथ ही परम वीर अरुण के दो चित्र भी भेजे। श्रीमती महेश्वरी खेत्रपाल ने अपने वीर पुत्र के बाल्यकाल की कुछ सजीव झाँकियाँ भी लिख कर भेजीं। बाद में परम वीर अरुण के अनुज मुकेश खेत्रपाल मुझसे भेंट करने पांडिचेरी आये एवं अरुण के बाल्यकाल का एक अमूल्य संस्मरण सुनाया। मैं ब्रिगेडियर मदन लाल खेत्रपाल, श्रीमती महेश्वरी खेत्रपाल एवं मुकेश खेत्रपाल के प्रति हार्दिक आभार व्यक्त करती हूँ।

हमारे लिये 23/24 फ़रवरी, 2007 के वे दो दिन बहुत हर्ष एवं महत्त्व के थे, जब मेरे द्वारा निमंत्रण पाकर परम वीर चक्र विजेता मानद कैप्टेन बाना सिंह विल्लूपुरम तथा पांडिचेरी पधारे। दोनों स्थानों पर उनके स्वागत में अनेक अविस्मरणीय समारोह हुए। पांडिचेरी में वे तत्कालीन राज्यपाल महामहिम मुकुट मिथि के अतिथि हुए। 24 फ़रवरी को अपने घर पर मैंने बाना सिंह से आग्रह किया कि हम

सियाचिन की कहानी स्वयं उनके मुख से सुनने को उत्सुक हैं। हम साँस रोक कर उस वीरगाथा को सुनते रहे और उसे कैसेट पर रिकार्ड भी कर लिया। बाद में घटनाओं के विषय में जब भी कोई शंका हुई या प्रश्न उठा मैंने दूरभाष पर उनसे पूछ लिया। उन्होंने अपने विषय में अखबारों में छपे हुए कुछ लेख भी भेजे जिनमें से प्राप्त कुछ सूचनाएँ इस कहानी में समाविष्ट हैं। 2010 में बाना सिंह पुनः पांडिचेरी आये। मैंने दो बार उस वीर के मुख से, जो पृथ्वी पर रहते हुए भी अमर हो गया है, उसके साहस और वीरता की अद्भुत कहानी सुनी।

परम वीर मनोज कुमार की कथा-विषयक बहुत-सी सामग्री उपलब्ध कराने का श्रेय सुश्री राका, श्री सत्यप्रकाश तथा उनकी पुत्री कुमारी तरु को है। उन्होंने लखनऊ निवासी मनोज कुमार पांडे के पूज्य माता-पिता से तीन घंटे तक साक्षात्कार किया तथा उनके जीवन के अनेक तथ्य उपलब्ध कराके इस वीर-गाथा को पूर्ण एवं प्रभावी बनाने में अमूल्य योगदान दिया। तत्पश्चात् आवश्यकता पड़ने पर मनोज कुमार पांडे की बहन सुश्री प्रतिभा से पूछकर मेरी विभिन्न शंकाओं का समाधान किया और अन्त में मेरी लिखित कथा को वीरवर मनोज के परिवार को पढ़ने को दिया और उनके द्वारा संशोधित प्रतिलिपि मुझे भेजी। मैं वीरवर मनोज कुमार के पिता श्री गोपीचन्द पांडे, उनकी माताश्री ब्रजमोहिनी एवं बहन सुश्री प्रतिभा के प्रति हार्दिक कृतज्ञता प्रकट करती हूँ।

परम वीर कैप्टेन विक्रम बतरा की कहानी को पूर्ण एवं प्रभावी बनाने के लिये सुश्री राका और उनकी पुत्री कुमारी तरु ने इंटरनैट से खोजकर वीरवर विक्रम बतरा से संबंधित मूल्यवान सामग्री मुझे भेजी। वीरवर विक्रम बतरा के पिता श्री गिरधारी लाल बतरा एवं उनकी माता श्रीमती कमल कान्ता बतरा ने मुझे हार्दिक सहयोग दिया है। उन्होंने तथा विक्रम के भाई श्री विशाल बतरा ने मुझे युद्धक्षेत्र से लिखे हुए विक्रम के पत्रों की प्रतिलिपियाँ और उनके चित्र भेजे तथा अन्य अनेक सूचनाएँ दीं जिनके कारण यह कथा पूर्ण बनी। मैं श्री गिरधारीलाल बतरा, सुश्री कमल कान्ता बतरा एवं श्री विशाल बतरा के प्रति आभार व्यक्त करती हूँ। मैं सुश्री अर्चना मसीह एवं श्री ओंकारनाथ को धन्यवाद देती हँ जिनके द्वारा वीर विक्रम के पिताश्री एवं माताश्री से किये गये साक्षात्कारों से बहुत से तथ्य प्राप्त हुए।

स्वतंत्रता के उपरांत अभी तक हमारे 21 वीरों को परम वीर चक्र प्रदान किया गया है। अब उनमें से केवल तीन, मानद कैप्टेन बाना सिंह, ग्रेनेडियर योगेन्द्र यादव एवं राइफ़लमैन संजय कुमार जीवित हैं। 26 जनवरी को दिल्ली में

होने वाली गणतंत्र दिवस की शोभायात्रा में ये तीनों जीवित परम वीर शान से सबसे आगे जीपों में चलते हैं। 26 जनवरी, 2009 की शोभायात्रा में भाग लेने के लिये परम वीर संजय कुमार और परम वीर योगेन्द्र सिंह दिल्ली आये हुए थे। इस अवसर का लाभ उठा कर कुमारी तरु ने 17 जनवरी को उन्हें अपने घर आमंत्रित किया। वहीं पर स्वागत-स्नेह-आदर से पूर्ण परिवेश में राका, सत्य प्रकाश तथा तरु ने दोनों परम वीरों के साक्षात्कार लिये और उन्हें टेपबद्ध किया। बाद में राका ने टेप को लिपिबद्ध करके मुझे भेजा।

प्रिय राका के द्वारा भेजी गाथा के आधार पर मैंने परम वीर योगेन्द्र सिंह की कहानी लिखी। यदि कोई शंका होती थी तो योगेन्द्र सिंह से दूरभाष पर पूछ लेती थी। कहानी छपने के लिये तैयार ही थी कि योगेन्द्र सिंह यादव ने फ़ोन पर मुझे बताया कि उनकी बदली चेन्नई हो गयी है। मैंने उन्हें पांडिचेरी आने के लिये आमंत्रित किया। उन्होंने बताया कि उन्हें छुट्टी मिलनी कठिन थी। मैं उन्हें पांडिचेरी बुला कर उनके भव्य स्वागत की योजना बना ही रही थी कि 4 जनवरी 2011 की संध्या उनका फ़ोन आया कि उनका स्थानांतरण हो गया है और चेन्नई छोड़ने के पूर्व वे तिरुपति बालाजी के दर्शन के लिये जा रहे थे और वहाँ से 5 जनवरी 2011 की प्रातः हमसे भेंट करने पांडिचेरी आयेंगे।

रात्रि में परम वीर चक्र विजेता योगेन्द्र सिंह यादव ने विस्तार से हमें कारगिल युद्ध की वह अविस्मरणीय कहानी सुनाई जिसके उपलक्ष्य में उन्हें परम वीर चक्र प्रदान किया गया था। हम सब एक घंटे तक मंत्रमुग्ध होकर उनकी कथा सुनते रहे। इतना सजीव और रोमांचक था उनका वर्णन कि प्रतीत होता था जैसे हम युद्धस्थल पर पहुँच गये हैं। दृष्टव्य है कि उस युद्ध के समय परम वीर योगेन्द्र सिंह यादव की आयु केवल 19 वर्ष थी।

मैंने परम वीर योगेन्द्र से अनुरोध किया कि वे चेन्नई छोड़ने से पहले ही, यह कथा मुझे लिख कर भेजें क्योंकि इसमें अनेक नवीन सूचनाएँ थीं। यद्यपि परम वीर योगेन्द्र के पास कुछ ही घंटों का समय था और उन्हें अपने नये नियुक्ति स्थान पर जाने से पहले अपना सामान बांधना था, उन्होंने मेरा अनुरोध मान कर चेन्नई में ही अपनी यह अमूल्य गाथा लिख कर मुझे भेज दी। अनेक अज्ञात संस्मरणों और तथ्यों से पूर्ण, अविश्वसनीय यह वीरगाथा मैं यहाँ प्रस्तुत कर रही हूँ। मैं परम वीर योगेन्द्र के प्रति हार्दिक कृतज्ञता व्यक्त करती हूँ।

संग्रह की अंतिम कथा वीरवर राइफ़लमैन संजय कुमार की है। मैं उल्लेख कर चुकी हूँ कि जब 26 जनवरी, 2009 की शोभायात्रा में भाग लेने के लिये परम

वीर संजय कुमार और परम वीर योगेन्द्र सिंह दिल्ली आये हुए थे तब कुमारी तरु ने 17 जनवरी को उन्हें अपने घर आमंत्रित किया। उसी दिन झाँसी के *शौर्य एवं सांस्कृतिक पुनर्जागरण संघ* के तत्वाधान में स्वाधीन भारत के *महायोद्धाओं का महाकुम्भ* नामक वार्षिक समारोह के आयोजक चन्द्रभान सिंह भी कुमारी तरु के घर आये और उन्होंने दोनों परम वीरों को 21 फ़रवरी, 2009 को झाँसी में होने वाले *महायोद्धाओं का महाकुम्भ* समारोह के लिये आमंत्रित किया। उस समारोह में परम वीर संजय कुमार ने शोभायात्रा का नेतृत्व किया। झाँसी में अवकाश के क्षणों में परम वीर संजय ने अपनी कथा की कुछ अन्य घटनाएँ राका एवं सत्यप्रकाश को सुनाई। राका ने दूरभाष पर मुझे ये अतिरिक्त सूचनाएँ दीं जिन्हें मैंने इस वीर गाथा में समाविष्ट किया है। इस प्रकार इस कथा की सामग्री का संचय हुआ। कोई शंका या प्रश्न होने पर मैं दूरभाष द्वारा संजय कुमार से समाधान कर लेती थी। लिखने के बाद मैंने कहानी की पांडुलिपि उन्हें भेज दी और उन्होंने उसमें कुछ संशोधन करके मुझे लौटा दिया। मैं परम वीर संजय के प्रति हार्दिक आभार व्यक्त करती हूँ।

यद्यपि मेरी अभीप्सा थी कि मैं यह सम्मान प्राप्त करने वाले सभी 21 परम वीर चक्र विजेताओं की यशस्वी गाथाएँ लिखूँ। किन्तु वार्धक्य के कारण मैं केवल 13 परम वीरों की गाथाएँ ही लिख सकी।

मैं स्वर्गीय मेजर जनरल के.के. तिवारी पी.वी.एस.एम., ए.वी.एस.एम. के सहयोग के लिये चिर कृतज्ञ हूँ। उन्होंने इन सभी परम वीरों की रेजीमेंटों को पत्र लिख कर उनकी कहानियाँ मंगाई एवं अन्य अनेक प्रकार से मेरी सहायता की। पांडिचेरी के महामान्य उपराज्यपाल; लेफ़्टिनेंट जनरल एम.एम. लखेरा, पी.वी.एस. एम., ए.वी.एस.एम., यू.एस.एम., (अवकाश प्राप्त), ले. जनरल जगदीश चन्दर पी. वी.एस.एम., ए.वी.एस.एम., वी.एस.एम., ए.डी.सी., (अवकाश प्राप्त), मेजर जनरल जी.एस. बल. वी.एस.एम., जी.ओ.सी. 36 इन्फ़ैन्ट्री डिवीज़न, (अवकाश प्राप्त), मेजर जनरल मृणाल सुमन, ए.वी.एस.एम., वी.एस.एम. पीएच.डी. (अवकाश प्राप्त), मेजर जनरल इयान कारडोज़ो, ए.वी.एस.एम., वी.एस.एम., (अवकाश प्राप्त), मेजर जनरल राज मेहता ए.वी.एस.एम.,वी.एस.एम., (अवकाश प्राप्त), मेजर जनरल जी. डी. बख्शी एस.एम., वी.एस.एम., (अवकाश प्राप्त), मेजर जनरल सुरेश थडानी, (अवकाश प्राप्त), कर्नल ललित कुमार राय वीर चक्र, कर्नल महीप तोमर, कर्नल आर.एस. भदौरिया, ले. कर्नल सम्राट नागर, ले. कर्नल ए. अस्थाना तथा सुश्री शोभिता अस्थाना, डॉ. एन.के. कालिया, श्री अरुण चूड़ीवाल,

तथा श्री सतीश देवड़ा के प्रति भी मैं अपनी कृतज्ञता व्यक्त करती हूँ।

अपनी मित्र कुमारी मारिया जैन को दशकों तक इन कहानियों को टाइप करने तथा कुमारी हीरो को इनके प्रूफ़ रीडिंग में उनके निःस्वार्थ सहयोग के लिये हार्दिक धन्यवाद देती हूँ। साथ ही अपने पुत्र किम् की आभारी हूँ, क्योंकि उनकी निरन्तर एवं अनथक सहायता के बिना यह कार्य सम्पन्न नहीं हो सकता था। अन्त में मैं इस पुस्तक के प्रकाशन के लिये *विज़ बुक्स प्रा. लि.* के श्री प्रदीप विज़ के प्रति हार्दिक आभार व्यक्त करती हूँ।

—श्याम कुमारी

# प्राक्कथन

मैं इसे एक सम्मान मानता हूँ कि मुझसे **हमारे परम वीर चक्र विजेता** पुस्तक की प्रस्तावना लिखने का आग्रह किया गया है। भारत के आधुनिक वीरों के विषय में लिखित यह पुस्तक, दीर्घकाल से अनुभव की जा रही, एक महत्त्वपूर्ण आवश्यकता की पूर्ति करती है। शौर्य और वीरता की कहानियाँ पाठकों में अनुकरण की भावना जगाती हैं। जीवन से अधिक मूल्यवान कुछ भी नहीं है। और फिर भी, देशसेवा में रत एक सैनिक से यह माँग की जा सकती है कि वह जीवन की इस सर्वाधिक अमूल्य निधि को ऐसे न्योछावर कर दे मानों वह एक नगण्य वस्तु हो।

स्वतंत्रता के बाद के छह दशकों में, भारतीय सैनिकों ने बारम्बार उच्चतम बलिदान किया है। भारत, उन हज़ारों अवर्णित सैनिकों का, जो उसकी सेवा में अप्रसिद्ध रह कर मर गये हैं, चिरन्तन ऋणी है। फिर भी ये 21 **परम वीर चक्र विजेता**, उन कुछ वीरों में हैं जिनके त्याग को मान्यता मिली है। ये वीर उन हज़ारों अज्ञात सैनिकों के साहस और बलिदान के अतुलनीय शौर्य और साहसपूर्ण कार्यों के प्रतीक हैं।

कर्तव्य के रूप में, स्वेच्छा से किया गया आत्म बलिदान, एक असाधारण चारित्रिक प्रशिक्षण से ही संभव हो सकता है। वह कैसा उच्च प्रशिक्षण है जिसके प्रभाव से साधारण युवक, और अब अनेक युवतियाँ भी, आत्म बलिदानी वीर बन जाते हैं? यदि यह संभव होता कि चरित्र और बहादुरी के इस प्रशिक्षण को नागरिक जीवन में भी चरितार्थ किया जाता तो भारत एक अत्यधिक प्रभावी समाज बन जाता। समय की आवश्यकता है कि ऐसे उपायों और साधनों को ढूँढ़ा जाये जिनके उपयोग से, देश की सीमाओं की रक्षा करने वाले सैनिकों द्वारा नित्य-प्रदर्शित वीरता की इस क्षमता से, भारत के युवा वर्ग को, जो भारत की जनसंख्या का सबसे बड़ा भाग है और देश के भविष्य की आशा है, अनुप्राणित किया जा सके।

इस पुस्तक की लेखिका सुश्री श्याम कुमारी इस प्रशंसनीय योजना का सूत्रपात करने के लिये बधाई की पात्र हैं। देश के राजनीतिक नेता तथा शिक्षाविद

देशसेवा में शौर्य-प्रदर्शन की ऐसी कहानियों को, सभी स्कूलों तथा प्रशिक्षण संस्थाओं के पाठ्यक्रमों का अनिवार्य अंग बनायें तो उत्तम होगा ।

श्री अरविन्द ने 20 वीं सदी के आरंभ में लिखे अपने एक लेख *बुर्जुआ और सामुराई* में भारत और जापान की तुलना करते हुए देशसेवा की भावना को जगाने की आवश्यकता का वर्णन किया है । सभी विचारशील भारतीयों को यह लेख पढ़ना चाहिये ।

स्वर्गीय मेजर जनरल के.के. तिवारी<br>
पी.वी.एस.एम. ए.वी.एस.एम.

# पुस्तक का परिचय

यदि किसी राष्ट्र को अपना स्वतंत्र अस्तित्व बनाये रखना है, अपनी रक्षा करनी है तो उसे अपने अंदर क्षत्रिय भाव को जगाना, बनाये रखना और बढ़ाना आवश्यक ही नहीं वरन् अनिवार्य है। मायावाद, जीवन की निस्सारता और उसकी अवास्तविकता के सिद्धान्त के कारण एक समय भारतीय जनता अपना क्षात्र तेज, अपनी शक्ति, राम, कृष्ण, अर्जुन और भीम की वीरता खो बैठी थी। परलोक की ओर एक अस्वाभाविक आकर्षण के कारण भारत की जीवन-शक्ति का ह्रास होता गया, सैनिकों और योद्धाओं की संख्या घटने लगी तथा मठों और भिक्षुओं की संख्या बढ़ने लगी। कहते हैं एक समय अकेले बिहार राज्य में नौ लाख मठ स्थापित हो गये थे।

जीवन से पलायन की प्रवृत्ति और जगत् मिथ्या है, इस धारणा के कारण भारतीयों की जीवन पर पकड़ ढीली होती गयी। फलस्वरूप विदेशी लुटेरों तथा आक्रमणकारियों ने बारंबार हमारे देश को पददलित किया, लूटा और उजाड़ा। लाखों भारतीयों का वध हुआ और करोड़ों का धर्मान्तरण। प्रतीत होता था कि भारत की अप्रतिम वीरता कहीं सो गई, कहीं खो गई। हम सदियों तक गुलाम रहे, शोषित और दलित हुए। हमने सिर ऊँचा करने का अधिकार खो दिया, अपना आत्मविश्वास और आत्मगौरव खो दिया।

सदियों की दासता के बाद 19 वीं सदी में भारत में पुनः राष्ट्रीयता का अभ्युदय हुआ। सन् 1857 से स्वतंत्रता संग्राम आरंभ हुआ। हज़ारों क्रांतिकारियों तथा स्वतंत्रता संग्राम के अनगिनत सैनिकों ने अंग्रेज़ी सरकार की जेलों में बरसों और दशकों तक कैद काटी, अंडमान में असहनीय यातनाएँ सहीं, देश से निष्काशित हुए, अंग्रेज़ पुलिस की लाठियाँ और गोलियाँ खाकर प्राण छोड़ दिये। इन्हीं शहीदों के बलिदान के फलस्वरूप 15 अगस्त 1947 का महान् दिवस आया। भारत ने स्वतंत्रता प्राप्त की। परतंत्रता की बेड़ियाँ कटीं, सदियों के दासत्व का कलंक मिटा और हम गौरव से सिर उठाकर खड़े हो सके। किन्तु बहुत दुःख की बात है कि स्वतंत्रता की वेदी पर बलि होने वाले, भारतमाता की पराधीनता की बेड़ियाँ काटने के लिये, देश की स्वतंत्रता के लिये आत्म बलिदान करने वाले, उन शहीदों को हम भारतीय इतनी

शीघ्र भूल गये। उनमें से अनेक के तो नाम भी कोई नहीं जानता, शेष, जिनके नाम और बलिदान की कथाएँ उपलब्ध हैं, उन्हें भी हम आज भुला बैठे हैं।

चिन्ता की बात है कि आज हम अपने अतीत के 800 वर्षों के दासत्व की कहानी भूलते जा रहे हैं। एक ओर देश की राजनीति काजल की कोठरी बन गयी है, दूसरी ओर हमारे देश में वैश्य वृत्ति की अभिवृद्धि हो रही है। हमारे युवक-युवतियों को अंग्रेज़ी शिक्षा के कारण अकल्पनीय वेतन मिल रहे हैं और वे सब अपना दुःखद अतीत भुलाकर समृद्धि के पीछे दौड़ रहे हैं। उच्च वेतन पाकर विदेशी संस्थानों में कार्य करने के लिये भारतमाता की संतति उमड़ पड़ी है जबकि भारतीय सेना में हज़ारों अफ़सरों तथा सैनिकों की कमी पड़ गयी है। भारत सब ओर से शत्रुओं से घिरा है। चीन और पाकिस्तान हमारे शत्रु बन गये हैं। तिब्बत में चीन के अनेक अणु प्रक्षेपास्त्र भारत की ओर तने हुए हैं। वर्तमान स्थिति में संसार का कोई भी दुर्बल देश सुरक्षित नहीं रह सकता। अमरीका और चीन के समान शक्तिशाली राष्ट्र जब चाहें किसी भी दुर्बल देश को कुचल सकते हैं। भारत यदि दुर्बल होगा तो वह भी पददलित हो सकता है।

भारत को अपना स्वतंत्र अस्तित्व बनाये रखने के लिये, देश के बालक-बालिकाओं, तरुण-तरुणियों तथा युवक-युवतियों में देश प्रेम की प्रखर अग्नि जलानी होगी। इसके लिये उन्हें अपने स्वतंत्रता संग्राम के बलिदानी शहीदों का तथा देश की रक्षा के लिये प्राण देने वाले वीरों का स्मरण और प्रत्यास्मरण कराना आवश्यक है। भारतीय स्वतंत्रता संग्राम के उन गौरवमय शहीदों की कहानियों से अपने देश के भावी सैनिकों, अपने बालक, तरुण एवं युवा वर्ग को परिचित कराने के लिये मैंने कुछ शहीदों की गौरव-गाथाओं को हिंदी तथा अंग्रेज़ी में लिखा।

मेरा सपना है कि हर भारतीय विद्यालय इनमें से एक वीर को अपना वीर, अपना आदर्श, अपना हीरो मानकर उसका चित्र अपने विद्यालय में लगाये। प्रत्येक विद्यार्थी को उसकी कहानी सुनाये, पढ़ाये तथा उसका अभिनय कराये। बाल्यकाल से ही प्रत्येक विद्यार्थी अपने विद्यालय द्वारा चुने हुए आदर्श वीर की कथा से सुपरिचित हो जाये। वह वीर उसके मन-प्राण में बस जाये। विद्यालयों में दिये जाने वाले पुरस्कार उस वीर के नाम पर हों। विद्यालयों के पत्र-पैड के हर पृष्ठ पर उस वीर का नाम एवं चित्र छपा हो। प्रत्येक दिन अपनी प्रातःकालीन प्रार्थना-सभा के बाद विद्यार्थी उस वीर के नाम का जयघोष करें। विद्यालय अपने विद्यार्थियों को उस वीर के जन्म-मरण स्थलों की तीर्थ यात्रा कराने ले जायें।

ऐसा करने पर भारतमाता की संतति में क्षत्रिय भाव का उदय होगा।

बच्चे-बच्चे में देश के लिये बलिदान होने का उत्साह जागेगा। तब एक दिन ऐसा आयेगा कि भारत के युवक-युवतियाँ देश प्रेम की जलती अग्निशिखा बन जायेंगे। गली-गली में खुदीराम बोस, चन्द्रशेखर 'आज़ाद', भगत सिंह और परम वीर चक्र विजेता जन्म लेंगे। तब कोई आक्रांता भारत की ओर दृष्टि उठाने या उस पर आक्रमण करने का साहस नहीं कर सकेगा। स्वतंत्र भारत सारे संसार में धर्म की स्थापना करेगा, मानवजाति को पथ दिखायेगा और तब निश्चय ही श्री अरविन्द की भविष्यद्वाणी के अनुसार भारत जगद्गुरु बनेगा।

हम भारतीय, विशेषतया हिन्दू, अपने देवताओं की प्रतिमाएँ अपने पवित्र मंदिरों में प्रतिष्ठापित करके उनकी पूजा करने के अभ्यस्त हैं। किन्तु अब समय आ गया है कि हम देवताओं के साथ-साथ उन क्रांतिकारियों की प्रतिमाएँ अपने मन-प्राण में स्थापित करें जिन्होंने हमें स्वतंत्रता दिलाई। और उन शहीदों के बलिदान से प्राप्त की गई इस अनमोल आज़ादी की रक्षा करने वाले बलिदानी, पराक्रमी, सैनिक योद्धाओं की छवियाँ अपने मन में बसायें। इन्हीं योद्धाओं के कारण हज़ारों बरसों की गुलामी की काली छाया से मुक्ति पाकर हम आज स्वतंत्र नागरिकों की गरिमा से सिर उठा कर चलते हैं।

श्री अरविन्द आश्रम की अधिष्ठात्री भगवती माँ ने सदैव भारतीय सेना का समर्थन किया है। एक बार उन्होंने कहा था, "...भगवान् के लिये सेना का पक्ष लो। सेना ही भारत की एकमात्र आशा है।"

लार्ड वेवल ने भविष्यद्वाणी की थी कि भारत का एक इकाई के रूप में अस्तित्व तभी बना रह सकता है अगर भारतीय सेना एक प्रभावी एवं निर्दोष उपकरण के रूप में सुरक्षित रहे।

यहाँ पर मैं श्री अरविन्द द्वारा लिखित एक प्रार्थना की कुछ पंक्तियाँ, इस आशा से उद्धृत कर रही हूँ कि यह प्रार्थना भारतमाता के अनेकानेक बच्चों की दैनिक प्रार्थना बन जायेगी :

"मातः दुर्गे! तुम्हारी सन्तान हम, तुम्हारे प्रसाद से, तुम्हारे प्रभाव से महत् कार्य के, महत् भाव के उपयुक्त हों। विनाश करो क्षुद्रता का, विनाश करो स्वार्थ का, विनाश करो भय का।"

श्री अरविन्द एवं श्री माँ के चरणों में मेरी विनम्र प्रणति अर्पित है।

—श्याम कुमारी

श्री अरविन्द आश्रम, पांडिचेरी

अगस्त, 2021

# प्रथम परम वीर चक्र-विजेता : मेजर सोमनाथ शर्मा

कश्मीर के कारगिल क्षेत्र में मई 1999 में तोपें गरज उठीं। गोलों की धाँय-धाँय, गोलियों की सन-सन, बमों के धमाके, फटती हुई चट्टानें, शहीदों के शरीरों से बहता हुआ खून और दुश्मनों की क्रूरता वही थी जो 1947-48 के युद्ध के समय देखने में आयी थी। वास्तव में, कश्मीर में 1947 से युद्ध चलता रहा है; कभी जोर से, कभी दबे-दबे।

भारतीय वीर वहाँ निरन्तर बलि होते रहे हैं और उनके बलिदानों से जीती हुई उस पवित्र भूमि को हमारे राजनीतिज्ञ बार-बार पाकिस्तानी नेताओं की चिकनी-चुपड़ी बातों में आकर लौटा देते हैं। कश्मीर कितने भारतीयों का बलिदान लेगा कौन कह सकता है?

कश्मीर की रक्षा करने के लिये बलिदान होने वालों में, उन वीर शहीदों में सबसे पहला नाम है मेजर सोमनाथ शर्मा का — जिन्होंने अपने आत्म बलिदान द्वारा कश्मीर को पाकिस्तान के हाथ में पड़ने से रोक लिया था। राष्ट्र उनका सदा आभारी रहेगा। उनकी गाथा भारतीय सेना के इतिहास में स्वर्णाक्षरों में लिखी गई है। देश ने अपनी कृतज्ञता प्रकट करने के लिये इस वीर को युद्ध में अद्भुत शौर्य

दिखाने के उपलक्ष्य में मरणोपरान्त भारत का प्रथम परम वीर चक्र प्रदान किया था ।

कश्मीर में बलिदान होने वाले मेजर सोमनाथ का कश्मीर से गहरा संबंध था यह बहुत कम लोग जानते हैं । इस वीर बालक का जन्म शौर्य और भक्ति के संगम से हुआ था । उनकी पूज्य माता लीला वसुदेव एक आस्थामयी महिला थीं । पूजा, भजन और कीर्तन उनके जीवन के अनिवार्य अंग थे । श्रीमती लीला के भाई सेना में अफ़सर थे और उनके पिताजी गीता के विद्वान । अतः भागवत भक्ति और शौर्य की एक प्रबल धारा उनके अंतःस्थल में बहती रहती थी । उनका विवाह भी एक सैनिक अफ़सर श्री ए. एन. शर्मा से हुआ । वीर-भगिनी और वीर-पत्नी के गर्भ से अभिमन्यु के समान वीर पुत्र का जन्म होना स्वाभाविक ही था ।

उनके बड़े पुत्र सोमनाथ का जन्म सन 1922 में जम्मू में हुआ था । सोमनाथ बहुत सुंदर और हँसमुख बालक थे । उनके नाना पंडित दौलतराम कश्मीर राजा के एकाउन्टेंट जनरल थे । सोमनाथ ने अपने बचपन के अनेक दिन श्रीनगर में, जिसके लिये वे एक दिन प्राण न्योछावर करेंगे, अपने नाना के पास बिताये थे । वे नाना के घर अक्सर रहते थे क्योंकि उनके पिता को प्रायः ही फ़ौज की नौकरी के कारण परिवार से दूर रहना पड़ता था । बाद में उनके पिता श्री ए. एन. शर्मा डायरेक्टर मैडिकल सर्विस के रूप में मेजर जनरल पद तक पहुँच कर सेवा निवृत्त हुए । जब ए. एन. शर्मा वजीरिस्तान के खूँखार कबीलों के क्षेत्र में ब्रिटिश इंडियन फ़ौज में नौकरी पर थे तब श्रीनगर में पंडित दौलतराम अपने लाड़ले नाती सोम को गीता पढ़ाया करते थे । सोमनाथ को गीता का ज्ञान अपने नाना से मिला जो उनके गुरु के तुल्य थे । गीता उन्हें बहुत प्रिय थी ।

सोमनाथ की आरंभिक शिक्षा मसूरी के हैंपटन कोर्ट तथा नैनीताल के शेरवुड कॉलेज में हुई । उनके पिताजी की इच्छा थी कि उनका पुत्र आई. सी. एस. में जाये किन्तु अपने पिता के पदचिह्नों पर चलने के अभिलाषी इस वीर बालक ने सेना में जाने का निश्चय कर लिया । पिता की इच्छा जानते हुए भी सोमनाथ ने जैसे अपनी आगामी कीर्ति का इतिहास दस वर्ष की अवस्था से लिखना आरम्भ कर दिया । बालक सोम मात्र दस वर्ष की अवस्था में स्वयं लखनऊ के डिस्ट्रिक्ट कमांडर मेजर जनरल ब्रूस हे से मिलने गये और देहरादून के प्रिंस ऑफ़ वेल्स रॉयल सैनिक कॉलेज में प्रवेश के लिये अर्जी दी । कमांडर ने उन्हें चुन लिया और वे इस कॉलेज में भरती हो गये ।

इस प्रकार वीर सोमनाथ के सैनिक शिक्षण का आरंभ दस वर्ष की अवस्था

में सैनिक कॉलेज में भरती होने के दिन से ही आरंभ हो गया। आत्म बलिदान की तैयारी थी यह। सोमनाथ इस कॉलेज से बहुत सम्मान सहित उत्तीर्ण हुए। उनके प्रिंसिपल श्री स्कॉट ने लिखा था कि सोम उनके सबसे निष्कपट कैडेट थे जिनसे मिल कर उन्हें बहुत प्रसन्नता होती थी। सोमनाथ खेल-कूद और अध्ययन, दोनों ही क्षेत्रों में कुशल थे। वे एक अच्छे जिमनास्ट थे और तैराकी में तो जीवन-रक्षक भी थे। एक तरह से स्पाती शरीर था उनका।

सोमनाथ जन्मजात नेता थे। जब भी वे छुट्टी में घर आते, अपने भाई-बहनों का नेतृत्व संभाल लेते। उनके घनिष्ठ सम्मिलित परिवार में सभी सगे, चचेरे, फुफेरे, मौसेरे भाई-बहन उन्हें अपना नेता मानते थे। वे सुडौल बदन के व्यक्ति थे और सदा मुस्कराते रहते थे। परिचित-अपरिचित, मित्र-संबंधी सभी से निष्कपटता और अपनत्व से मिलते थे। अपनी माता के तो वे सच्चे भक्त थे। परिवार में कोई भी समस्या हो या वाद-विवाद, वे सदा अपनी माता का पक्ष लेते थे और अपने भाई-बहनों, यहाँ तक कि अपने पिता द्वारा भी माँ का उतना ही सम्मान किये जाने पर बल देते थे जितना वे स्वयं करते थे। एक बार उनके छोटे भाई सिनेमा देखने जाना चाहते थे जबकि उनकी माँ संध्या के बाद बच्चों को घर के बाहर भेजने के पक्ष में नहीं थीं। जब उनका भाई टिंडी बहस करने लगा तब सोमनाथ ने कहा, "जब माँ मना कर रही हैं तब कोई कारण तो होगा। हम नहीं जायेंगे।" संध्या के समय भोजन के पूर्व उनकी माता भजन और कीर्तन करती थीं तब सोम उसमें पूरी श्रद्धा और उत्साह से भाग लेते थे।

प्रिंस ऑफ़ वेल्स रॉयल सैनिक कॉलेज में शिक्षा समाप्त करने के बाद वे इंडियन मिलिट्री अकादमी देहरादून में भरती हो गये। वहाँ से फ़रवरी 1942 में 19 वर्ष की अवस्था में कमीशन पाकर निकले और हैदराबाद रेजीमेंट में नियुक्त हुए जो बाद में चतुर्थ कुमाऊँ रेजीमेंट कहलाई। कमीशन मिलते ही सोमनाथ को द्वितीय महायुद्ध में संग्राम के लिये भेज दिया गया। उस समय उनकी अवस्था मात्र 20 वर्ष की थी। जैसे उनका जन्म ही युद्ध के लिये हुआ था।

बर्मा युद्ध के लिये जाने से पहले सोमनाथ बीमारी के बाद स्वास्थ्य लाभ के लिये घर आये हुए थे। उसी समय उन्होंने यह समाचार सुना कि एक भारतीय सैनिक अधिकारी श्री प्रेम भगत ने विक्टोरिया क्रॉस जीता है, जो कि ब्रिटिश सेना का सबसे ऊँचा सम्मान है। उन्होंने तुरंत अपनी माता से कहा, "एक दिन मैं भी विक्टोरिया क्रॉस जीतूँगा।" उनकी माँ ने उनके अति साहसी स्वभाव के कारण कुछ आशंका व्यक्त की तो वीर सोमनाथ ने कहा, "माँ, तुम चिन्ता न करो। मेरे

लिये जो गोली निश्चित है उस पर मेरा नाम लिखा है। मैं मृत्यु से नहीं डरता।"

सोमनाथ अपने अधीन काम करने वालों को सदा प्रसन्न और संतुष्ट रखते थे। उनके सैनिक उनके आदेश पर प्राण न्योछावर करने को तैयार रहते थे और उन्हें प्रेम से "सोमी साब" कहते थे। उनके समान ईमानदार, सच्चे, निष्कपट, निष्पक्ष और दयालु अफ़सर के लिये, जो अनुशासन में सख़्त हो किन्तु स्वयं वीरता का आदर्श हो, ये सरल कुमाउँनी, गोरखा और गढ़वाली सैनिक प्राण न्योछावर करने को तैयार रहते हैं। इस रेजीमेंट ने ले. कर्नल तिमैया की कमान में बर्मा में लड़ाई में हिस्सा लिया, ये वही तिमैया थे जो बाद में भारतीय सेना के सेनाध्यक्ष *चीफ़ ऑफ़ आर्मी स्टाफ़* बने। बर्मा के युद्ध में एक जापानी हथगोला उसी खाई में गिरा जिसमें सोम तैनात थे। भाग्यवश यह गोला फटा नहीं और सोम मौत के मुँह से बाल-बाल बचे।

भारत-बर्मा सीमा पर अराकान क्षेत्र में सोमनाथ निर्भीक शेर की तरह लड़े। जंगलों में एक युद्ध के समय सोमनाथ का ऑर्डरली बहादुर बुरी तरह घायल हो गया। सोमनाथ ने चलने में असमर्थ ऑर्डरली को कंधों पर उठा लिया और कैंप की ओर चल पड़े। ऑर्डरली के बोझ के कारण वे अपनी टुकड़ी के अन्य लोगों से पीछे रह गये। यह देखकर कर्नल तिमैया ने पुकार कर कहा, "सोम! अपने कंधे पर के व्यक्ति को नीचे लिटा दो और जल्दी कैंप चलो।" सोमनाथ ने उत्तर दिया, "सर, मेरा ऑर्डरली बुरी तरह घायल हो गया है। खून बह रहा है। वह चलने में असमर्थ है। मैं उसको कैसे छोड़ूँ?" इस प्रकार सोमनाथ बहादुर को कैंप तक लाये और उसके प्राणों की रक्षा की।

सोम बहुत मज़ाकिया थे और स्थिति कितनी भी गंभीर क्यों न हो, वे हँसते रहते थे। एक दिन कर्नल तिमैया अपने तंबू के पीछे से बाहर निकल कर पेशाब करने लगे। सोम ने एक साथी अफ़सर के साथ उन्हें कंकड़ मार-मार कर चिल्लाना शुरू कर दिया, "ए सिपाही! तुम कमांडर के तम्बू के पीछे ऐसा गंदा काम कैसे कर रहे हो?" कर्नल तिमैया ने दबे स्वर में कहा, "सोम मैं हूँ। शोर मत करो।" पर सोम कंकड़ मारते रहे। आखिर कर्नल तिमैया अंदर चले गये और सोम तथा उनके साथी अफ़सर जी खोल कर हँसे।

द्वितीय महायुद्ध के बाद 8/19 वीं और 4/19 वीं हैदराबाद बटालियनों को मिलाकर 4 कुमाऊँ बटालियन बनाई गई। सोमनाथ के मामा कैप्टेन कृष्ण दत्त इसी 8/19 वीं बटालियन में थे। द्वितीय महायुद्ध के समय उन्होंने मलाया के एक पुल की रक्षा करते हुए प्राण दिये थे और अपने बलिदान द्वारा अपने अनेक

भारत के प्रथम परम वीर चक्र विजेता, मेजर सोमनाथ शर्मा

साथियों की जान बचाई थी जो उस पुल को पार करके बच गये। इस रेजीमेंट से एक गहरा भावनात्मक नाता होने के कारण सोमनाथ ने भी चतुर्थ कुमाऊँ रेजीमेंट को ही चुना।

1947 में भारत ने स्वतंत्रता प्राप्त की किन्तु खंडित थी यह स्वतंत्रता। हमारी भारतमाता के टुकड़े-टुकड़े कर दिये गये। हम इस नृशंसता को सह गये। पश्चिमी पाकिस्तान के हिन्दू-सिक्ख लाखों की संख्या में घर-संपत्ति छोड़कर भारत आ रहे थे। देश में हत्या का तांडव नृत्य हो रहा था।

भारतीय सेना के अफ़सर अपने मुसलमान साथी अफ़सरों को गले मिलकर भाव-भीनी बिदाइयाँ दे रहे थे, किन्तु पाकिस्तानी सैनिक अफ़सर तो एक कुटिल योजना बना रहे थे। पाकिस्तानी सेना ने अक्टूबर 1947 में कबायलियों की सहायता से कश्मीर पर हमला कर दिया। मुसलमान बहुल प्रदेश होने के कारण वे कश्मीर पर अपना दावा समझते थे।

कश्मीर के महाराज अपने राज्य का स्वतंत्र अस्तित्व बनाये रखना चाहते थे। वे न भारत और न ही पाकिस्तान में विलय होना चाहते थे वरन् एक स्वतंत्र कश्मीर का सपना देख रहे थे। भारत और पाकिस्तान में हो रहे भयंकर सांप्रदायिक दंगों में होनेवाले इस भीषण रक्तपात से सोमनाथ के पूज्य नानाजी को, जो सब धर्मों के आन्तरिक सद्भाव में विश्वास रखते थे, इतना आघात पहुँचा कि उनकी मृत्यु हो गयी। उनके दाह-संस्कार के समय परिवार के एक प्रतिष्ठित मुसलमान

मित्र ने सोमनाथ के मामाजी को, जो 18 अक्तूबर को अपने पूज्य पिताजी की अंत्येष्टि के लिये एक फ़ौजी डाक-जहाज से श्रीनगर गये थे, चेतावनी दी कि कृष्णगंगा नदी के तट पर मुज़फ़्फ़राबाद नगर में कुछ भयावह गतिविधियाँ चल रही थीं; कि कश्मीर घाटी संकट में थी और उन्हें तुरन्त कश्मीर से चले जाना चाहिये। कश्मीर के प्रधानमंत्री जनरल जनक सिंह ने भी, जो कश्मीर रियासत पुलिस के इंस्पैक्टर जनरल भी थे और सोमनाथ के मामा हरिदत्त वसुदेव के मित्र थे, उनसे यही कहा।

उस समय की एक दुखद घटना का वर्णन ब्रिगेडियर सेन की पुस्तक *स्लैंडर वॉज़ द थ्रैड* में पढ़ने को मिलता है। 4 जम्मू-कश्मीर पदाति सेना की एक टुकड़ी मुज़फ्फ़राबाद में तैनात थी। इस बटालियन में आधे सैनिक डोगरा हिन्दू थे और आधे पुंछ के मुसलमान। उस समय जम्मू-कश्मीर सेना के बहुत से पुंछी मुसलमान सैनिक पाकिस्तानी सेना में सम्मिलित होने लगे, अतः जम्मू-कश्मीर सेना के उच्चाधिकारियों ने इस बटालियन के कमांडर लेफ्टिनेंट कर्नल नारायण सिंह को सुझाव दिया कि वे अपनी टुकड़ी के मुसलमान सैनिकों को वापस श्रीनगर भेज दें और उनके स्थान पर डोगरा हिन्दू सैनिक ले लें। लेफ्टिनेंट कर्नल नारायण सिंह बरसों से इस बटालियन के अधिकारी रहे थे और उन्हें अपने सैनिकों की वफ़ादारी पर पूरा विश्वास था, अतः उन्होंने यह प्रस्ताव स्वीकार नहीं किया। अपने इन मुसलमान सैनिकों के प्रति विश्वास की बड़ी महँगी कीमत चुकानी पड़ी उन्हें। अक्टूबर 22, 1947 की रात को इन मुसलमान सैनिकों ने शस्त्रागार पर कब्ज़ा कर अपने कर्नल सहित, जिन्होंने उन पर पूर्ण विश्वास किया था, सभी हिन्दू साथियों की नृशंस हत्या कर दी। फिर उन्होंने सीमा पार पाकिस्तान में डेरा डाले हुए कबायली तथा पाकिस्तानी सैन्य दल से संपर्क स्थापित किया। मुज़फ्फ़राबाद शहर उनके सामने अरक्षित पड़ा था यह देखकर कबायली शहर पर टूट पड़े और लूटमार, हत्या, बलात्कार और अग्निकांड आरंभ कर दिया। रात के अंधेरे में 4 जम्मू-कश्मीर पदाति सेना के कुछ डोगरा सैनिक बच निकले थे, उन्होंने यह खबर फ़ोन द्वारा श्रीनगर उच्चाधिकारियों को दी।

मुज़फ्फ़राबाद और श्रीनगर के बीच में पक्की सड़क थी। आक्रमणकारी कुछ ही घंटों में श्रीनगर पहुँच सकते थे। जम्मू-कश्मीर सेना के प्रमुख ब्रिगेडियर राजेंद्रसिंह तुरंत बादामी बाग कैंटुनमेंट से 200 सिपाही एकत्रित करके दुश्मन को रोकने चल दिये। उनके सामने यह स्पष्ट था कि इस बहुसंख्यक कबायली और पाकिस्तानी सेना को रोकने का एकमात्र उपाय था रास्ते में पड़ने वाली विभिन्न

नदियों के पुलों को उड़ा देना। अतः उन्होंने भारी मात्रा में गोला-बारूद अपने साथ ले लिया। वे आक्रमणकारियों से पहले श्रीनगर से 72 मील दूर उरी पहुँच गये और वहाँ की एक बरसाती नदी पर बने पुल के लोहे के गर्डरों में गोला-बारूद बँधवा दिया और छिप कर आक्रमणकारियों के दल की प्रतीक्षा करने लगे। 23 अक्टूबर की दोपहर हमलावर वहाँ पहुँचे। कुछ देर लड़ाई चली फिर शत्रु का दबाव बढ़ने पर ब्रिगेडियर राजेंद्रसिंह पीछे हटे और पुल उड़ाने का आदेश दे दिया और इस प्रकार कश्मीर को दुश्मन से बचा लिया। उत्तर-पश्चिम सीमाप्रांत के अफ़रीदी कबायली तो लूट के लोभ में कश्मीर आये थे और पुल टूट जाने के कारण उनकी बसों और ट्रकों के लिये आगे बढ़ने का मार्ग अवरुद्ध हो गया था। वे इन बसों में लूट का सामान ले जाने की योजना बना कर आये थे। अब वे इन बसों और ट्रकों को छोड़ कर आगे बढ़ने को तैयार नहीं हुए और इधर-उधर बिखर कर लड़ाई करने लगे और इस प्रकार श्रीनगर बच गया। किन्तु ब्रिगेडियर राजेंद्रसिंह बुरी तरह घायल हो गये। इस शूरवीर ने अपने सैनिकों से कहा कि उन्हें वहीं छोड़कर अपनी रक्षा करें। सैनिक उन्हें एक पुलिया के नीचे लिटाकर चले गये। इस प्रकार एक और वीर सेनानी का बलिदान हुआ। ब्रिगेडियर राजेंद्रसिंह की मृत्यु के बाद कश्मीर की सेना को संभालने वाला कोई नहीं था। वहाँ की शेष सेना छुप कर बादामी बाग के कैन्टुन्मेंट में बैठी रही।

स्थिति की गंभीरता देख कर 25 अक्टूबर को महाराज हरिसिंह सपरिवार बनिहाल दर्रे से होकर जम्मू चले गये। श्रीनगर अंधेरा पड़ा था। महाराज का स्वतंत्र कश्मीर का सपना चूर-चूर हो गया था। उन्होंने भारत से सहायता माँगी। भारत के गृहमंत्री सरदार पटेल ने उसी समय वी. पी. मेनन को कश्मीर महाराजा से मिलने जम्मू भेजा। वी. पी. मेनन ने महाराजा से भारत से संयुक्त होने के दस्तावेज़ पर हस्ताक्षर करा लिये। भारत सरकार ने कश्मीर का भारत विलय स्वीकार कर लिया और 26 अक्टूबर 1947 को भारतीय सेना को कश्मीर जाने का आदेश दिया क्योंकि अब कश्मीर भारत का अंग था और उसकी रक्षा का दायित्व भारत पर आ गया था। समय बहुत कम था, पल-पल कीमती था। भारत सरकार ने आदेश दिया कि सेना के अग्रिम दल अगले ही दिन कश्मीर पहुँच जायें।

शत्रु श्रीनगर से केवल 62 मील दूर था और भारतीय सेना के लिये भूमि मार्ग 300 मील लंबा था। इस रास्ते का दो-तिहाई भाग पहाड़ों में होकर जाता था। रास्ता कच्चा था और रास्ते की नदियों पर पुल भी नहीं थे। अतः सेना को हवाई जहाजों द्वारा भेजना निश्चित हुआ। भारतीय सेना की जो टुकड़ियाँ दिल्ली में थीं

उनको हवाई जहाजों से श्रीनगर भेजा जाने लगा। सबसे समीप थी गुड़गाँव में स्थित 1 सिख रेजीमेंट। लेफ्टिनेंट कर्नल रंजीत रॉय की अध्यक्षता में इस रेजीमेंट की आस-पास तैनात टुकड़ियाँ 26 अक्टूबर की संध्या तक दिल्ली पहुँच गयी थीं।

श्रीनगर हवाई अड्डे पर उतरे भारतीय सैनिक छवि स्रोत : रक्षा मंत्रालय

श्रीनगर का हवाई अड्डा बहुत आदिम किस्म का था जहाँ केवल महाराजा का व्यक्तिगत जहाज उतरता था। वहाँ पर सीमेंट की एक हवाई पट्टी तक न थी। अधिक बड़े हवाई जहाजों का वहाँ उतरना संभव नहीं था। फिर भी इस हवाई अड्डे की सुरक्षा का सर्वाधिक महत्व था। लेफ्टिनेंट कर्नल रंजीत रॉय को आज्ञा दी गयी कि उनके पास जितनी भी टुकड़ियाँ थीं उन्हें लेकर श्रीनगर पहुँच कर हवाई अड्डे की रक्षा करें। शेष सेना, जैसे-जैसे उपलब्ध होती जायेगी, भेजी जायेगी। अब दिल्ली के कुछ गैर सैनिक पायलटों ने स्वेच्छा से छोटे-छोटे डकोटा विमानों में सेना और सैनिक सामान को ढोने का अद्भुत जोखिम का काम संभाल लिया। न ही पक्की हवाई पट्टी थी, न किसी प्रकार की सुरक्षा, न दुर्घटना होने पर आग बुझाने की दमकलें। 9000 फुट की ऊँचाइयों पर उड़ने के लिये इन जहाजों का निर्माण ही नहीं हुआ था और न ही अधिक भार उठाने के लिये। पर जान हथेली पर लेकर ये पायलट एक असंभवप्राय कार्य करते रहे जो बेमिसाल साहस का उदाहरण है

और निश्चय ही यह ईश्वरीय कृपा थी कि उस मिट्टी की छोटी सी पट्टी पर सैकड़ों बार सैनिकों और सैन्य सामग्री से लदे जहाज उतरे, धूल के कारण उड़ाकों को दिखाई भी नहीं पड़ता था फिर भी कोई दुर्घटना नहीं हुई। इन पायलटों का यह कार्य एक चमत्कार से कम नहीं था और नागरिक उड्डयन के इतिहास में एक कीर्तिमान रहेगा। 27 अक्टूबर की सुबह साढ़े नौ बजे पहला जहाज श्रीनगर हवाई अड्डे पर उतरा और उसके बाद धड़धड़ाते हुए जहाज निरंतर एक के बाद एक उतरने लगे।

लेफ्टिनेंट कर्नल रंजीत रॉय के पास एक पूरी बटालियन हो गई थी। उन्होंने बारामुल्ला जाकर दुश्मन को रोकने का निश्चय किया। वे अपनी बटालियन को बारामुल्ला ले गये जो श्रीनगर से 34 मील दूर है। वहीं पर वे शत्रु की मशीनगनों की मार में आ गये और वे स्वयं और उनका डिप्टी कमांडर भी मारे गये। अफ़सरों के अभाव में उनकी सेना वापस श्रीनगर लौट आयी। एक और वीर अफसर ने आत्म बलिदान कर दिया। किन्तु उनका बलिदान व्यर्थ नहीं गया। यदि वे बारामुल्ला जाकर शत्रु को न रोकते तो हो सकता था कि शत्रु 2 घंटे में श्रीनगर पहुँच जाता।

बेतार का संपर्क स्थापित न होने के कारण दिल्ली में हमारे सेनाधिकारियों को कश्मीर की युद्ध-स्थिति का कोई स्पष्ट ज्ञान नहीं हो पा रहा था। इसलिये स्थिति को समझने के लिये दिल्ली से ब्रिगेडियर सेन और ब्रिगेडियर थापर 29 अक्टूबर को कश्मीर पहुँचे और पूरी स्थिति का अध्ययन करके उसी संध्या लौटकर उन्होंने पंडित नेहरू तथा मंत्रीमंडल को सारी स्थिति बताई। 30 और 31 अक्टूबर को भी वे बहादुर पायलट अपने डकोटा जहाजों से सेना और सैन्य सामग्री को उस कच्ची हवाई पट्टी पर उतारते रहे। अब यह पट्टी मिट्टी का एक ढेर बनती जा रही थी। धूल के गुबार उड़ रहे थे।

इधर दिल्ली में सांप्रदायिक हिंसा चरम सीमा पर थी। सन 1946 और 1947 में सोमनाथ की कुमाऊँ बटालियन को दिल्ली की आन्तरिक सुरक्षा एवं शांति का भार सौंपा गया था। उनकी कुमाऊँ सैन्य यूनिट ने बड़ी निष्पक्षता से अपने कर्तव्य को निभाया। उस समय मेजर सोमनाथ के बायें हाथ पर प्लास्टर चढ़ा हुआ था। वे हॉकी खेलते समय चोट खा गये थे और उनकी कलाई की हड्डियाँ टूट गई थीं पर उन संकटपूर्ण दिनों में उन्होंने एक दिन की भी छुट्टी नहीं ली। अब उनकी कुमाऊँ बटालियन को श्रीनगर जाने का आदेश हुआ पर स्वयं सोमनाथ को आज्ञा हुई कि कोहनी तक प्लास्टर चढ़ा होने के कारण वे नहीं जा सकेंगे।

मेजर सोमनाथ देश-सेवा में प्राणदान के, गौरव और वीरोचित यश पाने के, इस अवसर को कैसे छोड़ देते! बर्मा के युद्ध क्षेत्र में वे अपने मित्रों से अक्सर देश की स्वतंत्रता की बातें किया करते थे। अब तक वे एक विदेशी सत्ता के लिये लड़े थे अब देश के लिये प्राणों को दाव पर लगाने का अवसर यह वीर खोने वाला नहीं था। वीरों को बलिदान का आह्वान प्रेमिका की पुकार के समान आकर्षित करता है। सोमनाथ ने जोर दिया कि उनकी टुकड़ी को उनसे ज्यादा कौन समझ सकता था, अतः उनका जाना आवश्यक था। मानों ईश्वर ने उन्हें उस चरम बलिदान का, अपने देश की रक्षा के लिये प्राण उत्सर्ग करने का अवसर दे दिया, जिसके लिये वीर लालायित रहते हैं।

सोमनाथ को अपने पिता का सामीप्य कम ही प्राप्त होता था। पिता की नियुक्ति दूर-दूर देशों-प्रदेशों में होती थी। सन 1939 में वे मिस्र में नियुक्त थे, 1942 में वहाँ से लौटने पर उनकी नियुक्ति लैंसडाउन में हुई। कुछ दिन बाद उन्हें एक नये अस्पताल के निर्माण के लिये देवलाली अड्डे भेज दिया गया। इसके पश्चात् उनकी नियुक्ति कँराची में हुई और तत्पश्चात् दिसंबर 1945 में उन्हें इंडोनेशिया में जावा भेज दिया गया। 1946 के आरंभ में वे रावलपिंडी में थे और 1947 में उन्हें एक कॉन्फ्रेंस में भाग लेने इंगलैंड भेजा गया। विभाजन के बाद उनकी नियुक्ति राँची में हुई। यह ईश्वरीय कृपा ही थी कि अक्टूबर में जब सोम की टुकड़ी दिल्ली में थी तो उनके पिता मेजर जनरल ए. एन. शर्मा दिल्ली में सोमनाथ से मिल सके। कलाई की हड्डियाँ टूटी होने के कारण उनके हाथ पर पाँच महीने से प्लास्तर चढ़ा था, अतः बहुत-से लोगों ने कहा कि वे युद्ध में भाग लेने योग्य नहीं थे और उन्हें कश्मीर नहीं जाना चाहिये। सोमनाथ ने सबको उत्तर दिया कि वे पाँच साल तक अंग्रेज़ों के लिये लड़े थे अब अपने देश के लिये लड़ने का अवसर आया था जिसे वे छोड़ नहीं सकते थे। वास्तव में टुकड़ी के नेतृत्व के लिये एक सिख अधिकारी का नाम लिखा गया था किन्तु मेजर सोम ने उसका नाम काटकर अपना नाम लिख दिया। उनका तर्क था कि क्योंकि वे टुकड़ी के उच्चतर अधिकारी थे इसलिये उन्हें ऐसा करने का अधिकार था। वास्तव में यह एक आश्चर्य की बात है कि हाथ पर प्लास्तर चढ़ा होने पर भी सोमनाथ को युद्ध-क्षेत्र में जाने की अनुमति कैसे मिली क्योंकि एक घायल सैनिक अधिकारी, घायल होने के कारण, अपने ही नहीं अपने सैनिकों के प्राणों को भी संकट में डाल सकता है और सेना के नियम बहुत कड़े होते हैं। वस्तुतः इसे एक चमत्कार ही मानना पड़ेगा कि मेजर सोमनाथ कश्मीर जा सके। मानों स्वयं रणदेवी अपने वीर शिशु का

बलिदान माँग रही थीं, उसे शहीद लोक ले जाने को आतुर थीं।

30 अक्टूबर 1947 को सोमनाथ अपनी माँ से मिले और कहा, "माँ, क्या तुम्हें मुझ पर गर्व नहीं है कि मैं अपने देश के लिये लड़ने जा रहा हूँ?" सोमनाथ अपनी माँ का अत्यधिक सम्मान करते थे, एक तरह से उनकी पूजा ही करते थे और सदैव उनका पक्ष लेते थे। हाथ टूटा होने के कारण उनकी माँ ने भी उन्हें युद्ध में जाने से रोका किन्तु जब वीर जननी ने देखा कि उनका पुत्र पीछे हटने वाला नहीं है तब उन्होंने उसे आशीर्वाद दिया और एक ग्लास में पीने को कुछ पेय ले आयीं। अचानक, किसी अशुभ भावी के संकेत के समान, वह न टूटने वाले काँच का ग्लास गिर कर टुकड़े-टुकड़े हो गया। सब सन्न रह गये और एक नीरवता छा गयी। किन्तु आशंकित माँ को धैर्य बंधाते हुए सोमनाथ ने कहा, "माँ, चिन्ता क्यों करती हो, वह एक ग्लास ही तो था।" माँ ने बेटे को बाँहों में भर कर पल भर को उसकी छाती पर सिर रख दिया। समय जैसे ठिठक-सा गया। एक पल युग बन गया और सोमनाथ तथा माँ, दोनों की आँखें गीली हो गईं। सोमनाथ ने सुदृढ़ स्वर में कहा, "माँ, आप एक सैनिक की पत्नी हैं, एक सैनिक की माता हैं। मैं आपसे पहली बार तो बिदा नहीं ले रहा हूँ। आप मुझे आशीर्वाद दीजिये। आप सदा मेरे हृदय में रहेंगी।" यह कहकर अनन्त यश का वह पथिक प्राणों का दाँव लगाने चल दिया।

जैसे ईश्वर का विधान था कि सोमनाथ अपने प्रियजनों से बिदा ले सकें। यह एक संयोग ही था कि उस दिन सोमनाथ की पूज्य माता और बहन कुक्कू दिल्ली में थीं। अगले ही दिन उन्हें राँची जाना था। इसके अतिरिक्त उनके प्रिय मित्र मेजर कृष्ण तिवारी भी कुछ ही माह पहले दिल्ली नियुक्त हुए थे। इन दोनों में अगाध स्नेह था। दोनों बर्मा में कंधे से कंधा मिला कर लड़े थे और वहीं एक दिन सोमनाथ ने उनसे प्रस्ताव किया था कि वे उनकी बड़ी बहन से विवाह कर लें। (बाद में उनके मित्र उनकी छोटी बहन कमला से विवाह करेंगे)। सोमनाथ, पूरी रात दिल्ली में रानी विक्टोरिया मार्ग, जो अब राजेन्द्र प्रसाद मार्ग कहलाता है, पर स्थापित अफ़सरों के मैस में अपने घनिष्ठ मित्र से बातें करते रहे। मेजर तिवारी ने भी उन्हें समझाया कि वे टूटा हाथ लेकर युद्ध में न जायें किन्तु सोमनाथ के अटल निश्चय को डिगाने में सफल नहीं हुए। जाने से पहले सोमनाथ ने मित्र से उनकी कोई निशानी माँगी। मेजर तिवारी ने कहा, "तुम जो चाहे ले लो।" सोमनाथ ने उनकी स्वचालित जर्मन लुगर पिस्तौल ले ली। यह पिस्तौल मेजर तिवारी को एक जापानी अधिकारी ने आत्म समर्पण करते समय दी थी। बर्मा में

आत्म समर्पण करते समय ये जापानी अफ़सर चाहते थे कि उनके हथियार सामान्य सैनिकों के हाथ न पड़ कर अफ़सरों के पास रहें अतः, उन्होंने स्वेच्छा से ये हथियार अंग्रेज़ी सेना के अफ़सरों को दे दिये। उस भीषण युद्ध में विजय की प्रतीक इस पिस्तौल का मेजर कृष्ण तिवारी के लिये विशेष भावनात्मक मूल्य था। उन्होंने मित्र से इस पिस्तौल के स्थान पर कुछ और लेने के लिये कहा तब सोमनाथ ने उत्तर दिया, "यहाँ दिल्ली में तुम्हें इसकी क्या आवश्यकता है? वहाँ युद्ध में मुझे इसकी आवश्यकता पड़ सकती है।" सोमनाथ की मृत्यु के बाद उनकी टुकड़ी के सैनिकों ने बताया कि इस पिस्तौल का खाली खोल मेजर सोमनाथ के शव पर पड़ा मिला था।

*अपने परिवार के साथ सोमनाथ शर्मा*

अगली सुबह सोमनाथ के मामा पंडित हरिदत्त वसुदेव, अपनी बहन से भानजे को रोकने का वादा करके, हवाई अड्डे पहुँचे। यहाँ यह समझ लेना आवश्यक है कि सोमनाथ के परिवार में कई योद्धा थे और उनके परिवार में सेना में भरती होने की परंपरा थी। उनके छोटे मामा ने बर्मा युद्ध में वीरगति पाई थी। उनके पिता एक जनरल थे और उनके छोटे भाई भी सैनिक अधिकारी थे जो बाद में भारत के सेनाध्यक्ष *चीफ़ ऑफ़ आर्मी स्टाफ़* होंगे और दूसरे भाई लेफ़्टिनेंट जनरल बनकर *इंजीनियर इन चीफ़* के पद पर रिटायर होंगे। स्वयं सोमनाथ पिछले पाँच वर्षों से अराकान के जंगलों में एक क्रूर शत्रु से घमासान लड़ाई लड़ते रहे थे। किन्तु हाथ प्लास्टर में होने पर भी युद्ध में जाना एक दुस्साहस ही नहीं था, यह

तो मृत्यु को आमन्त्रण देना था, इसी कारण उनके परिवार के लोग उन्हें रोक रहे थे। किन्तु इस शूर ने मानों मृत्यु से गठबंधन करने का एक गुप्त निश्चय कर लिया था। सोमनाथ ने अपने मामा से जो शब्द कहे वे इस बात की पुष्टि करते हैं।

सफ़दरगंज हवाई अड्डे पर पहुँच कर श्री हरिदत्त ने देखा कि सोमनाथ बहुत व्यस्त थे। वे हवाई जहाजों पर गोला-बारूद, मोर्टार और मशीनगन आदि हथियार लदवा रहे थे। उन्हें पल भर की भी फुरसत नहीं थी। श्री हरिदत्त बड़गाम क्षेत्र से बहुत अच्छी तरह परिचित थे। उन्होंने कहा, "सोम, इतने कम सैनिकों के साथ कश्मीर जाना मृत्यु को आमन्त्रण देना है। तुम्हारा हाथ भी प्लास्तर में है। अगर ऐसी अवस्था में तुम सैनिकों का नेतृत्व करोगे तो टूटे हुए हाथ के कारण अपने सैनिकों को भी संकट में डाल दोगे। तब तुम्हारा कोर्ट मार्शल होगा।" सोमनाथ देश के लिये पहली गोली चलाने के लिये, और स्वतंत्र भारत के पहले शहीदों में नाम लिखाने की कामना से उल्लसित थे। उन बिदाई के क्षणों का एक अमूल्य फोटो है जिसमें अपने मामा हरिदत्त से बात करते हुए उनका गोल मुख एक शुभ्र और मुक्त हास्य से देदीप्यमान दिखाई पड़ता है। उन्होंने हँसते हुए कहा, "मामाजी, मेरा कोर्ट मार्शल तभी होगा न, जब मैं वापस आऊँगा। आप जानते हैं कि दुश्मन कितना धोखेबाज है। मेरा युद्ध तो आखिरी गोली और आखिरी आदमी तक चलेगा।"

सोमनाथ 31 अक्टूबर की दोपहर हवाई जहाज से 70 के करीब सैनिकों के साथ श्रीनगर पहुँच गये। उसी दिन शत्रु की गोली लगने से कश्मीर में नियुक्त ब्रिगेडियर कटोच घायल हो गये और उनके स्थान पर ब्रिगेडियर एल. पी. सेन की नियुक्ति हुई। ब्रिगेडियर एल. पी. सेन ने मेजर सोमनाथ से कहा कि वे हैडक्वार्टर पर रहकर वहीं से हवाई अड्डे के चारों ओर पाँच मील तक उसकी रक्षा की योजना बनायें। सोमनाथ ने अपने सैनिकों को गश्त और युद्ध के लिये तैयार किया और स्वयं उनके साथ गये। भारतीय सेना हवाई अड्डे की रक्षा का हर संभव प्रयत्न कर रही थी, किन्तु उनकी सैनिक संख्या बहुत कम थी। जो सैनिक उस समय तक कश्मीर पहुँचे थे वे हज़ारों कबायलियों का सामना करने को अपर्याप्त थे। स्थिति की गंभीरता स्पष्ट थी। यह तो भारत का सौभाग्य था कि ये कबायली रास्ते में लूटपाट करने में लग गये थे, अन्यथा, वे अब तक श्रीनगर के हवाई अड्डे पर अधिकार कर चुके होते। कबायली बहुत अविश्वसनीय होते हैं और संकट पड़ने पर युद्ध-क्षेत्र से भाग जाते हैं या लूट-खसोट करने लगते हैं। इसी कारण अंग्रेज़ों

ने उन्हें कभी सेना में नहीं लिया। केवल एक बार जब अंग्रेज़ों ने उन्हें सेना में भरती किया था तब उनकी टुकड़ी ने विद्रोह कर दिया था।

पाकिस्तानी सेना ने इस तथ्य को नज़रअंदाज़ कर इन कबायलियों को आक्रमण के लिये साथ ले लिया और उनका यह कार्य भारत के लिये सहायक सिद्ध हुआ। दुश्मन गुरिल्ला तरीकों से श्रीनगर की ओर घुसपैठ कर रहा था। इन लुटेरों से लड़ने के लिए 4 कुमाऊँ की 2 कम्पनियों और 1 कुमाऊँ की एक कंपनी को उन्हें ढूँढ़-ढूँढ़ कर खत्म करने का आदेश दिया गया। 3 नवंबर की सुबह 8 बजे मेजर शर्मा की कमान में, 4 कुमाऊँ की कम्पनी तथा एक अन्य कम्पनी ने हवाई अड्डे से पश्चिम की ओर 3 मील पर बड़गाम के निकट शिविर लगाया।

मेजर सोमनाथ 70-80 सशस्त्र सैनिकों को बड़गाम गाँव के ऊपर एक टीले पर ले गये जहाँ वन का अंत होता था। वह एक कब्रिस्तान था और वहाँ सफ़ेद और नीले फूल खिले थे। वहाँ से एक खाई का तल दिखाई देता था, उसके बाद था पर्वत का ढलान जिस पर गुलमर्ग से एक मार्ग आता था। सोमनाथ ने ब्रिगेडियर सेन को बेतार द्वारा सूचित किया कि सर्वत्र शांति थी और गाँव के लोग अपने कामों में लगे हुए थे। ए कम्पनी बिना दुश्मन का पता लगाए वापस श्रीनगर हवाई अड्डे पर आ गई। मेजर सोमनाथ को आदेश हुआ कि क्योंकि दुश्मन उस क्षेत्र में नहीं था, अतः वे डेढ़ बजे से धीरे-धीरे अपने सैनिकों को वापस भेजना आरंभ करें। दो बजे मेजर सोमनाथ ने ब्रिगेडियर सेन को रिपोर्ट दी कि उनकी एक कंपनी हवाई अड्डे की ओर चल दी है। न जाने किस दिव्य अंतःप्रेरणा से प्रेरित होकर ब्रिगेडियर सेन ने मेजर सोमनाथ से कहा कि वे और एक घंटे तक बड़गाम रुके रहें। मेजर सोमनाथ ने सहमत होते हुए कहा कि वे तीन बजे अपनी टुकड़ी को वापस भेजना आरंभ कर देंगे। अगले 30 मिनटों में जो होने वाला था उसका मेजर सोमनाथ और ब्रिगेडियर सेन को कोई आभास नहीं था। 2.35 पर मेजर सोमनाथ ने ब्रिगेडियर सेन को सूचित किया कि गाँव की ओर से उन पर हल्की गोलाबारी हो रही है। उन्होंने यह भी कहा कि वे गाँव के निरपराध स्त्री-बच्चों को बचाने के लिये गोलाबारी का उत्तर गोलाबारी से नहीं दे रहे थे। मेजर सोमनाथ ब्रिगेडियर सेन से स्थिति के विषय में बात कर ही रहे थे कि उन्होंने देखा कि कुछ व्यक्ति लंबे कश्मीरी चोगे पहने आ रहे थे। ये चोगे (फिरन) शरीर को गले से पाँवों तक ढके रहते हैं। मेजर सोमनाथ ने उन्हें ललकारा। इन लोगों ने उत्तर दिया कि वे वन में काम करने वाले कश्मीरी मजदूर थे। मेजर सोमनाथ को कुछ संदेह हुआ क्योंकि इन लोगों के नैन-नक्श कश्मीरी नहीं थे। उन्होंने अपने कुछ सैनिकों को

इन व्यक्तियों की तालाशी लेने भेजा। चोगों के पीछे से निकले शस्त्रों से लैस सैनिक। एक पल में स्थिति बदल गई। अब घमासान युद्ध आरम्भ हो गया। पहाड़ों से टकरा-टकरा कर गोलियों और मोर्टार के गोलों की धाँय-धाँय से वह प्रदेश गूँज उठा। दोपहर के करीब 2.40 हुए थे कि लगभग 700 दुश्मनों का एक बड़ा दस्ता पश्चिम से निकला और उन्होंने चार कुमाऊँ की सैन्य टुकड़ी पर भारी गोलाबारी शुरू कर दी। उनके पास स्वचालित हथियार थे और सहायता के लिए मोर्टार भी थे। स्पष्ट था कि लुटेरों का उद्देश्य हवाई अड्डे को कब्जे में लेना था जिससे कश्मीर का भारत से संबंध जोड़ने वाली एकमात्र कड़ी टूट जाए।

हमने पृथ्वीराज रासो में पढ़ा है कि पृथ्वीराज के वीर ऐसे थे कि उन सामंतों में से एक अकेला सैकड़ों को मार सकता था। जब पृथ्वीराज कुछ सामंतों के साथ संयुक्ता का हरण कर दिल्ली लौट रहे थे तब जयचंद ने विशाल सेना के साथ उनका पीछा किया। तब पृथ्वीराज के अप्रतिम एक-एक वीर ने हज़ारों को रोके रखा और वे वीर सामंत एक के बाद एक उस समय तक बलिदान होते गये जब तक कि पृथ्वीराज संयुक्ता को लेकर दिल्ली सकुशल नहीं पहुँचे। कुछ ऐसा ही शौर्य दिखाया मेजर सोमनाथ और उनके वीरों ने।

स्थिति की गम्भीरता को समझते हुए मेजर शर्मा ने अपनी कम्पनी को पूरे हौसले से दुश्मन से लड़ने के लिये उत्साहित किया। उन्होंने अपने ब्रिगेडियर को बेतार द्वारा शत्रु के हमले की सूचना देते हुए हवाई सहायता, गोला बारूद और सैन्य सहायता माँगी। सहायता मिलना संभव नहीं था यह जानकर उन्होंने अपने ब्रिगेडियर सेन को सूचना दी कि वे आखिरी सैनिक और आखिरी गोली तक लड़ेंगे किन्तु मोर्चे से पीछे नहीं हटेंगे। भारी गोलाबारी के बीच दुश्मन की गोलियों की परवाह न करके वे खुले मैदान में दौड़-दौड़ कर अपने हवाई जहाजों को निशानों का पता बताने के लिये मार्कर फैला आए। जब उन्होंने देखा कि अनेक सैनिकों के मरने से उनकी हल्की मशीनगनों की मार कम हो रही है तब वे सैक्शनों में गए और अपने जख्मी हाथ से गोलियां भरकर गोलाबारी को निर्देशित करते रहे। मेजर शर्मा एक हल्की मशीनगन की बगल में खड़े थे। अपनी ब्रिगेड के कमांडर को मेजर शर्मा का अंतिम रेडियो संदेश था, "...दुश्मन हमसे 50 कदम से भी कम फासले पर हैं। हमारी संख्या उनसे बहुत कम है और हम पर भारी गोलाबारी हो रही है। मैं एक इंच भी पीछे नहीं हटूँगा...।" संदेश के बीच में एक मोर्टार के गोले के फटने की तेज आवाज़ हुई और गोला फटने से मेजर शर्मा की मृत्यु हो गई। ब्रिगेडियर सेन ने उसी समय दो हवाई जहाजों को दुश्मन पर गोलाबारी करने

भेजा। मेजर सोमनाथ की मृत्यु ने उनके सैनिकों को उत्तेजित कर दिया। अपने प्यारे "सोमी साब" के बलिदान से प्रेरणा लेकर उनकी कम्पनी ने संख्या में अपने से दस गुना अधिक उन आक्रमणकारियों से लगभग 5 घंटे तक युद्ध किया जिससे काफ़ी संख्या में दुश्मन हताहत हुए। 4 कुमाऊँ के लड़ाकों ने वीरता के बहुत से जौहर दिखाए। गोला-बारूद खत्म हो जाने पर भी भारतीय वीर रक्त की अंतिम बूंद तक लड़ते रहे! पूरी कम्पनी के वीर अपने मेजर के साथ शहीद हो गये। मेजर सोम का ऑर्डरली, बहादुर, जिसकी उन्होंने कुछ वर्ष पूर्व बर्मा में प्राणरक्षा की थी, उनके साथ ही शहीद हुआ। फिर दुश्मन उन पर भारी हो गए और उन्हें पीछे हटना पड़ा। ब्रिगेडियर सेन ने उसी समय 1 पंजाब सैन्य दल को 4 कुमाऊँ के लड़ाकों की सहायता करने भेजा।

उस रात भारतीय सेना की स्थिति बड़ी नाजुक थी। अगर दुश्मन उस रात श्रीनगर हवाई अड्डे पर हमला कर देता तो शायद भारतीय सेना उसकी रक्षा न कर पाती किन्तु स्वयं दुर्गा श्रीनगर की रक्षा कर रही थीं। रण देवी वीर सोमनाथ के सहर्ष बलिदान से प्रसन्न हो गई थीं। शत्रु निश्चेष्ट बैठा रहा और संकट की वह रात बीत गई। यह एक दिव्य शक्ति की ही प्रेरणा थी कि ब्रिगेडियर सेन ने मेजर सोमनाथ को बड़गाम में एक घंटे और रुकने के लिये कहा था। अन्यथा वे दुश्मन की उपस्थिति से बेखबर हवाई अड्डे लौट आते और दुश्मन अपनी बड़ी संख्या के कारण हवाई अड्डे पर अधिकार कर सकता था।

चार नवम्बर को गृहमंत्री सरदार पटेल और सरदार बलदेव सिंह कश्मीर पहुँचे और स्थिति की गंभीरता देखकर ब्रिगेडियर सेन को अतिरिक्त सेना और हथियार भेजने का आश्वासन दिया। इंजीनियरों ने स्थलमार्ग में पड़ने वाली नदियों पर पुल बना दिये और इस मार्ग से भारी संख्या में सेना कश्मीर पहुँचने लगी।

मेजर सोम के बलिदान की खबर कुमाऊँ रेजीमेंट में आग की तरह फैल गयी। उनके सैनिक अपने प्यारे मेजर के शव को युद्ध क्षेत्र से लाकर उसका दाह-संस्कार उचित सैनिक सम्मान से करना चाहते थे। इघर दिल्ली में उनके मित्र मेजर तिवारी को यह दारुण कार्य सौंपा गया कि वे यह सूचना मेजर सोमनाथ के परिवार को दें। उन्होंने जैसे-तैसे दिल को वज्र बनाकर यह करुण सूचना उनके परिवार को दी। इस संदर्भ में उनकी माता तथा बड़ी बहन का एक मार्मिक संस्मरण है। हम उल्लेख कर चुके हैं कि सोमनाथ के पिताजी की नियुक्ति राँची हुई थी। राँची से उन्हें किसी काम से कलकत्ता जाना पड़ा। सोमनाथ की माताजी एवं बड़ी बहन कुक्कू राँची में अपने नये बँगले के बरामदे में बैठी थीं। एक बड़ा

ट्रक उनका सामान लेकर बँगले में प्रवेश कर रहा था कि वह फाटक से टकरा गया और एक गाय और उसका नन्हा बछड़ा ट्रक के सामने आ गये। गाय तो बच निकली किन्तु बछड़ा कुचला गया। गाय बड़े करुण स्वर में रंभाने लगी। श्रीमती शर्मा का हृदय डूबने लगा। उन्होंने कहा, "कुक्कू, मेरा दिल बैठ रहा है। मेरे सोम के साथ कुछ भीषण घटना घटी है।" उसी समय उन्हें वह मर्मांतक समाचार मिला।

उधर, यह सुनकर कि मेजर सोमनाथ नहीं रहे, उनके मित्र मेजर तिवारी रुक नहीं सके, और अपने डायरेक्टर ब्रिगेडियर एकहर्स्ट से कश्मीर जाकर सोमनाथ का शव लाने की अनुमति माँगी। ब्रिगेडियर एकहर्स्ट संवेदनशील व्यक्ति थे। अनिच्छा होते हुए भी उन्होंने अनुमति दे दी क्योंकि वे मेजर तिवारी से स्नेह करते थे। पाँच नवम्बर की सुबह के जहाज से मेजर तिवारी कश्मीर पहुँच गये। वे मेजर पद्म सिंह से मिले जो अब सोमनाथ की यूनिट के कमांडर थे। उन्होंने भी इस दुखद समाचार की पुष्टि की। अब मेजर तिवारी सोमनाथ की टुकड़ी के अवशिष्ट सैनिकों से मिले जो अपने मेजर सोमनाथ की मृत्यु के और गोला-बारूद समाप्त होने के बाद युद्धक्षेत्र से लौट आये थे। उनमें से बहुत से उनके साथ बर्मा में लड़े थे। वे तो मेजर तिवारी को सोमनाथ का भाई समझते थे। मेजर तिवारी और वे सभी फूट-फूट कर रो पड़े। मेजर तिवारी ने उन्हें उलाहना दिया कि वे किस प्रकार मेजर सोमनाथ का शव लिये बिना आये। जब मेजर तिवारी ने पूछा कि क्या वे उन्हें वह स्थान दिखा सकते हैं जहाँ मेजर सोमनाथ का शव पड़ा था, तो वे सब के सब उनके साथ जाकर शव लाने के लिये तैयार हो गये यद्यपि स्थिति अब भी गंभीर थी। मेजर तिवारी ने ब्रिगेडियर सेन से शव लाने की अनुमति माँगी किन्तु उन्होंने इस योजना को स्वीकृति देने को एकदम ना कर दी क्योंकि उस क्षेत्र पर कबायली आक्रमणकारियों का अधिकार था। जब मेजर तिवारी ने हठ की तब ब्रिगेडियर सेन ने कहा कि यदि वे आदेश का उल्लंघन करेंगे तो उन्हें गिरफ़्तार करके दिल्ली वापस भिजवा दिया जायेगा। अब मेजर तिवारी क्या करते? दिल्ली लौटने से पहले उन्होंने सोमनाथ की टुकड़ी के बचे हुए सैनिकों से वचन ले लिया कि वे सोमनाथ का शव ले आयेंगे। भग्न हृदय मेजर तिवारी उसी संध्या दिल्ली वापस आ गये।

मेजर सोमनाथ का शव सात नवम्बर को ही मिल गया किन्तु मेजर तिवारी को इसकी सूचना नहीं दी गयी क्योंकि वह पवित्र देह क्षत-विक्षत और विकृत हो चुकी थी। जब मेजर सोमनाथ की टुकड़ी के सैनिक पुनः युद्धस्थल पर पहुँचे तो

सन् 2005 में एक वीर को अपनाने वाले प्रथम स्कूल *'लिटिल एंजेल्स इंगलिश स्कूल, पांडिचेरी'* में परमवीर सोमनाथ शर्मा के चित्र का अनाचरण करते हुए (बायें से दायें) लेखिका : श्याम कुमारी, मेजर जनरल के.के. तिवारी एवं डॉ. मेज कमला तिवारी। भारत के प्रथम परम वीर चक्र विजेता, मेजर सोमनाथ शर्मा

भारत के प्रथम परम वीर चक्र विजेता, मेजर सोमनाथ शर्मा पर लिखित
पुस्तक का विमोचन करते हुए मेजर जनरल के.के. तिवारी

देखा कि समस्त सैनिकों के शव नग्न पड़े थे। उन नृशंस शत्रुओं ने हथियार तो क्या वस्त्र और जूते भी लूट लिये थे। केवल मेजर सोम का शव उनकी गीता के पृष्ठ फाड़ कर काँटों से जोड़े कफ़न से ढका था और उस कागज़ के कफ़न को पत्थरों से दबा दिया गया था जिससे कि वह उड़ न जाय। कुमाउँनियों को बड़गाम में 200 दुश्मनों की लाशें मिलीं। कुमाऊँ टुकड़ी के सैनिकों ने अपने 25 वर्ष के वीर, चहेते, कुँवारे मेजर के शव का पूरे सैनिक सम्मान से संस्कार किया। शवदाह के समय सैनिक वर्दी में होते हुए भी उन सैनिकों की आँखों से आँसू बह रहे थे।

मेजर सोमनाथ शर्मा ने हिम्मत और सैनिक गुणों का एक ऐसा उदाहरण प्रस्तुत किया जो भारतीय सेना के इतिहास में एक आदर्श बन गया है। मेजर शर्मा के नेतृत्व, दिलेरी, दृढ़ता और आत्म बलिदान के लिए उन्हें मरणोपरांत परम वीर चक्र दिया गया। अनुपम शौर्य के लिए स्वाधीन भारत में दिये जाने वाले इस पदक के वे प्रथम विजेता थे। भारत सरकार की आज्ञप्ति में लिखा गया है :

### प्रशस्ति पत्र
### मेजर सोमनाथ शर्मा
### 4 कुमाऊँ (आई सी - 521)

"2 नवम्बर, 1947 को मेजर सोमनाथ की कंपनी को कश्मीर घाटी के बड़गाम गाँव में लड़ाकू गश्त के लिये भेजा गया। 3 नवंबर को पौ फटते ही ये लक्ष्य स्थान पर पहुँच गये और 11 बजे बड़गाम के दक्षिण में मोरचा तैयार कर लिया। दुश्मन, जो संख्या में लगभग सात सौ थे, ने इनकी कंपनी के मोरचे पर 3 इंच मोर्टारों, एल एम जी और राइफ़लों से हमला कर दिया। संख्या में बहुत कम होने और मोरचे पर तीनों तरफ से फ़ायरिंग होने से बहुत से जवान हताहत हो गए।

मेजर शर्मा स्थिति की गंभीरता को पूरी तरह भाँप गए और समझ गए कि हुम-होम से होते हुए श्रीनगर को जाने वाले रास्ते (गैप) को बंद करने के लिए यदि सेना भेजकर दुश्मन के हमले को रोका न गया तो श्रीनगर और हवाई अड्डे दोनों पर वह सीधा हमला कर सकता है। इसलिए इन्होंने अपनी कंपनी को दुश्मन के साथ दृढ़ता एवं बहादुरी से लड़ने को कहा। ये स्वयं भारी गोलाबारी के बीच खुले में अपने सेक्शनों में इधर से उधर जाकर जवानों को डटे रहने के लिये कहते रहे।

अपने साहस को कायम रखकर इन्होंने बड़ी कुशलता से अपने सेक्शन को आगे बढ़ाते हुए दुश्मन पर फ़ायरिंग करनी शुरू कर दी। ये बार-बार दुश्मन की

भारी गोलाबारी का सामना करते रहे और दुश्मन के सामने ही अपने वायुयानों को उनके लक्ष्यों तक गाइड करने हेतु कपड़े की हवाई पट्टी बिछा दी।

यह जानकर कि जवानों के हताहत होने के कारण उनके लाइट ऑटोमैटिक्स का प्रभाव कम हो गया है, इस अफ़सर ने, जिनके बाएं हाथ पर प्लास्तर चढ़ा हुआ था, स्वयं मैगज़ीन भर-भर कर उन्हें अपने लाइट मशीन गनरों को दिया। एक मोर्टार शेल गोला-बारूद के एकदम बीच आकर गिरा, जिससे विस्फोट हुआ और ये शहीद हो गए।

मेजर शर्मा की कंपनी अपने मोरचे पर डटी रही और बाकी बचे जवान तभी हटे जब दुश्मन ने पूरी तरह घेर लिया। इनकी प्रेरणा के फलस्वरूप दुश्मन को आने में छः घंटे की देर हुई, इससे हमारी सेना को हुम-होम मोरचे पर पहुँच कर बढ़ते हुए दुश्मन को रोकने का मौका मिल गया।

इनका नेतृत्व, वीरता और दृढ़ सुरक्षा ऐसी थी कि इनके जवान दुश्मन के मुकाबले में बहुत कम—सात के अनुपात में एक—होने के बावजूद छह घंटे तक लड़ते रहे, इसमें से एक घंटा इस वीर अफ़सर के मारे जाने के बाद का था।

इन्होंने बहादुरी और पराक्रम की ऐसी मिसाल पेश की जो भारतीय सेना के इतिहास में बेजोड़ है। इनके शहीद होने के कुछ ही क्षण पहले ब्रिगेड मुख्यालय को इनका जो अंतिम संदेश मिला वह है–'दुश्मन हमसे केवल 50 गज दूर है। हम संख्या में बहुत ही कम हैं। हम धुआँधार फ़ायरिंग का सामना कर रहे हैं। मैं एक इंच भी पीछे नहीं हटूँगा और अंतिम जवान के बचने तक और अंतिम राउंड तक लड़ता रहूँगा।'

भारतीय गजट अधिसूचना<br>नं. 2–प्रेस/50

***

आत्म बलिदान करने वाले भारतीय वीरों में मेजर सोमनाथ का नाम सबसे पहले लिया जायेगा। उनकी कथा पाठ्य पुस्तकों का अनिवार्य अंग होनी चाहिये जिसे पढ़कर विद्यार्थियों में शौर्य संचार हो।

## एक बहन के संस्मरण

श्याम कुमारी ने मुझसे अनुरोध किया है कि मैं अपने बड़े भाई मेजर सोमनाथ के विषय में कुछ लिखूँ जिन्हें मरणोपरांत भारत का प्रथम परम वीर चक्र प्रदान किया गया था, तथा जिन्होंने कश्मीर में आत्म बलिदान किया था।

यह घटना मुझे बहुत अच्छी तरह याद है जैसे अभी घटित हुई हो यद्यपि उस समय मैं केवल बीस साल की थी और आध्यात्मिकता के विषय में शायद ही कुछ जानती थी किन्तु, सोमनाथ की मृत्यु एक प्रकार के सशक्त आध्यात्मिक अनुभव के रूप में आयी यद्यपि उस समय मैं इस बात को समझ नहीं सकी और न ही उस पर विश्वास कर सकी।

स्वतंत्रता के बाद, इतनी शीघ्र अक्टूबर 1947 में जब पाकिस्तान ने भारत पर हमला कर दिया तब समय इतना कम था कि भारत को वायुयानों द्वारा अपनी सेनाएँ कश्मीर घाटी भेजनी पड़ीं। सोम की कुमाऊँ रेजीमेंट उस समय दिल्ली में आंतरिक सुरक्षा के कार्य पर नियुक्ति थी और यह यूनिट सबसे पहले श्रीनगर भेजी जाने वाली यूनिटों में से एक थी। खेल में चोट लगने के कारण सोम के बायें हाथ पर कोहनी तक प्लास्तर चढ़ा था। सामान्यतः ऐसा स्थिति में किसी को युद्धक्षेत्र जाने की अनुमति नहीं मिलती। किन्तु सोम ने ज़ोर डाला कि वह अपनी यूनिट के साथ जायेगा। उसने अपने अधिकारी से कहा कि अब तक वह अंग्रेज़ों के लिये बर्मा और मलाया में लड़ा था। अब उसे स्वतंत्र भारत के लिये युद्ध का अवसर मिला था और उसे अपनी टुकड़ी के जवानों का नेतृत्व करने के इस महान् अवसर से वंचित न किया जाये।

सोम स्वभाव से जिंदादिल और बहुत हँसमुख था। वह अत्यंत लोकप्रिय था और डर तो उसे छूकर भी नहीं गया था। उसे अन्य वीर योद्धाओं की तरह गहरा विश्वास था कि बन्दूक की हर गोली पर तथा गोले के हर टुकड़े पर किसी का नाम लिखा होता है और मृत्यु कहीं भी, किसी भी क्षण आ सकती है तथा जो लोग कह रहे थे कि वह चोट के कारण युद्ध में जाने की स्थिति में नहीं है, उन्हें उसने यही उत्तर दिया था।

वह हमारी माता से कहा करता था कि या तो उसे विक्टोरिया क्रॉस मिलेगा या वह सेना का सबसे उच्च अधिकारी अर्थात् *चीफ़ ऑफ़ आर्मी स्टाफ़* बनेगा। वह माँ को अपनी हथेली दिखा कर यह भी कहता था कि उसके हाथ में जीवन रेखा 25 वर्ष की उम्र में कट गई है, अतः वह शायद ही बचे।

स्वतंत्रता के उपरांत दिल्ली में जब दंगे हो रहे थे तब लेडी हार्डिंग मैडिकल कॉलेज में, जहाँ मैं पढ़ रही थी, कफ़र्यू लगा दिया गया था और कुछ दिन बाद हमें खाने की कमी महसूस होने लगी थी। जब मैंने सोम को यह बताया तब वह अपनी फ़ौजी गाड़ी लेकर आया और मुझे तथा हमारे कॉलेज के उन अधिकारियों को, जिन पर भोजन-सामग्री खरीदने का दायित्व था, कॉलेज के पिछले दरवाजे से,

अपनी गाड़ी में बाजार ले गया तथा सामान खरीदवा लाया। अपने इस कार्य के कारण वह पूरे कॉलेज का प्यारा हो गया।

30 अक्टूबर की सुबह वह अपने जवानों की टुकड़ी के साथ हवाई जहाज द्वारा श्रीनगर चला गया और उसे श्रीनगर हवाई अड्डे की रक्षा का दायित्व दिया गया। 3 नवम्बर की संध्या के 6 बजे के लगभग मुझे अपने अंतर में एक घुटन-सी महसूस होने लगी जैसे सोम किसी संकट में था। जब हम बैडमिंटन खेलने गये तब मैंने यह आशंका अपनी एक सखी को भी बताई। उसने मुझे, यह कहकर हिम्मत बंधाई कि सोम अभी तो कश्मीर गया था और इतनी जल्दी उसको कुछ कैसे हो सकता है। किन्तु यह घुटन की अनुभूति इतनी बढ़ गयी कि मुझे लगने लगा कि सोम की अंतरात्मा मेरे पास मँडरा रही थी और वह मुझसे कुछ कहना चाह रहा था जिसे समझने में मैं असमर्थ थी। मुझे हर समय उसकी उपस्थिति की अनुभूति होती रहती थी किन्तु मैं सोचती थी कि जब तक कोई निश्चित खबर न मिले मैं यह कैसे मान सकती थी कि सोम अब नहीं रहा। मैं अपनी व्याकुलता के विषय में किसी से कुछ कह भी नहीं सकती थी क्योंकि मेरी आशंका गलत भी हो सकती थी। एक दिन बाद, 4 नवम्बर को उसकी मृत्यु का समाचार मिला। जब मेरे होने वाले पति ने मुझे यह समाचार दिया मैं आघात से सुन्न और निस्तब्ध हो गयी। उसकी उपस्थिति का अहसास मुझे उस समय तक होता रहा जब तक कि उसकी मृत्यु से संबंधित परंपरा-विहित सभी पूजा-हवन और श्राद्ध आदि कार्य समाप्त नहीं हुए। इससे मुझे इस बात में आस्था हुई कि इन पूजा आदि रस्मों से उसकी अंतरात्मा को शांति और विश्राम पाने में सहायता मिली। इस घटना का मेरे ऊपर इतना गहरा प्रभाव पड़ा कि बहुत बरसों तक मैं इस विषय पर किसी से बात नहीं कर सकी। मैंने अपने बच्चों को कभी उनके मामा के विषय में कुछ नहीं बताया। उन्हें देश के परम वीर चक्र विजेताओं के विषय में बने धारावाहिक को देखकर ये सब सूचनायें मिलीं और उसी को देख कर मेरे बरसों से दबे हुए आँसुओं का बाँध टूट गया और मैं उस गहन व्यथा से मुक्ति पा सकी।

स्वर्गीय मेजर डॉ. कमला तिवारी

# सोमनाथ शर्मा की हुंकार

माता, अब मुझको मत रोको,
आँखों में आँसू तुम पोंछो।
मुझे देश का नाम बचाना,
मुझे देश का मान बढ़ाना।

प्राण-दान की इस वेला में,
भारत रक्षा की वेला में,
बढ़ा कदम पीछे मत लाना,
माता, आँसू मत ढुलकाना।

भारत हित लड़ने का अवसर,
मुझको पहली बार मिला है,
रण का आज खुमार चढ़ा है,
प्राण वार दूँ, चाव बढ़ा है।

माता, मुझको पग-रज दे दो,
परम वीरता का वर दे दो,
माथे पर अब तिलक लगा दो,
माता, मुझको गले लगा लो।

टूटा हाथ एक क्या डरना?
एक हाथ से मुझको लड़ना,
इसी हाथ से सौ को मारूँ,
भारत माँ पर उन को वारूँ।

लौटूँ यदि यश-गौरव पाकर,
भारत माँ की आन निभा कर,
दुश्मन को मैं खूब हरा कर,
मुस्काना तब गले लगा कर।

!! हमारे परम वीर चक्र विजेता !!

प्राण दिये यदि रण में मैंने,
रक्त बहाया रण में मैंने,
गौरव से माँ तुम मुस्काना,
वीर जननि हो यह दिखलाना।

कैसे लड़ा पुत्र यह तेरा,
दुश्मन को कैसे जा घेरा,
सुन लेना यह गौरव गाथा,
नहीं झुकाया उसने माथा।

रक्त बूँद से करके तर्पण,
भारत-भू को तिलक लगाया।
अंग-अंग को करके अर्पण,
भारत माँ को शीश चढ़ाया।

मुझे विदा दो माँ तुम हँस कर,
आज विदा दो गले लगा कर।

# अंतिम युद्ध

सोमनाथ तत्पर जाने को,
आतुर थे वे भिड़ जाने को,
छलक रहा था खून रगों में,
उमड़ रहा था जोश रगों में।

आये मामा समझाने को,
बलिदानी को रुकवाने को।
कहा, "हाथ बँधा जब पट्टी में,
लड़ पाओगे कैसे रण में?"

"समय नहीं पीछे हटने का,
मामा! यह अवसर मरने का,
बड़े भाग से ही मिलता है,
विरलों को यह यश मिलता है।"

जा पहुँचे सोम तब श्रीनगर,
बढ़ा आ रहा था शत्रु जिधर,
लश्कर सहित पहुँचे बड़गाम,
जहाँ छिपे थे शत्रु बलवान।

सोमनाथ के सैनिक सत्तर,
शत्रु के सात सौ से बढ़ कर।
संकट आन पड़ा था भारी,
नहीं सोम ने हिम्मत हारी।

"चाहे कुछ भी हो लड़ना है,
अन्तिम गोली तक लड़ना है।"
तब जंग हुआ ऐसा घमसान,
तीन सौ शत्रु करके कुरबान,

!! हमारे परम वीर चक्र विजेता !!

खुशी-खुशी चढ़ा कर निज प्राण,
हुए देश पर सोम बलिदान।
सफल सोम बलिदान तुम्हारा,
कश्मीर है अभी हमारा।

उस दिन तुम पीछे हट जाते,
दुश्मन को गर पीठ दिखाते,
तब हो जाता भीषण अनर्थ,
पहुँचते कबायली श्रीनगर।

ओ कश्मीर के रक्षक वीर!
ओ देश के अनुपम रणधीर!
हम सब करते तुमको प्रणाम,
परम वीर लो शत-शत प्रणाम।

# परम वीर चक्र विजेता : सेकेंड लेफ़्टिनेंट राम राघोबा राणे

## जन्म और बाल्यकाल

मुगल शासन काल में उत्तर भारत से बहुत-से राजपूत सामंत-सरदार सपरिवार दक्षिण भारत चले गये और उन्होंने वहाँ छोटे-छोटे रजवाड़े स्थापित किये। इन सामंतों का एक समूह गोआ में बस गया। ये वीर राजपूत इतने प्रचंड और निर्भीक थे कि वे 50 वर्ष तक पुर्तगालियों से डट कर लड़ते रहे। इन साहसी सरदारों में से एक हमारी इस कथा के नायक राम राघोबा राणे के पूर्वज थे जो मुंबई के उत्तरी कन्नड़ जिले के चेंडिया नामक गाँव में बस गये थे। श्री राघोबा राणे तथा श्रीमती गोपिका राणे के आठ संतानें हुईं। 26 जून 1918 को कुकलीम नाम के गाँव में उनकी दूसरी संतान राम राघोबा राणे का जन्म हुआ।

## ईश्वर में अटूट श्रद्धा

श्री राघोबा राणे तथा श्रीमती गोपिका राणे को ईश्वर में अटूट विश्वास एवं श्रद्धा थी। उनके बच्चों को यह श्रद्धा अपने माता-पिता से विरासत में प्राप्त हुई। बालक

राम को भी भगवान् में पूर्ण विश्वास था। राघोबा राणे का परिवार आस्तिक था। वे धार्मिक आदर्शों को अपने जीवन में उतारने का प्रयत्न करते थे और शास्त्रों के बताये मार्ग पर चलते थे। वे शास्त्रों में गृहस्थों के लिये निश्चित नियमों का यथासंभव पालन करते थे। उनके घर में हर अतिथि का देवता के समान स्वागत होता था। यदि कोई अतिथि ऐसे समय आ जाता था जब घर में भोजन कम होता था तब बालक राम अपनी माता से कहता था, "माँ, मुझे भूख नहीं है। आप मेरा खाना अतिथि को दे दीजिये।"

## आरंभिक शिक्षा

राघोबा राणे पुलिस में सिपाही थे। उनकी बदली एक स्थान से दूसरे स्थान पर होती रहती थी। इस कारण बालक राम की शिक्षा भिन्न-भिन्न जिला स्कूलों में हुई। बचपन से ही राम को खेल-कूद का शौक था। वे पाठ्यक्रम के अतिरिक्त विद्यालय के अन्य कार्यक्रमों में भी उत्साह से भाग लेते थे। उन्हें बालचर (स्काउट) दल के कार्यों में बहुत रुचि थी। उन्होंने कारवार से दसवीं कक्षा की परीक्षा पास की।

अपने परिवार के साथ राम राघोबा राणे

राम राघोबा राणे जन्म से ही देशप्रेमी थे। 1930 में भारत में अंग्रेज़ों के विरुद्ध असहयोग आंदोलन आरंभ हो गया। किशोरावस्था में प्रवेश करने से पहले ही राम देश की स्वतंत्रता के लिये अंग्रेज़ों से लड़ने वालों की सहायता करने लगे। यह देख कर उनके पिता राघोबा चिंतित हो गये। वे सरकारी कर्मचारी थे और

उनका पुत्र सरकार का विरोधी हो, यह उन्हें स्वीकार नहीं था। उन्होंने अपने परिवार को अपने गाँव चेंडिया भेज दिया। इस प्रकार राम का देश के स्वतंत्रता संग्राम में भाग लेने का सपना अधूरा रह गया।

## सेना में भरती

1940 में द्वितीय महायुद्ध पूरे ज़ोर पर था। उस भयानक युद्ध में सेनाएँ आगे बढ़ रही थीं, हार रही थीं, जीत रही थीं, मिट रही थीं। मानवता का भविष्य दाँव पर लगा था। साहसी राम राघोबा ने सेना में जाने का निश्चय कर लिया। 10 जुलाई 1940 को राम राघोबा *बाम्बे इंजीनियर्स* सैन्य दल में भरती हो गये।

राम राणे को अपने जत्थे में सर्वश्रेष्ठ रंगरूट घोषित किया गया और उन्हें कमांडेंट की छड़ी प्रदान की गयी तथा उनकी पदोन्नति करके उन्हें नायक बना दिया गया।

## नायक राम राघोबा द्वितीय विश्व युद्ध में बर्मा में

प्रशिक्षण समाप्त होने के बाद नायक राम राघोबा को 26 पदाति डिवीज़न के नीचे कार्य कर रही 28 फ़ील्ड कंपनी में नियुक्त किया गया। द्वितीय विश्व युद्ध में 26 पदाति डिवीज़न बर्मा के जंगलों में जापानियों से लड़ रहा था। एक बार बुथीडौंग मोरचे पर पूरे 26 पदाति डिवीज़न को युद्धक्षेत्र से पीछे हटना पड़ा। 26 पदाति डिवीज़न के सेनापति ने नायक राम राघोबा के नेतृत्व में 28 फ़ील्ड कंपनी की दो टुकड़ियों को गोला-बारूद के भंडार और सेना के वाहनों को नष्ट करने के लिये छोड़ दिया, जिससे यह युद्ध-सामग्री जापानियों के हाथ में न पड़े। इसके बाद शेष डिवीज़न पीछे हट गया। यद्यपि जापानी आगे बढ़ते आ रहे थे और उन्होंने 28 फ़ील्ड कंपनी की टुकड़ियों को चारों ओर से घेर लिया था फिर भी नायक राणे और उनके सैनिकों ने समस्त युद्ध सामग्री नष्ट कर दी। 26 पदाति डिवीज़न की योजना थी कि गोला-बारूद के भंडार और सेना के वाहनों के नष्ट हो जाने के बाद नौसेना की नौकाएँ 28 फ़ील्ड कंपनी की दोनों टुकड़ियों को निकाल कर ले जायेंगी। किन्तु दुश्मन इतना पास आ गया था और उसने इन टुकड़ियों को इस प्रकार घेर लिया था कि नौसेना के जहाज़ उन्हें निकालने नहीं आ सके। जापानियों से घिरे हुए इन सैनिकों के बचने की कोई आशा प्रतीत नहीं होती थी।

शूरवीर असंभव परिस्थितियों में से बच निकलने के लिये राह बना लेते हैं। जापानी भारी संख्या में नदी के दोनों तटों पर गश्त लगा रहे थे फिर भी राम

राघोबा राणे चार दिन तक अपने सैनिकों को लेकर जापानियों की आँखों में धूल झोंकते रहे और आखिर में एक नाव में बच निकले। नाव के पेंदे में छेद हो गया था। पानी तेज़ी से अंदर आने लगा। नायक राणे ने बुद्धिमानी से उस छेद को आटे की बोरियों से बंद कर दिया। वे अपने सभी सैनिकों को जीवित निकाल लाने में सफल हुए और बाहरी बाज़ार में अपने डिवीज़न से आ मिले। उनकी वीरता तथा कौशल के पुरस्कार स्वरूप उनकी पदोन्नति करके उन्हें हवलदार बना दिया गया।

## 1947-48 का युद्ध : पदोन्नति : सेकेंड लेफ्टिनेंट

राम राघोबा राणे की एक-के-बाद एक पदोन्नतियाँ होती गईं। देश के स्वतन्त्र होने के उपरांत उन्हें कमीशन देकर सेकेंड लेफ्टिनेंट बना दिया गया।

सेकेंड लेफ्टिनेंट राम राघोबा नायक राणे के लिये गौरव और कीर्ति अर्जित करने का तथा देश का सर्वोच्च सैनिक सम्मान परम वीर चक्र पाने का समय समीप आ गया था। किन्तु आइये, अकल्पनीय वीरता की यह कहानी लिखने से पहले हम 1947-48 के भारत-पाकिस्तान युद्ध के समय के राजनीतिक दृश्य पर दृष्टिपात करें।

यहाँ यह जानना आवश्यक है कि आखिर भारत और पाकिस्तान के बीच 1947-48 का यह युद्ध क्यों हुआ। 1947 में हमारी भारतमाता के दो टुकड़े हो गये। देश विभाजित हो गया। भारत के जिन प्रांतों में मुसलमान बहुसंख्यक थे, उन्हें जोड़ कर एक नये देश पाकिस्तान का निर्माण हुआ। भारत के 500 से अधिक देशी राज्यों को यह स्वतंत्रता दी गयी कि वे दोनों में से जिस भी देश से चाहें संयुक्त हो सकते हैं। देश में भयानक दंगे हो रहे थे जिनमें लाखों व्यक्ति मारे गये। अब संसार के इतिहास में सबसे बड़ा, हिन्दुओं और सिखों का भारत की ओर तथा मुसलमानों का पाकिस्तान की ओर, देशांतरण आरंभ हुआ।

कश्मीर के महाराजा हरिसिंह एक स्वतंत्र कश्मीर का सपना देख रहे थे, जिसके भारत तथा पाकिस्तान दोनों से मैत्रीपूर्ण संबंध होंगे। पाकिस्तान को यह स्वीकार नहीं था। कश्मीर घाटी में मुसलमानों के बहुसंख्यक होने के कारण पाकिस्तान की माँग थी कि कश्मीर का विलय पाकिस्तान में हो।

विभाजन के कुछ ही दिन बाद पाकिस्तानियों ने कश्मीर को बलपूर्वक हड़पने का षड़यंत्र रचा। उन्होंने जंगली और खूंखार कबायलियों को पाकिस्तानी सेना के साथ मिल कर कश्मीर पर आक्रमण करने के लिये बुलाया। कबायलियों

को लोभ दिया गया था कि वे जितना माल लूट सकें और जितनी स्त्रियों का अपहरण कर सकें, उन्हें अपने साथ ले जा सकते हैं। 20 अक्टूबर 1947 को इन लश्करों ने कश्मीर पर कई दिशाओं से हमला कर दिया। पहला हमला मुज़फ़्फ़राबाद पर हुआ। मुज़फ़्फ़राबाद को लूट कर और जला कर इन हमलावरों ने डोमेल और उरी पर कब्ज़ा कर लिया। अब वे राजौरी की तरफ़ बढ़ चले।

महाराजा हरिसिंह ने राजौरी की रक्षा के लिये अपनी सेना भेजी। ब्रिगेडियर छतरसिंह की अधीनता में कर्नल रहमतुल्ला खान को 9 जम्मू-कश्मीर कंपनी का कमांडर बना कर झांगर भेजा गया और उन्हें सेन्सा को पुनः जीतने का आदेश दिया गया। मेजर नसरुल्ला के नेतृत्व में 3 जम्मू-कश्मीर कंपनी को 9 जम्मू-कश्मीर की सहायता के लिये भेजा गया। किन्तु कर्नल रहमतुल्ला खान और मेजर नसरुल्ला ने कश्मीर राज्य के विरुद्ध विद्रोह कर दिया और अपने ही गुरखा सैनिकों की रात में सोते समय नृशंसता से हत्या कर दी। अब ये दोनों विद्रोही त्रोची के किले की ओर बढ़े। कश्मीर राज्य की सेना के कप्तान रघुबीर सिंह थापा अपने गुरखा सिपाहियों के साथ इस किले की रक्षा कर रहे थे। कर्नल रहमतुल्ला खान और मेजर नसरुल्ला ने उन सब की हत्या कर दी।

## 27 अक्टूबर 1947 : महाराजा द्वारा भारत-विलय के दस्तावेज़ पर हस्ताक्षर

कश्मीर की स्थिति तेज़ी से बिगड़ने लगी। क्रूर पाकिस्तानी सेना और हत्यारे कबायली लश्करों ने महाराज हरिसिंह के स्वतंत्र कश्मीर के सपने को चूर-चूर कर दिया था। हमलावर श्रीनगर के हवाई अड्डे की ओर बढ़ रहे थे। महाराजा के निजी हवाई जहाज के उतरने के लिये बनाई गई यह हवाई पट्टी भारत को कश्मीर से जोड़ने वाली एकमात्र कड़ी थी।

महाराजा ने पाकिस्तान और भारत के साथ एक अस्थायी (स्टैंड स्टिल) समझौता किया था। पाकिस्तान ने महाराजा के साथ विश्वासघात किया और उस अस्थायी समझौते को तोड़ कर कश्मीर पर हमला कर दिया। पाकिस्तान के विश्वासघात, कबायलियों की नृशंसता और अपनी सेना के विद्रोह, पराजय तथा विघटन ने महाराजा को भारत में अधिमिलन के लिये विवश कर दिया। 27 अक्टूबर को महाराजा ने भारत से अधिमिलन के समझौते पर हस्ताक्षर कर दिये। उसी दिन से भारतीय सेना इन बर्बर हमलावरों से कश्मीर की रक्षा करने के लिये हवाई जहाजों द्वारा कश्मीर पहुँचने लगी।

किन्तु महाराजा की इस देर के कारण कश्मीर के मीरपुर, भिंभर, राजौरी, कोटली आदि सीमाप्रांतीय जिलों की निवासी उनकी प्रजा, विशेषतया हिंदुओं को, भीषण विनाश का सामना करना पड़ा। उन्हें कबायलियों और पाकिस्तानी सेना के साथ-साथ अपने मुसलमान पड़ोसियों की बर्बरता का शिकार होना पड़ा जिन्होंने स्वतन्त्रता की घोषणा करके आज़ाद कश्मीर के नाम पर अपनी सरकार बना ली। इन अत्याचारों में स्थानीय मुसलमानों ने कबायलियों और पाकिस्तानी सेना का साथ दिया।

## राजौरी की दर्दनाक कहानी

राजौरी की यह कहानी कमोबेश कश्मीर के उन सब शहरों की कहानी है जहाँ-जहाँ पाकिस्तानी सेना ने अस्थायी या स्थायी रूप से अधिकार कर लिया था। भारत में स्वतंत्रता की तिथि 15 अगस्त 1947 से पहले ही हिन्दू-मुसलमानों के बीच दंगे आरंभ हो गये। राजौरी के नागरिक अपनी सुरक्षा के विषय में चिंतित थे क्योंकि शहर में मुसलमानों की जनसंख्या हिंदुओं से बहुत अधिक थी। शहर के कुछ प्रतिष्ठित नागरिक कश्मीर के प्रधान मंत्री मेहरचन्द महाजन से मिलने गये और उनसे प्रार्थना की कि सेना की कुछ टुकड़ियाँ राजौरी की सुरक्षा के लिये भेज दें। श्री महाजन ने कुछ टुकड़ियाँ भेजीं भी किन्तु शेख अब्दुल्ला ने, जो पंडित नेहरू के कहने से जेल से मुक्त कर दिये गये थे, उन टुकड़ियों को रियासी के अल्पसंख्यक मुसलमानों की रक्षा के लिये भिजवा दिया। अब राजौरी के हिन्दू नागरिकों की रक्षा करने वाला कोई नहीं था।

भारत-विलय के दस्तावेज़ पर हस्ताक्षर होने के एक दिन बाद 28 अक्टूबर 1947 को कर्नल रहमतुल्ला खान और मेजर नसरुल्ला कश्मीर सेना के बहुत से भगोड़ों को साथ लेकर राजौरी के निकट चचेरा के जंगल में पहुँच गये। वे जानते थे कि राजौरी की सुरक्षा का प्रबंध बहुत कमज़ोर था। सूबेदार मेजर भीमसिंह एक गुरखा पलटन और एक डोगरा पलटन के साथ शहर की रक्षा कर रहे थे।

विद्रोहियों द्वारा आक्रमण के भय से 8 नवंबर 1947 को राजौरी के हिन्दुओं ने विद्रोहियों से समझौते की बात चलायी। हिंदुओं ने एक स्थानीय नेता नरसिंह दास को दूत बनाकर आक्रमणकारियों के सामने प्रस्ताव रखवाया कि वे उन्हें तीन करोड़ रुपये देंगे तथा सभी हिन्दू मुसलमान बनने को और पाकिस्तान के प्रति वफ़ादारी की शपथ लेने को तैयार हैं। यदि उन्हें यह समझौता मंजूर नहीं हो तो हिंदुओं को राहखर्च के लिये कुछ रुपये देकर दिल्ली जाने दिया जाये। कर्नल

रहमतुल्ला ने हिन्दुओं के पाकिस्तानी नागरिक बनने के प्रस्ताव को यह कह कर अस्वीकार कर दिया कि उन्हें इस प्रस्ताव को स्वीकार करने का अख़्तियार नहीं है और मुसलमान बनने का प्रस्ताव स्वीकार नहीं है क्योंकि धर्म परिवर्तन करने वालों पर एतबार नहीं किया जा सकता।

सरदार इब्राहिम खान ने 24 अक्टूबर को ही 'आज़ाद कश्मीर सरकार' बनाने की घोषणा कर दी थी। नवम्बर के प्रथम सप्ताह में उन्होंने साखी दिलेर के नेतृत्व में विद्रोहियों के एक अन्य जत्थे को राजौरी पर अधिकार करने के लिये भेजा। दुख की बात है कि राजौरी के मुसलमान नागरिकों ने इन विद्रोहियों के साथ पहले ही संपर्क बना लिया था। 9 नवम्बर को कर्नल रहमतुल्ला ने राजौरी पर आक्रमण कर दिया। स्थानीय पुलिस के पास पूरी तहसील और खजाने की रक्षा करने के लिये केवल पाँच पेटी गोला-बारूद बचा था। राजौरी की गुरखा पलटन बहुत बहादुरी से लड़ी किन्तु वे निस्सहाय हो गये क्योंकि 10 नवम्बर तक उनका गोला-बारूद समाप्त हो गया। रात में हमला करके इन विद्रोहियों ने बाकी गुरखा और डोगरा सैनिकों की हत्या कर दी।

आक्रमण की आशंका से भयभीत होकर आसपास के कस्बों और गाँवों से आकर अनेक हिन्दुओं ने राजौरी में शरण ली थी। इस कारण उस समय राजौरी के 38 हज़ार हिन्दू नागरिकों के अतिरिक्त अन्य कई हज़ार हिन्दू राजौरी में थे। 10 नवम्बर 1947 को राजौरी में हिन्दुओं का नृशंस हत्याकांड आरंभ हुआ और तीन दिन तक चलता रहा। लाशों के ढेर लग गये।

13 नवम्बर 1947 को रहमतुल्ला ने राजौरी के शासन के लिये मिर्ज़ा मोहम्मद हुसैन को नियुक्त किया। एक युद्ध-समिति (वॉर काउंसिल) बनायी गयी। इस समिति ने भारतीय सेना से युद्ध करने के लिये युवकों को भरती किया और उन्हें प्रशिक्षण देने लगी। (*राजौरी रिमेम्बर्ड*, पृष्ठ 44-53)

## भारतीय सेना द्वारा बचाव अभियान : 'ऑपरेशन रेस्क्यू'

कश्मीर की पवित्र भूमि की रक्षा करने के लिये भारत के सैनिक प्राणदान के लिये तत्पर थे। उनका यह बलिदान दुर्गा ने स्वीकार किया और उन्हें हमलावरों को भारतभूमि से निकालने की सामर्थ्य प्रदान की। 13 नवम्बर 1947 को जिस दिन विद्रोहियों ने राजौरी में युद्ध-समिति (वॉर काउंसिल) बनायी, उसी दिन भारतीय सेना ने जम्मू से 'ऑपरेशन रेस्क्यू' प्रारंभ किया। 16 नवम्बर को भारतीय सेना के उच्चाधिकारियों ने दुहरे हमले की योजना बनाई। उरी और जम्मू से दो सैन्य दल

आगे बढ़े। इसमें 161 पदाति ब्रिगेड को पुंछ की सहायता के लिये भेजा गया और 50 पैरा ब्रिगेड को ब्रिगेडियर परान्जपे की अध्यक्षता में नौशेरा, झांगर, कोटली, राजौरी और मीरपुर की सहायता के लिये भेजा गया। 50 पैरा ब्रिगेड ने 19 नवम्बर को झांगर पर बिना विरोध के कब्ज़ा कर लिया। किन्तु कोटली की ओर बढ़ने पर ब्रिगेड की गति धीमी हो गयी क्योंकि विद्रोहियों ने जगह-जगह पत्थरों, मलबे और पेड़ों से रास्ता रोक दिया था और इतना ही नहीं, उन्होंने रास्ते में अनेक स्थानों पर बारूदी सुरंगे दबा दी थीं।

अनेक बाधाओं का सामना करते हुए भारतीय सेना इंच-इंच करके आगे बढ़ रही थी। बलवाई जगह-जगह पर घात लगाये बैठे थे। उन्होंने नदियों के ऊपर बने पुलों को जला दिया था। हमारी सेना के दस्तों पर अनेक आक्रमण किये गये। बहुत कठिन था यह अभियान। पुंछ को एक वर्ष तक विद्रोहियों ने घेरे रखा। वहाँ पर कश्मीर राज्य सेना के 2000 सिपाही, 1 पैरा कुमाऊँ के सैनिक और 40,000 शरणार्थी घिरे थे। इन सब को भारतीय वायु सेना रसद पहुँचा रही थी।

# राजौरी की मुक्ति

लेफ्टिनेंट जनरल कुलवंत सिंह के नेतृत्व में राजौरी की मुक्ति के लिये अभियान आरंभ हुआ। इस अभियान की सफलता के लिये राजौरी के मार्ग में पड़ने वाले नौशेरा और झांगर शहरों को आज़ाद कराना आवश्यक था। यहाँ पर परम वीर चक्र विजेता राम राघोबा राणे के अपूर्व धैर्य, अप्रतिम साहस और अजेय वीरता की कहानी लिखने से पहले एक अन्य वीर ब्रिगेडियर उस्मान का उल्लेख करना आवश्यक है। नौशेरा और झांगर शहरों को आज़ाद कराने के इस युद्ध में ब्रिगेडियर उस्मान ने अद्भुत रण-कौशल का प्रदर्शन किया। उनकी सफलता एवं वीरत्व के लिये उन्हें मरणोपरान्त महावीर चक्र प्रदान किया गया। नौशेरा और झांगर शहरों को आज़ाद कराने के कुछ ही दिन बाद इस वीर ने युद्ध में अपने प्राणों की आहुति दे दी।

ब्रिगेडियर यदुनाथ सिंह को कवचित रेजीमेंट के *सेंट्रल इंडिया हॉर्स* के एक स्क्वाड्रन का नेतृत्व सौंपा गया। 8 अप्रैल 1948 को भारतीय सेना का एक दल नौशेरा से बारवाली पर्वत माला होते हुए राजौरी की ओर बढ़ चला, जहाँ के अधिकांश हिन्दू नागरिकों को लूट, आगजनी, बलात्कार और हत्या द्वारा विनष्ट कर दिया गया था। हमारी सेना का यह कार्य बहुत संकटपूर्ण था क्योंकि कबायली आक्रमणकारियों ने रास्ते में जगह-जगह अनेक बारूदी सुरंगें बिछा दी थीं और

स्थान-स्थान पर बड़ी-बड़ी रुकावटों से पथ अवरुद्ध कर दिया था।

इन बारूदी सुरंगों, अवरोधों और टूटी हुई पुलियाओं का मलबा हटा कर हमारी सेना के टैंकों के लिये रास्ता बनाने का खतरनाक काम सेकेंड लेफ़्टिनेंट राम राघोबा राणे के नेतृत्व में *37 एसौल्ट फ़ील्ड कंपनी* को सौंपा गया था। यह टुकड़ी कवचित दस्ते के सामने चल रही थी। इस टुकड़ी ने भारतीय सेना के मार्ग की सुरंगें और अवरोध साफ़ कर दिये और भारतीय सेना नौशेरा-राजौरी सड़क पर स्थित नादपुर पहुँच गई जो युद्ध की दृष्टि से एक महत्त्वपूर्ण स्थान है। वहाँ पर दुश्मन की टुकड़ियाँ बारवाली पर्वत की चोटियों पर जमी हुई थीं। जब सेकेंड लेफ़्टिनेंट राणे की टुकड़ी ने पथ पर से बारूदी सुरंगें हटाने का काम आरंभ किया तब दुश्मन ने उनके ऊपर तीन इंच के मोर्टार गोलों से आक्रमण किया।

## तीन दिन तक एक टैंक के नीचे

अब हम अपने हीरो परम वीर चक्र विजेता राणे के विलक्षण साहस की कहानी पर आते हैं जिन्होंने दीर्घकालीन सहनशीलता तथा एकाग्रता से पग-पग पर बिछी अनेक बारूदी सुरंगों के पलीते निकाले तथा रास्ते में पड़ने वाले बड़े-बड़े अवरोधों को बारूद से उड़ाया और टैंकों के आगे बढ़ने के मार्ग को साफ़ किया। एक चारपाई के पाये काट कर उसको झूले की तरह सामने के टैंक के पेंदे से बाँध दिया गया। राणे उस पर लेट गये और अपने को उससे बंधवा लिया। उनके हाथों के पास दो रस्सियाँ लटकी थीं जिन्हें टैंक में बैठा हुआ एक व्यक्ति पकड़े था। अगर वे देखते कि सामने कोई बारूदी सुरंग है तो वे उस रस्सी को हिलाते जो टैंक चालक को रुकने को कहती थी, यदि रास्ता साफ़ होता तो वे दूसरी रस्सी हिलाते थे जो आगे बढ़ने का संदेश देती थी। यह कार्य करते समय उनके ऊपर चारों ओर से गोलियाँ दागी जा रही थीं। दुश्मन की तोपें गोले बरसा रही थीं। स्थिति अत्यंत गंभीर थी। किसी भी क्षण उनके टुकड़े-टुकड़े हो सकते थे। किन्तु हमारे नायक ने तीन दिन तक बेमिसाल साहस का प्रदर्शन करके, समय की छाती पर अपने वीर चरणों की अमिट छाप छोड़ी।

धुंआधार बमवर्षा के बावजूद सेकेंड लेफ़्टिनेंट राणे और उनकी टुकड़ी रास्ते से बारूदी सुरंगें तथा अवरोध साफ़ करती रही। गोले-गोलियाँ बरसते रहे। उनकी धाँय-धाँय से सारा पर्वतीय प्रदेश गूँज रहा था। उनकी प्रतिध्वनि पहाड़ों से टकरा कर लौट आती थी। लगता था कि कानों के परदे फट जायेंगे। घायलों की दर्द भरी चीख-पुकार हृदय को चीर कर रख देती थी। राणे के दो साथी शहीद हो

गये और कुछ घायल हो गये थे इसलिये उन्होंने सहायता माँगी। राजौरी में स्थिति भयानक थी। देर होने पर वहाँ के बचे हुए मुट्ठी भर हिन्दू भी मारे जाते। आगे बढ़ने के लिये यह आवश्यक था कि बारवाली के शिखरों से गोले-गोलियाँ बरसाने वाले दुश्मन के दल को बंदी बना लिया जाये। कठिनाई यह थी कि शत्रु सैनिकों की इस टुकड़ी ने अपने मोर्चे के चारों तरफ़ पर्वत के ढालों पर सैकड़ों बारूदी सुरंगे बिछा दी थीं और बड़ी-बड़ी चट्टानों से रास्ता बंद कर दिया था। इससे भी कठिन बात थी कि वे चोटी पर जमे थे।

स्थिति की गंभीरता को देखते हुए लेफ्टिनेंट राम राघोबा राणे ने सहायता के लिये प्रतीक्षा न करके आगे बढ़ते रहने का निर्णय लिया। वे चारों ओर नाचती हुई मौत की परवाह न करके सावधानी से इंच-इंच बढ़ कर सुरंगों के पलीते निकालते रहे और रास्ते के बड़े-बड़े अवरोधों को हटाते रहे। मानों दिव्य शक्तियों ने उनके चारों ओर सुरक्षा का एक अदृश्य घेरा डाल दिया था। किसी गोली-गोले ने उन्हें छुआ तक नहीं। अन्त में रास्ता साफ़ हो गया और बारवाली शिखर पर जमे हुए दुश्मन के दल को भी हमारी सेना ने बंदी बना लिया।

## एक विशाल पथ-अवरोध

अब हमारे दस्ते के सामने एक अन्य विशाल पथ-अवरोध आया। जब तक यह पथ-अवरोध नहीं हटाया जाता हमारी सेना के लिये आगे बढ़ना असंभव था। स्थिति को और भी कठिन बना रहे थे पहाड़ियों पर जमे हुए शत्रु-दल, जो इस रास्ते पर बढ़ने के सभी मार्गों को रोके हुए थे। यह पथ-अवरोध ऐसे स्थान पर था जिसके पहलू में कोई उपमार्ग नहीं बनाया जा सकता था।

शत्रु की भारी बमबारी के बावजूद, साँपों की तरह रेंगते हुए राणे और उनके सहायक सड़क पर दबी हुई एक के बाद दूसरी, दूसरी के बाद तीसरी, अनेक सुरंगों के पलीते निकालते गये। वह टैंक जिसके पेंदे से लेफ्टिनेंट राणे बंधे थे, इंच-इंच बढ़ता हुआ उस बड़े पथ-अवरोध तक पहुँचा जिसके कारण हमारी सेना आगे नहीं बढ़ पा रही थी। राणे ने उस पथ-अवरोध को विस्फोटकों से उड़ा दिया। जब राणे रेंग रहे थे, उनके चारों ओर सन्-सन् करती गोलियाँ और भयानक धमाके करते हुए बम बरस रहे थे जिनके आघातों से, बारूदी सुरंगों के पलीते निकालते हुए, मृत्यु के दूत गोले-गोलियों ने उनके साथियों के शरीरों की धज्जियाँ उड़ा दी थीं। अपने प्रिय साथियों के रक्त के छींटें उनके ऊपर गिर रहे थे। उनकी चीखें राणे के कानों में गूँज रही थीं। लगता था काली का नृत्य हो रहा है। किन्तु राणे

ने अपने हृदय को पत्थर बना लिया और मरते हुए साथियों के लिये होने वाले दुख को पीछे धकेल दिया। उनका रोम-रोम अगली बारूदी सुरंग के पलीते निकालने और अगले पथ-अवरोधों को हटाने के दुरूह कार्य में एकाग्र था। इस काम में उन्हें क्षण-क्षण मृत्यु का सामना करना पड़ रहा था। जरा भी असावधानी होने पर उनके शरीर के टुकड़े-टुकड़े हो जाते।

सेकेंड लेफ़्टिनेंट राणे पथ पर बिखरे हुए पत्थरों के ऊपर से रेंग रहे थे, वे पेड़ों की उलझी डालों पर से, गोले-गोलियों के टुकड़ों पर से, काँटेदार तारों पर से, दोस्तों और दुश्मनों के शरीरों के लोथड़ों के ऊपर से रेंग रहे थे। एक अतिमानवीय एकाग्रता से वे सड़क में दबी हुई बारूदी सुरंगों के पलीते निकाल रहे थे। उन्होंने कितनी बारूदी सुरंगों के पलीते निकाले, यह गिनने का उनके पास समय ही नहीं था। अनेक सुरंगे थीं और अगर उनमें से एक भी फट जाती तो वीरवर राणे और उनके टैंक की धज्जियाँ उड़ जातीं। सुरंगों के पलीते निकालने के साथ ही उन्होंने कटे हुए पेड़ों और बड़े-बड़े वृक्षों, पत्थरों, विस्फोटों द्वारा तोड़ी हुई पुलियाओं तथा काँटेदार तारों से बने हुए पथ-अवरोधों को तोड़ा।

## "जाको राखे साँइयाँ मार सके न कोय"

लगता था मानों युद्ध की देवी ने लेफ़्टिनेंट राणे के ऊपर सुरक्षा का वरद हस्त फैलाया हुआ था। जिसके कारण गोले-गोलियाँ उन्हें छू भी नहीं सके, मौत उनका कुछ भी नहीं बिगाड़ सकी, अन्यथा यह कैसे संभव होता कि उनके साथ यही काम करते हुए उनके कई साथियों के शहीद होने पर भी उनका बाल भी बाँका नहीं हुआ।

सेकेंड लेफ़्टिनेंट राणे ने यह काम बिना सोये, बिना खाये, दो-चार नहीं, 96 घंटों तक किया। उनकी अविश्वसनीय वीरता के इस कार्य के परिणामस्वरूप भारतीय सेना द्वारा चिंगिस की विजय का मार्ग खुल गया। हमारी सेना ने 10 अप्रैल को चिंगिस और 12 अप्रैल को राजौरी पर कब्ज़ा कर लिया।

भारतीय सेना के आने की सूचना पाकर आज़ाद कश्मीर सेना के मिरज़ा मोहम्मद हुसैन हज़ारों आक्रमणकारियों को साथ लेकर पीछे हट कर जूना की ओर चले गये। जब ब्रिगेडियर यदुनाथ सिंह ने राजौरी में प्रवेश किया तो उन्हें तीन गड्ढों में, जिनमें से प्रत्येक 50 वर्गमीटर के आकार का था, हिन्दू नागरिकों के शव मिले, जिन्हें दुश्मनों ने राजौरी छोड़ने से पहले कत्ल कर दिया था। इस हृदयविदारक दृश्य को देखकर हमारी सेना का विजय का हर्ष फीका पड़ गया।

## परम वीर चक्र की उपलब्धि

जम्मू और कश्मीर के युद्ध में विलक्षण वीरता दिखलाने के उपलक्ष्य में लेफ़्टिनेंट राम राघोबा राणे को भारत का वीरता का सर्वोच्च सम्मान परम वीर चक्र प्रदान किया गया।

# प्रशस्ति पत्र
# सेकेंड लेफ़्टिनेंट राम राघोबा राणे
# बॉम्बे इंजीनियर्स (एस एस-14246)

8 अप्रैल 1948 को सेकेंड लेफ़्टिनेंट राम राघोबा राणे (बॉम्बे इंजीनियर्स) को आदेश मिला कि वह बारूदी सुरंगें हटाने और सड़कों पर पड़े अवरोधों को हटाने के काम में लगे दस्ते का नेतृत्व करें। यह दस्ता नौशेरा-राजौरी सड़क पर पहाड़ी ग्रामीण इलाके में छब्बीसवें मील के पत्थर पर काम कर रहा था।

उसी दिन, दिन में ग्यारह बजे नादपुर दक्षिण के पास सेकेंड लेफ़्टिनेंट राम राघोबा राणे और उनके जवान टैंकों के पास काम प्रारंभ करने की तैयारी कर रहे थे, तभी दुश्मन ने मोर्टारों से ज़बरदस्त हमला किया। फलतः सुरंगें उठाने वाले दस्ते के दो जवान मारे गये और राणे सहित पाँच सैनिक घायल हो गये। अधिकारी राणे ने तुरंत अपने दल को पुनर्गठित किया और टैंकों के आगे चलने के लिये रास्ता साफ़ करना आरंभ किया। पूरे दिन वे टैंकों के आगे-आगे रहे और उधर दुश्मन तेजी से मशीनगनों और मोर्टारों से हमला करता रहा।

शाम को साढ़े चार बजे बारवाली पुल पर भारतीय सेना का कब्ज़ा हो गया। यह ज्ञात था कि दुश्मन ने अभी इलाका खाली नहीं किया है, पर फिर भी सेकेंड लेफ़्टिनेंट राम राघोबा राणे ने अपने दल के साथ आगे बढ़ना जारी रखा और भारतीय टैंकों के लिये दूसरा रास्ता तैयार किया। वे दुश्मन की भारी गोलाबारी के बीच भी रात्रि दस बजे तक काम करते रहे।

9 अप्रैल की प्रातः छह बजे उन्होंने फिर काम आरंभ किया। दिन में तीन बजे तक उन लोगों ने लगातार काम किया और टैंकों के लिये नया पूरा रास्ता तैयार कर दिया। जब बख्तरबंद दस्ता बढ़ा तो राणे पहले वाहन में बैठ गये और आगे चले। आधा मील चलने पर उन्हें सड़क पर चीड़ के पेड़ पड़े हुए मिले। उन्होंने तुरंत वे पेड़ हटवाए। आगे बढ़ने पर 300 गज बाद फिर गिरे हुए पेड़ मिले। ये सब भी तुरंत हटा दिये गये। इस समय तक शाम के पाँच बज चुके थे।

वह सड़क पहाड़ी पर लिपटे साँप की तरह घुमावदार थी। आगे बढ़ने पर एक टूटी पुलिया मिली। राणे फिर से काम पर जुट गये, लेकिन काम प्रारंभ होने से पहले ही दुश्मन ने गोलाबारी आरंभ कर दी। पर उन्होंने अति उत्साह और कुशल नेतृत्व का प्रदर्शन करते हुए नई सड़क बना डाली और टैंक आगे बढ़ते गये। हर अवरोध को उन्होंने बारूद से उड़ा डाला। शाम के सवा छह बज चुके थे और सूर्य की रोशनी समाप्त हो चुकी थी। ज्यों ही टैंक आगे बढ़े, रास्ता फिर बंद मिला। चीड़ के पाँच पेड़ गिरे हुए थे और उनके नीचे बारूदी सुरंगें भी छिपी हुई थीं। राणे फिर अवरोध हटाने में जुट गये, पर बख्तरबंद दस्ते के कमांडर ने उन्हें व अपने दस्ते को किनारे विश्राम करने के लिये कहा।

10 अप्रैल 1948 को प्रातः पौने पाँच बजे ही उन्होंने काम प्रारंभ कर दिया। उधर दुश्मन के टैंक भी आ गये थे और मशीनगनों से गोलियों की बौछार हो रही थी। अपनी दृढ़ इच्छाशक्ति से ले. राणे ने साढ़े दस बजे तक रास्ता साफ़ कर दिया। अगले 1000 गज पर फिर रास्ते पर भारी अवरोध पड़ा मिला। उधर से दुश्मन ने पूरा इलाका घेर रखा था और मशीनगनें आग उगल रही थीं, इधर घायल राणे एक महामानव की तरह पूरी हिम्मत व अनुकरणीय नेतृत्व क्षमता से जान की

राम राघोबा राणे राष्ट्रपति से परम वीर चक्र पाते हुए

परवाह न करते हुए काम पर जुटे रहे। दिन में साढ़े दस बजे तक उन्होंने वह रास्ता भी साफ़ कर दिया।

बख़्तरबंद दस्ता आगे बढ़ता गया और तवी नदी के किनारे वह सड़क से अलग चलने लगा, पर सेकेंड लेफ़्टिनेंट राणे आगे आने वाले दस्तों के लिये सड़क खाली कराने में जुट गये। भारतीय टैंक दिन में दो बजे चिंगास पहुँच गये। उधर राणे व उनके जवान रात्रि नौ बजे तक बिना विश्राम और भोजन के काम में जुटे रहे।

भारतीय गजट अधिसूचना
संख्या 5 – प्रेस/50

## लेफ़्टिनेंट राणे के जीवन के कुछ उल्लेखनीय पहलू

1947-48 के युद्ध में एक बार लेफ़्टिनेंट राणे ने एक कुएँ में कूद कर एक डूबती हुई लड़की की जान बचायी।

## विवाह : परिवार

3 फ़रवरी 1955 को लेफ़्टिनेंट राणे का श्रीमती राजेश्वरी से विवाह हुआ। उन्होंने अपनी पत्नी से कहा, "आपसे विवाह करने के ही लिये मैं जीवित वापस लौटा हूँ।"

राणे दंपती के तीन पुत्र और एक पुत्री हुए। उनके सबसे बड़े पुत्र अजित सेना में कर्नल हैं। दूसरे पुत्र प्रह्लाद और तीसरे पुत्र राजेन्द्र इंजीनियर हैं। उनकी पुत्री उज्ज्वला संदेशमहाते ने कैम्ब्रिज विश्वविद्यालय से एल.एल.एम. किया और अब न्यू जर्सी में कार्यरत् हैं।

## कुशल शिकारी : अचूक निशाना

लेफ़्टिनेंट राणे एक कुशल शिकारी थे। उन्हें शिकार का बहुत शौक था। अपने जीवन काल में उन्होंने सात तेंदुए मारे थे। एक बार शिकार के समय एक विशालकाय तेंदुआ उनसे केवल 10 फुट की दूरी पर था। काल के उस दूत ने राणे को देखा तो दहाड़ मारते हुए उनकी ओर छलाँग लगा दी। राणे ने अकंपित हाथों से तेंदुए को गोली मारी। गोली कुदान के बीच में ही तेंदुए के सिर में लगी और वह ढेर हो गया। राणे उसे कंधे पर लाद कर घर लाये। उस तेंदुए के साथ उनका एक फ़ोटो भी है। श्रीमती राणे के अनुसार यह 1958 की घटना है। उन्हें यह साल याद है क्योंकि उसी साल उनके दूसरे बेटे का जन्म हुआ था।

राणे को निशानेबाजी का भी बहुत शौक था। वे दीवार पर गोलियाँ दाग कर किसी का भी नाम अंकित कर देते थे।

# 1962 : चीन युद्ध

1962 में चीन से हुए युद्ध में राणे की जीप जवानों के लिये सामग्री ले जाते समय हज़ारों फ़ुट गहरी तंग घाटी में गिर पड़ी। मृत्यु समीप और निश्चित प्रतीत होती थी। किन्तु वीर राणे लुढ़कती हुई जीप में से कूद कर खाई की बाजू में उगे एक पेड़ की डाल पकड़ कर लटक गये। जीप हज़ारों फ़ुट नीचे जा गिरी। वीरवर राणे अपना समस्त मनोबल एकत्रित करके, पूरी शक्ति से उस पेड़ की डाल को पकड़ कर लटके रहे। एक-एक पल युग के समान लग रहा था। पाँवों के नीचे हज़ारों फ़ुट गहरी घाटी थी। मानों घाटी की तली में मृत्यु मुँह बाये उनकी प्रतीक्षा कर रही थी। चार घंटे इसी प्रकार बीते। डाल से लटके-लटके उनके कंधे जवाब देने लगे किन्तु वे जानते थे कि डाल छुटने पर मृत्यु निश्चित थी, अतः उन्होंने जैसे-तैसे डाल को पकड़े रखा। ईश्वर कृपा से समय रहते ही सेना के एक ट्रक में कुछ लोगों ने आकर उन्हें निकाला।

विचित्र संयोग है कि जब उनकी जीप घाटी में गिरी, घर पर उनकी पत्नी राजेश्वरी जी का मंगलसूत्र खो गया था। संध्या को मंगलसूत्र घर ही में मिला। राजेश्वरी जी मंगलसूत्र के विषय में बहुत सावधान रहती थीं और उसे गले से कभी नहीं उतारती थीं। मंगलसूत्र का खोना और मिलना एक रहस्य ही था।

## सेवाकाल, पद और स्थान

परम वीर लेफ़्टिनेंट राणे ने 14 अगस्त 1950 तक 37 फ़ील्ड कंपनी में कार्य किया। इसके बाद उन्हें केन्द्र में नियुक्त किया गया जहाँ पर उन्होंने 1 अप्रैल 54 तक प्रमुख परिवहन ऑफ़िसर के रूप में कार्य किया। जुलाई 1954 में उन्हें कश्मीर के महाप्रभु मेले में कार्य के प्रति उनकी निष्ठा के लिये भारतीय सेनाध्यक्ष का सराहना पत्र (कमैन्डेशन कार्ड) मिला। उसके बाद उन्हें एक पदाति इंजीनियर्स डिवीज़न में नियुक्त किया गया। जहाँ पर उन्होंने अप्रैल 1956 तक फ़ील्ड फ़ोर्स इंजीनियरिंग के कैप्टेन के रूप में कार्य किया। इसके बाद उन्हें बम निरस्त करने वाली एक पलटन में भेजा गया जहाँ उन्होंने 3 अक्टूबर 1957 तक कार्य किया। इसके बाद उन्हें 2 नेशनल कैडेट कोर बटालियन का कमांडिंग अफ़सर बना कर भेजा गया और इस यूनिट में उन्होंने 23 फ़रवरी 1960 तक कार्य किया। 17

जनवरी 1968 तक उन्होंने टैरीटोरियल आर्मी के प्रशासक अधिकारी के रूप में कार्य किया। 4 फ़रवरी 1969 को उन्हें पुनः कार्य देकर महाराष्ट्र इंजीनियरिंग कंपनी नेशनल कैडेट कोर का कमांडिंग अफ़सर बनाया गया।

इस प्रकार अनेक दायित्वों का सफलता से निर्वाह करते हुए परम वीर मेजर राम राघोबा राणे 7 अप्रैल 1971 को सेवानिवृत्त हुए। सेवानिवृत्ति के बाद वे सपरिवार पूना में ही रहे और बॉम्बे इंजीनियर्स के कार्यालय में प्रायः जाते थे।

बी. ई. जी. में शहीद स्मारक

## परम वीर का देहावसान

कोर ऑफ़ इंजीनियर्स के एक मात्र परम वीर चक्र विजेता मेजर राम राघोबा राणे का 11 जुलाई 1994 को पूना के कमांड अस्पताल में एक साधारण बीमारी से देहावसान हुआ। उनका अंतिम संस्कार पूरे सैनिक सम्मान के साथ किया गया।

## विक्टोरिया क्रॉस विजेता प्रेमिन्द्र सिंह भगत से कुछ असामान्य समानताएँ

मेजर जनरल इयान कार्डोज़ो ने अपनी पुस्तक *परम वीर—आवर हीरोज़ इन बैटल* में द्वितीय महायुद्ध के दौरान 1941 में विक्टोरिया क्रॉस पाने वाले प्रेमिन्द्र सिंह भगत और 1947-1948 के भारत-पाकिस्तान युद्ध में परम वीर चक्र विजेता मेजर

राणे के बीच में कुछ असामान्य समानताओं का उल्लेख किया है।

1. दोनों पुरस्कार प्राप्ति के समय सेकेंड लेफ़्टिनेंट थे।

2. दोनों बॉम्बे इंजीनियर्स के अफ़सर थे।

3. अभियान के दौरान दोनों के साथियों में से कई मारे गये।

4. दोनों को एक लंबे अरसे तक दुश्मन की गोलाबारी के बावजूद बारूदी सुरंगों तथा पथ-अवरोधक साफ़ करने के लिये यह पुरस्कार प्रदान किया गया।

5. दोनों ने 96 घंटों तक बारूदी सुरंगें तथा पथ-अवरोध हटाये।

6. ईश्वर कृपा से दोनों जीवित रहे।

जनरल कार्डोज़ो के अनुसार यह अनुमान का विषय है कि भिन्न-भिन्न महादेशों में हुए भिन्न-भिन्न युद्धों में उन्हें यह श्रेष्ठतम पुरस्कार मिलना क्या एक संयोग था या उनमें से एक ने दूसरे से प्रेरणा ली थी?

राम राघोबा राणे की पत्नी सेना प्रमुख को परम वीर चक्र सौंपती हुई

## राम राघोबा राणे की ललकार

भारत के सम्मान की मुझको कसम,

साँगा की कृपाण की मुझको कसम,

महाराणा की आन की मुझको कसम,

शिवा के अभिमान की मुझको कसम,–

हटूँगा नहीं पीछे एक भी कदम,

दुश्मन का कर दूँगा सर्वथा दमन।

चीर दूँगा नृसिंह की तरह शत्रु को,

कुचल दूँगा पाँवों तले शत्रु को।

दुश्मन का मनसूबा कर दूँगा व्यर्थ,

वीरता को दे दूँगा नया एक अर्थ,

होगा मेरा जन्म तभी सार्थक।

पदचिह्न छोड़ूँगा काल के वक्ष पर,

नाम लिख दूँगा इतिहास के पृष्ठ पर।


भारत के सम्मान की मुझको कसम,

साँगा की कृपाण की मुझको कसम।

# नाम तुम्हारा!

सेनानी,
माँगते हो यदि तुम
देश की आजादी,
चाहते हो यदि तुम
देश की अखंडता,–
दुश्मन को कुचल दो
भारत के नाम पर,
बाजी लगा दो तुम
भारत की आन पर,
लहू से तिलक कर दो
भारत के भाल पर।


भाग से मिलता है
असंभव को संभव
बनाने का अवसर,
हर्षित हैं देवता
तुम्हारे शौर्य पर
नाम जगमग करेगा
तुम्हारा हमेशा
भारत के भाल पर।

# परम वीर चक्र विजेता : मेजर शैतान सिंह

## जन्म और बाल्यकाल

राजस्थान के जोधपुर जनपद की फलौदी तहसील के बणासर गाँव में 1 दिसम्बर 1924 की शुभ तिथि पर लेफ़्टिनेंट कर्नल हेमसिंह और श्रीमती जवार कंवर के पुत्र का जन्म हुआ। शिशु के माता-पिता ने स्वप्न में भी नहीं सोचा था कि एक दिन उनका पुत्र भारतीय सेना द्वारा वीरता के लिये दिया जाने वाला सर्वोच्च सम्मान 'परम वीर चक्र' प्राप्त करेगा तथा इस गाँव का नाम उनके पुत्र के नाम पर 'शैतान सिंह नगर' रखा जायेगा।

उन्होंने अपने पुत्र का नाम शैतान सिंह रखा था, जिसका सामान्य अर्थ है 'नटखट सिंह'। यह एक विचित्र नाम था और बड़े होने पर इस नाम के कारण बालक को बहुत असुविधा हुई। कुछ लोग उसकी हँसी उड़ाते थे और कुछ तो विश्वास ही नहीं करते थे कि यह उसका वास्तविक नाम है। वे सोचते थे कि बालक उनको बुद्धू बना रहा है।

ले. कर्नल हेमसिंह जोधपुर रियासत की सेना में एक अफ़सर थे। वे प्रथम

महायुद्ध में बहुत वीरता से लड़े थे और फ़्रांस में घायल भी हुए थे। वहाँ उनकी वीरता के कारण एक युद्ध में हार जीत में बदल गयी थी। उनकी असाधारण वीरता के लिये अंग्रेज़ सरकार ने उन्हें ओ. बी. ई. (ऑर्डर ऑफ़ ब्रिटिश एम्पायर) आदि कई सैनिक सम्मान दिये थे। 1947 में भारत के स्वतंत्र होने के पश्चात् जोधपुर तथा अन्य देशी राज्यों की सेनाएँ भारतीय सेनाओं में मिला ली गयीं। हेमसिंह ने भारतीय सेना में भी वीरत्व के पदचिह्न बनाये तथा धीरे-धीरे उनकी पदोन्नतियाँ हुईं तथा वे ले. कर्नल के पद से सेवानिवृत्त हुए।

स्वाभाविक ही था कि बालक शैतान सिंह पर अपने पिता की वीरता का बहुत प्रभाव पड़ा। वह अपने पिता की नेतृत्व-कुशलता, वीरता, कार्य के प्रति निष्ठा तथा ईमानदारी से बहुत प्रभावित हुआ। वे उसके आदर्श थे। अनेक बार उसने अपने पिता के मुख से प्रथम महायुद्ध की उन महान् लड़ाइयों की कहानियाँ सुनी थीं जिनमें उन्होंने भाग लिया था। इस प्रकार वीरता शैतान सिंह के खून में थी और साहस उसे विरासत में मिला था।

# शिक्षा

शैतान सिंह ने 10वीं कक्षा तक जोधपुर के प्रसिद्ध राजपूत हाई स्कूल चौपासनी में शिक्षा पायी थी। आज उस स्कूल के हॉल में उनका आदमकद फ़ोटो लगा हुआ है। उस समय ए.पी. कॉक्स नाम के एक अंग्रेज़ इस विद्यालय के प्रधानाचार्य थे। यह आवासीय विद्यालय अपने अनुशासन एवं खेलों में श्रेष्ठता के लिये प्रसिद्ध था। विद्यालय के एक विद्यार्थी गोविन्द सिंह को प्रथम महायुद्ध में विक्टोरिया क्रॉस मिला था। इस विद्यालय के बहुत से विद्यार्थी भारतीय सेना में भरती हो गये थे।

शैतान सिंह के एक सहपाठी नारायण सिंह भाटी ने एक लेख में उनके विषय में लिखा है, "हम दोनों कई वर्षों तक प्रताप हाउस (एक छात्रावास) में रहा करते थे। उसी छात्रावास में साथ-साथ रहने के कारण मुझे बराबर उनके निकट संपर्क में आने का सौभाग्य मिलता रहा था। वर्षों तक हम साथ रहे। सभी विद्यार्थी उनका बहुत सम्मान करते थे। वे बहुत कम बोलते थे और सादगी उनकी विशेषता थी। क्रोध तो उन्हें कभी आता ही नहीं था। उनका जीवन वास्तव में बड़ा ही शान्त और निर्मल था। चौपासनी स्कूल का बच्चा-बच्चा ही नहीं, जोधपुर के अधिकांश विद्यार्थी उन्हें फुटबॉल के असाधारण खिलाड़ी के रूप में जानते थे। वे इतने सरल थे कि लोग उनसे मज़ाक करने में भी हिचकते थे। उन्हें इतना शान्त देख कर हमारे एक अध्यापक कभी-कभी मज़ाक में कहा करते थे, 'यह बहुत

सीधा लड़का है, पर कभी यह बहुत बड़ी शैतानी करेगा।' शायद उनके ये शब्द चरितार्थ होने के लिये 18 नवम्बर 1962 की प्रतीक्षा कर रहे थे।

"सन् 1943 में उन्होंने हाई स्कूल पास करके जसवन्त कॉलेज में प्रवेश लिया। फिर भी उनके आचरण और स्वभाव में कोई अन्तर नहीं आया। फुटबॉल के असाधारण खिलाड़ी के नाते वे पूरे कॉलेज में सम्मानित थे। वे 1942 में हुए अखिल भारतीय फुटबॉल चैलेंज कप की उपविजेता टीम के सदस्य भी रहे।....." (*राष्ट्रवीर मेजर शैतान सिंह, स्मृति ग्रंथ*, पृष्ठ 4-5)

15 वर्ष की आयु तक शैतान सिंह एक सिद्धहस्त निशानेबाज हो गये थे। 1947 में उन्होंने जसवन्त कॉलेज से बी. ए. की परीक्षा पास की।

## कैसा विचित्र नाम!

जैसा हम ऊपर कह आये हैं कि शैतान सिंह का अर्थ है 'नटखट सिंह'। उनके नाम का प्रथम अंश 'शैतान' उनके चरित्र से सर्वथा भिन्न था। वे इतने सरल, शान्त और सौम्य थे कि कोई शैतानी कर ही नहीं सकते थे। किन्तु उनके नाम का दूसरा अंश 'सिंह' उनका सच्चा चित्रण करता है क्योंकि युद्ध में वे एक सिंह की भाँति ही लड़ते थे। इस नाम के कारण हमारे कथा-नायक को कभी-कभी विचित्र परिस्थितियों का सामना करना पड़ता था। उनके सहपाठी, और बाद में सेना में उनके साथी शौर्य चक्र विजेता कर्नल मलसिंह ने बताया, "एक बार मैं और शैतान सिंह छुट्टी पर जोधपुर आये थे। एक संध्या हम घूमने निकले और साइकिल किराये पर लेने एक दुकान पर गये। शैतान सिंह ने अपना नाम बताया तो दुकानदार ने उनकी ओर अविश्वास से देखा। उसने सोचा कि वह युवक उससे मज़ाक कर रहा था। उसने कहा, "क्या यह तुम्हारा सच्चा नाम है, या यह कोई मज़ाक है?" आखिर में मैंने अपना नाम देकर साइकिल ली। मैंने उन्हें आश्वस्त किया और मज़ाक किया, "यह एक ख़तरनाक नाम है। जो इसे एक बार सुन लेता है कभी भूल नहीं सकता। हो सकता है एक दिन सारी भारतीय सेना इस नाम को जान जायेगी।" कर्नल मलसिंह को शायद यह अनुमान नहीं होगा कि मज़ाक में कही गई यह बात एक दिन सत्य सिद्ध होगी। (*राष्ट्रवीर मेजर शैतान सिंह, स्मृति ग्रंथ*, पृष्ठ 11-12)

## कम आयु में विवाह

उन दिनों की प्रथा के अनुसार तरुण शैतान सिंह का विवाह नौवीं या दसवीं कक्षा में आमला गाँव के राठौड़ श्री जगमल जी राजपूत की पुत्री सुगन कंवर के साथ

हो गया था। किन्तु किसी को उनके विवाह की तिथि याद नहीं है। बाद में इन दंपती के एकमात्र पुत्र नरपत सिंह का जन्म हुआ।

## एक कुशल खिलाड़ी

हम लिख आये हैं कि शैतान सिंह जोधपुर में फुटबॉल के एक कुशल खिलाड़ी के रूप में प्रसिद्ध थे। कर्नल मोहन सिंह, जो जोधपुर राजघराने के एक सदस्य थे, खेलों में शैतान सिंह की दक्षता से प्रभावित थे। उन्होंने इस युवक में अन्तर्हित संभावनाओं को देख लिया और उससे पूछा, "तुम क्या करने की योजना बना रहे हो?" शैतान सिंह ने कहा कि वे एक वकील बनना चाहते थे। कर्नल मोहन सिंह ने उन्हें सलाह दी कि उनके लिये सेना में भरती होना अधिक उचित होगा। ठीक समय पर दिये गये इस सुझाव के कारण भारतीय सेना को एक हीरो प्राप्त होने वाला था। शैतान सिंह सहमत हो गये और कर्नल मोहन सिंह ने उन्हें *जोधपुर लांसर्स* की *दुर्गा हॉर्स यूनिट* में एक छात्र सैनिक (कैडेट) के रूप में भरती कर लिया।

## सेना में उदय

1947 में भारत के स्वतंत्र होने के उपरांत विभिन्न देसी रियासतों की सेनाओं को भारतीय सेना में मिला दिया गया। 1 अगस्त 1949 को शैतान सिंह को भारतीय सेना की कुमाऊँ रेजीमेंट में नियुक्त कर दिया गया। उनके अधिकारी उनके अनुशासित व्यक्तित्व से प्रभावित हुए। *नागा हिल्स* एवं *गोआ ऐक्शन* के अभियानों में उनके कार्य को सराहा गया और 1955 में उन्हें कैप्टेन का पद प्राप्त हुआ। जून 1962 में उन्हें मेजर का पद प्राप्त हुआ।

## 1962 के चीन-भारतीय युद्ध की पृष्ठभूमि

कभी-कभी कोई राष्ट्र ऐसे नेता का चुनाव करता है जो वर्तमान कटु वास्तविकताओं को भुला कर, संसार को एक आदर्शवादी दृष्टि से देखता है। ऐसा व्यक्ति अपनी सरलता के कारण यथार्थ और व्यावहारिकता को अनदेखा करके कुटिल और धूर्त राष्ट्रों और व्यक्तियों पर विश्वास कर लेता है। 1947 में भारत ने महात्मा गांधी के अत्यन्त पक्षपातपूर्ण दबाव के कारण सरदार वल्लभ भाई पटेल के स्थान पर जवाहरलाल नेहरू को प्रधानमंत्री बनाया। भारत ने एक ऐसे व्यक्ति को प्रधानमंत्री चुना जो चीनियों की कुटिल मानसिकता को नहीं समझ सका, जिसने उन पर पूर्ण

विश्वास किया और इसी विश्वास के कारण प्रधानमंत्री जवाहरलाल नेहरू ने भारतीय सेना की अवहेलना की, सैनिक अधिकारियों का मनोबल घटाया और 15 वर्ष तक सेना को आवश्यक सैन्य सामग्री से वंचित रखा। इसके बाद मनोबल और शस्त्रबल से विहीन इस भारतीय सेना को, आधुनिक हथियारों से सज्जित, अपने देश की सीमाओं को बढ़ाने के लिये कटिबद्ध, अनेकगुना चीनी सेना को, हिमालय की ऊँची चोटियों से निकाल फेंकने का आदेश दिया। यह एक आत्मघाती निर्णय था जिसका परिणाम सुनिश्चित पराजय थी।

1962 में भारतीय सेना की चीन द्वारा करारी हार के लिये तथा आज तक चली आ रही भारतीय सेना की सामरिक दुर्बलताओं के लिये नेहरू तथा कांग्रेस सरकार की ढुलमुल नीतियाँ ज़िम्मेदार हैं।

## सरदार पटेल के पत्र की उपेक्षा : चीन पर अंध-विश्वास

जुलाई 1962 तक चीन की सरकार बाहर से भारत से चिरकालिक मित्रता का दिखावा करती रही। चीन की सरकार ने 'हिन्दी चीनी भाई-भाई' का नारा गढ़ा किन्तु साथ ही चुपचाप भारत से युद्ध की तैयारी करती रही। सरदार पटेल ने अपनी भविष्यदर्शी दृष्टि से चीन की चाल को समझ कर, 12 वर्ष पूर्व, 7 नवम्बर 1950 को नेहरू को लिखे एक पत्र में भारत-चीन के संबंधों की समस्या का सूक्ष्म विवेचन किया और नेहरू को चीन से सावधान रहने की चेतावनी दी। किन्तु दुर्भाग्य से नेहरू ने उस पत्र को देखा-अनदेखा कर दिया। जब जनरल थोराट ने उत्तरपूर्व के संघीय क्षेत्रों (नेफा : नॉर्थ ईस्ट फ़ैडरल एजेन्सी) की रक्षा के लिये एक योजना तैयार की तब भारत सरकार ने उसकी उपेक्षा कर दी। इतना ही नहीं 1947 में स्वतंत्रता की प्राप्ति के बाद नेहरू निरन्तर सेना की संख्या तथा क्षमताओं को घटाते गये।

इसके बाद इस झूठे विश्वास से कि चीनी कभी भारत पर आक्रमण नहीं करेंगे, उन्होंने भारतीय सेना को हिमालय में भारत-चीन की सीमा की उत्तुंग पर्वतमालाओं के अग्रिम क्षेत्रों में नयी चौकियाँ स्थापित करने का आदेश दे दिया। तत्कालीन सेनाध्यक्ष जनरल थिमैया ने इस कदम का विरोध किया क्योंकि उनके अनुसार इन चौकियों पर तैनात भारतीय सेना की टुकड़ियों को रसद, गोलाबारूद या हथियार पहुँचाने के लिये उस क्षेत्र में सड़कें ही नहीं थीं। अपने सेनाध्यक्ष की सलाह की अवहेलना करके नेहरू ने विवादित क्षेत्र में अग्रिम चौकियाँ स्थापित करवा के चीनियों को एक तरह से चुनौती दी। चीनी तो ऐसा कोई अवसर खोज

ही रहे थे। अब उन्होंने भारत की सीमा पर अपनी सेनाओं को एकत्रित करना आरंभ कर दिया।

## युद्धक्षेत्र : चुशूल का महत्त्व

14230 फुट की ऊँचाई पर 40 किलोमीटर लंबी और 6-7 किलोमीटर चौड़ी एक रेतीली घाटी में लद्दाख के एक छोटे से गाँव का नाम है चुशूल। इसके पश्चिम में 19,000 फुट ऊँची लद्दाख पर्वतमाला है और पूर्व में 22,000 फुट ऊँची पेनगौंग पर्वतमाला है। 1962 में भारत ने चुशूल में हर मौसम में उपयोग के योग्य एक हवाई पट्टी बनाई थी। इस हवाई पट्टी का भारत की सुरक्षा के लिये बहुत महत्त्व था। साथ ही सामरिक महत्त्व होने के कारण चीनियों द्वारा चुशूल पर आक्रमण होने की संभावना भी थी। चुशूल से लेह तक एक सड़क बनाई गयी थी। चुशूल चीन द्वारा दावा की गयी सीमा से केवल 15 किलोमीटर दूर है और लद्दाख की राजधानी लेह तथा चीन की प्रमुख चौकी रुडौख के लगभग बीच में है। इसके उत्तर में 4808 मीटर ऊँची गुरुंग पर्वतमाला तथा दक्षिण में 5182 मीटर ऊँचा मग्गर पहाड़ है तथा दक्षिणपूर्व में 5005 मीटर या 16300 फुट की ऊँचाई पर रेजांग ला है।

## चुशूल की रक्षा : अंतिम सैनिक, अंतिम गोली तक

सितम्बर 1962 तक, संपूर्ण लद्दाख की रक्षा का दायित्व भारतीय सेना के 114 वें ब्रिगेड को दिया गया था जिसमें पदाति सेना के केवल दो ब्रिगेड, 1/8 गुरखा और 5 जाट थे। आरम्भ में चुशूल में केवल गुरखा ब्रिगेड के सैनिकों को नियुक्त किया गया था। अब यह वीरतापूर्ण दायित्व कुमाऊँ रेजीमेंट के अफ़सर महावीर चक्र विजेता ब्रिगेडियर टी. एन. रैना को दिया गया जो बाद में भारतीय सेनाध्यक्ष बने। उन्हें "अंतिम सैनिक और अंतिम गोली" तक चुशूल के इस अत्यंत महत्त्वपूर्ण रणक्षेत्र की रक्षा करने का आदेश दिया गया। वे 28 अक्टूबर 1962 को हवाई जहाज से चुशूल पहुँचे। उनके ब्रिगेड को हिमालय की दुर्गम पर्वतमाला के 80 किलोमीटर क्षेत्र की सुरक्षा का दुरूह भार सौंपा गया। उन्होंने 13 कुमाऊँ रेजीमेंट को चुशूल की सुरक्षा का दायित्व दिया और उसकी चार्ली कंपनी को रेजांग ला में तैनात किया गया। 13 कुमाऊँ रेजीमेंट को जून 1962 में अंबाला से जम्मू-कश्मीर भेजा गया। जब उन्हें चुशूल जाने का आदेश मिला उस समय वे जम्मू-कश्मीर के बारामुल्ला क्षेत्र में तैनात थे। अब 13 कुमाऊँ रेजीमेंट के सैनिकों को अपने

जीवन के निर्णायक युद्ध को संसार के एक अत्यधिक ठंडे तथा ऊँचे क्षेत्र में लड़ना था।

युद्धक्षेत्र का निरीक्षण करने पर ब्रिगेडियर रैना ने तुरंत समझ लिया कि चीनी गुरुंग पहाड़, मग्गर पहाड़ और रेजांग ला के पूर्वी पर्वत क्षेत्र पर कब्ज़ा करके लद्दाख पर हमला कर सकते थे। ब्रिगेडियर रैना ने अनुमान लगाया कि चीनी सेना के सामने चुशूल पर आक्रमण करने के तीन विकल्प थे; पहला उत्तर में लुकुंग/थाकुंग क्षेत्र में से होकर, दूसरा पैनगौंग पर्वतमाला की ओर से और तीसरा पदाति सेना और टैंकों द्वारा रुडौख से सम्मिलित आक्रमण। उन्हें यह तीसरी अंतिम संभावना ही अधिक संभव लगी। उन्होंने समझ लिया कि चुशूल की रक्षा या तो घाटी के पश्चिमी पहाड़ों से की जाये या गुरुंग पहाड़, मग्गर पहाड़ तथा रेजांग ला पर कब्ज़ा करके की जाये। उन्होंने उत्तरी लुकुंग क्षेत्र में 1 जम्मू-कश्मीर मिलीशिया, दक्षिण में 5 जाट और गुरुंग पर्वत पर 1/8 गुरखा राइफ़ल को नियुक्त किया तथा उनकी सहायता के लिये ए.एम.एक्स-13 टैंकों के दो दलों को तैनात किया। इन टैंकों को ए.एन.-12बी. हवाई जहाजों द्वारा 26 अक्टूबर को चुशूल लाया गया था।

मग्गर हिल/रेजांग ला क्षेत्र की रक्षा का दायित्व 13 कुमाऊँ रेजीमेंट को सौंपा गया और उसकी एक कंपनी रेजांग ला में नियुक्त की गई। स्वयं चुशूल की सुरक्षा के लिये हल्के टैंकों का आधा स्क्वाड्रन, ब्रिगेड की रिकॉयल लैस बंदूकें, 13 फ़ील्ड रेजीमेंट की एक बैटरी और 32 भारी मोर्टार रेजीमेंट की एक ट्रप थी। उन्होंने बहुत बुद्धिमानी से, चीनियों को धोखे में डालने के लिये, दर्जनों बेकार वाहनों को टैंकों का छद्मावरण दे दिया। ब्रिगेड का मुख्यालय हवाईपट्टी के ऊपर की ज़मीन पर था। मुख्यालय की रक्षा के लिये 1/8 गुरखा राइफ़ल्स की बटालियन और महार रेजीमेंट की मीडियम मशीनगनें तैनात थीं।

उस समय 13 कुमाऊँ रेजीमेंट कश्मीर घाटी में बारामुल्ला में नियुक्त थी और उसके कमांडर लेफ़्टिनेंट कर्नल एच.एस. ढींगड़ा की अस्पताल में चिकित्सा हो रही थी। जैसे ही उन्हें ये नये आदेश मिले, वे अस्पताल छोड़ कर अपनी रेजीमेंट के नेतृत्व के लिये चल पड़े। चुशूल पहुँच कर उन्होंने अपनी रेजीमेंट को मोर्चों पर तैनात करना आरंभ किया।

13 कुमाऊँ बटालियन का एक शानदार इतिहास था। यह कुमाऊँ रेजीमेंट की एकमात्र पूरी तरह से अहीर बटालियन थी। इसके सैनिक हरियाणा के गुड़गाँव, मेवात, महेन्द्रगढ़, रेवाड़ी के किसान परिवारों से आये थे। लेफ़्टिनेंट कर्नल ढींगड़ा

ने 13 कुमाऊँ रेजीमेंट की चार्ली कंपनी को मेजर शैतान सिंह के नेतृत्व में रेजांग ला क्षेत्र की रक्षा का दायित्व दिया। रेजांग ला, बटालियन के मुख्यालय से 10 किलोमीटर के फ़ासले पर था।

## चुशूल के युद्ध के पूर्व की तैयारियाँ

15 कोर के मुख्यालय ने लेह में नवगठित 3 पदाति डिविजन के जी.ओ.सी. (जनरल ऑफ़िसर कमांडिंग) जनरल बुध सिंह के इस सुझाव को कि चुशूल को अतिमहत्त्वपूर्ण युद्धस्थल (वाइटल ग्राउन्ड) माना जाये, स्वीकार किया। उनका यह पूर्वानुमान ठीक था कि यदि चीनी लेह को अधिकृत करना चाहेंगे तो वे स्पैन्गूर दर्रे के मार्ग से आयेंगे।

## रेजांग ला पर चीनी आक्रमण

राजस्थान वीरों की भूमि है। यहाँ पर वीरों के वीर जन्म लेते हैं। युद्ध में जब विजय की कोई आशा नहीं रहती थी तब भी राजस्थान के मुट्ठी भर वीर केसरिया बाना पहन कर अपने से कई गुना अधिक शत्रुओं पर टूट पड़ते थे और अंतिम साँस तक लड़ते रहते थे। कहा जाता है कि कभी-कभी उन वीरों के सिर कट जाने के बाद भी उनके हाथ तलवार चलाते रहते थे। रेजांग ला में तैनात चार्ली कंपनी के वीर केसरिया बाना तो नहीं पहने थे किन्तु उनका आत्म बलिदान उसी गौरवमय राजस्थानी परंपरा की एक उज्ज्वल कड़ी है।

## रेजांग ला में युद्ध की तैयारी

रेजांग ला 13 कुमाऊँ की चार्ली कंपनी के 114 वीरों के आत्म बलिदान की पवित्र भूमि है। चीनियों ने इस दर्रे तक मोटर वाहनों के आवागमन के उपयुक्त एक रास्ता बना कर उसे स्पैन्गूर-रुडौख सड़क से जोड़ दिया था। अब खतरा इस बात का था कि अगर चीनी इस दर्रे पर अधिकार कर लेते तो वे भारत द्वारा चुशूल की रक्षा के लिये तैनात 114 ब्रिगेड को रसद तथा अस्त्र-शस्त्र पहुँचाने वाली, हाल ही में बनायी सड़क पर कब्ज़ा करके, उनके रसद और हथियार पाने पर रोक लगा सकते थे। यह सड़क भारत को लेह से जोड़ती थी। चुशूल पर कब्ज़ा करने से पहले चीनियों के लिये गुरुंग पहाड़ी, मग्गर पहाड़ी तथा सबसे अधिक रेजांग ला पर कब्ज़ा करना आवश्यक था। स्पष्ट था कि इसके लिये वे स्पैन्गूर दर्रे से होकर आक्रमण करेंगे।

## युद्ध क्षेत्र की स्थिति

साधारण जनता यह तो जानती है कि हमारा चीन से यह युद्ध 15000, 16000 और 17000, फुट की ऊँचाइयों पर हुआ था; परन्तु सामान्यतया किसी को अनुमान नहीं होता कि इन ऊँचाइयों पर वास्तविक स्थिति क्या होती है तथा वहाँ रहने पर सैनिकों को प्रतिपल किन व्यावहारिक समस्याओं का सामना करना पड़ता है। 31 अक्टूबर 2012 को सेवानिवृत्त मेजर जनरल राज मेहता पांडिचेरी आये थे। उन्होंने रेजांग ला की वास्तविकताओं का ऐसे वर्णन किया जो जनसाधारण की समझ में आ सके। उन्होंने हमें बताया :

"17,000 फुट की ऊँचाई पर हवा बहुत ही विरल होती है। उसमें ऑक्सीजन बहुत कम होती है। इस कारण वहाँ खाना बनाना तथा शौच, हजामत आदि दैनिक कार्य भी बहुत कठिन हो जाते हैं। कुछ उदाहरण प्रस्तुत हैं :

1. पीने के पानी को एक बार उबालने में 30 मिनट लगते हैं।

2. चाय बनाने में 30 मिनट लगते हैं।

3. चावल बनाने में डेढ़ से दो घंटे लगते हैं।

4. चपाती बनाना असंभव है।

5. हजामत बनाना असंभव है।

6. शौच जाने में डेढ़ से दो घंटे लगते हैं। कब्ज के कारण सिपाहियों की बुरी हालत होती है और उनका पाचन-तंत्र विनष्ट हो जाता है।"

## युद्ध

आइये, अब उस रोमहर्षक युद्ध पर दृष्टिपात करें।

13 कुमाऊँ बटालियन अंबाला से जम्मू-कश्मीर जून 1962 में पहुँची। 10 दिन बाद उन्हें चुशूल भेज दिया गया। वहाँ से उन्हें रेजांग ला दर्रे पर भेजा गया जो चुशूल के 30 किलोमीटर दक्षिण में है। रेजांग ला पहुँचने के लिये चार्ली कंपनी को तीन घंटे की कठिन चढ़ाई चढ़नी पड़ी जो बटालियन के मुख्यालय से 10 किलोमीटर है। यह भी एक दुःखद सत्य है कि चार्ली कंपनी के वीरों ने जून 1962 से पहले कभी बर्फ़ देखी भी नहीं थी और अब वे अपने जीवन का सबसे कठिन और अंतिम युद्ध संसार के सबसे ऊँचे और हिमाच्छादित रणक्षेत्र में लड़ने जा रहे थे। इसके विपरीत चीनी सिपाही सिनकियांग के पहाड़ी क्षेत्र के निवासी थे।

चार्ली कंपनी ने अपनी सुरक्षात्मक तैयारियाँ अक्टूबर 1962 के अंतिम सप्ताह में आरम्भ कीं। शीत ऋतु का आरम्भ हो गया था। इस कारण हमारे

सैनिकों का काम और भी कठिन हो गया। हमारे सैनिकों के पास, साहस के अतिरिक्त, अन्य सब वस्तुओं की कमी थी। जमीन खोदने के लिये उपयुक्त उपकरणों के अभाव में बर्फ़ से ढकी कठोर पथरीली जमीन में खंदकें खोदना कठिन ही नहीं, असंभव हो गया। अतः उन्होंने गोली चलाने के मोर्चे बनाने के लिये जमीन के ऊपर पत्थर जमा किये।

यह एक शोचनीय सत्य है कि भारतीय सेना का साजोसामान शून्य से नीचे तापमान में काम करने के लिये उपयुक्त नहीं था। हमारे सैनिकों के पास दूसरे महायुद्ध में प्रयोग की जाने वाली, एक बार में एक गोली दागने वाली 303 ली एनफ़ील्ड राइफ़लें थीं। उस समय तक अन्य देशों की फ़ौजों ने इनका उपयोग बन्द कर दिया था। प्रत्येक सिपाही के पास केवल 600 गोलियाँ थीं। उनके पास छह हल्की (लाइट) मशीनगनें, कुछ हथगोले और 1000 मोर्टार बम थे। इसकी तुलना में चीनी सैनिकों के पास 7.62 एमएम (मिलिमीटर) की स्वतः गोली भरने वाली (सेल्फ लोडिंग) राइफ़लें, मध्यम (मीडियम) मशीनगनें और हल्की मशीनगनें थीं। उनके पास 120 एमएम, 81 एमएम और 60 एमएम के मोर्टार, 132 एमएम के रॉकेट और बंकरों को तोड़ने के लिये 75 एमएम और 57 एमएम की प्रतिक्षेप न करने वाली (रिकॉयललैस) बंदूकें थीं। इसके अतिरिक्त उन्हें यह लाभ भी था कि वे ऊँचाइयों पर जमे थे।

हिमालय के महान् शिखरों की नीरवता चार्ली कंपनी की युद्ध तैयारियों की हलचल से भंग हो रही थी। हमारे सैनिकों के पास रहने के लिये ओसारे बनाने के लिये टीन की चादरें नहीं थीं। अतः उन्होंने 40 पाउंड के तंबू गाड़े जो बाद में चीनी गोलाबारी से तार-तार हो गये। वेग से चलती पवन मानों शत्रु का साथ दे रही थी और उन तंबुओं को उखाड़ने के लिये उनकी रस्सियों पर जोर लगा रही थी। हमारी सैन्य टुकड़ियों को आदेश था कि वे अपनी चौकी से 400 मीटर से अधिक दूर तक गश्त न करें।

## आशा और आश्वासन से भरे चार पत्र

एक वीर नायक, एक हीरो का मुख्य गुण है कि वह कठिन से कठिन परिस्थितियों का सामना धैर्य एवं प्रसन्नता से करता है। यहाँ हम अपने वीर नायक मेजर शैतान सिंह द्वारा लिखे गये चार पत्र प्रस्तुत कर रहे हैं। इनमें से तीन पत्र उन्होंने उन 17,000 फुट ऊँचे हिमाच्छादित शिखरों के मध्य बैठ कर लिखे थे जब उनकी तथा उनके सैनिकों की मृत्यु एक संभावना नहीं वरन् एक निश्चितता, लगभग एक

अवश्यंभाविता थी ।

बारामुल्ला से लद्दाख भेजे जाने पर उनकी कंपनी ने 24 अक्टूबर 1962 को अपना परिनियोजन आरम्भ किया था । और 24 दिन बाद 18 नवम्बर को वे शहीद होने वाले थे । उनके बटालियन कमान्डर ने जो आदेश दिये थे वे स्पष्ट थे कि उन्हें अंतिम सैनिक और अंतिम गोली तक युद्ध करना है । मेजर शैतान सिंह की चार्ली कंपनी की सबसे बड़ी कठिनाई थी कि उन्हें अपनी बटालियन से तोपों की सहायता नहीं मिल सकती थी, जबकि चीनियों को अपने तोपखाने की पूरी सहायता उपलब्ध थी । एक प्रकार से चार्ली कंपनी निस्सहाय थी । इन 124 वीरों को अपने मेजर के नेतृत्व में केवल अपने बल पर लड़ना था । उनके अस्त्र-शस्त्र अपर्याप्त थे और उन परिस्थितियों में युद्ध के योग्य नहीं थे । शत्रु की स्थिति, अस्त्र-शस्त्र, संख्या हर प्रकार से बेहतर थी । उन्होंने युद्धक्षेत्र में अपनी सीमा तक पक्की सड़कें बना रखी थीं जिनके द्वारा वे ट्रकों में सैनिकों, हथियारों और गोला-बारूद को युद्धक्षेत्र तक ला सकते थे जबकि चार्ली कंपनी को अपना सीमित गोला-बारूद, 40 पाउंड के तंबू, राशन और जो कुछ औजार एकत्रित हो सके उन्हें, स्थानीय लद्दाखियों से भाड़े पर लिये गये याक और टट्टुओं पर लाद कर लाना पड़ा ।

इन भयावह परिस्थितियों में भी मेजर शैतान सिंह धीर, प्रशान्त एवं अविचलित थे और उनके सैनिकों के हौसले बुलन्द थे । रेजांग ला के युद्ध में चार्ली कंपनी के जीवित बचे छह सैनिकों में सूबेदार राम चन्दर, जो घायल मेजर शैतान सिंह से बात करने वाले अंतिम व्यक्ति थे, ने बताया किस प्रकार अपने दैनिक कार्य पूरा करके वे सब सैनिक मेजर शैतान सिंह के साथ *ऑल इंडिया रेडियो* से समाचार सुनने के लिये उनके तंबू में इकट्ठे हो जाते थे । चीनियों द्वारा हमारी अन्य चौकियों पर आक्रमण के तथा हमारे सैनिकों को मारने के समाचार सुनकर, चार्ली कंपनी के अहीर सिपाही मेजर शैतान सिंह से कहते थे, "साहब, एक बार हमें लड़ने का मौका मिले तो हम इन चीनियों के छक्के छुड़ा देंगे । हम उन्हें ऐसा सबक सिखायेंगे जिसे वे कभी नहीं भूलेंगे ।" उत्तर में मेजर शैतान सिंह मुस्कुरा देते थे ।

निरुत्साहित करने वाली, अच्छे-अच्छों के होश उड़ा देने वाली उस परिस्थिति में भी हमारे वीर नायक शैतान सिंह अविचलित रहे । चुशूल आने से पहले उन्होंने सुना कि उनके मित्र, शौर्यचक्र विजेता कर्नल मलसिंह 18 दिसम्बर 1961 की *गोआ कार्यवाही* (गोआ एक्शन) में घायल हो गये हैं । तब उन्होंने 9 जनवरी 1962 को उन्हें पत्र लिखा था,

प्रतिष्ठा में,
कर्नल मलसिंह
9 जनवरी 1962

"मेरे सबसे प्रिय भाई,

जय श्रीकृष्ण।

मुझे ले. मेहरोत्रा से यह जानकर पहले तो बहुत धक्का लगा कि आप बहुत घायल हुए किन्तु बाद में अतीव प्रसन्नता हुई कि घायल होने पर भी आप बहुत शान से युद्ध में डटे रहे और युद्ध के बाद इसके लिये एक पुरस्कार के लिये आपका नाम प्रस्तावित हुआ है और अब, जब आप खतरे के बाहर हैं, मैं अपने हृदय की गहराइयों से आपको युद्ध में 'राजपूत' (शौर्य) के लिये बधाई देता हूँ। मलजी, मैं आपको विश्वास दिलाता हूँ कि आप वास्तव में सौभाग्यशाली हैं कि आपको युद्ध का अवसर मिला जबकि मैंने कुछ भी नहीं किया।"

इस पत्र से मेजर शैतान सिंह का युद्ध के लिये प्रेम और उत्साह, देश पर मर-मिटने का अरमान स्पष्ट हो जाता है। यही है एक वीर की पहचान। शीघ्र ही युद्ध की देवी उनकी वीरेच्छा पूर्ण करेंगी।

2 नवम्बर को रेजांग ला में अपने तंबू में बैठ कर उन्होंने कर्नल मलसिंह को लिखा,

"भाई,

मैं यहाँ पर पूरी तरह स्वस्थ एवं प्रसन्न हूँ। मुझे यह नहीं मालूम कि मुझे कब छुट्टी मिलेगी? किन्तु इस बात का महत्व नहीं है। और इस वर्ष नहीं तो अगले साल के आरम्भ में हम अवश्य मिलेंगे।"

9 नवम्बर को उन्होंने पुनः लिखा,

"मल जी, मैं आपको विश्वास दिलाता हूँ, कि मैं पूर्णतया स्वस्थ हूँ और मेरे हौसले बुलन्द हैं।"

11 नवम्बर 1962 को उन्होंने लिखा,

"मेरे सबसे प्रिय भाई,

जय अम्बे।

आपने कुछ स्वस्थ होते ही मुझे यह पत्र लिखा, वह भी बाँये हाथ से, क्योंकि इस समय आपका दाँया हाथ काम नहीं कर रहा है, इससे स्पष्ट

हो जाता है कि न केवल आपको मुझसे कितना गहरा प्रेम है, वरन् यह भी कि आप कितने महान् हैं। एक बन्धु और मित्र के रूप में आपको पाकर मुझे वास्तव में गर्व है। आपके शरीर में लगी सभी गोलियों को जामनगर में वे नहीं निकाल सके थे, अब वे सब निकाल दी गई हैं या नहीं?"

यही था परम वीर शैतान सिंह का अपने मित्र को अंतिम पत्र क्योंकि 7 दिन बाद 18 नवम्बर को वे भारतमाता के चरणों में अपना जीवन अर्पित करने वाले थे। उनके मित्र कर्नल मलसिंह ने लिखा है,

"वे अपने परिवार-परिजनों, यार-दोस्तों आदि की समस्याओं के बारे में हमेशा चिंतित रहते थे। मेजर शैतान सिंह एक बहुत ही धार्मिक प्रवृत्ति के आदमी थे। उनकी भगवान और देवी-देवताओं में बड़ी आस्था थी।" *(राष्ट्रवीर मेजर शैतान सिंह, स्मृति ग्रंथ, पृष्ठ 11-14)*

मृत्यु वरण के पाँच दिन पहले 13 नवम्बर 1962 को शौर्य-वीर्य से परिव्याप्त हमारे वीर नायक ने अपने बहनोई मूल सिंह जी को पत्र लिखा, जो संभवतः उनके द्वारा लिखित अंतिम पत्र था,

मेरे प्रिय श्री मूल सिंह जी साहिब,

मैं कितना सौभाग्यशाली हूँ कि कल ही मुझे आपका अत्यन्त प्रेमपूर्ण पत्र मिला।

मैं आपको विश्वास दिलाता हूँ कि मैं पूर्णतया स्वस्थ हूँ और मेरा उत्साह आकाश छू रहा है। आप जहाँ सोच रहे हैं, मैं वहीं हूँ।

मैं आपको विश्वास दिलाता हूँ कि यहाँ होने पर मुझे हर्ष और गर्व है। हम सब यहाँ खुश हैं और चिन्ता का कोई कारण नहीं है। मैं आपको एक बार फिर इतने प्रेमपूर्ण पत्र के लिये धन्यवाद देता हूँ और मैं आपको विश्वास दिलाता हूँ कि मैं बहुत खुश एवं स्वस्थ और उत्साह से परिपूर्ण हूँ।

आपको सम्मान सहित<br>आपका शैतान सिंह

(राष्ट्रवीर मेजर शैतान सिंह, स्मृति ग्रंथ, पृष्ठ 58)

ऐसे थे जोश, साहस और उत्साह से भरे हुए, वीरता के जीवन्त प्रतिमान मेजर शैतान सिंह। इन पत्रों से हमें इस बात का ज़रा भी आभास नहीं होता कि पत्रों के लेखक शैतान सिंह बर्फ़ के मैदान में एक तंबू में बैठे हुए हैं, जिसको बर्फ़ीली हवाएँ किसी भी क्षण उखाड़ सकती हैं, कि वे अपने से दस गुना चीनियों से, जिनके पास आधुनिक हथियार हैं, टैंक और तोपे हैं, बुरी तरह घिरे हैं, कि वे मौत की घाटी में बैठे हुए हैं।

# रेजांग ला में मेजर शैतान सिंह और चार्ली कंपनी का अंतिम अमर मोर्चा

चीनियों ने उस क्षेत्र में कई बटालियनों की एक पूरी रेजीमेंट जमा कर ली थी। साथ ही उनके पास भारी मोर्टार गोले और सहायक तोपें थीं। 18 नवम्बर 1962 का प्रभात हुआ। रेजांग ला में हल्की बर्फ़ गिर रही थी और मौसम बहुत ठंडा था। उस दिन एक ऐसा युद्ध हुआ जो अपने में बेमिसाल था। इससे पहले संसार के युद्धों के इतिहास में इतनी ऊँचाई पर कोई बड़ा युद्ध नहीं लड़ा गया था। दोनों ओर की सेनाओं की संख्या और शक्ति में भारी असमानता थी। किन्तु हथियारों की कमी, मौसम की विपरीतता और उस क्षेत्र की दुर्गमता की परवाह न करते हुए मेजर शैतान सिंह ने अंतिम साँस तक, अंतिम गोली तक युद्ध करने का निर्णय कर लिया था।

सवेरे 6.15 पर चुशूल और उसके निकटवर्ती क्षेत्र में तैनात सैनिकों को रेजांग ला, गुरुंग पहाड़ और स्पैनगूर की ओर से भारी गोलाबारी की आवाज़ सुनाई दी। पूरा पदाति ब्रिगेड सतर्क होकर अपने-अपने मोर्चों पर डट गया। वास्तव में चीनियों ने पहला हमला चुपचाप किया था। वे रेजांग ला के रक्षकों को अचानक हमले द्वारा पराजित करना चाहते थे किन्तु वे सफल नहीं हुए। चुशूल क्षेत्र में चीनियों का असली हमला 18 नवम्बर को आरंभ हुआ। उन्होंने पूर्व की ओर से कई आक्रमण किये। संभवतः चीनियों ने इस आक्रमण में दो बटालियनें झोंक दीं। जबकि चार्ली कंपनी के पास तोपों की सहायता नहीं थी। उनके पास केवल 3 इंच के मोर्टार थे। मुख्य सेना से अलग होने के कारण उन्हें हर ओर से आक्रमण का सामना करने के लिये तैयार रहना था। (एक बटालियन में सिपाहियों की तीन या अधिक कंपनियाँ होती हैं। हर कंपनी में दो या तीन पलटनें होती हैं और हर पलटन में सामान्यतः 10 या 12 सिपाहियों के तीन दल होते हैं।)

114 ब्रिगेड के ब्रिगेडियर टी.एन. रैना तथा कमांडिंग अफ़सर लेफ़्टिनेंट कर्नल एच.एस. ढींगड़ा ने चार्ली कंपनी की तैयारी का जायज़ा लेने के लिये कई बार उसका निरीक्षण किया था। उन्होंने मेजर शैतान सिंह को यह स्पष्ट कर दिया था कि हो सकता है कि आवश्यकता पड़ने पर उन्हें अकेले ही चीनियों का सामना करना पड़े। शूरवीर मेजर शैतान सिंह और उनके सैनिकों ने खुशी से इस चुनौती को स्वीकार किया और धैर्य से आत्म बलिदान की संभावना का स्वागत किया।

## पहला हमला

मेजर शैतान सिंह ने जमादार सुरजा सिंह के नेतृत्व में सातवीं पलटन को दर्रे के उत्तरी मोर्चे पर तैनात किया। नौवीं पलटन को जमादार राम चन्दर के नेतृत्व में सातवीं पलटन से 1 किलोमीटर दूर दक्षिण में और आठवीं पलटन को 1.5 किलोमीटर दक्षिण में तैनात किया। एक बहुत बड़ी कठिनाई थी कि पाले से जमी हुई जिस भूमि पर और जिन चट्टानों को खोद कर हमारी 7, 8 और 9 पलटनों ने अपने सुरक्षात्मक मोर्चे बनाये थे उन्हें तोपों से गोलाबारी की सहायता नहीं मिल सकती थी क्योंकि भारतीय सेना की तोपें स्पैन्गूर दर्रे में मग्गर पहाड़ के पीछे लगी हुई थीं। 124 सैनिकों की यह कंपनी दो किलोमीटर चौड़े क्षेत्र में फैली हुई थी, इस कारण पलटनों के बीच में काफी चौड़े अरक्षित क्षेत्र थे। साथ ही उनके बंकरों के ऊपर गोला-सह (शैल प्रूफ़) छतें भी नहीं थीं।

17 नवम्बर की रात को हिमपात होने लगा। 18 नवम्बर को सवेरे 2 बजे चार्ली कंपनी की अग्रिम चौकियों के प्रेक्षक सैनिकों ने चीनी सेनाओं को आते हुए देखा। शीघ्र ही चीनी सेना की एक बटालियन ने रेजांग ला पर दो दिशाओं से आक्रमण किया। वे पहाड़ की चोटी तक जाने वाले नालों में होकर बढ़ रहे थे। हमारी सेनाओं ने अपनी पूरी शक्ति से उन पर गोलाबारी आरम्भ कर दी। अब चीनी सैनिक चार्ली कंपनी के मोटरिों और हथगोलों के शिकार हो गये। लगभग आधा घंटे की भारी गोलाबारी के बाद, पहला चीनी आक्रमण तितर-बितर हो गया। इसके बाद चीनियों ने तोपों से गोलाबारी आरम्भ कर दी जिसका अधिक प्रभाव नहीं हुआ किन्तु इस गोलाबारी से हमारी टेलीफ़ोन लाइनें टूट गयीं और कंपनी का रेडियो भी क्षतिग्रस्त हो गया। इस कारण अब हमारी चार्ली कंपनी अकेली पड़ गयी। वह ब्रिगेड से सहायता भी नहीं मांग सकती थी।

चीनियों ने चुशूल पर कब्ज़ा करने के लिये दो दिशाओं से हमला किया। उन्होंने चुशूल के उत्तर में स्थापित सभी चौकियों पर अधिकार कर लिया। किसी पूर्व चेतावनी के बिना चार्ली कंपनी की तीनों पलटनों पर भारी गोलाबारी होने लगी। ए और बी कंपनियाँ मग्गर पहाड़ पर तैनात थीं जहाँ उन्हें हमारी सेना की तोपों की सहायता मिल सकती थी किन्तु चार्ली कंपनी तो रेजांग ला में तैनात थी, जहाँ उन्हें तोपों से सहायता नहीं मिल सकती थी।

मेजर शैतान सिंह दो किलोमीटर में फैले इस मोर्चे की रक्षा अपने 124 सैनिकों के साथ कर रहे थे। यह मोर्चा गुरुंग पहाड़ और मग्गर पहाड़ से इतनी दूर

था कि वहाँ से कोई सहायता पहुँचने की संभावना नहीं थी। आरम्भ से ही स्पष्ट था कि मेजर शैतान सिंह के मिशन का सफल होना असंभव था। उनका यह युद्ध पुराने समय के उन युद्धों की तरह होने वाला था जब पराजय निश्चित जान कर राजपूत वीर केसरिया वस्त्र पहन कर स्वेच्छा से युद्धक्षेत्र में उतर जाते थे और अंतिम क्षण तक लड़ते रहते थे। केसरिया वस्त्र धारण करने का अर्थ ही होता था कि उनके युद्ध से जीवित लौटने की कोई संभावना नहीं है।

## चीनियों के पुनः पुनः आक्रमण

जब चीनियों का पहला आक्रमण विफल हो गया तब उन्होंने तोपों के गोलों की बौछार के तले हमारे मोर्चे के पीछे से और दक्षिण दिशा से आक्रमण किया। चीनी सैनिक लहरों की तरह बढ़े चले आ रहे थे। उनमें से बहुतों को हमारे कुमाउँनी सैनिकों ने मौत के घाट उतार दिया। चीनियों ने पुनः इकट्ठे होकर आक्रमण किया। उन्होंने भारतीय मोर्चों पर मध्यम मशीनगनों से भारी गोलाबारी की और चार्ली कंपनी की दो पलटनों का अन्त कर दिया। चीनी अपनी 57 मिलीमीटर की प्रतिक्षेप न करने वाली (रिकायल लैस) बंदूकें लेकर आगे बढ़े और एक के बाद एक प्रत्येक खंदक पर निशाना लगाया।

## गुलाब सिंह और राम सिंह की अद्भुत वीरता

अब चीनी एक मीडियम मशीनगन सामने लाये। जब जमादार सुरजा ने यह देखा, उसने नायक राम सिंह को आदेश दिया कि वह एक लाइट मशीनगन लेकर गुलाब सिंह के साथ पास की कुछ चट्टानों की ओर बढ़े। अपनी लाइट मशीनगन लेकर उन्होंने चीनी आक्रमण को पीछे ढकेल दिया किन्तु चीनी मीडियम मशीनगन हमारे जवानों पर मृत्यु की वर्षा कर रही थी। उसे बन्द करना आवश्यक था। सुरजा के पास केवल 11 सैनिक शेष रहे थे। गुलाब सिंह ने स्वेच्छा से इस कठिन कार्य का दायित्व लिया। वह और रामसिंह आग उगलती उस मीडियम मशीनगन की ओर बढ़ने लगे। यह एक असंभव कार्य था और असफलता निश्चित थी। किन्तु ऐसी संकटमय परिस्थितियों में वीर सैनिक असंभव को संभव करने का प्रयास करते हैं। गुलाब सिंह और राम सिंह मीडियम मशीनगन की ओर दौड़े किन्तु वे कुछ ही दूर थे कि गोलों की मार से छलनी होकर गिर पड़े।

गुलाब सिंह और राम सिंह की वीरता से चीनी भी प्रभावित हुए। बाद में चीनी सैनिकों ने उनके मृत शरीरों को कंबलों से ढक दिया और वहाँ एक कागज़

पर लिख कर रख दिया, "वीर भारतीय सैनिक"। यह शत्रु के हृदय से निकली एक सच्ची श्रद्धांजलि थी।

## तीन विकल्प

स्थिति ऐसी हो गयी थी कि मेजर शैतान सिंह के लिये एक निर्णायक फैसला लेना आवश्यक हो गया। उनके सामने तीन विकल्प थे। पहला था कि वे अपने मोर्चा पर डटे रह कर लड़ें। दूसरा विकल्प था कि अपनी शेष बटालियन की दिशा में बढ़कर उनसे मिलने की कोशिश करें किन्तु ऐसा करने पर और भी अधिक सैनिकों के मारे जाने की संभावना थी और तीसरा विकल्प था दुश्मन के सामने आत्म-समर्पण करके अपने बचे हुए सैनिकों की जीवन-रक्षा करना। किन्तु उन्हें यह अहसास हो गया था कि अगर वे युद्ध बंद कर दें तो चीनी सेना आसानी से पाइन्ट 18,300 पर पहुँच जायेगी, जिसके कारण शेष बटालियन के लिये उस क्षेत्र की रक्षा करना असंभव हो जायेगा, जिसका ब्रिगेड की सुरक्षात्मक योजना पर बहुत बुरा असर पड़ेगा।

अतः मेजर शैतान सिंह ने निर्णय लिया कि वे उसी मोर्चे पर डटे रह कर अंतिम सैनिक और अंतिम गोली तक युद्ध करेंगे जिससे उनके ब्रिगेड को सुरक्षात्मक कार्रवाई करने के लिये अतिरिक्त समय मिल सके। उन्होंने यह जानते हुए भी कि वे बहुत थोड़े समय के लिये ही मोर्चे की रक्षा कर सकेंगे और कुछ ही समय में चीनी सेना रेजांग ला पर अधिकार कर लेगी, यह निर्णय लिया था। उनकी कंपनी में एक पलटन सैनिक बाकी बचे थे, शेष सब मारे जा चुके थे। एक गोली उनकी बायीं बाँह में लगी। उस पर पट्टी बाँध दी गयी। उसी घायल अवस्था में वे एक सैनिक से दूसरे सैनिक के पास जाकर उनका हौसला बढ़ा रहे थे। वे घायल जवानों को प्राथमिक चिकित्सा लेने के बाद पुनः युद्ध करने के लिये प्रोत्साहित कर रहे थे। युद्धोपरान्त बचे हुए सैनिक राम चन्दर ने बताया कि टुकड़ी के सब बंकर शत्रु की गोलाबारी में नष्ट हो गये थे। उनका गोलाबारूद भी लगभग समाप्त हो चला था। कुछ सैनिकों की अंगुलियाँ बर्फ़ में इस प्रकार सुन्न हो गयी थीं कि वे अपनी बन्दूकों का घोड़ा चढ़ाने में भी असमर्थ थे। किन्तु मेजर शैतान सिंह शान्त थे और सैनिकों को लड़ते रहने के लिये उत्साहित कर रहे थे।

## मेजर शैतान सिंह मर्मान्तक रूप से घायल : रक्ताक्त हिमानी

परम वीर मेजर शैतान सिंह ने आत्म बलिदान का पथ चुना। अब उन्होंने अपने मोर्चे बदल दिये और अपनी कंपनी के शेष सैनिकों को विभिन्न स्थानों पर नियुक्त

कर दिया। इसी समय मेजर शैतान सिंह और उनके दो सैनिकों को चीनी मध्यम मशीनगनों की गोलियाँ लगीं। जब आगे बढ़ती हुई चीनी सेना मेजर शैतान सिंह के सैनिकों पर कहर ढा रही थी, उनके एक सैनिक नायक सहीराम ने पलटन को घेरने के लिये एकत्रित चीनी सैनिकों के एक दल के सौ से भी अधिक चीनी सैनिकों को मौत के घाट उतार दिया। जब मेजर शैतान सिंह उसकी सहायता के लिये आगे बढ़े, मध्यम मशीनगन के एक गोले ने उनकी कमर को भेद दिया। उसी गोले से उनकी टुकड़ी का रेडियो सैट चूर-चूर हो गया। क्रोध से धधकते हुए हवलदार हरफूल सिंह ने एक हल्की मशीनगन उठा कर उस चीनी को मार गिराया जिसने उनके प्रिय मेजर पर मरणांतक प्रहार किया था। इसी समय शत्रु की गोलियों ने उसे भेद दिया। मरने से पहले उसने राम चन्दर से कहा कि वह मेजर साहब को दुश्मन के हाथ में न पड़ने दे।

मेजर शैतान सिंह के घावों से निरन्तर रक्त बह रहा था। उन्होंने राम चन्दर से कहा कि वह उनकी पेटी खोल दे क्योंकि उन्हें बहुत पीड़ा हो रही थी। राम चन्दर ने उनकी कमीज़ में हाथ डाल कर देखा तो पाया कि उनकी अंतड़ियाँ बाहर निकल आयी थीं। उसने उनकी पेटी नहीं खोली। वह उन्हें अपनी बाँहों में लपेट कर पहाड़ी से लुढ़कने लगा। नीचे घाटी में आने पर राम चन्दर उन्हें कुछ दूर तक अपनी कमर पर उठा कर ले गया। इसी समय उसे एक अन्य घायल सिपाही मिला।

चीनी सैनिक अभी भी गोलियाँ चला रहे थे। इन दोनों सिपाहियों ने अपने घायल और मृतप्राय मेजर को उठाया और उन्हें युद्धक्षेत्र से बाहर ले जाने लगे। मेजर शैतान सिंह में अब भी चेतना थी। उन्होंने दोनों सैनिकों को आज्ञा दी कि वे उन्हें वहीं छोड़ कर अपनी जान बचायें। उन्होंने कहा, "यह मेरी कंपनी है। मैं यहीं मरना चाहता हूँ। मुझे यहीं छोड़ कर अपनी जान बचाइये। वहाँ (ब्रिगेड मुख्यालय में) जाकर उन्हें बताइये कि हम अंतिम साँस तक लड़े। यह आपके लिये एक आदेश है।" एक सैनिक के लिये अपने कमांडर का आदेश मानना अनिवार्य है। विवश होकर दोनों सैनिकों ने भारी हृदय से, अपने प्यारे मेजर को, पहाड़ के ढलान पर एक चट्टान की आड़ में बैठा दिया। मेजर शैतान सिंह बहुत काँपती आवाज़ में बोल रहे थे। उन्होंने मुस्करा कर अपने सैनिकों से 'अलविदा' कहा। उन्होंने अपने पेट को कस कर पकड़ रखा था। उसमें से खून बह कर बर्फ़ को लाल कर रहा था। धीरे-धीरे उनकी बाँहें लटक गयीं।

उस समय सवेरे के 8 बज कर 15 मिनट हुए थे। उन दोनों सैनिकों ने

अपने चतुर्दिक विध्वंस और मृत्यु का भीषण दृश्य देखा। मेजर शैतान सिंह का तंबू दुश्मन की गोलाबारी में टुकड़े-टुकड़े हो गया था। भारतीय सैनिकों ने अपने क्वार्टर मास्टर के तंबू को स्वयं जला दिया था क्योंकि उन्हें आज्ञा थी कि जब पराजय और मृत्यु अवश्यंभावी हो जायें तो वे सब साजोसामान को भस्म कर दें जिससे वे शत्रु के हाथ में न पड़ें। दुश्मन ने उस क्षेत्र में भारी गोलाबारी करके शेष भारतीय सैनिकों के टुकड़े-टुकड़े कर दिये। जो मुट्ठी भर सिपाही शेष थे वे अंतिम क्षण तक अपने मोर्टारों और हल्की मशीनगनों से लड़ते रहे। अन्त में दुश्मन उन पर हावी हो गया। घायल मेजर शैतान सिंह रात्रि में जम कर मर गये।

रेजीमेंट के इतिहास में एक घटना का वर्णन है कि जब एक जवान अपनी बंदूक को विखंडित कर रहा था, 20 मीटर की दूरी से एक चीनी ने उसको गोली मारी। वह राइफल लेकर अपनी चौकी के अंदर गया और अंदर घुसने वाले पहले चीनी को गोली मार कर ढेर कर दिया। तब चीनियों ने चौकी के अंदर कई हथगोले फेंके। अब हमारे शेष वीरों की भी मृत्यु हो गयी। रेजांग ला का यह युद्ध लगभग पाँच घंटे चला था।

## जाको राखे साँइयाँ : बच निकला निहाल

हवलदार निहाल सिंह अपने साथी राम मेहर सिंह के साथ एक खंदक में तैनात था। एक हल्की मशीनगन की सहायता से ये दोनों वीर चीनियों के टिड्डी दल का सामना कर रहे थे। राम मेहर सिंह पर चीनियों का एक गोला गिरा और वह वहीं ढेर हो गया। निहाल सिंह के पास अपनी टुकड़ी के अन्य सैनिकों से संपर्क स्थापित करने का कोई साधन नहीं था। वह अपनी हल्की मशीनगन से गोलियाँ दागता रहा। अब उसे भी चीनी गोलियों ने अपंग कर दिया। घायल अवस्था में भी उसने अपनी मशीनगन के टुकड़े-टुकड़े कर दिये जिससे वह चीनियों के हाथ में न पड़ सके। उसके पास कुछ हथगोले बचे थे किन्तु उसकी घायल बाँहों में इतनी भी शक्ति नहीं थी कि वह उनके पिन निकाल कर उन्हें फेंक सके। अंत में चीनी सिपाहियों ने आकर उसे खंदक से बाहर निकाल कर बंदी बना लिया।

चीनियों ने निहाल सहित हमारे पाँच सैनिकों को बंदी बना लिया था। यद्यपि गोलियों से निहाल की दोनों बाँहें निष्प्राण हो गयी थीं, वह जीवट का धनी चीनियों की कैद से भाग निकला और उस धूसर, सलेटी रंग के आकाश तले चट्टानों के पीछे और छायाओं में छिपता हुआ जैसे-तैसे अपनी चौकी तक पहुँच गया। वहाँ का दृश्य देख कर उसका हृदय डूबने लगा। उसके साथियों के शव और

अंगों के टुकड़े चारों ओर फैले हुए थे। सबसे दुखद कहानी मंडोला गाँव के महेन्दर की है जिसकी दोनों टाँगें कुचल गयी थीं किन्तु जो अभी तक जीवित था। उसने निहाल से विनती की कि उसे साथ ले चले। किन्तु निहाल के दोनों हाथों में कई गोलियाँ लगी थीं और वह महेन्दर को सहारा देने में असमर्थ था। उसने अपनी निर्जीव, लटकी हुई बाँहें उसे दिखायीं। जब महेन्दर ने देखा कि निहाल उसकी सहायता करने में असमर्थ है तब उसने कहा, "ठीक है भाई, फिर तू निकल।" निहाल को आज भी गहरा अफ़सोस है कि वह अपने घायल साथी की रक्षा नहीं कर सका। वह लड़खड़ाते हुए चुशूल की ओर बढ़ चला। चीनियों को यह ज्ञात था कि एक हिन्दुस्तानी सैनिक उनकी गिरफ़्त से निकल भागा है। वे उसे देखने के लिये आकाश में अग्नि भभूके (फ़्लेयर) छोड़ रहे थे किन्तु निहाल के पारके का श्वेत रंग, श्वेत बर्फ़ में इस तरह मिल गया था कि चीनी उसे देख नहीं सके। वह बुरी तरह घायल और थका हुआ था और जैसे-तैसे पहाड़ के ढलान से नीचे उतरा। हर वस्तु, हर शिला बर्फ़ से ढकी हुई थी। वह भटक गया।

तब एक देवदूत की तरह पास के गाँव का एक कुत्ता टॉमी, जो हर दिन उनकी चौकी पर मांस खाने के लिये आता था, उसके पास आया। टॉमी आगे-आगे चलने लगा और निहाल उसके पीछे गिरता-पड़ता चल दिया। वह कई बार लड़खड़ाया और गिर पड़ा। और तब मानों दैवी शक्तियाँ उसकी सहायता के लिये आगे आयीं। मुख्य अड्डे का एक संतरी अपनी दूरबीन से उस क्षेत्र का निरीक्षण कर रहा था। तब उसकी दूरबीन एक चलते हुए धब्बे पर केंद्रित हुई। ध्यान से देखने पर उसने देखा कि वह बुरी तरह घायल, रक्तरंजित एक सिपाही था जिसकी वर्दी तार-तार हो गयी थी। उसकी निर्जीव बाँहें उसके बाजू में लटक रही थीं। एक सिपाही ने पहचान लिया कि वह उनका साथी निहाल था। तुरन्त हमारे सैनिकों की एक टुकड़ी ने आगे आकर उसे उठाया और उसे बंकर के अंदर ले गये और वहाँ उसे गर्म चाय पिलाई और हलवा खिलाया। इसके बाद उसे चिकित्सा के लिये जम्मू भेज दिया गया। बाद में निहाल सिंह को सेना मेडल प्रदान किया गया।

## लाशों से भरे 25 ट्रक

मग्गर पहाड़ पर नियुक्त 13 कुमाऊँ की ब्रावो और डेल्टा कंपनी के कमांडर ब्रिगेडियर आर. जाटर ने चार सैनिकों के एक दल को चार्ली कंपनी की खोज-खबर लेने भेजा। इनमें से दो स्काउट मर गये और दो ने लौट कर बताया कि रेजांग ला

क्षेत्र में नीली पोशाक पहने हुए चीनी कुली मृत चीनी सैनिकों के शव ट्रकों में लाद रहे थे। 25 ट्रक शवों से भर गये इससे अनुमान लगाया जाता है कि वहाँ कम से कम 500 चीनी सैनिक मारे गये। पीकिंग रेडियों ने एक प्रसारण में स्वीकार किया कि सर्वाधिक चीनी सैनिक रेजांग ला में मारे गये।

## चार्ली कंपनी के वीर : जो लौट के घर ना आये

सरकारी दस्तावेज़ों के अनुसार रेजांग ला में तैनात 124 वीरों में से 113 युद्धक्षेत्र में ही शहीद हो गये। केवल 14 जीवित बचे। 5 युद्धबंदी बना लिये गये। उनमें से एक की मृत्यु हो गई। जब युद्धबंदियों की सूची आयी तब उसमें 13 कुमाऊँ रेजीमेंट के केवल 4 सैनिकों का नाम था। केवल 6 सिपाही बटालियन लौट कर आये। कुछ महीनों बाद जब हमारी सेना के दल सैनिकों की लाशें एकत्रित करने रेजांग ला पहुँचे तो उन्होंने देखा कि सैनिकों के शव खंदकों में या उनके आसपास पड़े थे। सब के शरीर कई-कई गोलियों से या संगीनों से भिदे थे।

13 कुमाऊँ ने अपना बलिदान किया, किन्तु उनका बलिदान व्यर्थ नहीं गया। उन्होंने चीनी आक्रमण को कुंठित कर दिया। इस करारी चोट के बाद चीनी सेना चुशूल की ओर नहीं बढ़ी। 114 ब्रिगेड के ब्रिगेडियर रैना जिस चीनी आक्रमण की आशंका कर रहे थे, वह नहीं हुआ। 21 नवम्बर 1962 को युद्ध-विराम हो गया। हमारे 114 अहीर सैनिक 500 चीनियों को मार कर मरे। इस युद्ध में रेजांग ला तथा गुरुंग पर्वत के दोनों मोर्चों पर लगभग 1000 चीनी सैनिक मारे गये।

मेजर जनरल राज मेहता लिखते हैं, "जनवरी 1963 में एक गडरिया अचानक रेजांग ला पहुँचा। उसने यह सूचना भारतीय सेना को दी। युद्ध-विराम के पश्चात् यह क्षेत्र विरोधी सेनाओं के बीच का स्वामित्वविहीन क्षेत्र (नो मैन्स लैंड) घोषित कर दिया गया था। अन्तर्राष्ट्रीय रेड क्रॉस की सहायता से ब्रिगेडियर रैना अपने एक दल के साथ वहाँ पहुँचे। वहाँ ऐसा दृश्य था मानों युद्ध के अंतिम क्षण एक बर्फ़ में जमी हुई झाँकी में बदल गये हों। उन्होंने फ़िल्म एवं फ़ोटुओं में उस दृश्य को भावी पीढ़ियों के लिये सुरक्षित कर लिया। इस प्रकार गर्व से पूर्ण भारतीयों को ज्ञात हो सका कि उस रविवार की सुबह वहाँ क्या हुआ था! कंपनी कमांडर और उनके जवान खंदकों में जमे हुए थे। उनके हाथों में अब भी उनके हथियार थे। सभी के शरीर गोलियों से भिदे थे और उनके शरीरों पर संगीनों के और गोलों के टुकड़ों के कई-कई घाव थे। मरते समय दो इंच की तोप वाले तोपची के हाथ में एक बम था, चिकित्सा-सहायक के हाथ में एक इंजेक्शन था।

1000 मोर्टार बमों में से 993 दागे जा चुके थे और शेष सात दागने को तैयार थे। मरने वाला प्रत्येक सैनिक एक हीरो था।"

वहाँ पर युद्ध में निहत 96 सैनिकों के शव मिले। गौरव की बात थी कि किसी सैनिक की कमर में गोली नहीं लगी थी। किसी ने भी भाग कर प्राण-रक्षा का प्रयत्न नहीं किया था। मेजर शैतान सिंह का शरीर उसी स्थान पर मिला जहाँ उनके जवानों ने रखा था। कहते हैं कि वहाँ का दृश्य देख कर युद्ध-निष्णात, इस्पात-हृदय ब्रिगेडियर रैना की आँखों से भी आँसू बहने लगे क्योंकि उन्होंने ही चार्ली कंपनी को अंतिम सैनिक और अंतिम गोली तक लड़ने का आदेश दिया था।

## भव्य अंतिम संस्कार

18 जनवरी को मेजर शैतान सिंह का शरीर एक विशेष हवाई जहाज द्वारा जोधपुर लाया गया। भारत सरकार उनके शव को सर्किट हाउस में लाना चाहती थी जिससे जनता उन्हें वहाँ श्रद्धांजलि दे सके। किन्तु शहीद के परिवार ने सहमति नहीं दी। तब कर्नल मोहन सिंह के सुझाव पर शहीद शैतान सिंह का पार्थिव शरीर उनके आवास पर लाया गया, जहाँ जोधपुर राजघराने के सदस्यों तथा जनता ने परम वीर को अंतिम श्रद्धांजलि दी। तत्पश्चात् एक बहुत बड़े जलूस में, जिसका नेतृत्व, उच्च सैनिक अधिकारी, राजस्थान के मंत्रीगण तथा गण्यमान्य व्यक्ति कर रहे थे एवं जिसमें एक अपार जन समूह ने भाग लिया, सजी हुई सैनिक गाड़ी में रख कर, शहीद के शव को कागा शमशान लाया गया। वहाँ पर भारत के राष्ट्रपति की ओर से मेजर जनरल भगवती सिंह ने एक पुष्प हार अर्पित किया। पूरे सैनिक सम्मान से परम वीर चक्र विजेता शैतान सिंह का अंतिम संस्कार हुआ।

*(राष्ट्रपति, रक्षामंत्री, मुख्यमंत्री, राजस्थान के विभिन्न राजपरिवारों के प्रसिद्ध व्यक्तियों तथा सेना के उच्चतम अधिकारियों ने शहीद के परिवार को श्रद्धांजलियाँ भेजीं। प्रस्तुत है मेजर शैतान सिंह के पथप्रदर्शक कर्नल मोहन सिंह की श्रद्धांजलि।–श्याम कुमारी)*

## एक श्रद्धांजलि

मेजर शैतान सिंह के आत्म बलिदान के बाद उनके परामर्शदाता और हितैषी कर्नल मोहन सिंह भाटी ने लिखा,

"जब मैंने शैतान सिंह को एक फुटबाल खिलाड़ी के रूप में पहली बार देखा तब उसी दिन अनुमान लगा लिया था कि यह लड़का होनहार

है। मैंने उससे पूछा कि तुम क्या करना चाहते हो? उसने उत्तर दिया कि वह वकील बनना चाहता है। मैंने उससे वकील न बन कर सेना में जाने के लिये कहा और वह मान गया। तब मैंने उसे अपनी यूनिट दुर्गा हॉर्स में कैडेट के पद पर भरती कर लिया। उस दिन से उसका सैनिक जीवन शुरू हुआ।

अब तक मैं अपने को उसका सी.ओ. (कमांडिंग अधिकारी) समझता आया हूँ। किन्तु 26 जनवरी से (परम वीर चक्र मिलने के उपरांत) हमारा रिश्ता बदल गया है। अब शैतान सिंह मेरा सी.ओ. है और मैं उसका सिपाही हूँ।"

कर्नल मोहन सिंह भाटी<br>
जोधपुर<br>
(राष्ट्रवीर मेजर शैतान सिंह स्मृति ग्रंथ, पृष्ठ 68)

13 कुमाऊँ के शेष शहीदों का पूरे सैनिक सम्मान सहित, उस स्थान पर सामूहिक दाह-संस्कार कर दिया गया, जहाँ उस समय ब्रिगेड का मुख्यालय था और आज जहाँ रेजांग ला स्मारक गर्व से खड़ा है। वहाँ पर श्वेत संगमर्मर पर बलिदान होने वाले वीरों के नाम तथा 1842 में लिखित थॉमस बी. मैकाले की कविता *होरेशियस* की चार पंक्तियाँ खुदी हुई हैं,

एक मनुष्य के लिये इससे अच्छी मृत्यु क्या हो सकती है

कि वह भयावह स्थितियों का सामना करते हुए

अपने पूर्वजों की अस्थियों की

और अपने देवताओं के मंदिरों की रक्षा करते हुए मरे।

## यशगाथा

इस प्रकार लद्दाख के चुशूल क्षेत्र में भारतीय सेना ने आत्म बलिदान का एक भव्य अध्याय लिखा। कुछ इतिहासकार इस युद्ध की तुलना ईसा पूर्व 420 में हुए उस युद्ध से करते हैं जिसमें राजा लियोनिदास, स्पार्टा के अपने 300 सैनिकों के साथ थर्मापोली में फ़ारसी आक्रमणकारियों के विरुद्ध दर्रे की रक्षा करते हुए मर गये थे।

1963 में जब रैड क्रास का दल भारतीय सैनिकों के शव एकत्रित करने गया तब उन्होंने देखा कि युद्ध क्षेत्र में घावों पर बांधने की अनेक रक्ताक्त पट्टियाँ पड़ी थीं तथा जगह-जगह खून के निशान थे। इससे स्पष्ट है कि चीनी भारी संख्या

में हताहत हुए थे। शहीद हुए हमारे जवान अपनी-अपनी खंदक में हथियार पकड़े हुए थे। टूटी हुई मशीनगनों से पता चलता था कि चीनियों की भयंकर गोलाबारी ने हमारे सैनिकों के हथियारों के टुकड़े-टुकड़े कर दिये थे। एक सैनिक के हाथों में एक दो इंच का मोर्टार था जिसे वह फेंकने ही वाला था कि चीनियों ने उसे मार डाला। उनमें से 12 सैनिकों के शव खंदकों के बाहर मिले जिससे प्रकट होता है कि उन्होंने खंदकों के बाहर निकल कर चीनियों पर आक्रमण किया और आत्माहुति दी।

वास्तव में चार्ली कंपनी का हर सैनिक शौर्य की मूर्तिमान प्रतिमा था। उनके अप्रतिम वीर मेजर शैतान सिंह ने उन्हें ऐसी प्रेरणा दी कि उनका मनोबल आकाश छू रहा था। वे मरे तो अनेक को मार कर मरे। देश उनका सदैव कृतज्ञ रहेगा।

रेजांग ला में भारतीय सेना ने चार्ली कंपनी को खो दिया जो उसकी सर्वाधिक पराक्रमी कंपनियों में से एक थी और जिसके लगभग सभी सैनिक आखिरी दम तक लड़े। 13 कुमाऊँ बटालियन की युद्ध-डायरी में 18 नवम्बर 1962 के विषय में ये हृदयस्पर्शी शब्द लिखे हैं,

मेजर शैतान सिंह का रेजांग ला में स्मारक

"अब हमारी चार्ली कंपनी नहीं रही।" (वी आर नाउ विदाउट आवर चार्ली कंपनी)

बाद में 13 कुमाऊँ बटालियन को रेजांग ला का **युद्ध सम्मान** (बैटल ऑनर) तथा 'लद्दाख 1962' का **थियेटर सम्मान** प्रदान किया गया। यह दुःख की बात है कि 13 कुमाऊँ के इस अंतिम मोर्चे के विषय में जनता को अधिक कुछ ज्ञात नहीं है। बलिदान की इस गाथा को जिसमें मेजर शैतान सिंह के नेतृत्व में हमारी अहीर चार्ली कंपनी ने यह निर्णय लिया था कि जब तक उनकी साँस में साँस है, वे चीनियों को 17,000 फुट ऊँचे चुशूल क्षेत्र में घुसने नहीं देंगे, हमारी पाठ्य-पुस्तकों का भाग होना चाहिये। उन 118 वीरों में से गंभीर रूप से घायल केवल तीन/चार सैनिक जीवित रहे। शीत ऋतु समाप्त होने पर मेजर शैतान सिंह और उनके सैनिकों के बर्फ में जमे हुए शव एकत्रित किये गये तब पाया गया कि उनमें से अधिकांश ने कस कर अपनी बंदूकों को पकड़ रखा था किन्तु बंदूकों की गोलियाँ खत्म हो चुकी थीं।

खेद की बात है कि भारत में युद्धों की ये गौरवशाली गाथाएँ केवल इतिहास की पुस्तकों में सीमित रह गयी हैं, जनता उनसे अनभिज्ञ है। हरियाणा के रिवाड़ी नगर में कभी बहुत धूमधाम से चार्ली कंपनी के स्मारक का निर्माण हुआ था। आज नगर की अधिकांश जनता को उस स्मारक के विषय में कुछ ज्ञात नहीं है। न ही रिवाड़ी नगर के नागरिक रेजांग ला के युद्ध में अहीर सैनिकों की शहादत के विषय में कुछ जानते हैं। हाँ, *रेजांग ला शौर्य समिति* के कुछ सदस्य 18 नवम्बर को इन शहीदों की स्मृति में एक समारोह अवश्य करते हैं। अहीर अपने को श्रीकृष्ण के वंशज मानते हैं। स्मारक के केन्द्रीय भाग पर सुदर्शनचक्रधारी एक प्रतिमा है। देख रेख के अभाव में प्राण अर्पित करने वाले इन वीरों के नामपट्ट के चारों ओर जंगली घास उग आयी है।

## प्रशस्ति-पत्र
## मेजर शैतान सिंह
## 13 कुमाऊँ (आईसी-7990)

मेजर शैतान सिंह चुशूल क्षेत्र की रेजांग ला स्थित इन्फैंट्री बटालियन की एक कंपनी का, जो 17,000 फीट की ऊँचाई पर तैनात थी, नेतृत्व कर रहे थे। यह क्षेत्र भारतीय कब्ज़े वाले क्षेत्र से अलग-थलग था और इसमें 5 पलटनें तैनात थीं। 18

नवंबर 1962 को चीनी सैनिकों ने भारी तोपों, मोर्टरों व बंदूकों से हमला किया। उनकी संख्या बहुत ज़्यादा थी। बड़े-बड़े झुंडों में आगे बढ़ रहे चीनियों को भारतीय सैनिकों ने मुँहतोड़ उत्तर दिया। मेजर शैतान सिंह ने उस लड़ाई में प्रमुख भूमिका निभाई और भारी ख़तरा उठाते हुए एक पलटन से दूसरी पलटन में जाते हुए सैनिकों का मनोबल बढ़ाते रहे। ऐसा करते हुए वे बुरी तरह घायल भी हो गए, पर उन्होंने सैनिकों का उत्साह बढ़ाना जारी रखा। अगर भारत का एक सिपाही मर रहा था तो दुश्मन के चार-पाँच मर रहे थे। जब मेजर शैतान सिंह घायल होकर गिर पड़े तो उनके साथियों ने उन्हें पीछे ले जाने का प्रयास किया। उनके हाथों व पेट पर गोलियाँ लगी थीं, पर तभी दुश्मन ने तेजी से मशीनगनों से गोलियों की बौछार शुरू कर दी। मेजर शैतान सिंह ने अपने सिपाहियों से कहा कि वे उनकी चिंता छोड़ कर अपनी और देश की चिंता करें।

मेजर शैतान सिंह का अदम्य साहस, नेतृत्व व अनुकरणीय कर्तव्यनिष्ठा उनकी कंपनी के लिये प्रेरणास्रोत बनी और कंपनी का अंतिम सिपाही अपनी अंतिम साँस तक लड़ता रहा।

भारत सरकार गजट अधिसूचना<br>संख्या 68–प्रेस/62

## हार से हुआ लाभ

चीन के साथ हुए इस युद्ध में जिन 24,000 भिन्न-भिन्न श्रेणियों के भारतीय सैनिकों/अधिकारियों ने भाग लिया, उनमें से 1423 शहीद हो गये, 3018 घायल हुए, 3587 बंदी बना लिये गये तथा 1655 लापता हो गये और यह अनुमान किया गया कि वे भी मारे गये।

यद्यपि इस युद्ध में हमारे उच्चाधिकारी अपने पद के दायित्व को नहीं निभा सके किन्तु बटालियन, कंपनी और उनके नीचे के अधिकारी तथा सैनिक प्राण हथेली पर लेकर, ऐसे जोश से लड़े कि आने वाली पीढ़ियों के लिये कुरबानी की एक मिसाल पेश कर गये।

किन्तु हमारी इस पराजय का एक शुभ परिणाम यह हुआ कि आदर्शों की दुनिया में रहने वाले हमारे प्रधान मंत्री जवाहरलाल नेहरू ने स्थिति को वास्तविकता के धरातल पर आकर देखा-परखा। इस पराजय के लिये उत्तरदायी रक्षा मंत्री कृष्ण मेनन, सेनाध्यक्ष जनरल थापर तथा जनरल कौल ने त्यागपत्र दे दिये। श्री वाई.बी. चव्हाण नये रक्षा मंत्री बने और सेनाध्यक्ष का पद जनरल जे.एन. चौधरी ने संभाला।

स्वतंत्रता के बाद भारतीय सेना की जिस प्रकार उपेक्षा की गयी थी वह अक्षम्य है। अब सरकार को होश आया। हमारी सेना के पास द्वितीय महायुद्ध के समय के अस्त्र-शस्त्र थे। हमारी सेना को पर्वतीय युद्ध की कोई शिक्षा नहीं दी गयी थी। अब सरकार ने सेना के छह नये डिवीज़न गठित करने का निर्णय किया। इनमें से कुछ नये तथा कुछ पुराने डिवीज़नों को पर्वतीय युद्ध की विशेष शिक्षा दी गयी। इसका परिणाम यह हुआ कि आज भारतीय सैनिक संभवतः पर्वतीय युद्ध में संसार में सर्वाधिक कुशल हो गये हैं। सेना में अफ़सरों की भरती के लिये आपात्कालीन भरती की गई और इन अफ़सरों के प्रशिक्षण के लिये मद्रास और पुणे में प्रशिक्षण केन्द्र खोले गये।

यह सब बहुत समय रहते हुआ क्योंकि जब 1965 में पाकिस्तान ने भारत पर आक्रमण किया तब इस युद्ध में हमारी सेना विजयी हुई।

शैतान सिंह नगर रेलवे स्टेशन

# बलिदान तीर्थ—रेजांग ला

अति विरल वायु, है क्षीण श्वास,
हो रहा शक्ति का पल-पल ह्रास,
मुक्त पवन का घोर हास,
रुद्र कर रहे अट्टहास।
□

मृत्यु कर रही है आह्वान,
दुर्गा माँग रही प्राणों का दान,
चार्ली कंपनी के हे वीरों,
आज तुम्हें देना होगा बलिदान।
□

तोड़ कर दुश्मन के गतिरोध,
वीर तुम्हें लेना प्रतिशोध,
चुक जायें यदि गोले-गोली,
निज शोणित से खेलो होली।
□

एक सौ चौबीस अनुपम वीर,
लड़ने-मरने को हुए अधीर,
काट-काट कर दुश्मनों के सिर,
लगा दिये ढेर, चिन दी प्राचीर।
□

कट-कट कर सब अंग बिखर गये,
रक्त फूल धरती पर छिटक गये,
बहते शोणित की छटा निराली,
बलिदान की बेजोड़ प्रणाली।
□

भारतमाता के सुपुत्र धीर,
सिधारो शैतान, यशस्वी वीर,
किरणों की फैला कर लाली,
सूर्य दे रहा है श्रद्धांजलि।
□

दे रहे विदा हम तुम्हें वीर,
नमन करते तुम्हें हे परम वीर॥
□

# कुमाऊँ रेजीमेंट केंद्र का युद्ध-अजायबघर :
# मेजर जनरल राज मेहता

(1986 में मेजर जनरल राज मेहता परीक्षक के रूप में रानीखेत गये। वहाँ अपने एक सप्ताह के आवास में वे प्रतिदिन रानीखेत स्थित कुमाऊँ रेजीमेंट केंद्र जाते थे। उन्होंने रेजीमेंट के युद्ध-अजायबघर का जो वर्णन किया है, उसके एक अंश का अनुवाद यहाँ प्रस्तुत है–श्याम कुमारी)

“वहाँ पर अत्यंत मंत्रमुग्ध करने वाली वस्तुओं में मुझे सर्वाधिक आंदोलित किया मरणोपरान्त परम वीर चक्र पाने वाले मेजर शैतान सिंह की वरदी की रक्तरंजित कमीज़, गोलियों से भिदे हुआ उनके कमर के थैले (बैकपैक) और अल्यूमीनियम के मेस टिन आदि वस्तुओं ने। ये वस्तुएँ इस बात का प्रमाण हैं कि इस वीरों के वीर ने, और उनके साथ लगभग पूरी चार्ली कंपनी ने, किस प्रकार मृत्यु का वरण किया। ...मैंने बहुत-सी यात्राएँ की हैं किन्तु इस सैन्य प्रदर्शनी की वस्तुएँ आपको उस वीर के अदम्य साहस को सलाम करने को बाध्य करती हैं, जिसने अपने साथियों के साथ, हिमालय के हिममंडित क्षेत्र में इतनी महान् मृत्यु का वरण किया। उनके हथियार थे अदम्य साहस, अपराजेय वीरता और नाम, नमक और निशान के लिये प्रखर प्रेम। ...”

# परम वीर चक्र विजेता : कर्नल धन सिंह थापा

## जन्म और बाल्यकाल

10 अप्रैल सन् 1928 को हिमाचल प्रदेश के सुंदर पर्वतीय नगर शिमला में श्री प्रेम सिंह थापा एवं उनकी पत्नी द्रौपदी के प्रथम पुत्र धन सिंह का जन्म हुआ। इन दंपती ने स्वप्न में भी कल्पना नहीं की थी कि उनका लाड़ला पुत्र एक दिन भारतीय सेना का वीरता के लिये दिया जाने वाला उच्चतम पुरस्कार परम वीर चक्र जीतेगा। धन सिंह के जन्म के बाद उनके तीन पुत्र और पैदा हुए और अंत में जन्म हुआ एक कन्या का।

प्रेम सिंह सोलन के एक सुनार की दुकान में कारीगर थे। जब धन सिंह 12 वर्ष का हुआ तब प्रेमसिंह सपरिवार शिमला रहने चले आये क्योंकि उनके अधिकांश रिश्तेदार शिमला में रहते थे और धन सिंह ने सोचा कि बच्चों के विकास के लिये यह अच्छा होगा कि वे अपने मामा-चाचा और उनके बच्चों के साथ रहें। किन्तु नयी जगह में बसना इतना सरल नहीं था। प्रेम सिंह ने एक छोटा व्यापार आरंभ किया किन्तु उनके बहुत प्रयत्न करने पर भी व्यापार सफल नहीं हुआ। शिमला जाने के कुछ ही समय बाद अचानक वे बीमार हुए और उनकी मृत्यु हो गयी।

द्रौपदी के लिये यह दारुण आघात था। उनके पास आय का कोई साधन नहीं था और पाँच बच्चों के लालन-पालन की समस्या थी। परिवार की ज़िम्मेदारी द्रौपदी और 12 वर्षीय बालक धन सिंह के कंधों पर आ पड़ी। उन दिनों भारत में पारिवारिक संबंधों में दायित्व की भावना थी। रिश्तेदार एक-दूसरे की सहायता करते थे। धन सिंह के मामा ने अपनी बहन और उनके पाँच बच्चों को अपने घर में आश्रय दिया। किन्तु कठिनाई यह थी कि उनके मामा मामूली हैसियत के आदमी थे और उनके अपने छह बच्चे थे।

कुछ साल तक इस परिवार के दिन बहुत गरीबी और कठिनाई में बीते। एक छोटे घर में 11 बच्चों को खिलाने-पढ़ाने के लिये हर पल, हर दिन संघर्ष करना पड़ता था। अधिकतर व्यक्ति अभाव और दुर्भाग्य से निराश होकर टूट जाते हैं किन्तु कुछ ऐसे वीर भी होते हैं जिन्हें कठिनाइयाँ तोड़ नहीं पातीं। दुर्भाग्य की आग उन्हें जला कर शुद्ध इस्पात बना देती है। ऐसे ही हिम्मत के धनी थे धन सिंह। उन्होंने निश्चय कर लिया कि चाहे कितनी ही अग्नि-परीक्षाएँ क्यों न आयें, वे जीवन का सामना साहस से करेंगे और जीवन जो भी दे उसे स्वीकार करेंगे। उनकी मान्यता थी कि दुर्भाग्य के लिये आँसू बहाना बेकार है।

धन सिंह को विश्वास था कि शिक्षा के माध्यम से हर इंसान ऊपर उठ सकता है और जीवन की परीक्षा में सफल हो सकता है। धन सिंह के हृदय में एक अग्नि जल रही थी कि चाहे जैसे भी हो उन्हें अपने परिवार को गरीबी से मुक्त करके ऊपर उठाना है, उसे सफलता के पथ पर आगे बढ़ाना है और यह सफलता मिल सकती थी केवल शिक्षा के द्वारा। इसके लिये वे कोई भी कठिनाई झेलने को तैयार थे। वे गोरखा स्कूल में पढ़ते थे और साथ ही घर-खर्च चलाने और भाई-बहिनों की पढ़ाई की फ़ीस देने के लिये स्कूल के बाद नौकरी करने लगे। उन्हें स्कूल तथा नौकरी पर जाने के लिये शिमला के पहाड़ी रास्तों पर प्रतिदिन लगभग 20 किलोमीटर चलना पड़ता था। किन्तु इन कठिनाइयों के बावजूद धन सिंह हर समय मुस्कराते रहते थे और उन्हें विश्वास था कि एक दिन जीवन भी उनकी ओर मुस्करायेगा।

अपनी तरुणाई के आरंभिक सालों में भी धन सिंह को अपनी ज़िम्मेदारी, अपने कर्तव्य और आत्म-सम्मान का पूरा अहसास था। उनका कहना था कि मनुष्य का हाथ देने के लिये फैलना चाहिये, लेने के लिये नहीं। वे अपने वेतन का बड़ा भाग अपने मामा को घर-खर्च चलाने के लिये दे देते थे। साथ ही वे घर के कामों में जितना संभव हो हाथ बँटाते थे, जिससे उनके मामा-मामी उन्हें भार न

समझें। इतना ही नहीं वे अपने भाइयों को भी घर के काम में यथा संभव सहायता करने के लिये प्रेरित करते थे। किन्तु जब वे अपनी लाड़ली बहन को घर के भारी-भारी काम करते हुए देखते थे, तब उन्हें आघात लगता था। सबसे छोटी होने के कारण वे उसका दुःख सहन नहीं कर पाते थे।

उन्हें फुटबॉल खेलने का बहुत शौक था। जब भी अवसर मिलता वे अपने सहपाठियों के साथ फुटबॉल खेलते थे। बाद में वे कहा करते थे कि गोरखा स्कूल में फुटबॉल खेलने से ही उन्होंने दल के साथ सहयोग सीखा। अपने मामा के घर में रहते हुए उन्होंने जो कठिनाइयाँ झेलीं उनसे उनके मन में कटुता नहीं आई। वे मामा की स्थिति समझते थे और उन्हें कभी दोष नहीं दिया। वे बहुत कृतज्ञ थे कि मामा ने उन्हें तथा उनके परिवार को आश्रय दिया और संकट के दिनों में उनकी सहायता की।

## सच्चे देशभक्त : लंदन की नौकरी ठुकराई

घर के ढेर सारे कामों तथा एक अंग्रेज़ महिला के सहायक के रूप में अपनी अंशकालिक नौकरी के कारण धन सिंह को पढ़ाई के लिये बहुत कम समय मिलता था। किन्तु कठिन परिश्रम के द्वारा उन्होंने न केवल दसवीं की परीक्षा पास कर ली वरन् उन अंग्रेज़ महिला के सहयोग से अंग्रेज़ी में विशेष दक्षता प्राप्त कर ली। ये महिला धन सिंह की कार्यकुशलता, परिश्रम और ईमानदारी से इतनी प्रभावित हुई कि उन्होंने इस तरुण को हमेशा प्रोत्साहन दिया तथा उसे समाज में व्यवहार के तौर-तरीके सिखाये। जब ये महिला इंग्लैंड वापस जाने लगीं तो उन्होंने धन सिंह को लंदन में नौकरी देने का प्रस्ताव किया। आज भी हमारे देश में शिक्षित और अल्पशिक्षित हर वर्ग के लोग विदेश में नौकरी पाने के लिये जमीन-आसमान एक कर देते हैं, आज से 60 वर्ष पूर्व एक गरीब लड़के को लंदन में नौकरी मिलना बहुत बड़ी बात थी किन्तु धन सिंह के हृदय में देशप्रेम कूट-कूट कर भरा था। उन्होंने स्वदेश छोड़ कर लंदन जाने के इस आकर्षक प्रस्ताव को ठुकरा दिया। यद्यपि यह नौकरी उनके परिवार को गरीबी से छुटकारा दिला सकती थी।

## सपना साकार हुआ : सेना में चुनाव

दसवीं कक्षा पास करने के बाद धन सिंह ने एक बैंक में नौकरी कर ली। एक दिन किसी ने उन्हें सुझाव दिया कि उन्हें सेना में भरती हो जाना चाहिये। जैसे इस आदमी ने उनके दिल की बात कह दी। धन सिंह के मन में सैनिक बनने की इच्छा

सोयी हुई थी। अपने मन की गहराइयों में वे सेना में भरती होने के सपने देखते थे। किन्तु घर में इतनी गरीबी थी कि उन्हें भावी जीवन की योजना बनाने का समय ही नहीं मिला था। दसवीं पास करते ही उन्हें जो भी कार्य मिल गया उसे करना आरंभ कर दिया जिससे परिवार का भरण-पोषण हो सके। जब सेना में भरती होने का सुझाव उनके सामने आया उस समय तक उनके भाई भी बड़े हो गये थे। अब सेना में भरती होने में कोई बाधा नहीं थी। मनचाहा सुझाव सुन कर उनकी आकांक्षा को मानों पंख लग गये। जीवन को एक दिशा मिल गयी। सेना में कार्य करना ही उनका लक्ष्य बन गया। अब उन्होंने यह पता लगाना आरंभ कर दिया कि सेना में किस प्रकार भरती हुआ जा सकता है। उन्होंने यह निश्चय कर लिया था कि एक बार सेना में नियुक्ति होने के बाद अपने परिवार को अपने साथ ले आयेंगे।

28 अगस्त 1949 को उनकी नियुक्ति प्रसिद्ध 8 गोरखा राइफ़ल्स में हुई। सेना में चयन होने पर उनकी खुशी का ठिकाना न रहा। धन सिंह शीघ्र ही अपनी रेजीमेंट में लोकप्रिय हो गये। वे हँसमुख स्वभाव के थे और अच्छे खिलाड़ी थे। चरम वीरता, पूर्ण स्वामिभक्ति और अनुशासन प्रियता सभी गोरखाओं के स्वाभाविक गुण हैं। धन सिंह को एक अतिरिक्त लाभ था कि गोरखा होने के कारण वे अपने अधीनस्थ सैनिकों से गोरखाली में बात कर सकते थे, अतएव उनके सैनिक उनसे अपनापन महसूस करते थे। एक सैनिक अफ़सर होने के नाते वे अपने सैनिकों की सुख-सुविधा का बहुत ध्यान रखते थे। सैनिकों के सामने स्वयं अपना आदर्श प्रस्तुत करते थे इस कारण उनके सैनिक उनका सम्मान करते थे। वे अपने अफ़सरों के प्रति सम्मान से पेश आते थे और पूर्णतया वफ़ादार थे इस कारण उनके अफ़सर उन पर विश्वास करते थे।

धन सिंह जिंदादिल और साहसिक थे। बाल्यकाल की घोर गरीबी और कठिनाइयों ने उनको निराशावादी नहीं बनाया था। उन्होंने अपने अतीत को पीछे छोड़ दिया। भुला दिया गरीबी और घोर परिश्रम के उन दर्द भरे दिनों को क्योंकि अब उनकी जिंदगी ने एक सुन्दर मोड़ ले लिया था। उस क्षण से उनका जीवन देश को समर्पित हो गया। वे ज़िंदगी को पूरी तरह जीने में विश्वास करते थे। उन्होंने एक घोड़ा खरीदा। घुड़सवारी करते समय वे बहुत सजीले लगते थे। इसके बाद उन्होंने अपने कुछ साथी अफ़सरों के साथ मिल कर रुपये इकट्ठे किये और एक जीप खरीदी। इस जीप के द्वारा वे अपने साथियों के साथ दूर-दूर के क्षेत्रों में पिकनिक करने जाते थे तथा वहाँ अलाव जला कर आनन्द मनाते थे।

# एक सच्चे नेता

साहस, निर्भयता, वीरता, वफ़ादारी और दृढ़ता के अतिरिक्त धन सिंह में एक सच्चे नेता के गुण थे। उनकी मान्यता थी कि एक सैनिक अधिकारी अपने सैनिकों का आदर्श बन सकता है। उसके अन्दर वे सब गुण होने चाहियें जिनकी वह अपने सैनिकों से आशा करता है। सैनिक किसी ऐसे अधिकारी का अनुसरण नहीं करेंगे जिस पर वे विश्वास नहीं कर सकते। वे कहा करते थे, "एक सैनिक टुकड़ी का साहस और हिम्मत उसके अधिकारी के साहस और हिम्मत पर निर्भर करते हैं। यदि कोई काम ख़तरनाक है तो सबसे पहले उसे अफ़सर को स्वयं करना चाहिये। यदि कोई कंपनी रद्दी है तो इसका अर्थ है कि उसका अफ़सर रद्दी है।" वे सदा चुस्त-दुरुस्त रहते थे तथा एकदम साफ़, कलफ़ लगी हुई वरदी पहनते थे क्योंकि उनकी मान्यता थी, "एक सैनिक अधिकारी को अपनी वरदी का आदर करना चाहिये। यदि किसी अधिकारी ने दाढ़ी नहीं बनाई है और दाग-धब्बा लगी वरदी पहने हुए है तब वह गरिमामय या सम्मानित अनुभव नहीं कर सकता।" वे अपने अफ़सरों से अधिक अपने अधीन काम करने वाले सिपाहियों का ध्यान रखते थे। जीवन में उनके दो सिद्धान्त थे :

1. दृढ़ विश्वास को यदि दृढ़ संकल्प का आधार मिले तो सफलता निश्चित है।

2. दृढ़ संकल्प द्वारा पहले छोटी और बाद में बड़ी सफलताएँ प्राप्त होती हैं।

# विवाह

जैसे ही धन सिंह को सेना में कमीशन मिला, उनकी माँ ने उनके ऊपर विवाह करने के लिये दबाव डालना आरम्भ कर दिया। धन सिंह एकाग्र होकर, पूरी शक्ति से सैनिक जीवन जीना चाहते थे। वे अपना कर्तव्य निभाना चाहते थे। किन्तु अपनी माँ के आँसुओं के सामने उन्हें झुकना पड़ा। माँ के बार-बार दबाव डालने पर उन्होंने विवाह के लिये स्वीकृति दे दी।

जब धन सिंह की नियुक्ति जम्मू या नागालैंड जैसे स्थानों पर हुई तब आरंभ में उनकी सुन्दर और युवा पत्नी शुक्ला को वहाँ रहने में कठिनाई हुई किन्तु जब शुक्ला ने काम के प्रति अपने पति के उत्साह और लगन को देखा तो उन्हें भी सेना के साहसिक जीवन से प्रेम हो गया।

## नागालैंड में

29 सितम्बर 1956 को धन सिंह को सेना में स्थायी कमीशन मिल गया। अब उन्हें नागालैंड में मोकोकचुंग नामक स्थान पर नियुक्त किया गया। उनकी नियुक्ति के समय नागालैंड में उथल-पुथल हो रही थी। भारत में मिलाये जाने के विरोध में नागालैंड में विद्रोह फैल गया था और जगह-जगह सरकार-विरोधी कार्यवाहियाँ होने लगीं। स्थिति पर नियंत्रण करने के लिये सेना को भेजा गया। नागा विद्रोही स्थानीय ग्रामीणों को आतंकित कर रहे थे। ये विद्रोही जहाँ भी अवसर पाते घात लगा कर आक्रमण कर देते थे। अकस्मात् किये गये कुछ आक्रमणों में अपनी सफलताओं के कारण विद्रोहियों का हौसला बढ़ गया था। 1956 से 1962 तक का समय हमारी सेना के लिये बहुत कठिन था। इसका कारण था कि उस समय तक हमारी सेना को आंतरिक विद्रोह का सामना करने का अनुभव नहीं था और उनके पास आवश्यक उपकरण, वाहन और संचार-साधन भी नहीं थे। इसके अतिरिक्त देश के सामरिक दृष्टि से महत्त्वपूर्ण इस भूभाग में आवागमन बहुत कठिन और मौसम बहुत कटु था। यह क्षेत्र घने जंगलों से भरा हुआ है और इसकी सीमाएँ चीन, बर्मा और पूर्वी पाकिस्तान (अब बांगलादेश) से मिली हुई हैं। नागाओं के असंतोष को चीन और पाकिस्तान बढ़ावा देते थे। उस समय हमारी सेना के अफ़सरों, जूनियर कमीशंड अफ़सरों तथा सिपाहियों को रोज-रोज गश्त लगानी पड़ती थी, छापे मारने पड़ते थे और साथ ही नागाओं के घातक हमलों का सामना करना पड़ता था।

1/8 गोरखा बटालियन को स्थानीय ग्रामीणों का सहयोग पाने में बहुत कठिनाई हो रही थी क्योंकि उनके सहयोग के बिना विद्रोह पर नियंत्रण करना और भी कठिन होता था। कैप्टेन धन सिंह में समझौता कराने की जन्मजात प्रतिभा थी। अपने हास्यप्रिय स्वभाव और दार्शनिक दृष्टिकोण के कारण जल्दी ही नागा ग्रामीणों से उनके अच्छे संबंध बन गये। जब भी संभव होता वे सेना और ग्रामीणों के बीच सुलह करा देते थे क्योंकि दोनों ही उनका सम्मान करते थे।

इन सब सैनिक कार्रवाइयों के समय शुक्ला के दूसरा बच्चा होने वाला था और धन सिंह रात्रि में गश्त लगाने के लिये गर्भवती शुक्ला को बड़ी बच्ची के साथ अकेला छोड़ कर चले जाते थे। जिस रात दूसरी बच्ची का जन्म हुआ, शुक्ला घर में अकेली थीं, केवल एक धाय उनके पास थी। किन्तु एक वीर पत्नी की तरह उन्होंने धैर्य से इन सब समस्याओं का सामना किया। वे जानती थीं कि देश की

रक्षा के लिये युद्ध करने से उनके पति को कितनी प्रसन्नता होती थी। वे जहाँ तक हो सके अपने पति को अपनी समस्याएँ नहीं बताती थीं। उन्होंने धन सिंह को कभी नहीं बताया कि जब वे रात में विद्रोहियों से युद्ध करने जाते थे, जहाँ हर कदम पर मृत्यु घात लगाये बैठी रहती थी, तो उन्हें कितना भय लगता था।

धन सिंह कहते थे कि नागालैंड के इस जोखिम भरे अनुभव ने चीन युद्ध के समय तथा बाद में चीनी युद्ध बंदी के रूप में उनको मानसिक रूप से तैयार किया और चीनियों के अत्याचार सहने की शक्ति दी।

## परियों जैसी दो बेटियाँ

धन सिंह को सब प्रेम से धनु कहते थे। धनु और शुक्ला के दो बेटियाँ हुईं जिन्हें वे प्राणों से अधिक प्यार करते थे। धनु अपनी बेटियों को ईश्वर का वरदान मानते थे। वे देश को सर्वाधिक महत्त्व देते थे और दूसरे नंबर पर महत्त्वपूर्ण थे उनकी माता, भाई-बहन, पत्नी और बच्चियाँ। धनु परिवार को बहुत महत्त्व देते थे। वे अपनी यूनिट के सिपाहियों के परिवारों के लिये पिकनिकों का आयोजन करते थे जिससे वे तनावमुक्त और हँसी-खुशी के वातावरण में एक-दूसरे के समीप आ सकें। उनकी गोरखा यूनिट दशहरे का त्योहार बहुत धूमधाम से मनाती थी। धन सिंह इस उत्सव में जोश से भाग लेते थे। वे त्योहार में ऐसे आयोजन करते थे कि वे अवसर उनके सहकर्मी अफ़सरों और सैनिकों के लिये यादगार बन जायें।

## जुलाई 1962 : चुशूल में नियुक्ति

अगस्त 1962 में धन सिंह छुट्टी पर घर आये। घर में प्रेम और आनन्द का प्रवाह बह रहा था। धन सिंह की हँसी चारों ओर गूँज रही थी। शुक्ला तीसरी बार गर्भवती थीं। उन्हें आशा थी कि इस बार जब उनका प्रसव होगा धन सिंह घर पर होंगे। किन्तु एक सैनिक को कब युद्धक्षेत्र से निमंत्रण आ जायेगा, यह कोई नहीं जानता! अचानक धन सिंह को युद्धक्षेत्र में जाने का आदेश मिला। वीरता की देवी उनका अभिषेक करने की तैयारी कर रही थीं।

शुक्ला उनके अचानक जाने से बहुत परेशान हो गयीं। अभी तो उनकी छुट्टी भी समाप्त नहीं हुई थी। किन्तु धन सिंह ने उन्हें आश्वासन दिया और कहा, "तुम चिंतित न हो। देखना, मैं एक पदक जीत कर आऊँगा। तब तुम मेरे साथ पदक लेने आओगी।" उनके शब्द कितने सत्य थे वे स्वयं नहीं जानते थे। शीघ्र ही वे भारतीय सेना का सर्वोच्च पदक जीतने वाले थे।

पेनमौंग त्यो के क्षेत्र में तैनात

## "हिन्दी-चीनी, भाई-भाई"

जुलाई 1962 में कुटिल चीनी भारत पर आक्रमण करने की तैयारी कर रहे थे हम लिख चुके हैं कि यद्यपि एक पत्र में सरदार वल्लभ भाई पटेल ने नेहरू को चीन से भावी खतरे का विस्तृत ब्योरा लिखा था किन्तु नेहरू जी ने उनकी चेतावनी पर ध्यान ही नहीं दिया।

## सिरिजप का युद्ध : तीस 'निर्भीक गोरखा'

फील्ड मार्शल मानेकशा ने एक बार कहा था, "यदि कोई व्यक्ति कहता है कि उसे बिलकुल भय नहीं लगता तो या तो वह झूठा है या गोरखा है।" उनके शब्द कितने सत्य हैं, इसका पता हमें सिरिजप के युद्ध का विवरण पढ़ने से लगेगा। सिरिजप की लड़ाई में अपने परम वीर नायक धन सिंह थापा के नेतृत्व में हमारे तीस गोरखा सैनिकों ने, जिनके पास न उचित वस्त्र थे, न उचित हथियार, न पर्याप्त भोजन सामग्री और न ही पर्याप्त गोला-बारूद, पूरी तरह हथियारों से लैस 150 गर्वीले चीनी सैनिकों को मौत के घाट उतार दिया।

सिरिजप के युद्ध का विवरण भारतीय सेना के इतिहास में स्वर्णाक्षरों में लिखा जाना चाहिये। यह 1962 के युद्ध में चीन के हाथों हमारी पराजय की अंधेरी कहानी का एक चमकदार पृष्ठ है। कौन है इस पराजय के लिये उत्तरदायी?

निश्चय ही इसके लिये हमारी सेना को दोष नहीं दिया जा सकता। इसका सारा दोष हमारे राजनीतिक नेताओं का है।

कैप्टेन धन सिंह की नियुक्ति चुशूल में हुई। वे गोरखा बटालियन की 'डी' कंपनी के कमांडिंग अफ़सर थे। उन्हें सिरिजप में अग्रिम चौकी स्थापित करने का दायित्व दिया। उन दिनों हमारी सेना 17,000/ 18,000 फुट ऊँचे क्षेत्र में युद्ध करने के लिये तैयार नहीं थी। अस्त्र-शस्त्र की तो बात ही क्या, कहीं-कहीं तो उनके पास उचित जूते भी नहीं थे। धन सिंह से यह असंभव कार्य करने के लिये कहा गया था। उन्हें स्थिति के ख़तरों का पूरा ज्ञान था। वे जानते थे कि यह युद्ध मृत्यु को सीधा निमंत्रण था किन्तु सेना की सर्वश्रेष्ठ परंपरा का पालन करते हुए उन्हें जो काम दिया गया उन्होंने उसे स्वीकार किया। गोरखा बटालियन की 'डी' कंपनी को 30 वर्ग किलोमीटर क्षेत्र में सुरक्षात्मक चौकियाँ निर्माण करने के आदेश दिये गये।

सितम्बर और नवम्बर 1962 में भारतीय सेना नयी चौकियाँ बना कर पेनगौंग झील और स्पैंगलूर झीलों के बीच के क्षेत्र पर नियंत्रण करने की कोशिश कर रही थी। हम कह आये हैं कि भारत ये अग्रिम चौकियाँ इस गलत धारणा के कारण बना रहा था कि चीन कभी भारतीय सेना पर आक्रमण नहीं करेगा। स्थापित की जाने वाली नई चौकियों की संख्या अधिक होने के कारण प्रत्येक चौकी पर बहुत कम सैनिक तैनात किये जा रहे थे। इस कारण सिरिजप 1 नाम की इस चौकी की रखवाली का भार 'डी' कंपनी के मात्र 30 सैनिकों पर था। दूसरी चौकी युला के तट पर स्थापित की गई थी। 22 सितम्बर 1962 को चीनियों ने सिरिजप 1 और सिरिजप 2 चौकियों के बीच की आधी जमीन पर कब्ज़ा कर लिया। सितंबर 1962 के अन्त तक सिरिजप की सुरक्षा के लिये एक पलटन तैनात हुई।

चीनियों की युद्धनीति का लक्ष्य था हमारी नवीन चौकियों पर भारी संख्या में सैनिक लेकर टैंकों और तोपों की सहायता से आक्रमण करना तथा इन चौकियों पर तैनात 30-35 सैनिकों को खदेड़ना या मार डालना।

## "भारतीय सेना को साहस के अतिरिक्त लगभग हर वस्तु की आवश्यकता है।"

अमरीकी समाचारपत्र *टाइम* ने भारत-चीन के युद्ध का वर्णन करते समय भारतीय सेना की स्थिति का वर्णन इन शब्दों में किया था, "भारतीय सेना को साहस के

अतिरिक्त लगभग हर वस्तु की आवश्यकता है।" नीचे लिखा वर्णन युद्ध के एक मोरचे पर भारतीय सेना के स्मरणीय साहस की कथा है।

## पहला आक्रमण

19 अक्टूबर को सिरिजप 1 चौकी के आसपास सैनिक टुकड़ियों की संख्या में भारी वृद्धि हुई। चीनी सेना अनेक सैनिकों और भारी तोपों को वहाँ ले आयी। इससे स्पष्ट हो गया कि चीनी सिरिजप पर आक्रमण करने वाले थे। कैप्टेन धन सिंह ने अपने सैनिकों को शीघ्रता से सुरक्षात्मक खाइयाँ खोदने का आदेश दिया। किन्तु उस बर्फ़ से ढकी जमीन को खोदना सरल नहीं था।

उन आकाश छूते 18,000 फुट ऊँचे पहाड़ों पर जहाँ बर्फ़ीली हवा हड्डियों को भेद देती थी, जहाँ तापमान शून्य से नीचे था, वहाँ हमारे सैनिकों के लिये जिन्दा रहना ही कठिन था। उन्हें सभी सामग्री नावों या वायुयानों के द्वारा पहुँचाई जाती थी। इसलिये युद्ध के समय उनको रसद पहुँचाना अत्यधिक कठिन हो जाता था। गोरखा सैनिक हमेशा पर्वतीय प्रदेशों में रहे थे, यद्यपि इतनी ऊँचाई पर नहीं जितना सिरिजप था, अतः उनके लिये वहाँ रहना बहुत कठिन नहीं था। वे शत्रु से जमकर लड़ सकते थे।

चीनियों ने सिरिजप पर अपना पहला आक्रमण 20 अक्टूबर को दोपहर के 4.30 पर आरंभ किया। उन्होंने भारी संख्या में चौकी को पीछे से आकर तीन तरफ़ से घेर लिया। उनकी भारी तोपें सिरिजप पर गोलों और मोर्टारों की वर्षा कर रही थीं। इस बमवर्षा की ओट में करीब 600 चीनी सैनिक हमारी चौकी के पीछे 150 मीटर तक पहुँच गये। उन्हें अनुमान भी नहीं था कि हमारे ये मुठ्ठी भर गोरखा सैनिक साक्षात् काल का अवतार हैं। जब चीनी सैनिक केवल 150 मीटर थे तब हमारे 30 गोरखा सैनिक रणचंडियों की तरह, अपनी लाइट मशीन गनों और राइफ़लों से गोलियाँ बरसाते हुए, उन पर टूट पड़े तथा उन में से अनेक को मार डाला या घायल कर दिया। उनका हमला इतना भयानक था कि चीनी चौकी से 150 मीटर दूर पर ही रुक गये, किन्तु उनके आक्रमण से हमारी 'डी' कंपनी का भी नुकसान हुआ। हमारे बहुत से बहादुर गोरखा सैनिक मारे गये या घायल हो गये। नायक कृष्ण बहादुर थापा बुरी तरह घायल हुए किन्तु उन्होंने एक लाइट मशीन गन, जिसका चालक मारा गया था, उठा ली। यद्यपि उनके घावों से खून की धाराएँ बह रही थीं फिर भी वे जब तक मरे नहीं, अपनी मशीनगन से चीनियों को भूनते रहे। अब हमारी गोरखा पलटन को एक अन्य मुसीबत का सामना करना

पड़ा। लड़ाई के समय उनका अपनी बटालियन से संचार संपर्क टूट गया। चीनी आक्रमण कुछ देर के लिये रुक गया।

## दूसरा आक्रमण

कैप्टेन धन सिंह थापा अपने सैनिकों की हिम्मत बढ़ा रहे थे और अगले आक्रमण का सामना करने के लिये उन्हें निर्देश दे रहे थे। वे जानते थे कि चीनी शीघ्र ही दुबारा आक्रमण करेंगे। दूसरे हमले के समय चीनियों ने अपनी गोलाबारी और भी तेज़ कर दी और उसकी आड़ में हमारी चौकी से 50 मीटर दूरी तक आ गये। उन्होंने चौकी को जलाने की आशा से उस पर अग्निबम फेंके। कैप्टेन धन सिंह ने देख लिया कि बचाव की कोई आशा नहीं है। उन्होंने अपने सैनिकों से कहा, "हम अपनी छाती पर गोली खायेंगे, पीठ पर हरगिज़ नहीं।" इसके बाद गोरखाओं का प्रसिद्ध युद्ध घोष "आयो गोरखाली" चिल्लाते हुए वे और उनके सैनिक आगे बढ़ते हुए चीनियों पर टूट पड़े। कैप्टेन धन सिंह विकराल काल बन गये और उन्होंने आगे बढ़ते हुए चीनियों को निशाना लगा-लगा कर ढेर करना शुरू किया। वे और उनके दूसरे नंबर के अधिकारी मिनबहादुर सिंह गुरुंग हर मोरचे पर गये और अपने सैनिकों का उत्साह बढ़ाते रहे।

हथगोलों और छोटे हथियारों की सहायता से उन विलक्षण वीर गोरखाओं ने दूसरे हमले को भी विफल कर दिया। सूबेदार मिनबहादुर सिंह गुरुंग अपने टूटे हुए बंकर के मलबे से दब गये। किन्तु वे मलबे के नीचे से बाहर निकल आये और मरने से पहले अपनी एल.एम.जी. उठा कर आगे बढ़ते हुए दर्जनों चीनियों को भून दिया। इस प्रकार चीनियों का दूसरा हमला भी विफल हो गया।

## तीसरा आक्रमण

उस बर्फ़ीले क्षेत्र में चीनियों के प्रथम दो हमलों में सिरिजप मोरचे पर नियुक्त 30 में से 23 गोरखा सैनिक असाधारण बहादुरी से लड़ते हुए शहीद हो गये। अब सिरिजप की रक्षा के लिये कैप्टेन धन सिंह सहित केवल सात सैनिक बचे थे। किन्तु ये बचे हुए सात महावीर अपने साथियों की मृत्यु से निराश नहीं हुए। साथियों के बलिदान ने उनके शौर्य और देशप्रेम को दसगुना बढ़ा दिया। उन्होंने निश्चय किया कि मरेंगे तो दस-दस को मार कर मरेंगे।

तीसरे हमले के लिये चीनी टैंक, भारी मशीनगनें, बज़ूका और चार नौकाएँ ले कर आये जिनमें से हर नौका पर दो-दो भारी मशीनगनें लगी थीं। हम पहले

बता आये हैं कि सिरिजप का अपनी बटालियन से संचार-संपर्क टूट गया था। बटालियन का मुख्य अड्डा झील के दूसरे किनारे पर था। बटालियन के उच्चाधिकारियों ने नायक रबीलाल थापा को एक छोटी नौका में यह देखने भेजा कि सिरिजप में क्या हो रहा था। एक दूसरी नौका तोकुंग से आयी। चीनियों ने नौकाओं को देख कर उन पर भारी गोलाबारी की। उनमें से एक नाव डूब गयी और उसमें सवार सैनिक उस हिमजल में डूब गये, किन्तु नायक रबीलाल थापा बच निकले।

अब तक इन सात वीरों का गोला-बारूद ख़त्म हो गया था। वे अपनी-अपनी खाई में से बाहर निकल आये। अब आमने-सामने की घमासान लड़ाई आरंभ हुई। रुद्र के समान भयभीत करने वाले ये गोरखा योद्धा अपनी चमचमाती खुखरियाँ हाथों में लेकर चीनियों पर बिजली के समान टूट पड़े। चीनी घबरा गये। उन्होंने सोचा था कि ये मुट्ठी भर सैनिक आत्मसमर्पण कर देंगे। किन्तु अपने नेता धन सिंह की वीरता से उत्साहित होकर वे अंतिम साँस तक जी-जान से लड़े। तीसरे आक्रमण में हमारे सात सैनिकों में से चार की मृत्यु हो गयी।

एक चीनी सिपाही की राइफ़ल की गोलियाँ समाप्त हो गयी थीं। अब उसने धन सिंह को हाथ में खून से सनी खुखरी लिये हुए अपनी ओर झपटते हुए देखा। उसने अपनी राइफ़ल के कुन्दे से धनसिंह पर प्रहार करने के लिये उसे ऊपर उठाया। धन सिंह ने तेज़ी से अपनी गरदन मोड़ ली। बंदूक के कुंदे की चोट धन सिंह के दाँतों पर पड़ी और उनके सामने के दो दाँत टूट गये। चोट की परवाह किये बिना धन सिंह ने अपनी खुखरी से उस चीनी को काट गिराया। (बाद में धन सिंह, जो हर घटना का सकारात्मक पक्ष देखते थे, मज़ाक किया करते थे कि उनके सामने के दो दाँत जादू के थे क्योंकि वे जब चाहें उन्हें गायब कर सकते थे।)

आगे बढ़ते हुए चीनियों ने कैप्टेन धन सिंह थापा के बंकर पर एक अग्निबम फेंका। धन सिंह जलते हुए बम को उस पर लोट-लोट कर बुझा ही रहे थे कि चीनियों ने आकर उन्हें बंदी बना लिया। चीनी उन्हें तथा उनके एक साथी को खुरनाक के किले में ले गये और बाद में उन्हें युद्धबन्दी बना कर सिन्किआंग भेज दिया। निश्चय ही युद्ध की देवी दुर्गा ने धन सिंह को एक अदृश्य सुरक्षा कवच पहना दिया था, अन्यथा जब चारों ओर गोली-गोले बरस रहे थे, चीनी चढ़े आ रहे थे, तब एक अग्निबम में लगी आग को उस पर लोट-लोट कर बुझाने वाला व्यक्ति किस प्रकार जिन्दा रह सकता था!

सिरिजप चौकी को जलता हुआ देख कर नायक रबीलाल थापा ने बटालियन के अधिकारियों को सूचना दी कि सिरिजप पर चीनियों का अधिकार हो गया है

और वहाँ तैनात 'डी' कंपनी के सभी सैनिक मारे गये हैं। कैप्टेन धन सिंह थापा को पदोन्नति करके मेजर बनाने और मरणोपरान्त परम वीर चक्र प्रदान करने की घोषणा की गयी।

## तीन जीवित बचे

वास्तव में गोरखा बटालियन की 'डी' टुकड़ी के हमारे तीन वीर सैनिक बच निकले। बटालियन को बाद में पता चला कि मेजर धन सिंह थापा तथा एक अन्य सिपाही चीनियों द्वारा कैद कर लिये गये। राइफ़लमैन तुलसीराम थापा नाम के एक अन्य सैनिक भी बच निकले और चार दिन तक चीनियों की आँखों में धूल झोंक कर अपनी बटालियन में पहुँच गये। (लेफ़्टिनेंट जनरल वी.के. सिंह ने द *इंडियन आर्मी : ए ब्रीफ हिस्ट्री* नामक पुस्तक में प्रकाशित अपने लेख *विन्ड्स ऑफ़ वॉर द 1962 एंड 1965 कन्फ़्लक्ट्स* में लिखा है कि सिरिजप के सात सैनिक बच निकले थे, जबकि जनरल कार्डोज़ो ने अपनी पुस्तक *परम वीर—आवर हीरोज़ इन बैटल* में जीवित सैनिकों की संख्या दो लिखी है। किन्तु कर्नल धन सिंह की पुत्री सुश्री पूनम थापा के अनुसार मेजर थापा के साथ उनकी टुकड़ी का एक अन्य सैनिक कैदी हुआ था, अतः यही संभव लगता है कि तीन सैनिक बच निकले थे।)

चीनियों की कैद से छुटकारा मिलने के बाद मेजर धन सिंह थापा के साथी बन्दी ने सिरिजप के युद्ध के विषय में एक घटना बताई, "मेजर धन सिंह अपनी टुकड़ी की लाइट मशीन गन चला रहे थे क्योंकि उसका बंदूकची मारा जा चुका था। उन्होंने देखा कि एक सैनिक की बाँह में गोली लग गई जिसके कारण उसकी बंदूक उसकी पहुँच से दूर जा गिरी और उधर से गोलियाँ चलने की आवाज़ आनी बंद हो गयी। चारों ओर धुआँ ही धुआँ था, गोले बरस रहे थे किन्तु इस सबकी चिन्ता किये बिना धन सिंह दौड़ कर उस सैनिक की खंदक में पहुँचे, उसकी राइफ़ल उठाई और घुटने टेक कर बैठे हुए उस सैनिक को उसकी बंदूक पकड़ा कर गोरखाली में कहा, 'अगर तुम्हें मरना ही है तो अपने साथ जितने दुश्मनों को मार कर ले जा सको ले जाओ।' फिर वे दौड़ कर गये और अपनी एल.एम.जी. को संभाल कर दनादन गोलियाँ बरसाने लगे।"

## युद्ध में हार : फिर भी अपराजित

धन सिंह और उनके वीरों ने 600 चीनियों का सामना किया। यद्यपि उन 30 वीरों में से 27 वीर बलिदान हो गये किन्तु वे 150 चीनियों को मार कर मरे। धन सिंह

को 1962 की हार से बहुत दुःख हुआ क्योंकि उन्होंने और उनकी पलटन ने कठिनतम परिस्थितियों में प्राणपण से युद्ध किया और उनके इतने सैनिकों ने अपने प्राणों की बलि दे दी फिर भी चीनियों ने उन्हें पराजित कर दिया।

सिरिजप 1 को जीतने के बाद अब चीनियों ने सिरिजप 2 पर आक्रमण किया। वहाँ भी भीषण युद्ध के बाद ही वे जीत सके। इस युद्ध में से बहुत कम सैनिक जीवित बचे। जो बचे उन्होंने बताया कि सिरिजप 2 में क्रूर चीनियों ने घायल भारतीय सैनिकों को एक पंक्ति में खड़ा करके गोलियों से भून दिया।

कभी-कभी विजय पराजय होती है और पराजय विजय। इस हार में भारत को एक ही बात की सांत्वना थी कि भारतीय सैनिक न केवल वीरता से लड़े वरन् उन्होंने शून्य से नीचे तापमान की उस जानलेवा ठंड से रक्षा में समर्थ वस्त्रों और विशेष जूतों के बिना, टैंकों और भारी मशीन गनों से लैस, संख्या में अपने से अनेकगुना शत्रु सैनिकों से सामना होने पर भी असीम साहस का प्रदर्शन किया। इस युद्ध में हमारे सैनिकों ने अविस्मरणीय शौर्य दिखाया। उन वीरों के विषय में लता मंगेशकर द्वारा गाये हुए और कवि प्रदीप के द्वारा लिखे हुए उस अमर गीत की ये

"थी खून से लथपथ काया,

फिर भी बंदूक उठा कर

दस-दस को एक ने मारा"

पंक्तियाँ, पूरी तरह लागू होती हैं।

21 नवम्बर 1962 की अर्धरात्रि को चीनियों ने एकतरफ़ा युद्ध-विराम घोषित कर दिया।

यह तो स्पष्ट है कि यह हार भारतीय सेना की नहीं कही जा सकती क्योंकि सेना के 30 लाख सैनिकों में से केवल 24,000 सैनिकों ने इस युद्ध में भाग लिया था। यह राजनीतिक दृष्टि से अज्ञानी, भ्रमित और सच्चाई से अनजान तथा यथार्थ को नकारने वाली एक सरकार की हार थी। इस हार के लिये राजनीतिज्ञों के अतिरिक्त उत्तरदायी थे उन्हें गलत सलाह देने वाले हमारे गुप्तचर विभाग के अधिकारी और सेना के कुछ ऐसे अफ़सर जिन्होंने इस मूर्खतापूर्ण अभियान का विरोध नहीं किया। (देखिये टिप्पणी, पृष्ठ-110-111)

## मृत घोषित

1962 में दूरदर्शन ने हमारे जीवन में प्रवेश नहीं किया था। समाचार रेडियो से मिलते थे। सीमा पर लड़ रहे सभी सेनानियों की पत्नियों के समान शुक्ला भी, इस

आशा से कि शायद उनके पति की कोई खबर सुनने को मिले, जहाँ तक संभव हो खबरें सुनती रहती थीं। यह सोचकर कि उसके पति जानलेवा ठंड में ठिठुर रहे होंगे, वे लौटने पर उन्हें उपहार देने के लिये स्वेटर बुन रही थीं। उनके गर्भ के सात महीने पूरे हो गये थे। वह रेडियो की चैनल एक के बाद एक बदल रही थीं कि शायद उन्हें कहीं से अपने पति की कुछ खबर सुनने को मिले। एक दिन उन्होंने एक पंजाबी चैनल पर सुना "मेजर धन सिंह को मृत घोषित कर दिया है।" युद्ध आरंभ होने के समय धन सिंह केवल कैप्टेन थे। शुक्ला को यह ज्ञात नहीं था कि युद्ध के दौरान उनको मेजर बना दिया गया था। साथ ही खबरें पंजाबी में होने के कारण वे ठीक से समझ नहीं पायी थीं। उन्होंने अपनी सास से कहा, "कितने दुःख की बात है! बेचारे मेजर और उनका परिवार! उनकी पत्नी तो दुख से टूट गयी होगी।" वे समझ नहीं सकीं कि वे ही वह 'पत्नी' थीं। परिवार के सदस्य बहुत दुविधा में थे कि उन्हें किस प्रकार यह सूचना दें क्योंकि वे पहले से ही पति के युद्ध में जाने के कारण अत्यधिक तनावग्रस्त थीं और गर्भावस्था से संबंधित कुछ कठिन समस्याएँ झेल रही थीं।

## "मेरे पति जीवित हैं!"

जब परिवार को मेजर धन सिंह की मृत्यु का सरकारी तार मिला तब उन्हें शुक्ला को खबर देनी ही पड़ी। यह खबर सुन कर शुक्ला पर मानों कहर टूट पड़ा, वे सुन्न हो गईं। किन्तु विचित्र बात यह थी कि उनका हृदय इस सूचना का विरोध करते हुए उनसे कह रहा था कि उनके पति जीवित हैं। उन्हें विश्वास था कि एक दिन उनके पति लौट आयेंगे। इसी विश्वास से वे अपनी दिनचर्या के अनुसार नित्य अपनी बेटियों के साथ संध्या को पूजाघर में बैठ कर पूजा करती थीं। ईश्वर में उनकी श्रद्धा अविचल थी, उन्होंने भगवान् को कभी उलाहना नहीं दिया, कभी उनसे यह नहीं पूछा, "आपने मेरे पति को मुझसे क्यों छीन लिया?" वे ईश्वर की कृपा में विश्वास के साथ अपना कार्य करती रहीं।

लेफ्टिनेंट कर्नल जे.डी. करवाल ने 27 अक्टूबर 1962 को श्रीमती शुक्ला थापा को संवेदना का एक पत्र भेजा, जनरल थापर ने 28 दिसम्बर 1962 को समवेदना पत्र भेजा।

समाज की परम्पराओं के कारण शुक्ला को विधवा के लिये निश्चित रीति-रिवाज़ों का पालन करना पड़ा। उन्हें सफ़ेद साड़ी पहननी पड़ी और अपना सिंदूर पोंछना पड़ा। इससे उनका अवसाद और भी गहरा हो गया। अज्ञानी

परिचित और रिश्तेदार उनके प्रति सहानुभूति दिखाने के स्थान पर कहने लगे कि उनके गर्भ का शिशु मनहूस था और अपने पिता को खा गया। शुक्ला को पूर्ण विश्वास था कि उनके पति जीवित थे और एक दिन लौट आयेंगे इसलिये वे टूटी नहीं। ईश्वर में अपनी अटूट श्रद्धा और विश्वास के कारण वे न केवल स्वयं साहसपूर्वक परिस्थिति का सामना करती रहीं, वरनू उन्होंने अपने माता-पिता, भाई और सास को भी सहारा दिया। शुक्ला की माँ भी आस्थावान महिला थीं। उन्होंने धन सिंह की मृत्यु के तार को अपने पूजाघर की वेदी पर भगवानू की मूर्ति के पास रख दिया था। एक दिन उन्होंने ध्यान में आँखें मूँद लीं। ध्यान के बाद आँखें खोलने पर उन्होंने देखा कि वह तार धरती पर पड़ा हुआ था जबकि न ही हवा चल रही थी और न ही कोई पूजाघर में आया था। इस घटना के बाद शुक्ला का विश्वास और भी दृढ़ हो गया कि उनके पति जीवित थे।

## चीनियों की कैद में

मेजर धन सिंह को भी ईश्वर में गहरा विश्वास था। उन्हें कैदी बना कर अन्य कैदियों से अलग एकान्त में रखा गया। वहाँ उन्हें एक काला पत्थर मिला जिस पर आधा सफेद घेरा बना था, जो एक शिवलिंग जैसा लग रहा था। वे उसके सामने प्रार्थना करने लगे। एक दिन पूछताछ करने वाले एक चीनी अधिकारी ने उनसे पूछा, "क्या तुम भगवानू में विश्वास करते हो?" धन सिंह ने उसकी आँखों में देखते हुए कहा, "निश्चय ही।" चीनी अधिकारी ने कहा, "इसे सिद्ध करो।" उन्होंने उसको उत्तर दिया, " 'जाको राखे साँइयाँ, मार सके न कोय'। मैं इतनी भयानक परिस्थितियों में भी जीवित बच गया। तुमने हर कोशिश कर ली फिर भी मुझे मार नहीं सके क्योंकि मेरे भगवानू मेरी रक्षा कर रहे थे। यह किसी चमत्कार से कम नहीं है।" वह उनके तर्क से सहमत नहीं हुआ। तब धन सिंह ने अपनी जाकेट खोली और उस अधिकारी से कहा, "तुम्हारे पास तुम्हारी बंदूक है। तुम बंदूक उठाओ और अगर मुझे गोली मार सको तो मारो। मुझे विश्वास है कि तुम मुझे युद्ध में नहीं मार सके और अब भी नहीं मार सकोगे क्योंकि मेरे भगवानू नहीं चाहते कि मैं मरूँ।" धन सिंह के शब्दों में एक ऐसा अटूट और ज्वलंत विश्वास था कि चीनी प्रश्नकर्ता अधिकारी सकपका गया और एक अन्य सैनिक से पूछताछ करने चला गया। चीनियों ने मेजर धन सिंह को बहुत यातनाएँ दीं। उन्होंने धन सिंह से भारतीय सरकार के विरुद्ध बयान लेने के लिये हर संभव उपाय का प्रयोग किया किन्तु वे धन सिंह से भारतीय सरकार के विरुद्ध एक भी शब्द नहीं कहलवा सके।

चीनी भारतीय बंदियों पर ताने कसते थे, "हमने तुम्हारी सरकार को तुम्हारे विषय में सूचना दे दी है किन्तु वे तुम्हारे विषय में कोई रुचि नहीं दिखा रहे। उन्हें तुम्हारे जीने-मरने की कोई चिन्ता नहीं है।" चीनी हमारे सैनिकों को विश्वास दिलाना चाहते थे कि भारत सरकार को उनकी कोई फ़िक्र नहीं है।

## एक चीनी से मित्रता

चीनियों ने सभी अन्तर्राष्ट्रीय संधियों और नियमों को तोड़ कर भारतीय कैदियों को तरह-तरह की सजायें दीं। हम बता आये हैं कि कैद में बिताये सात महीनों में चीनियों ने मेजर धन सिंह को निर्जन एकान्त कोठरी में रखा। बहुत कठिन होता है कैदियों के लिये यह अकेलापन सहन करना। साथ ही कभी-कभी मेजर धन सिंह को 48 घंटों तक सोने नहीं दिया जाता था। उन्हें उस रक्त जमाने वाली सर्दी में नंगे पाँव बर्फ़ पर चलने के लिये विवश किया गया। मेजर धन सिंह के पाँवों में शीत घाव (फ्रॉस्ट बाइट) हो गये। वे गठिया और उच्च रक्तचाप रोगों से ग्रस्त हो गये। इसी कारण जेल से छूटने के बाद वे कभी अपना प्रिय खेल फुटबॉल नहीं खेल सके।

एकान्त कैद के उन कठिन दिनों में मेजर धन सिंह शान्ति और शक्ति पाने के लिये शिवलिंग से प्रार्थना करते थे। 26 अक्टूबर 1962 को उन्होंने अपने परिवार को एक पत्र लिखा किन्तु समस्या थी कि पत्र को भेजा कैसे जाये। धन सिंह लोगों से सहज ही मित्रता कर लेते थे। नागालैंड में उन्होंने अपनी सकारात्मक सोच और खुशमिज़ाज़ स्वभाव के द्वारा व्यक्तियों का विश्वास और मित्रता प्राप्त करने की कला सीखी थी। यहाँ उन्होंने अपना खाना लाने वाले एक छोटे चीनी लड़के से दोस्ती की। उन्होंने इशारों में उससे कहा कि वह उन्हें चॉपस्टिक से खाना सिखाये। बच्चे को यह सोच कर गर्व हुआ कि वह एक हिन्दुस्तानी अफ़सर को खाने का चीनी तरीका सिखा रहा था। धन सिंह ने उसे इशारे से बताया कि उनकी पत्नी गर्भवती थीं अगर वह उनकी चिट्ठी डाक में डाल दे तो उसे यह जान कर शान्ति मिलेगी कि उसका पति जिन्दा है। बच्चे को धन सिंह से लगाव हो गया था। उसने चिट्ठी डाक में डाल दी। 30 दिसम्बर 1962 को यह पत्र शिमला में धन सिंह के मामा को मिला। उन्हें यह शुभ समाचार मिला कि धन सिंह जीवित थे और चीनियों की कैद में थे।

4 जनवरी 1963 को धन सिंह के एक संबंधी ने भारतीय सेनाध्यक्ष को पत्र लिखा कि 30 दिसम्बर 1962 को शिमला में धन सिंह के मामा को उनका एक पत्र

मिला है कि वे जीवित हैं और चीनियों के कैदी हैं। 4 जनवरी को धन सिंह के संबंधी मन सिंह थापा को सरकार की ओर से सूचना मिली कि धन सिंह जीवित थे और चीनियों के कैदी थे। 5 जनवरी 1963 तक यह समाचार देश के समाचार पत्रों में छप गया। समाचार पाकर शुक्ला इतनी प्रसन्न हुई कि उन्होंने उन लोगों को उलाहना भी नहीं दिया जिन्होंने उनके गर्भस्थ शिशु को 'मनहूस' कह कर उन्हें ताने दिये थे। अब उनके अजन्मे बच्चे को 'मनहूस' कहने वाले ये ही लोग एकदम बदल गये और कहने लगे कि इस 'भाग्यवान' बच्चे ने अपने पिता को मौत के मुँह में से बचा लिया।

सात महीने के बाद चीनियों ने धन सिंह को कारागार से मुक्त करके घर भेज दिया। घर आकर धन सिंह ने अपने नवजात पुत्र को गोद में लिया और उसका नाम परमदीप रखा। बाद में परमदीप अपने पिता के पद चिह्नों पर चल कर सेना में अफ़सर बने और देश की सेवा की।

## परम वीर चक्र

26 जनवरी 1964 को मेजर धन सिंह को परम वीर चक्र से सम्मानित किया गया। युद्ध के लिये जाने से पहले उन्होंने अपनी पत्नी शुक्ला को आश्वासन देते हुए उनसे वादा किया था कि वे एक पदक जीत कर लायेंगे और पदक लेने के लिये वे उनके साथ आयेंगी। उस समय उन्होंने कल्पना भी नहीं की थी कि वे अन्य कोई पदक नहीं, देश का वीरता के लिये दिया जाने वाला सर्वोच्च पदक प्राप्त करेंगे। धन सिंह की मान्यता थी कि वीर केवल वे ही नहीं होते तो पदक प्राप्त करते हैं, ऐसे भी अनेक वीर होते हैं जो युद्धक्षेत्र में असाधारण शौर्य का प्रदर्शन करते हैं, अपने प्राणों की बाजी लगा देते हैं और बलिदान तक हो जाते हैं लेकिन उन्हें कोई पदक नहीं मिलता।

## प्रशस्ति पत्र
## मेजर धन सिंह थापा
### 1/8 गोरखा राइफ़ल्स (आई सी-7990)

मेजर धन सिंह थापा लद्दाख की एक अग्रिम चौकी के कमांडर थे। 20 अक्टूबर को पहले हुई भारी गोलाबारी के पश्चात् चीनी सैनिकों की बड़ी तादाद ने उस चौकी पर हमला कर दिया। मेजर थापा की वीरता व बुद्धिमत्तापूर्ण कमान के

कारण भारतीय सैनिकों ने बहुत कम संख्या होने पर भी हमलावरों को खदेड़ दिया। साथ ही उन्हें भारी नुकसान भी पहुँचाया। दुश्मन ने फिर तोपों व मोर्टारों से अग्नि की वर्षा की। मेजर थापा के नेतृत्व में इस बार भी हमले को नाकाम कर दिया गया और बड़ी संख्या में चीनी हताहत हुए।

चीनियों ने तीसरी बार हमला किया। इस बार उनकी सहायता के लिये टैंक भी थे। पिछले दो आक्रमणों में तमाम भारतीय सैनिक मारे जा चुके थे। पर संख्या में अत्यंत कम होने के बावजूद वे अंतिम दम तक डटे रहे। बाद में बड़ी संख्या में चीनी सैनिक तेजी से आए और चौकी पर कब्ज़ा कर लिया। मेजर थापा अपनी खंदक से बाहर निकले और आमने-सामने की लड़ाई में अनेक चीनी सैनिकों को मार डाला। पर अधिक संख्या होने के कारण चीनियों ने अंततः उन पर कब्ज़ा कर ही लिया और वे बंदी बना लिये गये।

मेजर थापा का शांत साहस, अदम्य युद्ध-क्षमता तथा नेतृत्व गुण भारतीय सेना की उच्च परंपराओं के अनुरूप रहे।

भारत सरकार गजट अभिसूचना<br>संख्या 68–प्रेस/62

राष्ट्रपति से परम वीर चक्र प्राप्त करते हुए

# बाँका वीर
## (सेवानिवृत्त ले. कर्नल ए.के. शर्मा के संस्मरण)

परम वीर चक्र पाने के बाद मेजर धन सिंह थापा का व्यक्तित्व निखर उठा। सेवानिवृत्त ले. कर्नल ए.के. शर्मा लिखते हैं :

"उनके विषय में मेरी यादें 1963 की हैं। हमने रेडियो पर सुना तथा अखबारों में भी पढ़ा कि लद्दाख के रेजांग ला, स्पैनगूर झील क्षेत्र में और नेफा के वालौंग क्षेत्र में जवान बहुत वीरता से लड़े थे। सैनिक अकादमी के हम सब *सैन्य अधिकारी शिक्षार्थियों* (जेन्टलमैन कैडेट) में इस बात की चर्चा हो रही थी कि स्वयं युद्ध के परम वीर चक्र विजेता धन सिंह थापा हमारे शिक्षक बन कर आ रहे हैं। और एक दिन जब वे हमारे बीच आये तो हमारे हौसले बुलन्द हो गये।

"उन दिनों, सभी गोरखाओं की तरह वे दाढ़ी नहीं रखते थे। वे अनिवार्य रूप से अपनी शानदार वर्दी में चमकते-दमकते रहते थे। ...और अपनी छाती पर सर्वोच्च सैनिक सम्मान परम वीर चक्र लगाये रहते थे। मुझे वैयक्तिक रूप से मेजर धन सिंह थापा द्वारा प्रशिक्षण पाने का सौभाग्य प्राप्त हुआ था। वे मसूरी पर्वतमाला के भदराज क्षेत्र में हमारे पार्वतीय युद्ध-शिविर के सर्वोच्च अधिनिर्णायक थे। एक दिन उन्होंने परेड में देखा कि मैंने हज़ामत नहीं बनाई थी। वे उसी समय अपनी खुखरी निकाल कर बिना गरम पानी और साबुन के खुखरी द्वारा मेरी हज़ामत करने दौड़े। वे रात के समय हमारे सुरक्षात्मक निर्माणों के ऊपर से बड़ी-बड़ी चट्टानें गिराते थे और साथ ही तेज़ आवाज़ में चीखते थे, "चीनी आ रहे हैं, चीनी आ रहे हैं।" कुछ चट्टानों से हमें चोट अवश्य लगती थी, किन्तु वे हमें खतरे और युद्ध की विभीषिका का अहसास करा देते थे।

"वे मेरे आदर्श बन गये। उन्हीं की प्रेरणा से *राष्ट्रीय सुरक्षा अकादमी* का तकनीकी स्नातक होने पर भी मैंने गोरखा रेजीमेंट में जाने का निर्णय लिया। सैनिक अकादमी की ब्रावो कंपनी के हम सब *सैन्य अधिकारी शिक्षार्थियों* के लिये मेजर धन सिंह थापा जीवंत प्रेरणा थे क्योंकि उन्होंने चीनियों से बढ़ कर या उनके बराबर का पराक्रम दिखाया था। वे विनोदी स्वभाव के थे तथा सदैव मुस्कराते रहते थे, सबसे सहजता से मिलते थे और अपने परम वीर चक्र का बहुत दिखावा नहीं करते थे। वे बहुत सरल व्यक्ति थे किन्तु सभी गोरखाओं की तरह उनका हृदय बहुत विशाल था। एक सच्चे सैनिक के समान उनमें कर्तव्य, सम्मान, अनुशासन, समर्पण, स्वामिभक्ति और ईमानदारी की भावनाएँ जन्मजात थीं। वे

उन लोगों में से थे जो अपना कर्तव्य चुपचाप, सहर्ष, कुशलता से, बिना किसी हो-हल्ले या दिखावे के निभाते हैं।

"सिन्किआंग में चीनी कैद से रिहा होने पर उनको सीधे भारतीय सैनिक अकादमी में प्रशिक्षक के रूप में नियुक्त कर दिया गया। चीनियों ने उन्हें बहुत यातनाएँ दीं थीं क्योंकि युद्ध में उन्होंने और उनके सैनिकों ने अनेक चीनियों को मारा था। यह संतोष की बात है कि चीनियों द्वारा हर प्रकार के दबाव एवं यंत्रणाओं के बावजूद उन्होंने भारतीय सरकार और सेना के विरुद्ध कुछ भी नहीं कहा। उन दिनों चीनी गोरखा कैदियों से भारतीय सरकार के विरुद्ध बयान दिलवाने के लिये हर संभव उपाय का प्रयोग कर रहे थे। जब हमने उनसे पूछा कि चीनियों ने कैसे उनका दिमाग बदलने की कोशिश की (ब्रेन वाश) तब उन्होंने बड़े भोले चेहरे से कहा, 'उन्होंने मेरा दिमाग निकाला और उसे बर्फ़ जैसे ठंडे पानी से धो दिया।' "

## गणतंत्र दिवस परेड

1964 में परम वीर चक्र प्राप्त करने के बाद अपनी मृत्यु तक परम वीर चक्र विजेता धन सिंह थापा ने, 26 जनवरी की गणतंत्र दिवस परेड में, एक बार के

गोरखा सिपाहियों के साथ

अतिरिक्त, सदैव भाग लिया। स्वास्थ्य संबंधी कठिन समस्याओं से जूझते हुए भी वे इस गौरवमय परेड में भाग लेते थे। चीनियों की कैद में उन्हें गठिया हो गया था तथा परेड में घंटों खड़े रहने से उनके पाँव सूज जाते थे किन्तु वे इस ओर ध्यान नहीं देते थे। उन्हें विश्वास था कि वे भारतीय सेना के सभी वीर सिपाहियों का प्रतिनिधित्व कर रहे थे और उन सब की ओर से सलामी ले रहे थे। 2003 में 74 वर्ष की अवस्था में उनके गुर्दों ने भी काम करना बंद कर दिया था जिसके कारण वे कभी-कभी बेहोश भी हो जाते थे। फिर भी वे अपने जीवन के अन्तिम वर्ष तक गणतन्त्र दिवस परेड के लिये गये। जीवन के अन्तिम समय तक उन्होंने कभी किसी सेना-समारोह के निमंत्रण को अस्वीकार नहीं किया। उन्हें सिपाहियों से मिलने-जुलने में बहुत आनन्द मिलता था।

## पाकिस्तान से 1971 का युद्ध

1971 में पाकिस्तान से हुए युद्ध के दौरान मेजर धन सिंह थापा की नियुक्ति *1 जम्मू-कश्मीर लाइट इन्फैन्ट्री* के कमांडर के रूप में गुरेज़ में हुई। उन्होंने यह कमान सितम्बर 1971 से फरवरी 1974 तक संभाली। इस युद्धकाल में सेना के अधिकारियों, अवर अधिकारियों तथा सिपाहियों को निरन्तर छापे मारने पड़ते थे, घात लगानी पड़ती थी और तलाशियाँ लेनी पड़ती थीं।

इस युद्ध के बाद उनकी नियुक्ति अंबाला, जालन्धर तथा देवलाली में हुई।

## उपलब्ध पदक

परम वीर चक्र–1962 युद्ध

जीएस पदक–नागा हिल्स

सेना सेवा पदक–हिमालय

जीएस पदक को क्लास्प लद्दाख–1947

रक्षा पदक–1965

## सदैव शिक्षा ही शिक्षा

सेवानिवृत्त होने के बाद भी कर्नल धन सिंह ने अपनी शिक्षा जारी रखी और एम. बी.ए. की परीक्षा पास की। वे पत्राचार द्वारा एक के बाद दूसरा कोर्स पास करते गये। उनकी इच्छा थी कि अपने गाँव के बच्चों को उत्तम शिक्षा प्रदान करने के लिये एक विद्यालय खोलें। बच्चों के लिये सुशिक्षा के अपने इस सपने को साकार

करने के लिये, उन्होंने अपनी अल्प बचत से तथा पत्नी शुक्ला के आभूषण बेच कर देहरादून में कुछ जमीन खरीदी। किन्तु कुछ पारिवारिक समस्याओं के कारण उन्हें यह जमीन अपने भाइयों को देनी पड़ी।

## अंतिम यात्रा

धन सिंह डेढ़ वर्ष तक रोगग्रस्त रहे। वे दो महीनों तक अस्पताल में रहे। उस अवधि में जब भी कोई डॉक्टर, नर्स या अतिथि उनका हाल-चाल पूछता तब वे सदैव मुस्कुरा कर, चमकती आँखों से कहते थे, "एकदम चुस्त-दुरुस्त"। उनका संकल्प कभी कमज़ोर नहीं पड़ा। 5 सितम्बर 2005 को 75 वर्ष की अवस्था में गुरदों के काम न करने के कारण उनकी मृत्यु हो गई। वे सुशिक्षा को सबसे अधिक आवश्यक मानते थे इसलिये यह एक महत्त्वपूर्ण बात है कि उनकी मृत्यु 'शिक्षक दिवस' पर हुई।

हम भारतीय यह नहीं जानते कि भले ही हमारे युद्ध-वीरों के अंदर अभिनेताओं, क्रिकेट के खिलाड़ियों या राजनेताओं के समान चकाचौंध न हो फिर भी हमारे ये वीर ही भारत की रक्षा कर सकते हैं, उसे फिर से गुलाम होने से बचा सकते हैं। खेद की बात है कि जब ये वीर मरते हैं, देश में कोई आँसू नहीं बहाता, कोई उन्हें याद नहीं रखता।

## परिवार

कर्नल धन सिंह के चार बच्चे हैं—तीन पुत्रियाँ और एक पुत्र। उन्होंने अपने बच्चों को सर्वश्रेष्ठ शिक्षा दी, क्योंकि उन्होंने जीवन में शिक्षा को प्राथमिकता दी। वे स्त्रियों की शिक्षा के मुखर समर्थक थे। उनकी मान्यता थी कि स्त्रियों को आर्थिक रूप से आत्मनिर्भर हो कर अपने पैरों पर खड़ा होना चाहिये। इसी कारण उनकी तीनों पुत्रियाँ सुशिक्षिता हैं और कार्य कर रही हैं। उनका विश्वास था "सब भारतीय समान हैं।" इस कारण यदि उनके बच्चों ने किसी भी जाति के व्यक्ति से विवाह किया, उन्होंने इसका विरोध नहीं किया। उनकी सबसे बड़ी पुत्री पामेला ने कर्नल रणबीर चौहान (अब सेवानिवृत्त) से विवाह किया। वे दिल्ली के पार्क होटल में *इको फ्रैन्डली* नामक दुकान चलाती हैं। दूसरी बेटी मधुलिका मोंगा ने श्री अमन मोंगा से विवाह किया है और वे पुने के *सहारा इंडिया टेलीविज़न* में काम करती हैं। धन सिंह के पुत्र कर्नल परमदीप थापा का विवाह अनुश्री चूबा से हुआ। उन्होंने सेना की उसी बटालियन में काम किया जिसमें उनके पिता थे। सेवानिवृत्त

होने के बाद वे *डी.एल.एफ़. पैन इंडिया* में प्रमुख सुरक्षा-अधिकारी के रूप में कार्य कर रहे हैं।

## दूसरा विवाह

जब कर्नल धन सिंह थापा को मृत घोषित कर दिया गया तब उनकी मृत्यु के सभी रस्मोरिवाज़ पूरे कर दिये गये और शुक्ला की माँग का सिंदूर पोंछ कर उन्हें श्वेत वस्त्र पहना दिये गये। जब वे चीन से लौटे तब उनका नवीन जन्म हुआ है यह मान कर रीति-रिवाज किये गये और पत्नी से उनका पुनः विवाह हुआ। इस पुनर्विवाह के बाद उनकी सबसे छोटी बेटी पूर्णिमा का जन्म हुआ जो अपनी माँ के साथ रह कर उनकी देख रेख करती हैं और पुने की *अंबा वैली* नामक कंपनी में काम करती है। (हिन्दू धर्मशास्त्र की मान्यता के अनुसार किसी व्यक्ति का शव न मिलने पर उसे मृतक मान कर अन्तिम संस्कार संपन्न कर दिया जाता है और उसके बाद यदि वह जीवित लौट आये तो उसके पुनर्जन्म के रूप में सभी जातकर्म आदि संस्कारों के सहित उसी पत्नी के साथ पुनर्विवाह किया जाता है। यह सब शुद्धिकार्य का एक अंग मात्र है।)

# परम वीर और वीर पत्नी के उद्गार

मत रोको मुझे अब ओ मेरी प्रिया

जल रहा हूँ बन आजादी का दिया,

बढ़ रहा हूँ बन आजादी का दिया,

नहीं रोको तुम अब हँस-हँस कर मुझे,

मत पुकारो तुम अब रो-रो कर मुझे,

बुला रहा है लो अब हिमालय मुझे,

सौगंध देता है देवालय मुझे,

हटा सकता हूँ कैसे कदम पीछे,

आदर्शों से गिर सकता हूँ नीचे?


प्रिय! आगे बढ़ो तुम भारत के लिये,

रोकूँगी नहीं तुम्हें मैं अपने लिये,

लौटे यदि तुम युद्ध से विजयी होकर

आरती उतारूँगी, तिलक लगाकर

यदि सुरलोक बढ़ चले तुम्हारे चरण,

युद्ध में मृत्यु का तुमने किया वरण,

स्वर्ग में देवता करेंगे अभिनन्दन,

अप्सराएँ लगायेंगी तिलक-चंदन,

जन-भारत करेगा तुम्हारा वन्दन।

## टिप्पणी :

1962 में भारत की पराजय युद्धक्षेत्र में सेना की दुर्बलता से नहीं हुई। यह हमारे राजनयिकों और राजनीतिज्ञों की हार थी। 1950 के दशक में भारत सरकार ने सेना की पूर्ण रूप से अवज्ञा की थी। मई 1957 में भारतीय सेना की संख्या 450,000 थी। भारत सरकार इस संख्या को घटा कर 150,000 करना चाहती थी और शेष सैनिकों को मज़दूर दलों में परिवर्तित करना चाहती थी। तत्कालीन सेनाध्यक्ष श्रीनागेश ने बाद में अपनी डायरी में लिखा, "उन्होंने (नेहरू) यह माना कि पाकिस्तान सैनिक संधियाँ कर रहा है और अपनी सेना को आधुनिक हथियारों से लैस करने की योजना बना रहा है। और वह कश्मीर को कदापि नहीं भूला है। लेकिन चीन की बात उठते ही उन्होंने दृढ़ता से "नहीं" कहा क्योंकि (उनका विश्वास था कि) चीनी हमारे विश्वसनीय मित्र थे और हम (भारतीय सेनाधिकारी) मूर्ख, गरममिज़ाज़ और अनावश्यक रूप से युद्धप्रेमी हैं। दुर्भाग्य से उस समय तक चीनियों ने अक्साई चिन में सड़क नहीं बनाई थी। अंत में यह समझौता हुआ कि सेना की संख्या 300,000 रखी जायेगी। यद्यपि हम जितना चाहते थे यह संख्या उससे कम थी किन्तु फिर भी यह एक सेना थी, मज़दूरों का दल नहीं!"

पेंटागॉन के द्वारा हाल में प्रकाशित भारत-चीन-युद्ध के गुप्त ऐतिहासिक शोध काग़ज़ात के अनुसार, "1950 और 1959 के बीच में चीन की सैन्य शक्ति बढ़ गयी, साथ ही उनकी चालबाजी और राजनयिक धोखेबाजी के कारण नई दिल्ली की सरकार नौ साल तक बीजिंग के प्रति अपनी नीति बदलने में झिझकती रही।" शोधकारों ने स्पष्ट कहा है, "चीन का पाँच साल लंबा यह राजनयिक प्रयत्न धोखे की चरम सीमा थी और इसे मुख्यतया कार्यान्वित किया था चाऊ एन लाई ने। चीनी प्रधानमंत्री ने नेहरू को चीनी मानचित्रों के विषय में कई बार धोखा दिया और अपने दीर्घकालिक इरादों को छिपाये रखा।" "उन्होंने, 'नेहरू के एशिया के प्रति झुकाव का और साम्राज्यवाद के विरोधी रवैये का, उनके हर बात को स्थगित करने के स्वभाव का और उनकी चीन-भारत मैत्री को बनाये रखने की उत्कट इच्छा का लाभ उठाया, और उन्हें इस भ्रम में रखा कि :

1. यह एक छोटा-मोटा सीमा-विवाद है।
2. बीजिंग मैकमहोन सीमा को स्वीकार कर लेगा।
3. कुओमिन्टांग समय के पुराने चीनी मानचित्र शीघ्र ही बदल दिये जायेंगे।

4. इस शोध-अध्ययन ने यह निष्कर्ष निकाला कि 'भारत-चीन सीमा की वर्तमान स्थिति जिसमें चीन ने लद्दाख के अक्साई चिन क्षेत्र पर अधिकार कर लिया है, से यह प्रकट है कि भारत में चीन को उखाड़ फेंकने की ताकत नहीं है।" *(भारत के भूतपूर्व सेनाध्यक्ष जनरल वी.पी. मलिक के ट्रिब्यून स्पेशल में छपे हुए एक लेख से उद्धृत)*

धन सिंह ने बताया कि जब वे बंदी थे, चीनी अधिकारी उनसे बार-बार यह कहते थे कि आक्रमण पहले भारत ने किया था। यद्यपि झूठ बोलने में, चालाकी और धोखेबाजी करने में चीनी निपुण हैं किन्तु इस विवाद में उनकी बात में कुछ सच था। मैकमहोन रेखा पर अपने दावे को पुष्ट करने के लिये नेहरू ने "आगे बढ़ने" का एक खतरनाक और गलत तरीका अपनाया, जिसके अन्तर्गत उन्होंने मैकमहोन रेखा की अपनी एकतरफ़ा मान्यता पर आधारित अग्रिम सेना-चौकियाँ स्थापित करनी आरंभ कीं। प्रश्न उठता है कि अगर उनका यही लक्ष्य था तो उन्होंने वहाँ पर 3500 सैनिकों का एक ब्रिगेड ही क्यों तैनात किया जबकि भारतीय सेना की संख्या लगभग 30 लाख थी? हमारी योजना एकदम मूर्खतापूर्ण थी। हमारी गुप्तचर संस्थाओं को स्थिति का कुछ ज्ञान नहीं था। सेना के अधिकारी बार-बार चेतावनी दे रहे थे कि उनको भारी हथियारों से पूरी तरह से लैस, पर्वतीय युद्ध में प्रशिक्षित, चार या उससे भी अधिक चीनी सैन्य डिवीज़नों का सामना करना पड़ रहा है।

बड़े दुःख की बात है कि इस युद्ध के समय हमारे सैनिकों के पास प्रथम महायुद्ध के समय की राइफ़लें थीं जबकि चीनियों के पास अर्ध-स्वचालित ए.के. 47 राइफलें थीं। दिल्ली में बैठे अधिकारियों ने इतना भी नहीं सोचा कि सेना को बड़ी संख्या में तोपें, बन्दूकें और गोला-बारूद पहुँचाने के लिये सड़कों की आवश्यकता होती है। उन्होंने सैनिकों के रहने के लिये स्थान बनाने के विषय में, सेना की अग्रिम पंक्ति की किलेबंदी करने के विषय में, उनके लिये युद्ध के लिये आवश्यक वस्तुएँ पहुँचाने के मार्ग बनाने के विषय में, और सबसे महत्त्वपूर्ण आवश्यकता, उन्हें खाद्य सामग्री पहुँचाने के विषय में कुछ विचार नहीं किया। कहीं-कहीं तो हमारे सैनिकों को खाइयाँ खोदने के लिये फावड़े-गैंती तक उपलब्ध नहीं कराये गये। इन अधिकारियों की अक्षम्य गलत नीतियों का मूल्य हमारे सैकड़ों सैनिकों को अपने प्राण देकर चुकाना पड़ा।

इसके अतिरिक्त सैन्य विशेषज्ञों के अनुसार पेनगौंग झील के उत्तरी किनारे की रक्षा की ही नहीं जा सकती थी। वहाँ पर बनी चौकी का विनाश निश्चित था तथा सिरिजप 1 तथा सिरिजप 2 चौकियों का सामरिक दृष्टि से कोई महत्त्व नहीं था।

# परम वीर चक्र विजेता :
## कंपनी क्वार्टरमास्टर हवलदार अब्दुल हमीद

## जन्म और बाल्यकाल

उत्तर प्रदेश के गाजीपुर जनपद में धामूँपुर नाम का एक गाँव है जिसका नाम 10 सितंबर सन् 1965 से पहले कभी किसी अखबार में नहीं छपा था। इस गाँव तक न पक्की सड़क जाती थी न रेल। गाँव में किसानों के चार-पाँच सौ घर थे। इनमें से एक घर था मोहम्मद उसमान का। 1 जुलाई 1933 को उसमान और उनकी पत्नी सकीना बानू के प्रथम पुत्र अब्दुल हमीद का जन्म हुआ। उस समय कौन जानता था कि भारत के इस गुमनाम गाँव में एक ऐसे वीर ने जन्म लिया है जो अपने गाँव की कीर्ति पूरे देश में फैला देगा! अब्दुल हमीद के बाद उसमान और सकीना बानू के दो पुत्र एवं दो पुत्रियों ने जन्म लिया।

एक समय उसमान के पूर्वजों के पास काफ़ी जमीन थी। किन्तु अब्दुल हमीद के जन्म के समय तक अधिकतर ज़मीनें हाथ से निकल गई थीं और बाकी रह गया था उनका खपरैल की छत वाला छोटा मकान, कुछ खेत और कपड़ा सीने

की एक मशीन। खेती करके कुछ अनाज आ जाता था और ग्रामीणों के कपड़ों की सिलाई करके कुछ पैसा। इन्हीं से उसमान अपने परिवार सहित जैसे-तैसे गुज़ारा करते थे। परिवार के दिन बहुत गरीबी में बीत रहे थे।

## पहलवान का बेटा और पहलवान का नाती

20 वीं सदी के तीसरे दशक में भारतीयों को क्रिकेट का नशा नहीं चढ़ा था। हमारे कुश्ती-कबड्डी के समान परम्परागत खेल तथा पटका और सिलम्बन जैसे अतीव विकसित युद्ध-कला-कौशल, जो आज प्रायः लुप्त हो गये हैं या केवल कुछ लोगों तक सीमित रह गये हैं, लोकप्रिय थे। इन सब में सबसे प्रचलित और लोकप्रिय खेल थे कबड्डी, कुश्ती तथा लाठी चलाना। उन दिनों भारत के गाँव-गाँव में अखाड़े थे।

धामूँपुर गाँव में एक पोखर था। गाँव वालों ने उसी के पास अखाड़ा बनाया था। अखाड़े में एक तरफ कुश्ती के दाँव-पेंच होते थे और दूसरी ओर लठैत लाठी चलाने के करतब दिखाते थे। उसमान कुश्ती तथा लाठी चलाने की कलाओं में दक्ष थे। ज़िंदगी भर पहलवानी करने और लाठी चलाने के कारण 60-65 वर्ष की उम्र में भी उसमान का शरीर चट्टान की तरह दृढ़ और चुस्त बना रहा। अब्दुल हमीद ने बचपन से ही पहलवानी के दंगल और लाठी के पैंतरे देखे थे। अब्दुल के पिता ही नहीं, नाना भी पहलवान थे।

एक प्रकार से बालक अब्दुल हमीद को कुश्ती लड़ने और लाठी चलाने के हुनर विरासत में मिले थे। अखाड़े की मिट्टी में ही उन्होंने खड़ा होना सीखा था। उसी मिट्टी में पहले डग भरे थे और शायद उस मिट्टी को वह शिशु कभी-कभी खा भी लेता हो। जब उसमान अपने लाड़ले अब्दुल हमीद को अखाड़े के एक ओर बैठा कर कुश्ती के दाँव-पेंच लगाते थे और अपने प्रतियोगी को हरा देते थे या लाठी चलाते हुए बिजली की तेज़ी से पैंतरे बदलते थे तब शिशु अब्दुल हमीद टुकुर-टुकुर उन्हें विस्मय से देखता था। नन्हा अब्दुल हमीद शायद नींद में भी कुश्ती-कबड्डी खेलने और लाठी चलाने के सपने देखता होगा।

बचपन से ही अब्दुल हमीद कबड्डी, कुश्ती और लाठी चलाना सीखने लगे। कबड्डी में वे कभी विरोधियों के काबू में नहीं आते थे, चार-छह को 'मार' कर ही लौटते थे। तरुणाई में हमीद हर खेल में अपने साथियों को हरा देते थे। कभी-कभी वे अपने पिता को भी हराने की कोशिश करते थे। तब उसमान बेटे को उठा कर पटक देते थे। किन्तु बेटे का कौशल और फुर्ती देख कर निहाल हो जाते थे।

# करामाती गुलेल : लक्ष्यभेदी अर्जुन

बचपन से ही अब्दुल हमीद निशानेबाजी करने लगे। उनके पास निशाना लगाने के लिये कोई पिस्तौल-बन्दूक तो थी नहीं, बस घर की बनी एक गुलेल थी। गाँव के एक बच्चे के लिये गुलेल बहुत काम की वस्तु होती है। गुलेल से पत्थर मार कर पेड़ों की ऊँची डालियों पर लटके, पके हुए आम-अमरूद गिराये जा सकते हैं और चिड़ियों का शिकार भी किया जा सकता है। अब्दुल हमीद की गुलेल उनके हाथ का एक अंग ही बन गयी। जैसे-जैसे गुलेल चलाने में उनकी दक्षता बढ़ती गई, अब्दुल हमीद को शिकार का चस्का लग गया। समय के साथ उनका हाथ इतना सध गया कि वे न केवल बैठी हुई वरन् हवा में उड़ती हुई चिड़ियों को भी मार गिराते थे। अंत में उनका निशाना अचूक हो गया। तब अब्दुल हमीद ने दया करके बैठी हुई चिड़ियों पर निशाना लगाना बंद कर दिया। वे कहते थे कि यह चिड़ियों के साथ अन्याय है। अब वे अपने निशाने का शिकार केवल उड़ती चिड़ियों को बनाने लगे।

## पढ़ाई से अरुचि

अब्दुल हमीद ने कक्षा चार तक गाँव के प्राइमरी स्कूल में पढ़ाई की। इसके बाद देवा के माध्यमिक स्कूल में कक्षा आठ तक शिक्षा पाई। किन्तु सत्य तो यह है कि पढ़ाई में उनका मन नहीं लगता था। कक्षा आठ के बाद अब्दुल हमीद ने पढ़ाई छोड़ दी। उनके इस निर्णय से उनके माता-पिता प्रसन्न नहीं थे। उन्होंने उन्हें समझाया-बुझाया, डाँटा-फटकारा किन्तु उनकी हर कोशिश बेकार हुई। अब्दुल हमीद ने आगे पढ़ने से इन्कार कर दिया।

## अपराजित और बेजोड़

अब्दुल हमीद को अध्ययन में रुचि नहीं थी। उनकी प्रतिभा के क्षेत्र भिन्न थे। हम उल्लेख कर आये हैं कि वे बचपन से ही कुश्ती और लाठी चलाना सीखने लगे थे और तरुणाई में प्रवेश करते-करते वे इन दोनों कलाओं में निपुण हो गये थे। खेल-प्रतियोगिताओं में कोई प्रतिद्वंद्वी उन्हें हरा नहीं पाता था। कबड्डी में विरोधी दल के पाँच-छह खिलाड़ी भी उन्हें पकड़ने में सक्षम नहीं होते थे। अब्दुल हमीद कुश्ती-कबड्डी में कभी नहीं हारे। वे ऐसी बिजली थे जिसे कोई बादल नहीं रोक सकता था।

# मंगई के अद्भुत तैराक, अद्वितीय मल्लाह और जीवन-रक्षक

धामूँपुर के पास ही बहती है मंगई नाम की एक नदी। मंगई का पाट एक किलोमीटर चौड़ा है। ग्रीष्म ऋतु में मंगई मंद गति से बहती है। उसकी शांत धारा में कभी-कभी कोई मछली पानी से बाहर उछलती और 'छप्प' करके नीचे गिर जाती। अब्दुल हमीद जिस तरह अपनी माँ की गोद में खेलते थे, उसी तरह मंगई की धारा में खेलते-तैरते-अठखेलियाँ करते थे। वे अपने साथियों के साथ घंटों मंगई की लहरों में तैरते रहते थे। वर्षा ऋतु में मंगई अत्यंत वेगवती हो जाती है, किन्तु ग्रीष्म का शांत प्रवाह हो या वर्षा का गरजता-उछलता वेगवान उच्छल जल, अब्दुल हमीद तेज़ी से पानी में छलाँग लगा देते और मंगई का वह एक किलोमीटर चौड़ा पाट तैर कर पार कर लेते थे। साथ ही वे एक निपुण नाविक भी हो गये थे। पतवार की सहायता से वे नाव को नदी में इस तरह तेज़ी से नचाते थे कि देखने वालों के मुँह से 'वाह' निकल पड़ती थी। हो सकता है कि मंगई की देवी ने उन्हें अपनी विशेष शक्ति से परिपूर्ण कर दिया हो। (हिंदुओं का विश्वास है कि प्रत्येक सरिता, पर्वत, ग्राम यहाँ तक कि वृक्षों में भी देवी-देवता होते हैं।)

एक दिन एक बालक गाँव के अखाड़े के पास के पोखर में गिर पड़ा और डूबने लगा। लोग चिल्लाने लगे 'बचाओ-बचाओ'। 13/14 वर्ष के अब्दुल हमीद पास खड़े थे। उन्होंने तत्काल पानी में छलाँग लगा दी और उस डूबते हुए बालक को बाहर ले आये। बालक की प्राण-रक्षा हो गई। उपस्थित सभी लोगों ने अब्दुल हमीद की पीठ ठोकी। बालक के माता-पिता ने बार-बार आभार प्रकट किया।

## सेना में भरती होने का सपना

बाल्यकाल से अब्दुल हमीद का एक ही सपना था; सेना में भरती होकर देश के लिये लड़ना। एक बार उन्होंने शादियाबाद में एक सिपाही को देखा था। सिपाही की वर्दी तथा काले जूते उन्हें बहुत अच्छे लगे। उस दिन से ही उन्होंने दृढ़ निश्चय कर लिया कि वे सिपाही बनेंगे, देश के लिये लड़ेंगे, दुश्मन को हरायेंगे। वे जानते थे कि फौज में जाने के लिये गठीले, फुर्तीले, ताकतवर जिस्म की ज़रूरत होती है। अतः अब्दुल हमीद अपना सारा समय कबड्डी खेलने, कुश्ती लड़ने और पतली लाठी, जिसे गाँववाले 'लकड़ी' कहते थे, चलाने में बिताते थे। वे रोज़ लंगोट पहन कर अखाड़े पहुँच जाते। वहाँ पर दंड पेलते, बैठक लगाते और अखाड़े की मिट्टी बदन पर मल कर पहलवानी करते। उनके अब्बा उसमान उन्हें कुश्ती के दाँव-पेंच

सिखाते, उनकी हिम्मत बढ़ाते और शाबाशी देते। सांझ को वे लाठी चलाना सीखते। धीरे-धीरे अब्दुल लाठी चलाने में इतने दक्ष हो गये कि मुहर्रम के अखाड़ों में अपनी आयु के पाँच-सात लड़कों को हरा देते थे। बेटे की ताकत तथा कौशल देख कर उसमान का सीना गर्व से चौड़ा हो जाता।

हमीद चाहते थे कि वे जल्दी से बड़े होकर फौज में भरती हो जायें।

## भाग कर कलकत्ता जाना

अब्दुल हमीद ने पढ़ाई तो छोड़ दी किन्तु दर्जी का पुश्तैनी काम उन्हें सीखना ही पड़ा। जब माँ-पिता उन्हें दर्जी का काम करने के लिये बाध्य करते तब अब्दुल हमीद को क्रोध आ जाता था। उनका माता-पिता से झगड़ा हो जाता था। एक दिन विवाद इतना बढ़ा कि अब्दुल हमीद ने निश्चय कर लिया वे घर में नहीं रहेंगे। उनके गाँव के बहुत से लोग कलकत्ते के पटसन के कारखानों में काम करते थे। उन्होंने तय कर लिया कि वे भी कलकत्ते जाकर काम करेंगे।

13 बरस की उम्र में अब्दुल हमीद एक दिन घर से भाग खड़े हुए। वे पहले गाजीपुर गये और वहाँ से कलकत्ते का टिकट लेकर कलकत्ते जाने वाली रेल में सवार हो गये। उन दिनों गाजीपुर से कलकत्ता का टिकट केवल छह पैसे का होता था। अब्दुल हमीद सहमे हुए डिब्बे में एक ओर बैठे थे। यह पहला अवसर था कि वे अकेले गाँव के बाहर गये थे। उनका दिल धड़क रहा था। गाँव की याद आ रही थी। फिर भी उन्होंने कदम पीछे नहीं हटाया। बनारस में उन्होंने गाड़ी बदली। गाड़ी चलती जा रही थी। अब्दुल हमीद को लग रहा था कि जैसे वह रात, वह सफ़र ख़त्म ही नहीं होगा।

सवेरा हो गया। गाड़ी कलकत्ता पहुँच गयी। किन्तु कलकत्ते में भयानक हिन्दू-मुस्लिम दंगे हो रहे थे। (इन दंगों को "द ग्रेट कलकत्ता किलिंग" के नाम से जाना जाता है।) प्रांतीय सरकार से शह पाकर मुसलमानों ने हज़ारों हिंदुओं का वध किया था। अब्दुल हमीद ने हिन्दू-मुसलमान का भेद ही नहीं जाना था। धामूँपुर के लगभग 400 हिन्दू परिवारों के बीच में केवल उनका परिवार मुसलमान था, किन्तु उसमान और उनके परिवार को कभी असुरक्षित होने का अहसास नहीं हुआ था। यहाँ कलकत्ते में सड़कों पर लाशें पड़ी थीं। घरों और दुकानों के दरवाज़े बन्द थे। अब्दुल हमीद सहमे हुए बाज़ार की वीरान सड़कों पर जा रहे थे। अचानक एक दुकान का दरवाज़ा खुला और एक हाथ ने अब्दुल हमीद को पकड़ कर अन्दर खींच कर फिर दरवाज़ा बंद कर लिया।

यह हाथ एक हिन्दू दुकानदार का था। उसने मासूम बच्चे से पूछा, "तुम कौन हो? यहाँ क्या कर रहे हो?" "मैं अब्दुल हमीद हूँ। मैं पटसन मिल में काम करने आया हूँ। यहाँ सब दरवाज़े बंद क्यों हैं? सड़कें खाली क्यों हैं?" दुकानदार ने बताया कि दंगे हो रहे हैं तथा हिन्दू-मुसलमान एक-दूसरे को मार रहे हैं। "क्यों मार रहे हैं?" उसने पूछा। दुकानदार ने बताया कि पाकिस्तान बन रहा है इसीलिये मारकाट हो रही है। अब्दुल हमीद ने कहा, "हम अपने गाँव में पाकिस्तान नहीं बनने देंगे। हमारे गाँव में कोई हिन्दू किसी मुसलमान को नहीं मारता। मेरा एक पक्का दोस्त है बच्चासिंह। वह हिन्दू है। तुम हिन्दू हो तो क्या मुझे मारोगे? मैं तो जंग में ही मरूँगा।"

दुकानदार उनके भोलेपन पर मुस्कराया। उसने हमीद को केले खिलाये और कई दिन तक छिपा कर अपने घर रखा। फिर जब स्थिति कुछ सामान्य हुई तब इस दयालु दुकानदार ने कलकत्ते में मजदूरी कर रहे अब्दुल हमीद के गाँव वालों से संपर्क किया और एक रात टिकट खरीद कर उन्हें उनके गाँव के एक आदमी के साथ गाजीपुर की रेल में बैठा दिया और उससे कहा कि घर पहुँच कर अपनी कुशल का पत्र अवश्य लिखे। अब्दुल हमीद सुरक्षित घर पहुँच गये। उनके भागने के बाद उसमान और सकीना बानू ने अपने दिन कैसे काटे थे यह कोई भुक्त-भोगी माता-पिता ही समझ सकते हैं। 'कहाँ होगा उनका लाड़ला? अल्लाह खैर करें। कहीं उसे कुछ हो न जाये!' यही सोच-सोच कर सकीना रोती रहती थीं। बेटे को सही-सलामत देख कर, कलेजे से लगाकर, माँ देर तक रोती रही। पिता उसमान को लगा कि बेटा दुबला हो गया है। अब्दुल हमीद ने उन्हें उस हिन्दू दुकानदार के विषय में बताया जिसने उन्हें पनाह दी थी और जिसकी वजह से वे जिन्दा लौटे थे। उसमान और सकीना ने अपने लाड़ले की रक्षा करने वाले उस अनाम हिन्दू को सैकड़ों दुआएँ दीं।

उन दिनों इस गाँव के लोगों को यह सुनने को मिला कि देश के टुकड़े हो रहे हैं कि एक नया देश पाकिस्तान बन रहा है। 13-14 साल के अब्दुल हमीद ने अपने दोस्त बच्चासिंह से पूछा कि पाकिस्तान क्यों बन रहा था और देश के दो हिस्से क्यों किये जा रहे थे? किन्तु उन बालकों को इस प्रश्न का उत्तर कौन देता!

## रामलीला और मुहर्रम

अब अब्दुल हमीद की ज़िंदगी फिर अपनी पुरानी लीक पर चलने लगी। अब्दुल हमीद दिन भर मंगई नदी में तैरते, बगीचों में आम खाते, कुश्ती लड़ते, लाठी

चलाते, रामलीला में भाग लेते, दंगलों में अपना कौशल दिखाते। गाँव में होने वाले दीवाली, ईद, मुहर्रम आदि त्योहारों और उत्सवों की तैयारी में अब्दुल हमीद बहुत उत्साह से भाग लेते थे। गाँव का कोई उत्सव, कोई शादी-विवाह उनके सहयोग के बिना संपन्न नहीं होता था। वे जैसे पूरे गाँव पर छाये हुए थे। अपने मिलनसार स्वभाव के कारण वे अपने गाँव के सभी परिवारों के लाड़ले थे।

धामूँपुर में मुहर्रम नहीं होता था किन्तु आसपास के गाँवों में अब्दुल हमीद के लाठी चलाने के कौशल की प्रसिद्धि फैल गयी थी। मुहर्रम के दिनों में उन्हें दूसरे गाँवों से निमंत्रण मिलता। ताजिये के जलूस के आगे-आगे लाठी का अखाड़ा होता था। इसमें भाग लेने के लिये पूरे इलाके के मशहूर लठैत आते। ग्रामीणों के दल-के-दल उनके करतब देखने को एकत्रित होते। हमीद अपने लाठी और बनेठी (वह लंबी लाठी जिसके दोनों सिरों पर गोल लट्टू लगे रहते हैं) चलाना सिखाने वाले उस्ताद सुलेमान को सलाम करके अखाड़े में उतरते थे। हमीद एक साथ चार-पाँच लठैतों को चुनौती देते। वे चौमुखी लड़ाई लड़ते। बिजली की तेज़ी से पैतरे बदलते, दुश्मन को अपने बदन के खाली अंगों पर वार करने की चुनौती देते लेकिन उनके बदन पर कभी कोई लाठी नहीं पड़ी। उनकी बहादुरी देख कर, जनता दाँतों तले अंगुली दबा लेती। हमीद की जयकारों से आसमान गूँज उठता। उनकी बहादुरी के चरचे होते। उनके दोस्त बच्चासिंह ने राही मासूम रज़ा से कहा, "अब्दुल हमीद जन्म-जन्म का बहादुर था। हम उसकी बहादुरी को बचपन से जानते हैं। पाकिस्तान और हिन्दुस्तान को तो 1965 की जंग के दौरान उसकी बहादुरी का पता चला है।" (*छोटे आदमी की बड़ी कहानी*, राही मासूम रजा पृष्ठ 67)

## स्वर्ण-भूमि का शक्ति-पुत्र

अब्दुल हमीद थे स्वर्ण भूमि भारत के धामूँपुर गाँव की संतान। यह ऐसी भूमि थी जिसकी फसलें अभी रसायनिक उर्वरकों और विषैले कीटाणुनाशकों के अंधाधुंध उपयोग से दूषित नहीं हुई थीं, जिसके अनाज का दाना-दाना शक्ति से भरपूर था, जिसकी मंगई नदी का शुद्ध जल कारखानों के दूषित कचरे और मल-मूत्र के नालों से गंदा नहीं हुआ था, जिसकी प्राणदायी वायु को अनेक मोटरवाहनों से निकलने वाले धुएं ने जहरीली नहीं बनाया था। विशुद्ध जल-वायु एवं अन्न के सेवन तथा कबड्डी-कुश्ती और लाठी के निरन्तर अभ्यास ने अब्दुल हमीद की देह को इस्पात बना दिया था। इसके अतिरिक्त गुलेल के निरन्तर एकाग्र अभ्यास के द्वारा उन्होंने निशाना लगाने में अपूर्व कुशलता प्राप्त कर ली थी।

# अनिच्छुक दर्जी

अब्दुल हमीद बहादुरी के हर काम में आगे थे लेकिन सिलाई से मन चुराते थे। उनकी सरल, अशिक्षिता माँ सोचती थीं कि बड़े होने पर उनका लाड़ला अब्दुल अंग्रेज़ों के कपड़े सिल कर बहुत रुपया कमायेगा। वे यह भी नहीं जानती थीं कि अंग्रेज़ देश से जाने वाले हैं। अब्दुल हमीद माँ से झगड़ पड़ते थे। वे कहते थे, "मुझे कपड़े नहीं सीने हैं, मुझे दर्जी नहीं बनना है, मुझे फ़ौज में जाना है।"

वास्तव में अब्दुल हमीद तो ए.के. 47 राइफ़ल की गोलियों से दुश्मन के टुकड़े-टुकड़े करने के लिये तथा तोप के गोलों से उनके टैंकों को धराशायी करने के लिये पैदा हुए थे। उनसे मशीन पर कपड़े सिलवाना ऐसा ही था मानों किसी शेर को हल में जोत दिया जाये। उसमान के जोर देने पर अब्दुल हमीद बेमन से सिलाई के काम में पिता की मदद करने लगे। किन्तु उनकी दृष्टि अपने लक्ष्य पर थी और वह लक्ष्य था फ़ौज में भरती होकर देश के लिये लड़ना। जिनकी दृष्टि सदैव अपने लक्ष्य पर केंद्रित रहती है उन धुन के पक्कों को अपने लक्ष्य तक जाने से कौन रोक सकता है!

# विवाह और दो पुत्रों का जन्म

इसी खींचतान में दो-तीन साल बीते। उसमान बेटे की सिलाई के प्रति अरुचि से तंग आ गये। उन्होंने और सकीना बानू ने बेटे को सही रास्ते पर लाने के विषय में बहुत सोचा। किस तरह उसे उसके दायित्व का बोध कराया जाये? अन्त में उन्होंने 16 बरस के अब्दुल हमीद की शादी कर दी। उनकी दुलहन का नाम था रसूलन। जिस कोठरी में शुभ दिवस 1 जुलाई 1933 को अब्दुल हमीद का जन्म हुआ था 17 साल बाद उसी में 1 जुलाई 1950 को रसूलन ने अपने पहले बेटे जैनुल को जन्म दिया। दो साल बाद उनके दूसरे बेटे अली हुसैन का जन्म हुआ।

# फ़ौज-फ़ौज और सिर्फ़ फ़ौज

विवाह और दो पुत्रों के जन्म के बावजूद अब्दुल हमीद को एक ही धुन थी, उनका एक ही लक्ष्य था—फ़ौज में भरती होना। वे बार-बार एक ही सपना देखते थे कि वे सेना में सिपाही हैं और 12 बोर की दुनाली बन्दूक लेकर दुश्मन से लड़ रहे हैं और जब वे दुश्मन को मार कर लौटते हैं तो सारा धामूँपुर ढोल-ताशे बजाकर उनका स्वागत करता है। कभी-कभी वे सपने में देखते कि वे जंग में मारे गये।

किन्तु दुश्मन को मारने के लिये फ़ौज में जायें कैसे? यह प्रश्न अब्दुल हमीद को परेशान किये रहता था। वे यह भी जानते थे कि उनकी माँ उन्हें कभी फ़ौज में जाने की इज़ाजत नहीं देगी। अब वे करें भी तो क्या करें?

अब्दुल हमीद अपनी बीवी रसूलन, बेटों जैनुल और अली हुसैन को प्यार करते थे किन्तु उनका दिल युद्ध के ख्वाब देखता था, उनके मन में हिन्दुस्तानी सिपाहियों के बूट 'लेफ़्ट-राइट', 'लेफ़्ट-राइट' करते रहते थे। वे लड़ते हुए दस-बीस को मार कर जीना-मरना चाहते थे। एक दिन वे एक दोस्त के साथ फ़ौज में भरती होने गाजीपुर चले गये। लेकिन गाँव के कुछ लोग दोनों तरुणों को पकड़ कर वापस ले आये। अब अब्दुल हमीद को अपनी ज़िम्मेदारी निभानी पड़ी। उन्होंने गाजीपुर में दर्जी का काम शुरू किया। इसी बीच धामूपुर में उसमान की मशीन चोरी हो गयी। मशीन चोरी होने पर उसमान के हाथों के तोते उड़ गये। घर का खर्च कैसे चलेगा? यह सवाल परिवार के सामने मुँह बाये खड़ा था। अब्दुल हमीद अपनी मशीन लेकर गाजीपुर से धामूपुर लौट आये। फिर से कैंची की कतर-कतर और मशीन की खटर-खटर शुरू हो गयी। किन्तु एक शेर को पारिवारिक दायित्व की कोमल डोरियाँ कितने दिन बाँध कर रख सकती हैं! इन डोरियों का टूटना तो निश्चित था।

## 27 दिसम्बर 1954 : फ़ौज में भरती

एक दिन अब्दुल हमीद ने पल भर में रसूलन को, जुनैद को, अली को छोड़ दिया, छोड़ दिया अपने अब्बा उसमान और अपनी अम्मी सकीना को, छोड़ दिया धामूपुर को, छोड़ दिया बचपन के संगी-साथियों को और भरती होने के लिये भाग गये बनारस। इस बार उनका सपना साकार हुआ। 27 दिसम्बर 1954 को उनकी भरती फ़ौज में ग्रेनेडियर्स की इन्फ़ैन्ट्री रेजीमेंट में हुई। बाद में उनकी बदली इसी रेजीमेंट की 4 ग्रेनेडियर्स बटालियन में हो गयी। अपने समस्त सेवा काल में वे इसी बटालियन में रहे। उसमान को जब बेटे के सेना में भरती होने की खबर मिली तो उन्हें ज़्यादा चिन्ता नहीं हुई। वे जानते थे कि अब्दुल हमीद का स्वभाव एक वेगवती बरसाती नदी की तरह था जिसके प्रवाह को बंदी नहीं बनाया जा सकता था।

## रंगरूट बन गया गुरु

हवलदार ने जब रंगरूटों को पहले दिन कवायद करायी तब अब्दुल हमीद के चुस्त-दुरुस्त कदमों को देख कर आश्चर्य से पूछा, "जवान, क्या तुमने पहले कभी परेड

करना सीखा है?" "नहीं, हवलदार साहब।" "फिर तुम्हारे कदम इतने सधे हुए कैसे पड़ रहे हैं?" "हमने लाठी चलाना सीखा है।" अब हुआ यह कि हवलदार साहब इस नये रंगरूट के शिष्य बन गये। अब्दुल हमीद अपने हवलदार और कुछ साथियों को लाठी चलाना सिखाने लगे। उन्होंने अपने अब्बा को एक पत्र लिख कर अपने सब समाचार दिये। बताया कि वे कुशल से हैं और छुट्टी में घर आयेंगे। उसमान पढ़ना नहीं जानते थे। उन्होंने बेटे का पत्र किसी से पढ़वा कर सुना। खत लेकर घर भागे और सकीना और रसूलन को समाचार सुनाये। घर में सबने चैन की साँस ली।

## 1962 का भारत-चीन युद्ध

अंग्रेज़ों के भारत आने से पहले भारत और चीन की सीमाएँ पूरी तरह निश्चित नहीं थीं। किन्तु ऐसा माना जाता था कि हिंदूकुश, कराकोरम तथा हिमालय के इस पार का क्षेत्र भारतीय है। अक्टूबर 1913 में अंग्रेज़ों ने शिमला में एक सम्मेलन किया जिसमें तिब्बत तथा चीन के प्रतिनिधि उपस्थित थे। भारत सरकार के विदेश सचिव सर हैनरी मैकमहोन ने प्रस्ताव किया कि चीन, तिब्बत और भारत के बीच की पूर्वी सीमा ब्रह्मपुत्र नदी के जल विभाजक (वाटरशेड) के साथ-साथ होनी चाहिये। 1914 में तिब्बत ने इस प्रस्ताव को स्वीकार कर लिया। चीन के प्रतिनिधि ने प्रस्ताव का विरोध तो नहीं किया किंतु उस पर हस्ताक्षर नहीं किये। द्वितीय महायुद्ध के समय जब जापान ने बर्मा पर कब्ज़ा कर लिया तब तिब्बत से भारत आने वाले मार्ग पर वालौंग और दिरांग नामक स्थानों पर आसाम राइफ़ल्स की चौकियाँ स्थापित की गयीं। इस प्रकार जब भारत स्वतंत्र हुआ तब भारत और चीन की सीमाएँ मानचित्रों पर तो अंकित थीं किन्तु भूमि पर नहीं। चीन मानचित्रों पर अंकित इन सीमाओं को स्वीकार नहीं करता था। 1950 में चीन ने तिब्बत पर अधिकार कर लिया। भारत तवांग में आगे बढ़ा और उसे अपने नियंत्रण में ले लिया।

प्रशासन के उद्देश्य से भारत ने उत्तर-पूर्व सीमा संगठन (नार्थ-ईस्ट फ़्रन्टियर एजेंसी, नेफा) की स्थापना की जिसका मुख्यालय तेजपुर में था। इसी बीच चीन ने सिन्किआंग से तिब्बत तक एक सड़क बनाई जो भारत के अक्साइ चिन क्षेत्र में से जाती थी। चीनी मानचित्र न केवल अक्साई चिन को वरन् मैकमहोन सीमा के अन्दर हिमालय की नीचे की पहाड़ियों तक के क्षेत्र को चीनी राज्यक्षेत्र के रूप में दिखाते थे। सन् 1956 से चीन-भारत सीमा पर कुछ तनाव चल रहा था और चीन ने वहाँ कुछ सैनिक टुकड़ियाँ तैनात की थीं। भारतीय सेना के कुछ

अधिकारियों को यह खतरे का संकेत लग रहा था और उन्होंने भारत सरकार का ध्यान इस ओर आकर्षित किया। किन्तु हमारी सरकार ने उनकी आशंकाओं को गंभीरता से नहीं लिया। यहाँ तक कि कुछ सैनिक अधिकारी भी सरकार की हाँ में हाँ मिला रहे थे।

हमारे प्रथम प्रधान मंत्री चीनियों पर पूरा-पूरा विश्वास करते थे। यहाँ तक कि उन्होंने चीन को संयुक्त राष्ट्र संघ की सुरक्षा समिति का स्थायी सदस्य बनवाने के लिये पूरा सहयोग दिया।

मार्च 1959 में दलाई लामा ने तिब्बत से भागकर भारत में शरण ली। चीनियों ने आसाम राइफ़ल्स की लौंगजू चौकी पर आक्रमण कर दिया। चीन के साथ हमारे संबंध बिगड़ने लगे। धीरे-धीरे सीमा पर तनाव बढ़ता गया। अतः भारत सरकार ने नेफा क्षेत्र को भारतीय सेना को सौंप दिया। अंबाला से 4 पदाति डिवीज़न को, जिसमें अब्दुल हमीद नियुक्त थे, नेफा भेजा गया।

चीनी बरसों से इस क्षेत्र में सड़कें बनाते आ रहे थे जबकि भारत की ओर सड़कें नहीं के बराबर थीं। सड़कों के अभाव में हमारी अग्रिम चौकियों को हवाई जहाजों द्वारा सामग्री पहुँचानी पड़ती थी। अप्रैल 1960 में चीनी प्रधान मंत्री चाऊ इन लाई भारत आये किन्तु उनका आना व्यर्थ हुआ और सीमा की समस्याएँ नहीं सुलझीं।

इस मुठभेड़ के बाद सरकार द्वारा भारतीय सेना को मैकमहोन सीमा के पास 24 नई चौकियाँ खोलने का आदेश दिया गया। कोर कमांडर लेफ़्टिनेंट जनरल उमराव सिंह ने इस नीति के विरोध में सलाह दी किन्तु उनकी सलाह की अवज्ञा कर दी गयी। चीनियों ने भारत को एक सबक सिखाने का निश्चय किया। उन्होंने 9 सितम्बर 1962 को थागला रिज पर धौला के सामने की चौकियों पर कब्ज़ा कर लिया। इसके बाद उन्होंने समझौता वार्ता का प्रस्ताव किया। उस समय पंडित नेहरू लंदन में थे। जब समस्या को उनके सामने रखा गया तब उन्होंने समस्या के विभिन्न पहलुओं पर विचार किये बिना भारतीय सेना को आदेश दिया कि चीनियों को थागला रिज के दक्षिण से "निकाल फेंको"। शक्ति के मद में चूर चीनियों ने इन शब्दों को एक अपमानजनक चुनौती के रूप में लिया।

## युद्ध—अक्टूबर से नवम्बर 1962

चीनियों ने भारत को पराजित करने की अपनी योजना पर बरसों पहले अमल करना आरंभ कर दिया था। कहते हैं कि युद्ध आरंभ करने से पहले ही उन्होंने

अरुणाचल प्रदेश (नेफा) के सामने रीमा में भारतीय सैनिकों को दफ़नाने के लिये 30,000 कब्रें खोदी थीं। उन्होंने लद्दाख और अरुणाचल में हमारी छिटपुट, अस्त्र-शस्त्र, उपकरणविहीन सैन्य चौकियों पर आक्रमण करना आरंभ कर दिया। हमारी इन चौकियों की रखवाली करने वाले सैनिकों के पास न पर्याप्त अस्त्र-शस्त्र थे, न ही उपयुक्त वस्त्र, जूते आदि। न ही उन्हें यह आशंका थी कि उन्हें युद्ध करना पड़ेगा। ये सीमा-चौकियाँ अपने क्षेत्र को दिखाने वाली एक औपचारिकता मात्र थीं। इस अवस्था में प्रधान मंत्री ने हमारी सेना को उस क्षेत्र से चीनियों को निकालने का आदेश दिया।

वर्षों से चीन भारत को पराजित करने के लिये योजनाबद्ध रूप से युद्ध की तैयारी कर रहा था। 15 अक्टूबर 1962 में चीन का हमला करने का इरादा स्पष्ट हो गया था। इस युद्ध में भारतीय सेना बुरी तरह पराजित हुई। युद्ध के लिये भेजे गये सैन्य दलों में अब्दुल हमीद की बटालियन भी थी। यह बटालियन 7 वें पदाति ब्रिगेड का एक भाग थी और इसके कमांडर ब्रिगेडियर जॉन दल्वी थे। 7 माउंटेन ब्रिगेड को धौला क्षेत्र में बढ़ने का आदेश दिया गया तथा 4 माउंटेन डिवीज़न को तवांग जाने का। अब्दुल हमीद की बटालियन नामका चू में तैनात की गयी। तवांग से आगे हमारी सेनाओं को टट्टुओं के द्वारा या पैदल जाना पड़ता था। स्पष्ट था कि इस स्थिति में इस मोरचे की रक्षा करना असंभव था। 33 कोर के जनरल कमांडिंग आफ़िसर लेफ़्टिनेंट जनरल उमराव सिंह ने इस तरह सेना को बिना तोपों की सहायता के आगे भेजने के आदेश का विरोध किया।

भारतीय सरकार ने लेफ़्टिनेंट जनरल उमराव सिंह को हटा कर अधिक दब्बू अधिकारी लेफ़्टिनेंट जनरल बी.एम. कौल को नियुक्त कर दिया। 4 कोर नाम का एक नया कोर हैडक्वार्टर बनाया गया और जनरल कौल को समस्त नेफा क्षेत्र का दायित्व दे दिया गया।

मुख्य चीनी आक्रमण समीप प्रतीत हो रहा था। 15 अक्टूबर से छोटे-छोटे चीनी आक्रमण बढ़ गये। 19 अक्टूबर 1962 को 7 वें ब्रिगेड के कमांडर ब्रिगेडियर जे.पी. दल्वी ने अपनी बटालियन को नामका चू से हटाकर ऐसे स्थान पर हटा ले जाने की माँग की जिसकी सुरक्षा अधिक संभव थी। स्पष्ट था कि उस समय जो स्थिति थी उसमें नामका चू की रक्षा नहीं की जा सकती थी। उनकी बात स्वीकार नहीं की गयी। हम यह तो समझ सकते हैं कि हमारी युद्ध कौशल से अपरिचित सरकार तथा हमारे कुछ-कुछ सनकी रक्षामंत्री वी.के. कृष्ण मेनन युद्ध की बारीकियों से तथा युद्ध के समय हज़ारों संबद्ध तथ्यों को देखते हुए पल-पल रणनीति बदलने

की आवश्यकता से अपरिचित हों, यद्यपि यह क्षम्य नहीं फिर भी हम इसे क्षमा कर सकते हैं, किन्तु जनरल कौल की आत्मघाती नीति और आदेशों को इतिहास और भारत कभी क्षमा नहीं करेगा।

20 अक्टूबर सवेरे पाँच बजे चीनियों ने भारतीय चौकियों पर भारी बमबारी आरंभ कर दी। यह बमबारी एक घंटे तक चलती रही। इसके बाद चीनियों ने भिन्न-भिन्न दिशाओं से हमारी चौकी पर आक्रमण कर दिया। हमारे सैनिकों के पास न तोपें थीं न गोले। ब्रिगेडियर जे.पी. दल्वी को जिस भयानक परिणाम की आशंका थी, वही घटित हुआ। हमारे राजपूत और पंजाबी सैनिक प्राणपण से लड़े किन्तु वे तोपों के बिना निस्सहाय थे। उन्होंने देश के नाम पर अपने प्राणों की आहुति दे दी। राजपूतों में से 513 में से 282 मारे गये और 161 को चीनियों ने बंदी बना लिया, केवल 60 सैनिक बचे। 20 अक्टूबर के 12.30 तक 7 वाँ ब्रिगेड छिन्न-भिन्न हो गया। बचे हुए सैनिक भूटान में होकर बच निकले किन्तु वे घने कुहरे में ढके पर्वतीय-प्रदेश और जंगलों में भटक गये और 22 अक्टूबर को चीनियों द्वारा बंदी बना लिये गये।

कुछ सेनाविदों का मत है कि अगर भारत युद्ध में अपनी वायुसेना का उपयोग करता तो चीन को पराजित कर सकता था क्योंकि उस समय चीन के पास केवल कुछ पुराने हवाई जहाज थे। किन्तु भारत ने अपनी वायुसेना का उपयोग युद्ध में क्यों नहीं किया यह आज तक एक अनुत्तरित प्रश्न है।

## "बंदी नहीं बनना है।"

अब्दुल हमीद ने भी 1962 के युद्ध में अपनी बटालियन के साथ 7 वें माउन्टेन डिवीज़न के नेतृत्व में भाग लिया। वे अंत तक गोली चलाते रहे। किन्तु एक-एक करके उनके दोस्तों की राइफ़लें खामोश होती गयीं जबकि चीनियों की बमबारी बढ़ती गयी। वीर अब्दुल हमीद ने फिर भी हिम्मत नहीं हारी। किन्तु कुछ ही देर में उनका गोला-बारूद समाप्त हो गया। जब लड़ने का कोई साधन नहीं बचा और दुश्मन ने उन्हें सब ओर से घेर लिया तब अब्दुल हमीद और उनके तीन साथियों ने बच निकलने का निश्चय किया। यद्यपि एक सैनिक के लिये अपना मोरचा छोड़ना बहुत अपमानजनक था किन्तु वे अपनी जान बेकार में गँवाना नहीं चाहते थे। उन्होंने कारतूसों से खाली अपनी राइफ़लें संभालीं जिससे कि वे दुश्मन के हाथों में न पड़ें और बहुत कौशल से कोहरे के अन्धकार में खो गये। उनका दृढ़ निश्चय था कि बंदी नहीं होंगे।

## 14 दिन तक भूखे-प्यासे

अब्दुल हमीद और उनके दो साथी युद्धक्षेत्र से बच कर, भूखे-प्यासे, 14-15 दिन तक आसाम के भयानक जंगलों में चलते रहे। कहीं कोई रास्ता नहीं था। बर्फ़ से ढकी चट्टानों पर चलते-चलते पाँव घायल हो गये। खाने को एक दाना नहीं था, प्यास बुझाने के लिये वे बर्फ़ को खुरच कर चूस लेते थे। भूख सता रही थी, आँतें कुलबुला रही थीं। सारे पहाड़, सारे जंगल एक जैसे लग रहे थे। उन्हें हर समय खाने की याद आती थी। किन्तु वे तीनों एक अदम्य संकल्पशक्ति से चलते जा रहे थे। उनके थके पाँव चलने से इन्कार कर देते थे, कभी-कभी वे गिर पड़ते थे। पाँव थक गये, हिम्मत जवाब देने लगी। किन्तु असीम साहस के धनी भारत के वे सिपाही अपनी चौकी मिसमारी तक पहुँच गये। वहाँ से उन्हें हेडक्वार्टर भेज दिया गया।

20 नवम्बर को चीन ने अचानक युद्ध-विराम की घोषणा कर दी और 21/22 नवम्बर की रात्रि को एकतरफ़ा युद्ध-विराम करके चीनी सेना हमारी सभी चौकियों को खाली करके पीछे हट गयी।

## पदोन्नति : शौर्य चक्र की प्राप्ति : परम वीर चक्र पाने का निश्चय

इस युद्ध में अब्दुल हमीद ने एक पुल को नष्ट कर दिया था जिसके कारण कुछ देर के लिये उस मोर्चे पर चीनियों का आगे बढ़ना रुक गया था। अब्दुल हमीद को उनकी बहादुरी और हिम्मत के पुरस्कारस्वरूप शौर्य चक्र प्रदान किया गया। उसी समय से अब्दुल हमीद परम वीर चक्र प्राप्त करने का सपना देखने लगे। युद्ध के बाद जब अब्दुल हमीद की यूनिट अंबाला आई तब उनकी पदोन्नति करके उन्हें कंपनी क्वार्टर मास्टर हवलदार बना दिया गया।

## अनुशासनप्रिय पिता

अब्दुल हमीद चार पुत्रों, जैनुल हसन, अली हसन, तलत महमूद और जुनैद आलम तथा एक पुत्री नजबुल निसार के पिता बन चुके थे। जब अब्दुल हमीद छुट्टी में घर आते तो बच्चों के लिये ख़िलौने लाते थे। बेटों को कुश्ती सिखाते थे। किन्तु अगर बच्चे पढ़ने से जी चुराते या शैतानी करते तो उन्हें सजा भी देते थे।

# शब्दभेदी अब्दुल हमीद

इतिहास में पढ़ा था कि दशरथ शब्द सुन कर लक्ष्य भेद करते थे। अब्दुल हमीद भी थे शब्द भेदी। एक बार वे सेना से छुट्टी में घर आये थे। गाँववाले और दोस्त मिलने आये। अब्दुल हमीद ने उन्हें फ़ौजी जीवन की कहानियाँ सुनाईं। गरमी का मौसम और रात का समय था। मरखउनी नाम की अशुभ मानी जाने वाले एक चिड़िया निरन्तर बोल रही थी। सरल ग्रामीणों के कलेजे अशुभ की कल्पना से दहल गये। अब्दुल हमीद ने अपने दोस्त बच्चासिंह से कहा, "ज़रा अपनी बन्दूक ले आओ। इस चिड़िया को मारना होगा। किसी को चैन से सोने नहीं देती।" बच्चासिंह ने अविश्वास से कहा, "क्या तुम अंधेरे में बिना देखे चिड़िया को मार सकोगे?" "हाँ, क्यों नहीं? हम फ़ौजी हैं!" अब्दुल हमीद ने गर्व से उत्तर दिया।

बच्चासिंह बंदूक ले आये। अब्दुल हमीद ने बंदूक में कारतूस डाले और उस ओर चल दिये जिधर से चिड़िया की आवाज़ आ रही थी। साथ में बच्चासिंह और गाँव के कुछ अन्य लोग भी चल दिये। एक पेड़ से चिड़िया की आवाज़ आ रही थी। अंधेरे में इसी आवाज़ पर निशाना लगा कर अब्दुल हमीद ने गोली छोड़ी। चिड़िया मर कर नीचे आ गिरी। लोग चकित रह गये। बच्चासिंह ने उन्हें गले लगा लिया। (*छोटे आदमी की बड़ी कहानी*, राही मासूम रजा पृष्ठ 77)

एक बार बच्चासिंह ने अब्दुल हमीद को चुनौती दी, "तुम कौवे को गोली मारो।" "यह क्या बड़ी बात है। बंदूक ले आओ।" बंदूक आने पर अब्दुल हमीद ने बैठे हुए कौवे पर गोली नहीं चलाई। उसे उड़वाने के बाद उसका शिकार किया। (*वही*, पृष्ठ 74-75)

अपने सेवाकाल में अब्दुल हमीद की नियुक्ति आगरा, अमृतसर, जम्मू-कश्मीर, दिल्ली, नेफा और रामगढ़ में हुई।

## पाकिस्तान का विश्वासघात : 1965 का युद्ध

स्वतंत्रता के उपरांत यह बार-बार देखने में आया है कि अवश्य ही कोई अदृश्य शक्ति भारत की रक्षा कर रही है। यह तथ्य तब स्पष्ट हो गया था जब 1962 में, सैन्य-संख्या तथा अस्त्र-शस्त्र-शक्ति में हर तरह से हमसे अधिक बलशाली चीन, जो यदि चाहता तो भारत में बहुत दूर अन्दर तक पहुँच सकता था, अकारण ही युद्ध बंद करके वापस लौट गया था।

सन् 1965 में जब पाकिस्तान ने भारत पर आकस्मिक हमला कर दिया,

तब भारत मानसिक और सामरिक रूप से इस हमले का सामना करने के लिये तैयार नहीं था। पाकिस्तान इस युद्ध के लिये दो वर्ष से तैयारी कर रहा था और उसका सुनिश्चित लक्ष्य था कश्मीर को हस्तगत करना, जबकि भारत ने युद्ध की बात सोची भी नहीं थी और अपनी सीमाओं की रक्षा के अतिरिक्त भारत का कोई सामरिक लक्ष्य था ही नहीं।

युद्ध में पहल करने वाले देश को अनपेक्षित आक्रमण करने पर प्रायः आरंभ में विजय मिलती है। इसके साथ-साथ उस समय सैन्य शक्ति में पाकिस्तान भारत से बढ़ कर था। पाकिस्तान को अमरीका से 1.5 अरब डॉलर की सहायता मिली थी। 22 दिन के इस युद्ध के लिये पाकिस्तान के पास अत्याधुनिक अमरीकी हथियार थे; उसके पास अमरीका के रात्रि में देखने में सक्षम, *नाइट विज़न* से युक्त, सर्वश्रेष्ठ माने जाने वाले 200 एम-45 पैटन टैंक थे जिनके अफ़सरों को अमरीका में प्रशिक्षण दिया गया था।

भारत के सबसॉनिक हवाई जहाज़ों के विपरीत अमरीका ने पाकिस्तान को सर्वश्रेष्ठ माने जाने वाले एम. 104 ए. *स्टार फ़्राइटर* सुपरसॉनिक हवाई जहाजों का एक स्क्वाड्रन, एफ-86 सैबर जैट हवाई जहाजों के चार स्क्वाड्रन, बी-75 बमवर्षकों के दो स्क्वाड्रन तथा *साइड वाइंडर* मिसाइल दिये थे। जबकि भारत के पास केवल सबसॉनिक हवाई जहाज थे और हमारा मिग-21 हवाई जहाजों का पहला स्क्वाड्रन अभी गठित किया जा रहा था और उसके केवल 9 हवाई जहाज युद्ध के लिये तैयार थे। पाकिस्तान के पास अणु पनडुब्बी *गाज़ी* थी, तब भारत के पास ऐसी पनडुब्बी तो क्या, उसका पता लगाने वाले सोनार तक नहीं थे।

इस युद्ध के समय पाकिस्तान के राष्ट्रपति जनरल अय्यूब खान थे तथा इस कुटिल अभियान में उनके सहायक थे जुल्फ़िकार अली भुट्टो। 1962 में चीन से पराजित होकर भारतीय सेना का मनोबल अंशतः टूट गया था। अपने प्रिय नेता नेहरू जी की मृत्यु के आघात से देश अभी संभला भी नहीं था। साथ ही सौजन्य की प्रतिमूर्ति तत्कालीन भारतीय प्रधानमंत्री लालबहादुर शास्त्री को पाकिस्तानी जनरल एक कच्चा खिलाड़ी मानते थे। उन्हें आशा थी कि वे शास्त्री के द्वारा शासित भारत को चुटकियों में मसल देंगे। जनरल अय्यूब खाँ तथा जुल्फ़िकार अली भुट्टो ने निश्चय किया कि भारत चीन से हारकर अपना मनोबल खो बैठा है, अतः यही अवसर है उसे हराने का।

वस्तुतः यह एक कड़वा सत्य है कि यदि ईश्वर कृपा न होती तथा भारतीय सेना में असीम साहस न होता तो पाकिस्तान भारत को हरा सकता था। जब

पाकिस्तान एक दिन में सीधे दिल्ली पहुँचने की धमकी दे रहा था तब माता दुर्गा ने भारतीय सेना के अन्दर अदम्य साहस भर दिया था। साथ ही उन्होंने शत्रु की आँखों पर अहंकार का परदा डाल दिया था। उस युद्ध में भारतीय सेना ने पाकिस्तानियों को अच्छा सबक सिखाया था।

# 'ऑपरेशन जिब्राल्टर'

पाकिस्तान ने 1963 से ही भारत पर आक्रमण करने के लिये तैयारी आरंभ कर दी थी। उसने कश्मीरियों को भारत के विरुद्ध विद्रोह करने के लिये भी उकसाना शुरू किया। पाकिस्तान की योजना थी कि कश्मीर की स्थानीय जनता को विद्रोह के लिये उकसा कर विद्रोहियों की सहायता के लिये आज़ाद कश्मीर की सेना भेज देगा जो वास्तव में पाकिस्तानी सेना का ही एक अंग है। इस योजना का नाम 'ऑपरेशन जिब्राल्टर' रखा गया।

किन्तु 'ऑपरेशन जिब्राल्टर' आरंभ करने से पहले पाकिस्तानी सरकार देखना चाहती थी कि आक्रमण करने पर भारत की क्या प्रतिक्रिया होगी और वह कैसा प्रत्युत्तर देगा। दूसरी बात थी कि पाकिस्तान यह भी देखना चाहता था कि भारत पर आक्रमण करने पर अन्य देशों की क्या प्रतिक्रिया होगी। तीसरी बात थी कि पाकिस्तान अमरीका से मिले हुए अपने घातक हथियारों का परीक्षण करना चाहता था।

पाकिस्तान भारत के कच्छ के रन नामक 23309 वर्ग किलोमीटर के नमक से ढके रेगिस्तानी क्षेत्र में से 9000 वर्ग किलोमीटर क्षेत्र पर दावा करता था। जनवरी 1965 में भारतीय पुलिस को पता लगा कि पाकिस्तानियों ने भारतीय क्षेत्र के अंदर दो किलोमीटर तक सड़क बना ली है। भारत ने आपत्ति की तो पाकिस्तान ने उसे अनसुना कर दिया। भारत ने केंद्रीय आरक्षित पुलिस सुरक्षा दल को इन घुसपैठियों का सामना करने का भार सौंपा।

9 अप्रैल 1965 को पाकिस्तान ने भारतीय सीमा पर कच्छ के रन में सरदार पोस्ट, कंजारकोट, विगोकोट, वायरवेट आदि भारतीय चौकियों पर मेजर जनरल टिक्का खान के नेतृत्व में एक पूरे ब्रिगेड के साथ हमला करके इस युद्ध का प्रारंभ किया। उन्होंने अनपेक्षित हमला करके, भारत की सरदार पोस्ट तथा कंजारकोट चौकियों को रौंद डाला। भारत ने 50 पैरा ब्रिगेड को भेजकर उन्हें करारा उत्तर दिया।

ब्रिटेन के प्रधानमंत्री के हस्तक्षेप से जून 1965 को कॉमनवेल्थ कान्फ्रेन्स में दोनों पक्षों की सेनाएँ 1 जनवरी 1965 को जहाँ थीं, वहीं लौट गयीं और मध्यस्थ

द्वारा निर्णय कराने के लिये सहमत हो गयीं। 28 अप्रैल को लोकसभा में अपने भाषण में प्रधान मंत्री लाल बहादुर शास्त्री ने पाकिस्तान को चेतावनी दी कि युद्ध दूसरे क्षेत्रों में भी फैल सकता है, फिर भी हमारी सरकार ने सेना को संयम से काम लेने का आदेश दिया और आगाह किया कि युद्ध फैलने न दें। कच्छ में भारत के संयमित प्रत्युत्तर तथा विश्व के अन्य देशों की हल्की प्रतिक्रिया ने पाकिस्तान के इस विश्वास को दृढ़ कर दिया कि भारतीय सरकार और भारतीय सेना में एक लंबा युद्ध लड़ने का हौसला नहीं है तथा भारत में 'ऑपरेशन जिब्राल्टर' के अन्तर्गत होने वाली घुसपैठ के प्रति हल्की प्रतिक्रिया होगी और युद्ध कश्मीर तक सीमित रहेगा। पाकिस्तान ने यह भी सोच लिया कि 'ऑपरेशन जिब्राल्टर' के विरोध में विश्व के अन्य देश कोई कड़ा कदम नहीं उठायेंगे।

यद्यपि कच्छ के युद्ध के समय भारत ने मध्यस्थ-समझौते का प्रस्ताव स्वीकार किया था किन्तु प्रधान मंत्री लाल बहादुर शास्त्री ने यह भी स्पष्ट घोषित कर दिया था कि अब कश्मीर पर होने वाला कोई भी आक्रमण भारत पर आक्रमण माना जायेगा और भारतीय सेना शत्रु पर जब और जहाँ चाहे आक्रमण करने के लिये स्वतंत्र होगी। इस प्रकार इस युद्ध में भारतीय सेना को पीठ पीछे हाथ बांध कर नहीं लड़ना पड़ा।

## भारत का करारा प्रत्युत्तर

भारतीय सेना ने हमलावरों के रास्तों तथा उनके अड्डों पर आक्रमण करने का निर्णय किया और कारगिल क्षेत्र में श्रीनगर-लेह राजमार्ग के लिये खतरनाक साबित हो सकने वाले कुछ आरक्षी अड्डों को तथा टिथवाल क्षेत्र में पीर साहिबा नामक स्थान को अधिकृत कर लिया। हमारी सेना ने किशनगंगा के किनारे-किनारे बढ़ कर उस रास्ते से घुसपैठ की संभावना को भी समाप्त कर दिया और हाज़ीपीर पर कब्ज़ा कर लिया।

कश्मीर में पाकिस्तान की ऐसी करारी हार हुई कि न केवल 'ऑपरेशन जिब्राल्टर' के द्वारा कश्मीर पर अधिकार करने का उसका सपना चूर-चूर हो गया वरन् उसके द्वारा अधिकृत 'आज़ाद कश्मीर' के कुछ भाग भी संकट में पड़ गये। पाकिस्तान ने अपनी हार से घबरा कर तथा कश्मीर में अपनी सेना पर पड़ रहे दबाव को कम करने के लिये 1 सितम्बर को अन्तर्राष्ट्रीय सीमा का उल्लंघन करके छंब और अख़नूर पर आक्रमण कर दिया।

भारत ने यह सोचा भी नहीं था कि पाकिस्तान कश्मीर के अतिरिक्त भारत

में अन्यत्र आक्रमण का प्रयास करेगा। किन्तु इस बार हमारे वीर प्रधान मंत्री लाल बहादुर शास्त्री की सहमति से भारतीय सेना ने निर्णय किया कि हम केवल सुरक्षात्मक कार्यवाही न करके अन्तर्राष्ट्रीय सीमा को पार करके, अपने द्वारा चुने हुए स्थानों पर, आक्रामक कार्यवाही भी करेंगे। 1 सितम्बर को हमारे स्थल सेनाध्यक्ष कश्मीर में थे। वे तुरन्त हवाई जहाज से लौटे। भारतीय सेना ने एक योजना बनाई थी कि यदि पाकिस्तान पंजाब पर आक्रमण करे तो सेना क्या कदम उठायेगी। हमारे सेनाध्यक्ष ने तुरंत इस योजना को लागू करने का आदेश दिया। इस योजना के अनुसार सेना की 1 कोर को आक्रमण करके संभा से सियालकोट की ओर बढ़ना था और 11 कोर को इच्छोगिल नहर के पूर्वी किनारे से खेमकरण की ओर बढ़ना था। उन्हें नहर पर पुल बनाने थे और इस प्रकार लाहौर की सुरक्षा को खतरे में डालना था। हमारी सेना को आशा थी कि यह रणनीति पाकिस्तान को अपने टैंकों को लेकर खुलेआम युद्धक्षेत्र में आने को बाध्य कर देगी जहाँ हमारी सेना उन्हें नष्ट कर देगी। हमारे सेनाध्यक्षों ने सोचा कि खेमकरण के स्थान पर असलउत्तर में युद्ध लड़ने पर हमारी सेना की विजय की अधिक संभावना है।

यह एक अत्यंत कुशल रणनीति थी और भारतीय सेना ने जैसा सोचा था परिणाम वैसा ही हुआ। पाकिस्तानी सेना हमारे बिछाये हुए जाल में फँस गयी। पाकिस्तानी कवचित सेना ने आक्रमण करके 4 ग्रेनेडियर्स को पराजित करने की कोशिश की।

9 और 10 सितम्बर को पाकिस्तानी टैंकों के एक पूरे डिवीज़न ने पंजाब के खेमकरण क्षेत्र में आक्रमण कर दिया। इस युद्ध का नाम उन्होंने 'ऑपरेशन ग्रैंड स्लैम' रखा। इस अभियान का उद्देश्य था, छंब क्षेत्र में भारतीय सेना को हराना जिससे पाकिस्तान अखनूर तथा जम्मू पर कब्ज़ा कर सके। यदि वे ऐसा करने में सफल हो जाते तो भारत के कश्मीर से संचार-संपर्क टूट जाते।

पाकिस्तानी टैंक भारत में सीधे, बिना प्रतिरोध के घुसते चले आ रहे थे। उनकी योजना थी कि भारतीय सेना को पीछे से आकर घेर लेंगे। अपनी आरंभिक विजय से उत्साहित होकर अय्यूब खाँ ने डींग मारी थी कि वे सुबह का नाश्ता अमृतसर में और दोपहर का भोजन दिल्ली के जीमखाना क्लब में खायेंगे।

## दुर्गा के यंत्र लेफ़्टिनेंट जनरल हरबख्श सिंह

कहते हैं कि हमारे तत्कालीन सेनाध्यक्ष जनरल चौधरी पूरे पंजाब से सेनाएँ हटा कर व्यास नदी के पूर्व में लड़ने के पक्ष में थे। किन्तु माता दुर्गा के यंत्र बने

लेफ़्टिनेंट जनरल हरबख्श सिंह। उन्होंने जनरल चौधरी को सहमत करा लिया कि वे पंजाब में ही युद्ध लड़ेंगे और अपनी रणनीति के कौशल से लेफ़्टिनेंट जनरल हरबख्श सिंह ने पंजाब में पाकिस्तान के पैटन टैंकों को जल समाधि दे दी। साथ ही जिन लाल बहादुर शास्त्री को पाकिस्तानी एक कच्चा खिलाड़ी मानते थे उनके आदेश से भारतीय सेना लाहौर की ओर बढ़ने लगी।

## पैटन टैंकों का कब्रिस्तान

1965 युद्ध में अप्रतिम वीरता के बहुत से प्रसंगों में एक प्रसंग है खेमकरण क्षेत्र में पैटन टैंकों के कब्रिस्तान का। पाकिस्तानी सेना के पैटन टैंकों की एक रेजीमेंट ने खेमकरण सेक्टर में भिक्कीविंड मार्ग पर चिमा गाँव के आगे एक बड़े इलाके पर आक्रमण कर दिया। जनरल हरबख्श सिंह ने बड़ी कुशल रण-योजना बनाई। उन्होंने बहुत-सी नहरों के बांध तुड़वाकर पंजाब के एक बड़े भू-भाग को जलमग्न कर दिया। इस कारण पाकिस्तानी सेना के पैटन टैंकों को एक संकरे मार्ग से आना पड़ा और वहाँ चाँदनी रात में भारतीय सेना ने उन्हें घेर कर बुरी तरह पराजित किया। इस मोरचे पर पाकिस्तान के टी 5 नामक 70 टैंक या तो नष्ट कर दिये गये या पाकिस्तानी सेना उन्हें छोड़ कर भाग गयी। जब पंजाब में भाखरा बाँध बना था तब किसने कल्पना की थी कि भाखरा की नहरों का जल एक दिन पाकिस्तान को पराजित करने के काम में आयेगा।

8 से 10 सितंबर के बीच दुश्मन ने कई बार हमारी सेना की सुरक्षा-पंक्ति को तोड़ने का प्रयास किया। यह युद्ध मुख्यतया पाकिस्तान के 1 कवचित डिवीज़न, जिसमें पैटन टैंकों की चार रेजीमेंट और एक चाफ़ी रेजीमेंट थीं तथा भारत के 2 कवचित डिवीज़न, जिसमें दो शरमैन और एक सेंचूरियन रेजीमेंट थीं, के बीच में हुआ था। यद्यपि दुश्मन के पास अधिक टैंक थे फिर भी हमारी सेना ने अपने कौशल एवं उत्तम बन्दूकबाजी द्वारा तथा नहरों से जमीन को जलमग्न करके पाकिस्तान को रोक दिया। मुख्य युद्ध 9-10 सितम्बर को हुआ। इसी युद्ध में हमारे कथा-नायक अब्दुल हमीद को परम वीर चक्र प्राप्त होने वाला था।

## महान् योद्धा अब्दुल हमीद

भारतीय सेना ने इस युद्ध में असीम साहस का प्रदर्शन किया। किन्तु इस युद्ध के देदीप्यमान नक्षत्रों की तरह जगमगाते हमारे अनेक वीरों में से एक वीर अब्दुल हमीद की अनूठी वीरता की कहानी भारत युगों तक याद रखेगा। अब्दुल हमीद ने

11 वर्ष तक सेना में कार्य किया। 1965 में देश के लिये बलिदान होने की घड़ी समीप आ गयी थी। पाकिस्तान से 1965 का युद्ध आरंभ होने के पहले 4 ग्रेनेडियर्स के कंपनी कमांडरों तथा पलटन कमांडरों को भारत-तिब्बत सीमा पर एक अग्रिम दस्ते के रूप में भेजा गया था अतः पाकिस्तान से युद्ध आरंभ होने के समय इस बटालियन के अफ़सर तिब्बत में थे। इस कारण छोटे अधिकारियों की पदोन्नति करके उन्हें युद्ध का भार सौंपा गया। युद्ध आरंभ होने से पहले इस बटालियन को चार रिकॉइललैस गन दी गयी थीं। कंपनी क्वार्टरमास्टर हवलदार अब्दुल हमीद ने प्रशिक्षण के समय मऊ में 106 मिलीमीटर की इन रिकॉइललैस गनों को चलाने में विशेष दक्षता दिखाई थी इसी कारण उन्हें इस रिकॉइललैस गन टुकड़ी (डिटैचमैंट) का कमांडर बना दिया गया।

4 ग्रेनेडियर्स के साथ डिवीज़न की तीन अन्य बटालियनों को जोड़ कर खेमकरण-भिक्कीविंड-अमृतसर मार्ग और पट्टी अक्ष पर असल उत्तर और चीमा गाँव के मध्य में एक सुरक्षा पंक्ति बनाई। 4 ग्रेनेडियर चीमा गाँव के मोरचे की उत्तरी दिशा में तैनात थी जबकि दूसरी बटालियन दक्षिण की ओर तैनात हुई।

हमारी सेना के सामने एक बहुत बड़ी चुनौती थी, ऐसी चुनौती जिसका सामना केवल शेरदिल व्यक्ति ही कर सकते हैं। यह वह स्मरणीय युद्ध था जिसमें हमारे नायक अब्दुल हमीद एक परम वीर चक्र प्राप्त करने वाले थे। 4 ग्रेनेडियर्स के अधिकारियों ने इस विषय में लिखा है, "इतिहास में युद्ध क्षेत्र में वैयक्तिक वीरता के ऐसे अनेक उदाहरण हैं जहाँ विपरीत परिस्थितियों में एक व्यक्ति ने अपनी वीरता और साहस से युद्ध की पूरी दिशा बदल दी। कंपनी क्वार्टरमास्टर हवलदार अब्दुल हमीद इसी श्रेणी के वीर थे। उन्होंने पाकिस्तान के विरुद्ध 1965 के युद्ध में पाकिस्तान के महाशक्तिशाली 1 कवचित डिवीज़न को अकेले ही हरा कर वीरता की परिभाषा ही बदल दी।"

अब 4 ग्रेनेडियर्स को पाकिस्तानी सेना के एक पूरे कवचित डिवीज़न का सामना करना पड़ा। 4 ग्रेनेडियर्स के पास इस विशाल स्तर पर युद्ध के लिये तैयारी करने का समय ही नहीं था। उनके कमांडिंग अफ़सर ले. कर्नल फरहद भट्टी ने 'सी' कंपनी को मुख्य मोरचे पर नियुक्त किया और 'बी' कंपनी को उसकी सहायता के लिये नियुक्त कर दिया। अब्दुल हमीद को 'सी' कंपनी की रिकॉइललैस बन्दूकों का दायित्व सौंपा गया।

4 ग्रेनेडियर्स के पास सुरक्षात्मक साधनों का भारी अभाव था। उनके पास केवल चार रिकॉइललैस बन्दूकें थीं और हमारे इंजीनियरों ने मोर्चे के सामने कुछ

टैंक तोड़ने वाली बारूदी सुरंगें बिछा दी थीं। ऐसी स्थिति में भी हमारे सैनिकों के हौसले नहीं टूटे। उनके हृदय में साहस हिलोरें ले रहा था, वे आत्मविश्वास से परिपूर्ण थे।

## गौरव के दिन

कुछ लोगों का जन्म महान् कार्य करने के लिये होता है। अब्दुल हमीद के लिये अपनी महान् नियति को पूर्ण करने का, अविश्वसनीय साहस, विलक्षण वीरता, अद्वितीय लक्ष्यभेद दिखाने का समय समीप आ गया था। वे एक कड़कती बिजली थे, एक मेघ-गर्जन थे। उन्होंने पाकिस्तान के भीमकाय पैटन टैंकों को अपनी आर. सी.एल. तोप के गोलों से उतनी ही कुशलता से ध्वस्त कर दिया जितनी कुशलता से वे बचपन में अपनी घर की बनी हुई गुलेल से उड़ती चिड़ियों को मार गिराते थे। उनके लिये भारतीय सेना के इतिहास में यश और कीर्ति का एक अध्याय लिखने का समय आ गया था। भारत की जनता साँस रोक कर धामूँपुर के इस वीर के कारनामों की कहानी सुनने वाली थी। दशकों तक धामूँपुर के ग्रामीण इस वीर की यश-गाथा को सुनेंगे-सुनायेंगे।

युद्ध के समय अब्दुल हमीद के 4 इन्फ़ैन्ट्री डिवीज़न को दोहरी ज़िम्मेदारी सौंपी गयी थी। एक कार्य था इच्छोगिल नहर के पूर्व में पाकिस्तानी इलाके पर कब्ज़ा करना, और दूसरा था, कसूर-खेमकरण अक्ष (एक्सिस) पर दुश्मन के संभावित हमले का सामना करना। 4 ग्रेनाडियर्स ने खेमकरण-भिक्कीविंड मार्ग पर चीमा गाँव के आगे एक बड़े क्षेत्र पर कब्ज़ा कर लिया। इनकी बटालियन इच्छोगिल नहर के क्षेत्र में 7 सितंबर, 1965 की रात को पहुँची और उन्होंने वहाँ पर पूरी शक्ति से खंदकें खोदनी आरंभ कर दीं।

## 8 सितंबर 1965 : प्रातः पहला टैंक उड़ाया

8 सितंबर की सुबह तक खंदकें केवल तीन फुट गहरी हुई थीं किन्तु वहाँ पर गन्ने के खेत होने के कारण उन्हें छद्मावरण की कोई आवश्यकता नहीं थी। खेमकरण-अमृतसर मार्ग पर 106 मिलीमीटर आर.सी.एल. तोपें लगा दी गयी थीं। शत्रु ने बहुत से आरंभिक हमले किये। हमीद की कंपनी के लेफ़्टिनेंट आर. जहनू और सेकेंड लेफ़्टिनेंट वी.के. वैद्य ने इन तोपों को बहुत कुशलता से मोरचे पर लगाया।

8 सितंबर को प्रातः साढ़े सात बजे हमारे सैनिकों को बहुत से टैंकों की

धड़-धड़ सुनाई पड़ी । 9 बजे पैटन टैंकों का एक दल सड़क पर आता हुआ दिखाई पड़ा । हवलदार अब्दुल हमीद अपने दल के साथ घात लगाये थे । जब प्रथम टैंक 30 गज़ दूर था कंपनी क्वार्टरमास्टर हवलदार अब्दुल हमीद ने अपनी रिकॉइललैस बंदूक से उसे उड़ा दिया । उस टैंक को धूँ-धूँ जलता देखकर उसके पीछे आने वाले दो टैंकों के चालक दल उन्हें छोड़कर भाग खड़े हुए । अब शत्रु ने भारी गोलाबारी आरंभ कर दी । कहा जाता है कि गोलाबारी इतनी भारी थी कि जहाँ पर हमारी बटालियन ने पड़ाव डाला था वहाँ की हर मीटर जमीन पर एक गोला गिरा था । किन्तु भगवान् ने हमारे सैनिकों की रक्षा की ।

11 बजकर 30 मिनट पर शत्रु के टैंकों के दो दलों ने पुनः हमला किया । कंपनी क्वार्टरमास्टर हवलदार अब्दुल हमीद ने फिर सामने वाले टैंक को उड़ा दिया और इस बार भी पहले दल की तरह उस नष्ट हुए टैंक के पीछे आने वाले दो टैंकों के चालक दल अपने-अपने टैंक छोड़कर भाग खड़े हुए । इस प्रकार उस दिन हवलदार अब्दुल हमीद ने दो टैंक उड़ा दिये और शत्रु इतना डर गया कि उसके चार टैंकों के चालक उन्हें छोड़कर भाग गये ।

## 4 रिकॉइललैस बन्दूकों का सामना एक पूरे बख्तरबंद डिवीज़न से

अब 4 ग्रेनेडियर्स को एक पूरे बख्तरबंद डिवीज़न से अकेले लड़ना था । किन्तु हमारी सेना में अतुल्य साहस और विश्वास था । युद्ध का जोश उनकी नसों में उमड़ रहा था । उनके सीने गर्व से फूले हुए थे क्योंकि दो ही दिनों के युद्ध में उन्होंने अपनी रिकॉइललैस गनों से अजेय समझे जाने वाले इतने अधिक पैटन टैंकों को उड़ा दिया था या हस्तगत कर लिया था जितने आमने-सामने के युद्ध में एक पूरा बख्तरबंद ब्रिगेड भी उड़ाने की आशा नहीं कर सकता था ।

## 9 सितम्बर : सैबर जैट हमला : चार टैंक उड़ाये

अब हमारी एक इंजीनियर टुकड़ी ने आकर शत्रु के आने के मार्ग पर कुछ बारूदी सुरंगें बिछा दीं । 9 सितंबर को 4 ग्रेनेडियर्स के मोरचे पर चार सैबर जैटों ने हमला किया किन्तु इस हमले में भी हमारा कोई सैनिक नहीं मारा गया । इस हवाई हमले के बाद शत्रु के टैंक दलों ने 9.30, 11.30 तथा 2.30 पर तीन बार हमले किये । अब्दुल हमीद चिड़िया मारने में जितने कुशल थे उतने ही कुशल थे टैंक उड़ाने में । उन्होंने दो और टैंकों को उड़ा दिया । इस प्रकार 9 सितंबर की संध्या तक उन्होंने 4 टैंक नष्ट कर दिये । उनकी बटालियन ने 13 टैंक उड़ाये और अन्य बहुत-से

टैंकों को उनके चालक छोड़कर भाग खड़े हुए थे।

यह स्पष्ट हो गया था कि दुश्मन भारी संख्या में अपने टैंक भेजकर इस क्षेत्र पर आक्रमण कर रहा था। हमारी सेना ने अपने शरमैन टैंकों का एक स्क्वॉड्रन पीछे हटा लिया क्योंकि शरमन टैंकों के गोले पैटन टैंकों के कवच को भेदने में असमर्थ थे। उनके स्थान पर जो सैंचूरियन टैंक भेजे गये उन्हें भी इस क्षेत्र से पीछे हटाकर युद्ध के लिये अधिक उपयुक्त स्थल पर ले जाया गया।

## 10 सितम्बर : अंतिम गोला : आत्म-बलिदान

10 सितम्बर की सुबह 8.30 पर पाकिस्तानियों ने 4 ग्रेनेडियर्स पर भारी गोला-बारी आरंभ कर दी। आज भी पाकिस्तानियों ने पहले दो दिनों की ही तरह तीन टैंकों से आक्रमण किया। पहला टैंक सड़क के बीच में चढ़ा चला आ रहा था और अन्य दो टैंक उसके 200 गज़ पीछे सड़क के नीचे की ओर आ रहे थे। हमारे सैनिकों को आदेश था कि वे गोला-बारूद का बहुत किफ़ायत से प्रयोग करें, अतः जब शत्रु का आगेवाला टैंक बिलकुल समीप आ गया तब अब्दुल हमीद ने अचूक निशाना लगाकर उसके टुकड़े-टुकड़े कर दिये। 9 बजे शत्रु ने भारी गोलाबारी शुरू कर दी और गोलाबारी की ओट में अपने टैंक आगे बढ़ाये। अब्दुल हमीद का अचूक निशाना लगा और उन्होंने पाकिस्तान का छठा टैंक उड़ा दिया।

अब्दुल हमीद की बन्दूक एक खुली जीप पर रखी थी जिसका पाकिस्तानी गोलाबारी में नष्ट होने का बहुत खतरा था। किन्तु अब्दुल हमीद बहुत कुशलता से अपनी जीप को विभिन्न स्थानों पर ले जाते थे। लेफ़्टिनेंट पंटाकी शत्रु के टैंकों को ढूंढ़ने में उनकी सहायता कर रहे थे। अब अब्दुल हमीद ने एक और टैंक उड़ा दिया। इसके बाद अब्दुल हमीद ने जीप का स्थान बदला और अपने दल के अन्य सैनिकों को ओट में जाने का आदेश दे दिया। अब वे जीप में अकेले ही थे। इसी समय एक और टैंक सामने से आया। अकेले होने के कारण अब्दुल हमीद जीप को अन्यत्र नहीं ले जा सकते थे अतः उन्होंने अपनी बंदूक को इस टैंक की ओर घुमाकर निशाना लगाया। अब्दुल हमीद की रिकॉइललैस गन और पाकिस्तानी टैंक, दोनों ही के गोले एक साथ छूटे और अब्दुल हमीद की तत्काल मृत्यु हो गयी। यह स्पष्ट नहीं है कि दुश्मन का वह टैंक उड़ा या नहीं किन्तु बटालियन में कहा जाता है कि अब्दुल हमीद के गोले से वह टैंक भी उड़ गया था।

## सपना पूरा हुआ : अब्दुल हमीद को मरणोपरान्त परम वीर चक्र

1962 के युद्ध में अब्दुल हमीद ने शौर्य चक्र प्राप्त किया था। उसी समय उन्होंने दृढ़ निश्चय किया था कि वे एक दिन परम वीर चक्र प्राप्त करेंगे। उनका निश्चय पूरा हुआ। उन्हें मरणोपरान्त परम वीर चक्र प्रदान किया गया।

अब्दुल हमीद द्वारा इस्तेमाल की जाने वाली आर. सी. एल. जीप

## सम्मान पत्र (साइटेशन)
### कंपनी क्वार्टरमास्टर हवलदार अब्दुल हमीद
### 4 ग्रेनेडियर्स ( नंबर 2639985)

"10 सितम्बर, 1965 को 8 बजे पाकिस्तानी सेना ने पैटन टैंकों की रेजीमेंट के साथ खेमकरण सेक्टर में भिक्कीविंड मार्ग पर चिमा गाँव के आगे काफ़ी बड़े इलाके पर हमला बोल दिया। हमले से पहले तोपों के द्वारा भारी गोलाबारी की गई। 9 बजे तक दुश्मन के टैंक आगे के मोरचों में घुस चुके थे। स्थिति की गंभीरता को भाँपते हुए कंपनी क्वार्टरमास्टर हवलदार अब्दुल हमीद, जो कि एक रिकॉइललैस गन डिटैचमैंट के कमांडर थे, दुश्मन की भारी गोलाबारी तथा टैंकों की

फ़ायरिंग के बीच अपनी गन को जीप पर रखकर बगली मोरचे की तरफ बढ़े। वहाँ ये एक ऐसे स्थान पर खड़े हुए जहाँ से इन्हें स्थिति का सबसे बेहतर फ़ायदा मिल सकता था। पहले इन्होंने दुश्मन के सामने वाले टैंक को पछाड़ा, फिर जल्दी से अपनी जगह बदलकर एक और टैंक को आग की लपटों में झोंक दिया। इस दौरान इस इलाके में मौजूद दुश्मन के टैंकों ने इन्हें ढूँढ़ निकाला और इनकी जीप पर मशीनगन से लगातार गोलाबारी की तथा घातक विस्फोटक फेंके। निडर कंपनी क्वार्टरमास्टर हवलदार अब्दुल हमीद उस समय भी अपनी रिकॉइललैस गन से दुश्मन के एक और टैंक पर फायरिंग करते रहे। इस दौरान दुश्मन के घातक विस्फोटक गोले से ये अत्यधिक घायल हो गये और शहीद हो गये।

हवलदार अब्दुल हमीद की वीरतापूर्ण कार्यवाही ने इनके साथियों को बहादुरी से लड़ने और दुश्मन द्वारा टैंकों से भारी हमला करने के बावजूद उसे हरा देने की प्रेरणा दी। इस युद्ध के दौरान अपनी जान की जरा भी परवाह न करके और दुश्मन की लगातार फ़ायरिंग के बीच अभूतपूर्व वीरता दिखाकर, इन्होंने न केवल अपनी यूनिट वरन् सारे डिवीज़न में एक बेजोड़ मिसाल कायम की, जो भारतीय सेना की उच्च परंपराओं के अनुरूप थी।

भारतीय गजट अधिसूचना<br>संख्या 111–प्रेस⁄65

## टिप्पणी

यद्यपि अब्दुल हमीद को देश का सर्वोच्च सम्मान प्रदान किया गया किन्तु उनके प्रशस्ति पत्र में उनके द्वारा नष्ट किये गये टैंकों की सही संख्या नहीं दी गयी है। रेजीमेंट के इतिहास और बटालियन के दस्तावेज़ों से पता चलता है कि उन्होंने सात टैंक नष्ट किये थे। यह स्पष्ट नहीं है कि सातवाँ टैंक उन्होंने नष्ट किया या बारूदी सुरंग द्वारा नष्ट हुआ। प्रशस्ति पत्र में केवल तीन टैंकों का उल्लेख है। यूनिट में तैनात अधिकारी और कमान अधिकारी बताते हैं कि अब्दुल हमीद के प्रशस्ति-पत्र का प्रारूप 9 सितंबर 1965 को ही भेज दिया गया था। उसके बाद उन्होंने तीन अन्य टैंक नष्ट किये। 10 सितंबर को सातवें टैंक के साथ हुई मुठभेड़ में वे शहीद हो गये। जब सेना-मुख्यालय को दोबारा सूचना भेजी गयी तो उन्होंने प्रशस्ति पत्र में 'मरणोपरांत' का उल्लेख तो कर दिया गया किन्तु संबंधित ध्वस्त टैंकों की सही संख्या का उल्लेख नहीं किया। यह करना आवश्यक है। (*परम वीर, आवर हीरोज़ इन बैटल*, मेजर जनरल इयान कार्डोजो, पृष्ठ 103)

## परम वीर चक्र प्रदान किया गया

अब्दुल हमीद के आत्म-बलिदान के छह दिन बाद 16 सितंबर 1965 को उन्हें परम वीर चक्र प्रदान करने की घोषणा की गयी। 1966 में देश के तत्कालीन राष्ट्रपति सर्वपल्ली राधाकृष्णन ने वीर अब्दुल हमीद की पत्नी श्रीमती रसूलन बीबी को 26 जनवरी की परेड के दौरान परम वीर चक्र प्रदान किया।

## पैटन नगर

1965 के इस युद्ध में पाकिस्तान को बहुत क्षति उठानी पड़ी। अनुमान है कि युद्ध में 6000 पाकिस्तानी मारे गये जिसके विपरीत भारत ने केवल 2700 वीर खोये। पाकिस्तान ने 475 टैंक खोये जबकि भारत ने केवल 80। जनरल अय्यूब का कथन, "इंशाअल्लाह, हम नाश्ता अमृतसर में और भोजन दिल्ली में करेंगे।" एक स्वप्न बन कर रह गया।

हमारी टैंक विरोधी कवचित सेना, तोपखाने तथा पैदल सेना ने बहादुरी से पाकिस्तानी कवचित सेना को ऐसी करारी हार दी कि पाकिस्तानी सेना का अपने एम45 पैटन टैंकों पर से विश्वास ही हट गया और उन्होंने युद्ध के बाद एम45 टैंकों को हटा कर एम.60 मॉडल के टैंक खरीदे। भारत ने खेमकरण जिले में 'पैटन नगर' नाम का एक युद्ध-स्मारक बनाया है जहाँ पर युद्ध में ध्वस्त तथा पकड़े हुए पाकिस्तानी पैटन टैंक प्रदर्शित किये गये हैं।

## वसीयत : असल उत्तर में मज़ार

असल उत्तर और उसके समीप के क्षेत्रों में 10 सितम्बर के दिन बहुत चहल-पहल रहती है। सारा क्षेत्र सजाया जाता है और जनता परम वीर चक्र विजेता की मज़ार पर श्रद्धांजलि देने आती है। प्रशासन एक मेले का प्रबंध करता है जो स्थानीय लोगों में बहुत लोकप्रिय है। असल उत्तर के नागरिक परम वीर अब्दुल हमीद के नाम पर चिकित्सालय, पुस्तकालय और विद्यालय चलाते हैं। 10 सितम्बर 1979 को अब्दुल हमीद के नाम पर एक विशेष लिफ़ाफ़ा विमोचित हुआ।

1988 में प्रसिद्ध निर्देशक चेतन आनन्द ने परम वीर चक्र विजेताओं के विषय में जो धारावाहिक बनाया उसमें प्रसिद्ध अभिनेता नसीरुद्दीन शाह ने अब्दुल हमीद का अभिनय किया था।

28 जनवरी 2000 को वीरों के विषय में 5 टिकटों की एक शृंखला में

अब्दुल हमीद की मृजार

अब्दुल हमीद का तीन रुपये का एक चित्र टिकट निकला। इसमें उनके चित्र की पृष्ठभूमि में एक जीप पर रखी एक रिकॉइललैस राइफ़ल का चित्र है।

## रसूलन बीबी की भारत की तत्कालीन राष्ट्रपति प्रतिभा पाटिल से भेंट

सन् 2008 में परम वीर अब्दुल हमीद की पत्नी रसूलन बीबी ने भारत की तत्कालीन राष्ट्रपति प्रतिभा पाटिल से भेंट करके कुछ माँगें प्रस्तुत कीं। उन्होंने निवेदन किया कि उनके गाँव में सेना-भरती-केंद्र खोला जाये, परम वीर के घर को एक स्मारक बना दिया जाये, उनका शहादत दिवस राष्ट्रीय स्तर पर मनाया जाये तथा उनके पौत्र-पौत्रियों को सरकारी नौकरियाँ दी जायें।

अब्दुल हमीद के नाम पर जारी किया गया डाक टिकट

## धामूँपुर में स्मारक

धामूँपुर में अब्दुल हमीद का एक स्मारक बना था किन्तु बाद में रख-रखाव के अभाव में उसकी हालत खराब हो गई। 2011 में संसद-सदस्य राजीव चंद्रशेखर द्वारा स्थापित संस्था *फ़्लैग ऑफ़ ऑनर* ने परम वीर अब्दुल हमीद की शहादत की वर्षगाँठ पर इस स्मारक का तथा उसके उद्यान का पुनरुद्धार कराया। वहाँ पर परम वीर अब्दुल हमीद की प्रतिमा स्थापित की गयी।

परम वीर अब्दुल हमीद वीरता के पर्याय थे। उन्होंने प्राण देकर मातृभूमि का ऋण चुकाया। भारत के बच्चे-बच्चे को इस वीर से प्रेरणा लेनी चाहिये। पूजनीय अब्दुल हमीद की वृद्धा विधवा पत्नी अपने पुत्रों के साथ रहती हैं। उनके चार पुत्रों तथा पुत्री के यथासमय विवाह हो गये। उनके पुत्र राज्य सरकार में नौकरी करते हैं।

धामपुर गाँव में स्मारक

## अब्दुल हमीद के पदक

सैन्य सेवा पदक आबंधन सहित (विद क्लास्प) "जम्मू और कश्मीर", समर सेवा पदक, रक्षा पदक, शौर्य चक्र, परम वीर चक्र (मरणोपरान्त) : 10 सितम्बर 1965

ग्रेनेडियर रेजीमेंट सेंटर में अर्धप्रतिमा

जोधपुर में स्मारक

## अब्दुल हमीद की पदोन्नतियाँ

सेना में प्रवेश : 22 दिसम्बर 1954, लांस नायकी : 12 मार्च 1962, नायक : 19 फ़रवरी 1963, हवलदार : 1 अक्टूबर 1963, कंपनी क्वार्टर मास्टर : 1 जून 1965

## शहीदों का खून

देशवालो कुछ समझो, यह अरज़ है,

शहीदों के खून का रंग फ़रक है।

उसकी अपनी कुछ अलग ही तरज़ है,

दहल जाये दुश्मन ऐसी लरज है।


ताव उसमें अंगारों की जलन का,

रंग है उसमें सिंदूरी गगन का,

हौसला है उसमें सरफ़रोशों का,

लाल चन्दन है वह सरपरस्तों का।


देशवालो कुछ समझो, यह अरज़ है,

शहीदों के खून का रंग फ़रक है।

# परम वीर चक्र विजेता :
## लेफ़्टिनेंट कर्नल आर्देशिर बुरज़ोरजी तारापोर

## वीर विजेता

यह भारत के एक परम वीर आर्देशिर बुरज़ोरजी तारापोर की कहानी है, जिनका आदर्श मंत्र था, "देश सबसे पहले आता है," जिन्होंने हँस-हँस कर दुश्मन से लोहा लिया, जिन्होंने अवसर आने पर देश की रक्षा के लिये अपने प्राणों की बाजी लगा दी, और अनुकरणीय उत्साह से मृत्यु का वरण किया।

## जन्म और बचपन

पूना हॉर्स रेजीमेंट के लिये प्रथम परम वीर चक्र जीतने वाले शूरवीर आर्देशिर बुरज़ोरजी का जन्म 18 अगस्त 1923 को मुंबई में हुआ था। उनके परिवार में सैनिक सेवा की परंपरा दीर्घ काल से चली आ रही है। आठ पीढ़ी पहले उनके पूर्वज श्री रतनजी बा महान् नेता शिवाजी के नेतृत्व में लड़े थे। रतनजी बा की वीरता और स्वामिभक्ति के कारण शिवाजी ने उन्हें सौ गाँवों की मनसब प्रदान की थी। इन गाँवों में तारापुर नाम का गाँव प्रमुख था। उसी समय से इनका परिवार अपने उपनाम के रूप में तारापुर का प्रयोग करने लगा। आर्देशिर के बाबा

महाराष्ट्र छोड़ कर दक्षिण भारत चले गये और हैदराबाद रियासत के सीमा शुल्क विभाग में नौकरी कर ली। आर्देशिर के पिता बुरज़ोरजी उर्दू और फ़ारसी के विद्वान थे। वे भी हैदराबाद के सीमा शुल्क विभाग में कार्य करने लगे और बाद में उसके अधीक्षक बन गये।

आर्देशिर बचपन से ही निर्भीक थे। उनकी एक बड़ी बहन और एक छोटा भाई था। एक दिन छह वर्ष के आर्देशिर अपनी दस वर्ष की बहन यादगार के साथ अपने घर के पिछवाड़े के आंगन में खेल रहे थे। अचानक घर की गाय रस्सी तुड़ा कर यादगार के ऊपर झपटी। यादगार भय से चीखी और सहायता के लिये पुकारने लगी। अपनी बहन को ख़तरे में देख कर बालक आर्देशिर ने एक छड़ी उठाई और दौड़ कर अपनी बहन के सामने खड़े हो गये और गाय की नाक पर छड़ी मारी। गाय दूसरी ओर मुड़ गयी और यादगार बच गयी।

सात साल की अवस्था में आर्देशिर को पूना के लड़कों के लिये स्थापित सरदार दस्तूर स्कूल में दाखिल करा दिया गया। पढ़ाई-लिखाई में आर्देशिर एक औसत विद्यार्थी थे किन्तु मुक्केबाजी, तैराकी, टैनिस और क्रिकेट सदृश खेलों और जिमनास्टिक, एथलीटिक्स आदि सभी प्रकार के व्यायामों में प्रथम आते थे। 1940 में उन्होंने दसवीं की परीक्षा पास की। उस समय वे अपने स्कूल के कप्तान थे।

## बारूद से भरा हथगोला

दसवीं की परीक्षा पास करने के बाद आर्देशिर ने हैदराबाद रियासत की सेना में प्रवेश के लिये आवेदन दिया तथा सेना में चुन लिये गये। गोलकुंड के *ऑफ़िसर प्रशिक्षण स्कूल* में प्रारंभिक प्रशिक्षण के बाद उन्हें बंगलौर के *ऑफ़िसर प्रशिक्षण स्कूल* में प्रशिक्षण के लिये भेजा गया। 1 जनवरी 1942 को उन्हें 7 हैदराबाद पदाति सेना में सेकेंड लेफ़्टिनेंट के पद पर नियुक्त किया गया। किन्तु आर्देशिर की तमन्ना थी कि उन्हें हैदराबाद रियासत की बख्तरबंद रेजीमेंट में कमीशन मिले, जिसके पास उन दिनों स्काउट कारें थीं। अधिकारी कुछ हिचक रहे थे। किन्तु नीचे लिखी घटना से सिद्ध हो जाता है कि शूरवीर समय की छाती पर पाँव रख कर अपना अग्निल पथ स्वयं बना लेते हैं।

एक दिन राज्य के सेनाध्यक्ष मेजर जनरल एल-एड्रूस, सेकेंड लेफ़्टिनेंट आर्देशिर की बटालियन का निरीक्षण करने आये। आर्देशिर चाँदमारी के मैदान में सामान्य प्रशिक्षण ले रहे थे। उसी समय एक रंगरूट ने हथगोला ठीक प्रकार नहीं फेंका और वह हथगोला वापस मैदान में गिर गया। बीस वर्षीय आर्देशिर पल भर

की देर किये बिना प्राण हथेली पर लेकर हथगोला फेंकने के मैदान में कूद पड़े और हथगोले को उठा कर सुरक्षित स्थान पर फेंक दिया। हथगोला हवा में फट गया और उसकी अनेक किरचें आर्देशिर की छाती में चुभ गयीं। वे घायल हो गये। उनकी मरहम-पट्टी की गयी। जब आर्देशिर की चोटें ठीक हो गईं तब मेजर जनरल एल-एड्रूस ने उन्हें अपने कार्यालय में बुलाया और उनकी प्रत्युत्पन्न मति और बहादुरी की प्रशंसा की। आर्देशिर ने जनरल से प्रार्थना की कि उन्हें बख़्तरबंद बटालियन में नियुक्त कर दिया जाये। उनकी प्रार्थना स्वीकार कर ली गयी और उन्हें *प्रथम हैदराबाद इंपीरियल सर्विस लांसर्ज़* में नियुक्त कर दिया गया।

## अंग्रेज़ अफ़सर से सामना

आर्देशिर न केवल शारीरिक साहस वरन् नैतिक साहस से भी परिपूर्ण थे। द्वितीय महायुद्ध के समय *प्रथम हैदराबाद इंपीरियल सर्विस लांसर्ज़* की नियुक्ति मध्यपूर्व में हुई। उसी क्षेत्र में तैनात एक ब्रिटिश रेजीमेंट का कमांडिंग ऑफ़िसर भारतीयों की युद्ध-क्षमता पर नुक्ताचीनी करता रहता था। एक अवसर पर उसने निज़ाम का अपमान भी किया। निर्भीक और साहसी आर्देशिर ने उस कमांडिंग ऑफ़िसर के अनुचित आक्षेपों का प्रतिवाद करके, अपने भविष्य की चिन्ता न करते हुए उससे कहा, "तुमने मेरे देश और राजा का अपमान किया है—और राजा से मेरा तात्पर्य जॉर्ज षष्ठ से नहीं है।" ब्रिटिश कमांडिंग ऑफ़िसर ने इसे एक 'देशी' (नेटिव) आदमी के दुस्साहस और अविनय के रूप में लिया। आर्देशिर की रेजीमेंट को सबसे विलग कर दिया गया, साथ ही उन्हें गोला-बारूद देना बंद कर दिया गया। मामला इतना गंभीर हो गया कि समस्या को सुलझाने के लिये स्वयं जनरल एल-एड्रूस को सेनाध्यक्ष जनरल मोन्टगुमरी से बात करनी पड़ीं।

## परख अवधि (प्रोबेशन)

जब हैदराबाद रियासत भारत में विलय हो गई, तब उसकी सेना को भारतीय सेना में मिला लिया गया। आर्देशिर को परखने के लिये, दो वर्ष के लिये पूना हॉर्स में नियुक्त किया गया। यह भारतीय सेना की ऐसी रेजीमेंट है जिसे भविष्य में दो परम वीर चक्र उपलब्ध होने वाले थे। एक तो 1965 के भारत-पाक युद्ध में हमारी इस कहानी के नायक आर्देशिर को और दूसरा 1971 के युद्ध में इसी बटालियन के युवा हीरो सेकेंड लेफ्टिनेंट अरुण खेत्रपाल को। रेजीमेंट में आर्देशिर के मित्र उन्हें 'आदि' कह कर पुकारते थे। कुछ मित्र उन्हें 'टैडी' भी कहते थे। पहले उनकी

नियुक्ति पूना हॉर्स के 'बी' स्क्वॉड्रन में हुई किन्तु वहाँ उन्हें हैदराबाद की सेना में रह चुकने के कारण पुराने शत्रु के रूप में कुछ संदेह से देखा जाता था, क्योंकि कुछ ही महीने पहले पूना हॉर्स ने हैदराबाद रियासत के विरुद्ध युद्ध में प्रमुख भाग लिया था। तब 'ए' स्क्वॉड्रन के मेजर 'बल्ली' विर्क ने कहा कि आर्देशिर को उनके स्क्वाड्रन में नियुक्त कर दिया जाये।

'ए' स्क्वाड्रन में आर्देशिर को अनुकूल वातावरण मिला और वे उस स्क्वॉड्रन के अभिन्न अंग बन गये। इस स्क्वॉड्रन के अधिकतर सिपाही राजपूत थे। आर्देशिर सबसे प्रेम और सम्मान पूर्ण व्यवहार करते थे। हरएक नये सोवार (सिपाही) की, परिवार के तरुण लड़के के समान पूरी देखभाल करते थे। वे प्रायः नये सिपाहियों को 'बच्चा' कह कर बुलाते थे। उन्हें इस संबोधन की इतनी आदत पड़ गयी कि कभी-कभी वे वरिष्ठ सिपाहियों को भी 'बच्चा' कह कर बुलाते थे, जिससे सबका बहुत मनोरंजन होता था। अन्य दर्ज़े के लोगों को वे 'आप' कह कर संबोधित करते थे और बड़े-बूढ़ों के नाम में 'जी' जोड़ देते थे। आर्देशिर एक वरिष्ठ एन.सी.ओ. (नॉन कमीशन्ड ऑफ़िसर) बहादुर सिंह के बुलंद व्यक्तित्च से इतने प्रभावित हुए कि उन्होंने उसी की तरह बाँकी मूँछें बढ़ा लीं। आर्देशिर की परख अवधि समाप्त होने पर 'ए' स्क्वॉड्रन के मेजर 'बल्ली' विर्क ने उन्हें इतनी प्रशंसापूर्ण रिपोर्ट दी कि उन्हें पूना हॉर्स में स्थायी कमीशन मिल गया। आर्देशिर का पूना हॉर्स से इतना अंतरंग संबंध हो गया और अपने सैनिकों के प्रति उनके हृदय में इतना गहरा प्रेम था कि बाद में गैरसरकारी तौर पर उन्हें ए *स्क्वॉड्रन के कर्नल* का ख़िताब दे दिया गया।

## एक-दूजे के लिये बने

आधुनिक भाषा में कहें तो आर्देशिर और पूना हॉर्स एक-दूसरे के लिये बने थे। आर्देशिर के मित्र लेफ़्टिनेंट कर्नल शिवराज सिंह ने लिखा है, "आदि के हृदय में अपनी रेजीमेंट के प्रति गहरा प्रेम था। पूना हॉर्स की शान में छोटी-सी आलोचना भी उनके लिए असहनीय थी। यदि रेजीमेंट किसी भी कार्य में सफल होती, विशेषतया खेल-प्रतियोगिताओं में, तब आदि को अत्यंत प्रसन्नता होती थी किन्तु यदि रेजीमेंट आशा के अनुरूप प्रदर्शन नहीं करती थी तब आदि का मिज़ाज बेतरह बिगड़ जाता और कई दिनों तक उनका मुँह फूला रहता था।...वे सच्चे अर्थों में एक अफ़सर और एक भद्र व्यक्ति थे। वे एक वफ़ादार मित्र थे और अपने आसपास के व्यक्तियों की मनोदशा और भावनाओं के प्रति संवेदनशील थे। मुझे

एक अवसर याद आता है जब जम्मू में मुझे अपने प्रिय अंकल की मृत्यु का समाचार मिला। मैं मैस के बाहर आम के पेड़ के नीचे चुपचाप बैठा था। मेरी उदासी देखकर आदि को मेरी मनोदशा का अहसास हो गया होगा क्योंकि वे मेरे पास आये और बोले, 'शिवजी क्या हुआ? तुम इतने परेशान क्यों हो? मुझे बताओ। अपने मित्र से अपनी परेशानी बाँटकर तुम्हारा दिल हल्का हो जायेगा।' वे इतने सहानुभूतिपूर्ण और स्नेहमय थे।" (*फ़ख़्रे हिंद, द स्टोरी ऑफ़ पूना हॉर्स*, लेखक : लेफ़्टिनेंट जनरल हनूत सिंह, पी.वी.एस.एम., एम.वी.सी., पृष्ठ 220)

## नेपोलियन के पदचिह्नों में

नेपोलियन आर्देशिर के हीरो थे। उन्होंने नेपोलियन के विषय में विशद अध्ययन किया था और अक्सर उनके शब्दों को उद्धृत करते थे। उन्होंने अपनी मेज़ पर नेपोलियन की एक प्रतिमा रखी थी और वे नेपोलियन के पदचिह्नों का अनुसरण करने का प्रयत्न करते थे। एक दिन रेजीमेंट के मैस में एक भोज था। मैस के कर्मचारी चांदी के एक बड़े कटोरे में पानी भर कर उसमें गुलाब के फूलों की पंखुड़ियाँ तिरा देते थे। आर्देशिर हँसमुख व्यक्ति थे और हर परिस्थिति का हल्का पहलू देखते थे। उन्होंने अचानक घोषणा की, "मैं नेपोलियन का अवतार हूँ।" उन्होंने नेपोलियन के समान अदा बनाई और सिर पर पहनने के लिये किसी उपयुक्त वस्तु के लिये चारों ओर निगाह दौड़ाई। उनकी दृष्टि चाँदी के कटोरे पर पड़ी। उन्होंने गुलाब की पँखुड़ियों के उस कटोरे को उल्टा करके अपने सिर पर रख लिया। यद्यपि वे पूरी तरह गीले हो गये किन्तु उनके उत्साह में कोई कमी नहीं हुई।

वीरता में आर्देशिर अपने हीरो नेपोलियन के समान सिद्ध होंगे। वीरता के अतिरिक्त उनमें नेपोलियन ही के समान एक अन्य गुण था कि जिस अवसर पर जो लक्ष्य होता था उसे पूरा करने के लिये वे नियम के विरुद्ध कदम उठाने से नहीं हिचकते थे। सन् 1962 में जब आर्देशिर पूना हॉर्स के स्थानापन्न कमांडेंट थे, उनकी रेजीमेंट को तुरंत रेल से चलकर 24 घंटे में युद्धस्थल तक पहुँचने का आदेश मिला। सामान्य ढंग से यह करना असंभव था। आर्देशिर ने आदेश दिया कि क्वार्टर गारद, रेजीमेंट के भंडार और गोला-बारूद के भंडार के चारों ओर का बाड़ा (फैंस) उखाड़ दिया जाये। बाड़े के उखड़ते ही सब वाहन सीधे भंडार तक पहुँच गये और उनमें अविलंब सामान लादा जाने लगा। इसी प्रकार टैंक गोला-बारूद के भंडार तक पहुँच गये और वहीं से उनमें गोला-बारूद की लदाई हुई। इस निर्णय

के कारण पूरी रात काम करके, रेजीमेंट उचित समय पर प्रस्थान कर सकी।

अपने कठिन परिश्रम के लिये आर्देशिर को भारतीय सेना द्वारा उसी समय खरीदे गये सेंचूरियन टैंकों के विषय में इंगलैंड में होने वाले एक *ऑटोमोटिव कोर्स* के लिये चुना गया। वहाँ प्राप्त प्रशिक्षण से उन्हें 1965 के युद्ध को जीतने में सहायता मिली, जब इन सेंचूरियन टैंकों का सामना पाकिस्तान के पैटन टैंकों से हुआ।

## 1965 का भारत-पाकिस्तान युद्ध

1962 में भारतीय सेना न तो युद्ध के लिये तैयार थी, न उसके पास सामग्री थी और न ही उसे उचित नेतृत्व मिला था। किन्तु अनुपयुक्त नेताओं ने गलत राजनीतिक अनुमान के कारण उसे अत्यंत ऊँचे पहाड़ी क्षेत्रों में चीनियों से लड़ने भेज दिया, जहाँ भारत की हार हुई। इस हार से प्रोत्साहित होकर पाकिस्तान के राष्ट्रपति फील्ड मार्शल अयूब खाँ और उनके शेखीमार विदेश मंत्री जुल्फिकार अली भुट्टो का हौसला बढ़ गया। उन्होंने 'ऑपरेशन जिब्राल्टर' नाम की एक योजना के द्वारा जम्मू और कश्मीर पर अधिकार करने का निर्णय किया।

अप्रैल-मई 1965 में पाकिस्तान ने कच्छ की रन में एक भारी हमला किया। भारत ने संयम से काम लिया और पाकिस्तान का विरोध केवल कच्छ तक सीमित रखा। कुछ ही दिनों में ब्रिटिश सरकार ने कच्छ में युद्ध-विराम करा दिया। अब पाकिस्तान ने यह मान लिया कि कश्मीर में आक्रमण करने पर भी भारत इसी प्रकार सीमित स्थानीय प्रत्युत्तर देगा। अतः उन्होंने 'ऑपरेशन जिब्राल्टर' नाम की अपनी योजना पर कार्य करना आरंभ कर दिया।

## जवाब बिजली की तेज़ी से

पूना हॉर्स 24 अप्रैल को अपनी सामूहिक ट्रेनिंग से लौटी थी और ट्रेनिंग की सफल समाप्ति के उपलक्ष्य में मध्यप्रदेश के बबीना नामक स्थान पर रेजीमेंट के मुख्य अड्डे के मैस में एक पार्टी का आयोजन था। रात्रि में जब पार्टी पूरे ज़ोर पर थी, गुप्त भाषा (कोड) में युद्ध पर जाने का आदेश आया। तुरंत प्रयाण की तैयारी होने लगी। आश्चर्य की बात है कि 24 अप्रैल की रात में 9 बजे कूच का आदेश आया और 25 अप्रैल की सवेरे चार बजे तक, अर्थात् आदेश आने के सात घंटे के अन्दर-अन्दर रेजीमेंट अपने विशालकाय टैंकों, बख्तरबंद गाड़ियों, ट्रकों, गोला-बारूद, रसद, आदि युद्ध के अनेक सामानों के साथ मोरचे पर जाने के लिये रेल में सवार

हो गयी। 25 अप्रैल की रात तक पूना हॉर्स पंजाब में जंडियाला गुरु में ऊपरी दोआब नहर के पास पहुँच गयी। जहाँ पर उसे 1 आर्मड डिवीज़न की अन्य रेजीमेंटों के साथ परिनियोजित कर दिया गया। पूरी रेजीमेंट हर पल युद्ध के लिये तैयार रहती थी। प्रति दिन पाकिस्तान द्वारा आक्रमण की आशंका रहती थी। किन्तु सप्ताह और महीने बीतते गये और युद्ध का कोई चिह्न ही नहीं था। वर्षा ऋतु के कारण पूना हॉर्स को कपूरथला की बैरकों में भेज दिया गया।

## युद्ध का आरंभ

लगभग 5 महीने की प्रतीक्षा के बाद, 3 सितंबर 1965 को युद्ध आरंभ हुआ। पाकिस्तान ने अन्तर्राष्ट्रीय सीमारेखा का उल्लंघन किया और एक बख्तरबंद ब्रिगेड तथा भारी तोपों के साथ भारत पर आक्रमण कर दिया। उनकी सेना भारत में घुस आयी तथा छंब और जोरियान पर अधिकार कर लिया। भारत इस आकस्मिक हमले का सामना करने के लिये तैयार नहीं था। पाकिस्तानी सेना को तभी रोका जा सका जब वह अखनूर से केवल छह मील दूर थी। पाकिस्तानी वायुयानों ने भी हमारे अमृतसर हवाई अड्डे पर आक्रमण कर दिया। फिर भी पाकिस्तान यही बहाना करता रहा कि यह आक्रमण उसकी सेनाओं द्वारा नहीं वरन् पाकिस्तान अधिकृत कश्मीर की सेनाओं ने किया है।

जिस दिन पाकिस्तान ने छंब-जोरियान क्षेत्र में आक्रमण किया, उस दिन पूना हॉर्स रणनीति का अभ्यास कर रही थी। अचानक लेफ़्टिनेंट कर्नल आर्देशिर तारापोर को ब्रिगेड के हैडक्वार्टर से बुलावा आया और अन्य अफ़सरों से कहा गया कि वे अड्डे पर लौट आयें जहाँ उन्हें कपूरथला-करतारपुर रोड पर युद्ध के लिये टैंक तैयार करने का आदेश हुआ।

ब्रिगेड हैडक्वार्टर से लौटने पर लेफ़्टिनेंट कर्नल आर्देशिर तारापोर ने प्रातः 3.35 पर अपने सब अफ़सरों को विचार-विमर्श के लिये बुलाया और संक्षिप्त शब्दों में कहा, "युद्ध आरंभ हो गया है।" तब उन्होंने रेजीमेंट को अविलंब माधोपुर क्षेत्र में एकत्रित करने का आदेश दिया। 4 बजे तक करतारपुर स्टेशन पर टैंकों को खुले डिब्बों में चढ़ाना आरंभ करना था। अफ़सरों को अपने परिवारों से विदा लेने का भी समय मुश्किल से मिला।

रेजीमेंट जितनी तेज़ी से रवाना हुई इस पर आश्चर्य होता है। मेजर के. गिरधर सिंह के नेतृत्व में अग्रिम दल 3 सितम्बर को प्रातः 4.30 पर रवाना हो गया, जबकि मेजर नरिन्जन चीमा के बी स्क्वॉड्रन के टैंक ले जाने वाली रेल

करतारपुर से 5.15 पर चल दी। हर स्टेशन पर स्थानीय जनता ने एकत्रित होकर हमारी सेना का पुरज़ोर स्वागत किया तथा उन्हें फूल और भोजन सामग्री उपहार में दी। रेल दो घंटे देर से चली क्योंकि इंजन उन भारी-भरकम ट्रकों से लदे खुले डिब्बों को न खींच सका। एक अन्य इंजन बुलाना पड़ा और टैंकों को उतारने के लिये एक रपटा भी बनाना पड़ा। किन्तु इतनी तीव्र गति और कुशलता से कार्य हुआ कि 4 सितम्बर को 4.30 तक पहली ट्रेन माधोपुर पहुँच गयी, जहाँ मेजर के. सिंह ने उसकी अगवानी की। 5 सितम्बर तक पूरी पूना हॉर्स रेजीमेंट इस क्षेत्र में केंद्रित हो गई।

5 सितम्बर 1965 को पूरी रेजीमेंट अन्तर्राष्ट्रीय सीमा के 4 मील उत्तर में बाजपुर-रामगढ़ जाने वाली सड़क पर पहुँच गयी। हर व्यक्ति सतर्क था क्योंकि पाकिस्तानी घुसपैठियों द्वारा छोटे-मोटे आकस्मिक हमलों का भय था। रेजीमेंट ने भोर से पहले ही अपना परिनियोजन (डिप्लौयमेंट) और बिखराव पूरा कर लिया। 6 सितम्बर को पाकिस्तानी वायुयानों ने एक आक्रमण किया। 6 और 7 सितम्बर टोह लेने, योजना बनाने और तैयारी में व्यतीत हुए।

7 सितम्बर की दोपहर को हमारे हीरो लेफ़्टिनेंट कर्नल आर्देशिर तारापोर ने अपने आदेश दिये। पूना हॉर्स को 8 सितम्बर की रात्रि से पहले ही थारो मार्ग को जीतना था।

उस दिन रेजीमेंट की कमांड का गठन इस प्रकार था :

कमांडेंट : लेफ़्टिनेंट कर्नल आर्देशिर तारापोर

सहायक कमांडर : मेजर के. गिरधरसिंह

हैडक्वार्टर स्क्वॉड्रन : मेजर सरब अहलूवालिया के नेतृत्व में

ए स्क्वॉड्रन : मेजर डी.वी. घोरपडे के नेतृत्व में

बी स्क्वॉड्रन : मेजर नरिन्जन चीमा के नेतृत्व में

सी स्क्वॉड्रन : कैप्टेन अजय सिंह के नेतृत्व में

एडजुटेंट : कैप्टेन सुरिन्दर सिंह

क्वार्टर मास्टर कैप्टेन जसबीर सिंह

यह समझना आवश्यक है कि एक टैंक रेजीमेंट विभिन्न खंडों से बनी एक पूर्ण इकाई है। कमांडेंट पर अपनी रेजीमेंट के सभी स्क्वॉड्रनों तथा उनके कार्यों का दायित्व होता है। विभिन्न स्क्वॉड्रन और उनकी शाखाएँ कमांडेंट की बाँहें बन जाती हैं। विजय और कीर्ति सबके सम्मिलित प्रयत्नों पर निर्भर करती हैं।

लेफ़्टिनेंट कर्नल आर्देशिर ने निश्चय किया कि धावा बोलते समय मेजर

डी.वी. घोरपडे के नेतृत्व में ए स्क्वॉड्रन बाईं ओर रहेगा, मेजर नरिन्जन चीमा के नेतृत्व में बी स्क्वॉड्रन दाईं ओर रहेगा तथा सी स्क्वॉड्रन आरक्षित (रिज़र्व) रहेगा।

## पूर्वाभास

हमारे हीरो लेफ़्टिनेंट कर्नल आर्देशिर को अन्तर से यह प्रतीति हुई कि युद्ध की देवी उनका बलिदान माँग रही है और वे प्रसन्नता से देश के लिये युद्ध में आत्म-बलिदान करने को प्रस्तुत हो गये। अपने अफ़सरों को युद्ध-संबंधी आदेश देकर तथा प्रत्येक स्क्वॉड्रन का कार्य निश्चित करने के बाद लेफ़्टिनेंट कर्नल आर्देशिर ने मेजर नरिन्दर चीमा को एक ओर बुलाया। आर्देशिर हर कार्य को अति सावधानी से करते थे और चाहे वह युद्ध हो, जीवन हो या मृत्यु हो, वे हर ब्यौरे की विस्तृत योजना बनाते थे। अब उन्होंने मेजर नरिन्जन को आदेश दिया कि अगर युद्ध में उनकी मृत्यु हुई तो उनका दाह-संस्कार किया जाये और उनका एकमात्र पुत्र ज़ैरेक्सेज़ यदि सेना में जाना चाहे तो उसे अनुमति दी जाये और वह पूना हॉर्स में कमीशन ले, तथा उनकी प्रार्थना-पुस्तक और अंगूठी उनकी पत्नी पेरिन को दी जायें, उनकी घड़ी उनके पुत्र को और उनका कलम उनकी बेटी ज़रीन

को दिया जाये। मेजर नरिन्जन ने उनको आश्वासन दिया कि उनके साथ ऐसा कुछ घटित नहीं होगा तथा वे चिंता न करें। आर्देशिर ने उत्तर दिया, "नरिन्जन, इन वस्तुओं की योजना पहले से ही बना लेनी चाहिये–कौन जानता है कि क्या होगा!" आर्देशिर ने फ़िलौरा को जीतने के बाद मेजर नरिन्जन को एक बार फिर ये आदेश दिये।

## घोर युद्ध : 8-23 सितम्बर 1965

पाकिस्तान ने सियालकोट क्षेत्र की रक्षा के लिये एक पूरा पदाति डिवीज़न तैनात किया था। पाकिस्तान का नया 6 बख्तरबंद ब्रिगेड गुज़राँवाला-वज़ीराबाद में नियुक्त था। इसमें चार बख्तरबंद रेजीमेंटें थीं, जिनमें से तीन रेजीमेंटों के पास पैटन टैंक थे और एक के पास शरमैन टैंक। आरंभ में हमारे 1 आर्मर्ड डिवीज़न का सामना करने के लिये दुश्मन ने 25 कैवेलरी नाम की एक पाकिस्तानी बख्तरबंद रेजीमेंट को नियुक्त किया जिसमें पैटन टैंकों के दो स्क्वॉड्रन थे और एक स्क्वॉड्रन टैंक विनाशकों (डैस्ट्रौयस) का था। किन्तु दुर्भाग्य से हमारा जासूसी विभाग यह नहीं जानता था कि पाकिस्तान ने एक अतिरिक्त बख्तरबंद डिवीज़न का गठन भी किया है।

## पहला गोला

मेजर नरिन्जन चीमा के टैंक ने पाकिस्तान की कड़्ढाल नामक चौकी पर गोला छोड़ कर युद्ध का आरंभ किया। बायें बाजू में हो रहे भारी युद्ध के कारण आर्देशिर ने बी स्क्वॉड्रन को हमले का नेतृत्व करने का आदेश दिया। रेजीमेंट बिना किसी विरोध के रांग्रे तक पहुँच गयी। यहाँ पर पाकिस्तानी टैंकों ने रेजीमेंट पर आक्रमण किया। भाग्य से टैंकों को तो कोई क्षति नहीं हुई। किन्तु रेजीमेंट के रामगढ़ में तैनात प्रशासकीय विभाग को काफ़ी नुकसान पहुँचा।

जब पूना हॉर्स पाकिस्तान के अन्दर आगे बढ़ रही थी तब एक मनोरंजक स्थिति हो गई। मार्ग में पड़ने वाले गाँवों के अनेक लोग अपने घरों से निकल आये और हमारे टैंकों के साथ चलने लगे। इन सीधे-सादे ग्रामीणों ने हमारे टैंकों को पाकिस्तानी टैंक समझा और सोचा कि भारतीय हवाई जहाज उन पर आक्रमण कर रहे थे। भारतीय सेना द्वारा दुर्बलों की रक्षा की शूरप्रथा का अनुसरण करते हुए हमारी सेना ने इन नागरिकों के साथ दयालुता का व्यवहार किया और उन्हें कोई नुकसान नहीं पहुँचाया।

# पहली मुठभेड़

पहली लड़ाई रांग्रे के दक्षिण-पश्चिम में हुई। पाकिस्तानी बलूच पदाति सेना की एक टुकड़ी एक दीवार की ओट में दुबकी हुई दिखाई पड़ी। मेजर नरिन्जन चीमा ने अपना टैंक रोक कर दीवार पर अपनी बन्दूक रख कर उस टुकड़ी के हवलदार से हथियार डालने को कहा। उस बहादुर पाकिस्तानी हवलदार ने समर्पण करने को मना कर दिया। हमारी सेना ने इस टुकड़ी को गोलियों से उड़ा दिया।

सेकेंड लेफ़्टिनेंट मानसिंह और सेकेंड लेफ़्टिनेंट डालीवाल अपने टैंकों के साथ आगे बढ़ रहे थे। पाकिस्तानी हवाई जहाज धड़धड़ाते हुए ऊपर आये। तोपें उनकी सहायता कर रही थीं। दुश्मन ने दूसरी बार मेजर नरिन्जन के टैंक पर गोलियाँ चलाईं, किन्तु पाकिस्तानी वायुसेना की निशानेबाजी बहुत खराब थी इस कारण मेजर नरिन्जन के टैंक का कोई नुकसान नहीं हुआ। पाकिस्तानी वायुसेना की इस रद्दी निशानेबाजी से हमारी रेजीमेंट का हौसला और आत्म-विश्वास बढ़ गया।

मेजर नरिन्जन के टैंक पर हुए आक्रमण के बाद हमारी सेना आगे बढ़ती गयी। सेकेंड लेफ़्टिनेंट मानसिंह और सेकेंड लेफ़्टिनेंट डालीवाल ने करीब 1200 गज़ दूर पर पाकिस्तानी टैंकों की दो ट्रूपों को देखा। डालीवाल के टैंक पर उनका गोला लगा और हमारा वह टैंक भस्मीभूत हो गया किन्तु सौभाग्य से टैंक के हमारे सभी सैनिक और अधिकारी बच निकले। अब बी स्क्वॉड्रन ने गोले छोड़ कर शत्रु के दो टैंकों को उड़ा दिया। शत्रु के शेष टैंक पीछे हट गये। संध्या को 5.15 पर पाकिस्तानी वायुयानों ने पुनः हमला किया। इस बार भी उन्होंने आक्रमण के लिये मेजर नरिन्जन चीमा के टैंक को चुना, किन्तु वह बच गया।

# कार्य में पूर्ण श्रेष्ठता

उस रात रेजीमेंट ने सब्ज़पीर मार्ग के चौराहे पर पड़ाव डाला। सहायक कमांडर के. गिरधर ने आज्ञा दी कि सब जैसे चाहें वैसे ही पड़ाव डाल लें। किन्तु आर्देशिर हर काम को पूर्ण श्रेष्ठता से करने में विश्वास करते थे। वे रात में 9.30 पर पड़ाव पर पहुँचे और रेजीमेंट के पड़ाव से प्रसन्न नहीं हुए। यद्यपि पाकिस्तानियों की भारी गोलाबारी चल रही थी फिर भी अगले दो घंटे में पूरी रेजीमेंट ने नियमों के अनुरूप गोलाकार पड़ाव डाला।

8 सितम्बर की घटनाओं का उचित मूल्यांकन न होने के कारण 48 घंटे

तक रेजीमेंट वहीं रुकी रही। इसके कारण पाकिस्तानियों को अपनी सेनाओं को पुनर्गठित करने तथा अपने 6 बख्तरबंद डिवीज़न को, उसकी तीन रेजीमेंटों सहित, इस क्षेत्र में लाने का अवसर मिल गया।

## लिबी और फ़िलौरा के युद्ध

पाकिस्तान के पास इस क्षेत्र में हमारे 1 बख्तरबंद डिवीज़न का सामना करने के लिये 9 बख्तरबंद रेजीमेंटें हो गयीं। क्योंकि उनकी 9 रेजीमेंटें थीं और हमारी 5 इसलिये उनके ऊपर पीछे से हमला करने का निर्णय हुआ। तय हुआ कि हमारी कुछ टुकड़ियाँ सामने से आक्रमण करके शत्रु को उलझाये रखेंगी, उसी समय 1 बख्तरबंद डिवीज़न बाजू से जाकर पाकिस्तानियों पर पीछे से आक्रमण करेगा। अब पूना हॉर्स को सियालकोट में ऐसे दुश्मन से सामना करना था जिसकी सैन्य संख्या और शक्ति हमसे बहुत अधिक थी।

## 11/12 सितम्बर का युद्ध

11 सितम्बर को चार बजे लेफ्टिनेंट कर्नल आर्देशिर ने अपने आदेश दिये। रेजीमेंट को चक अली होकर खुर्द से लिबी पर आक्रमण करना था। सेना के अग्रिम दस्ते के सामने का पथ बहुत छोटा था। अतः आर्देशिर ने स्क्वॉड्रनों को एक-एक करके आगे ले जाने का निश्चय किया। पहले सी स्क्वॉड्रन, उसके बाद रेजीमेंट का हेडक्वार्टर और उसके बाद बी स्क्वॉड्रन तथा ए स्क्वॉड्रन चले। छह बजे हमारे टैंकों ने आगे बढ़ना आरंभ किया। दो घंटे तक दुश्मन से सामना नहीं हुआ। 8.10 पर दुश्मन 800 गज़ की दूरी पर दिखाई दिया। अब हमारे टैंकों ने अचूक गोलाबारी की। सी स्क्वॉड्रन ने दुश्मन के पाँच पैटन टैंक उड़ा दिये। दुश्मन की गोलाबारी से हमारे सी स्क्वॉड्रन के तीन सेंचूरियन टैंक क्षतिग्रस्त हुए। लिबी पर हमारा कब्ज़ा हो गया और पैदल सेना को उस क्षेत्र से बचे-खुचे दुश्मनों को साफ़ करने का काम दिया गया।

मेजर वरिन्दर सिंह ने एक साहसी कदम उठाया। उन्होंने लिबी को जीतने के बाद 5/9 गोरखा राइफल को साथ लेकर फ़िलौरा को जीतने का निर्णय किया। फ़िलौरा के रास्ते में उनके स्क्वॉड्रन को दुश्मन के टैंकों का एक दल मिला। उन्होंने लड़ाई में दुश्मन के पाँच टैंक नष्ट कर दिये और दो टैंकों को उनके चालक और सिपाही छोड़ कर भाग गये। सी स्क्वॉड्रन ने फ़िलौरा के उत्तर-पूर्व की ऊँचाई पर कब्ज़ा कर लिया। सामने ढलान पर केवल 400 गज़ दूर सात पैटन टैंक थे। सी

स्क्वॉड्रन ने दो टैंकों को नष्ट कर दिया। दुश्मन के शेष टैंक चाविंडा की ओर पीछे हट गये। सी स्क्वॉड्रन ने गोलाबारी आरंभ की। गोलाबारी की ओट लेकर 5/9 गोरखा राइफ़ल ने फ़िलौरा से दुश्मन का सफ़ाया आरम्भ किया।

## "अगर मरना है तो साथ मरेंगे।"

जब सी स्क्वॉड्रन फ़िलौरा को कब्ज़े में ले रहा था, पाकिस्तानी टैंकों ने बी स्क्वॉड्रन पर प्रत्याक्रमण किया। बी स्क्वाड्रन ने इस हमले का सामना करने के लिये अपनी दिशा बदली। ए स्क्वॉड्रन दुश्मन से फलों के एक बगीचे में लड़ा। इस लड़ाई में लेफ़्टिनेंट कर्नल आर्देशिर ने दो पैटन टैंक उड़ा दिये। बी स्क्वॉड्रन के पाँच टैंकों पर गोले लगे। किन्तु उनके चालक तथा सैनिक बच निकले। इस प्रकार ए तथा बी स्क्वॉड्रन ने छह पैटन टैंक उड़ा दिये और पाकिस्तान के जवाबी हमले को विफल कर दिया। आर्देशिर की बाँह में एक गोले के टुकड़े लगे। कैप्टेन गुरदियाल ने उनसे प्रार्थना की कि वे गोलाबारी से बचने के लिये युद्ध क्षेत्र में पीछे चले जायें। जलते हुए टैंकों की कड़वी गंध, और फटते हुए गोलों के भीषण शोर में वीर आर्देशिर ने उत्तर दिया, "गोर्डी, मैं तुम्हें छोड़ कर नहीं जाऊँगा। अगर हमें मरना है तो हम साथ-साथ ही मरेंगे।" जब कैप्टेन गुरदियाल ने फिर अपनी बात दोहराई तब आर्देशिर ने उन्हें फटकारा, "नौजवान, तुम मुझे यह मत सिखाओ कि मुझे क्या करना है।"

भारत के इस भीषण आक्रमण से घबरा कर पाकिस्तानी पैटन टैंक पीछे हटने लगे। हमारे संचार विभाग ने एक पाकिस्तानी रेडियो संदेश सुना। पाकिस्तानी सेनानायक ने अपने टैंकों को आज्ञा दी, "दुश्मन की ओर बढ़ो।" घबराये हुए टैंक कमांडर ने उत्तर दिया, "नहीं, वहाँ से कारगर गोले बरस रहे हैं और हमारा काफ़ी नुकसान हो चुका है। हम अब सियालकोट जा रहे हैं।"

मेजर सरब अहलूवालिया के हेडक्वार्टर स्क्वॉड्रन ने रेजीमेंट को हर रात पेट्रोल, तेल, गोला-बारूद और रसद पहुँचाने का काम बखूबी किया। जबकि उन्हें यह भी मालूम नहीं होता था कि रेजीमेंट ठीक कहाँ पर है, फिर भी वे हर बार अंधेरी रातों में, दुश्मन के क्षेत्र में खतरे और मौत का सामना करते हुए अनुमान से रेजीमेंट को रसद-सामग्री पहुँचा देते थे। उनकी सत्य अंतःप्रेरणा और बेमिसाल साहस के बिना रेजीमेंट असहाय हो जाती। हमारे गैर सरकारी ट्रक चालकों का साहस और कार्यनिष्ठा सराहनीय थीं। अग्रिम मोरचे पर, जहाँ किसी भी क्षण मौत आ सकती है, उनकी उपस्थिति से हमारी सेना का मनोबल बढ़ता था।

आधी रात के आसपास शत्रु ने फ़िलौरा पर प्रत्याक्रमण किया। मेजर वरिन्दर और कैप्टेन अजय तेज़ी से इस हमले का सामना करने आगे बढ़े। हमारी पैदल सेना के साथ दुश्मन की आमने-सामने की मुठभेड़ चल रही थी। वरिन्दर और अजय ने पैदल सेना के मोरचों से 200 मीटर पीछे अपने टैंक रोक दिये और हमारे सैनिकों के सिरों के ऊपर से दुश्मन के ऊपर गोलाबारी आरंभ कर दी। जैसे ही दुश्मन को हमारे सेंचूरियन टैंकों की उपस्थिति के विषय में पता चला, वे पीछे हट गये। लिबी और फिलौरा के युद्ध में कम-से-कम 50 पाकिस्तानी टैंक नष्ट हुए जबकि हमारे केवल 9 टैंक नष्ट हुए। इस युद्ध के कारण पैटन टैंकों की श्रेष्ठता का भ्रम चकनाचूर हो गया और दुश्मन हमारे सेंचूरियन टैंकों से भयभीत हो गया।

जब सी स्क्वॉड्रन फ़िलौरा में था, एक पाकिस्तानी हेलीकॉप्टर कालेवाली के दक्षिण में उतरा। नायब रिसालदार हरभजनसिंह ने इस हेलीकॉप्टर को नष्ट कर दिया। इस हेलीकॉप्टर का रोटर ब्लेड अभी तक रेजीमेंट के रेजीमेंटल क्वार्टर गार्ड में प्रदर्शित है।

## 13 सितम्बर को 'कबड्डी' : चार टैंक जले

संध्या को लगभग 5 बजे आर्देशिर ने अगले दिन के लिये युद्ध-आदेश देने के लिये ओ ग्रुप को बुलाया। जब वे आदेश दे रहे थे, दुश्मन ने लिबी के दक्षिण-पश्चिम से आक्रमण कर दिया। हमारे अफ़सर वापस अपने टैंकों की ओर भागे। दुश्मन लगभग 1200 मीटर दूर रुक गया और गोलाबारी आरंभ कर दी। हमारे टैंक कमांडरों की जवाबी गोलाबारी इतनी प्राणलेवा थी कि दुश्मन धूँ-धूँ करके जलते हुए अपने चार पैटन टैंकों को छोड़ कर पीछे हट गया। पाकिस्तान के कमांडरों ने युद्ध के बाद लिखी अपनी रिपोर्टों में इन संग्रामों को 'कबड्डी' कहा क्योंकि इनमें विरोधी दल एक-दूसरे के क्षेत्र में प्रवेश करके, शत्रु को नुकसान पहुँचा कर अपने क्षेत्र में लौट आते थे।

## 14/15 सितम्बर का युद्ध

स्थान सीमित होने के कारण आर्देशिर अपने स्क्वॉड्रनों को एक-एक करके आगे बढ़ाने की योजना बना रहे थे। रेजीमेंट ने 12 बजे आगे बढ़ना आरंभ किया। सी स्क्वॉड्रन ने पाकिस्तानी मोरचों पर आक्रमण किया तथा 35 दुश्मनों को मार कर उनके तीन टैंक नष्ट कर दिये। उस दिन पूना हॉर्स ने अपना एक भी टैंक खोये बिना दुश्मन के 8 टैंक नष्ट कर दिये। यहाँ हो रहे भीषण युद्ध में आर्देशिर घायल

हो गये किन्तु उन्होंने युद्धक्षेत्र से बाहर जाना स्वीकार नहीं किया। उन्होंने टैंक के प्राथमिक चिकित्सा के डिब्बे में से अपनी मरहम-पट्टी करा ली। उनके सैनिकों का हौसला इतना बढ़ा हुआ था कि रात के समय जब भारी गोलाबारी हो रही थी, सी स्क्वॉड्रन के सैनिक अरदास (प्रार्थना) के लिये खुले मैदान में एकत्रित हुए। वीर रिसालदार करतार सिंह एक जलते हुए टैंक के सिपाहियों को बचाते समय शहीद हो गये।

## 16 सितम्बर : मौत के मैदान

पाकिस्तान ने एक चतुराई भरी योजना बनाई। उन्होंने बडियाना और चाविंडा के मध्य के खाली स्थान पर दो पैटन रेजीमेंटों को नियुक्त करके इस क्षेत्र को मौत का मैदान बनाना चाहा। अब यहाँ हमारी दो सेंचूरियन रेजीमेंटों का सामना करने के लिये तीन पैटन रेजीमेंटें तैयार थीं। पाकिस्तानी आशा कर रहे थे कि हमारे सेंचूरियन टैंकों का एक कब्रिस्तान बना देंगे। ब्रिगेड कमांडर के आदेश पर आर्देशिर ने बी स्क्वॉड्रन को आगे बढ़ने और जसोरन पर कब्ज़ा करने की आज्ञा दी। मेजर नरिन्जन ने दुश्मन के तीन टैंकों को नष्ट करके जसोरन पर कब्ज़ा कर लिया। यहाँ पर हमारे गोरखा सैनिकों पर भारी गोलाबारी हुई। सी स्क्वॉड्रन के पास केवल 7 टैंक थे, फिर भी उन्होंने तीन पैटन टैंकों का विध्वंस कर दिया और 8 गढ़वाल राइफ़ल ने, हमारे टैंकों की गोलाबारी की छाया में आगे बढ़ कर, अपने वीर मेजर अब्दुल रफ़ी खान के नेतृत्व में, 10.30 तक बुटुर-डोगरांडी पर विजय पा ली।

युद्ध क्षेत्र में आर्देशिर फ़ील्ड फ़ोन पर अपने साथियों तथा हेडक्वार्टर से ऐसी चतुराई से बात करते थे कि पाकिस्तानियों ने युद्ध के बाद कहा कि वे यदि रेडियो पर आर्देशिर की बातें सुन भी लेते थे तो भी उन्हें उनका अर्थ समझ में नहीं आता था।

कुछ वर्षों बाद लेफ़्टिनेंट कर्नल शिवराज सिंह ने लिखा, "...जैसे ही पूना हॉर्स ने फ़िलौरा पर कब्ज़ा कर लिया, मेरे ब्रिगेड कमांडर ने मुझसे कहा कि मेरी रेजीमेंट के कमांडिंग आफ़िसर कर्नल तारापोर घायल हो गये हैं और मैं उनको युद्ध क्षेत्र से बाहर लाने का प्रबंध करूँ। उस क्षेत्र में हमारे ब्रिगेड का अग्रिम मरहमपट्टी केंद्र सबसे समीप था, अतः मैं युद्ध की उस दुर्व्यवस्था में पूना हॉर्स का रेजीमेंटल हेडक्वार्टर खोज रहा था। मैं अपनी जीप में उस ओर बढ़ रहा था जहाँ से युद्ध का शोर आ रहा था। इसी समय मैंने उसी रास्ते पर दूसरी ओर से आती हुई एक जीप

को देखा। उस जीप में, अपनी बाँह अपने टैंक की चिकित्सा पेटी से ली गई एक गलपट्टी (स्लिंग) में लटकाये हुए, कर्नल तारापोर आ रहे थे। उनके साथ केवल उनका ड्राइवर तथा ऑपरेटर थे। मुझे देखते ही उन्होंने सदा के समान प्रसन्नता से पूछा, "हैलो, शिवजी! कैसे हो? तुम कहाँ जा रहे हो?" उन्हें इस तरह स्वस्थ देख कर मैं अत्यंत प्रसन्न हुआ और उन्हें बताया कि मैं उन्हीं के घायल होने का समाचार पाकर उन्हें युद्ध क्षेत्र से बाहर ले जाने के लिये आया था। 'क्या!' उन्होंने कहा, 'इस खरोंच के लिये? पागल मत बनो। इस छोटी-सी चोट के लिये मैं युद्ध के मज़े को, और रेजीमेंट को छोड़ कर कहीं जाने वाला नहीं हूँ।' और वे एक दूसरे क्षेत्र में, जहाँ उनकी रेजीमेंट लड़ रही थी, युद्ध का संचालन करने चले गये।

"इसके बाद मैंने खुशमिज़ाज आदि तारापोर को कभी नहीं देखा। अगले दिन मैंने सुना कि वे युद्ध में मारे गये थे।" (*फ़ख़्रे हिंद, द स्टोरी ऑफ़ पूना हॉर्स*, लेखक : लेफ़्टिनेंट जनरल हनूत सिंह, पी वी एस एम, एम वी सी, पृष्ठ 222)

## 16 सितम्बर : कीर्ति और मृत्यु

जब पाकिस्तान अपने अग्रिम मोरचे के भारी सुरक्षा प्रबंधों के बावजूद वज़ीराली, जसोरन और बुटुर-डोगरांडी के तीन क्षेत्रों को खो बैठा तब चाविंडा में तैनात उसकी सेनाओं का मनोबल टूट गया। शत्रु ने चाविंडा से पीछे हटना आरंभ कर दिया। यह देख कर कैप्टेन अजय ने पीछे हटते हुए पाकिस्तानियों पर आक्रमण करने के लिये अतिरिक्त सैनिक मांगे। समय कम था इसलिये कमान्डेंट आर्देशिर ने ब्रिगेड हेडक्वार्टर से कैप्टेन अजय की सहायता के लिये ए स्क्वॉड्रन को आगे भेजने की अनुमति माँगी। ब्रिगेड हेडक्वार्टर से अनुमति मिलने पर कैप्टेन गुरदियाल ए स्क्वॉड्रन को जितनी तेज़ गति से संभव था, आगे ले गये।

## "हैलो, 25, चलो हम उनका साथ दें।"

बख्तरबंद रेजीमेंटों की सर्वश्रेष्ठ परंपरा है कि कमांडेंट सामने रह कर अपनी रेजीमेंट का नेतृत्व करता है। जब कैप्टेन गुरदियाल रेजीमेंट के हेडक्वार्टर के स्थान पर पहुँचे, तब युद्ध के लिये सदैव तैयार रहने वाले शूरवीर आर्देशिर ने अपने एडजुटेंट को रेडिया द्वारा एक संदेश भेजा जो अब पूना हॉर्स में प्रसिद्ध हो गया है, "हैलो, 25, चलो हम उनका साथ दें।" आर्देशिर का कहना था, "जो काम मेरे आदमी करते हों, मुझे भी वही करना चाहिये। मुझे अपने उदाहरण द्वारा उनका नेतृत्व करना चाहिये।"

बख्तरबंद रेजीमेंटों के शूरवीर कमांडर अपने टैंक के सामने की कवचित बुर्जी (क्यूपोला) को खोल कर चलना पसंद करते हैं। यद्यपि ऐसे यंत्र होते हैं जिनकी सहायता से वे बंद बुर्जी में से देख सकते हैं किन्तु फिर भी बुर्जी के बंद होने पर दिशाज्ञान बनाये रखना, और रेजीमेंट को ठीक दिशा में ले जाना बहुत कठिन होता है। साथ ही बुर्जी खुली होने पर अपने लक्ष्यों को ढूँढ़ना तथा उनको घेरना अधिक आसान होता है। यद्यपि जिस समय हवाई हमले चल रहे हों और गोलाबारी हो रही हो, उस समय टैंक की बुर्जी खुली रखना अत्यंत ख़तरनाक है।

किन्तु हमारे बाँके वीर आर्देशिर तो संकट से खेलते थे और मृत्यु का आह्वान करते थे। उन्होंने बुर्जी खोले हुए अपना टैंक आगे बढ़ाया और इस प्रकार अपनी रेजीमेंट के सामने एक मिसाल पेश की। यद्यपि दुश्मन की ओर से भारी गोलाबारी हो रही थी तथा चारों ओर बड़े-बड़े गोले और मोर्टार फट रहे थे, फिर भी अपने साहसी कमांडेंट के अग्निल चरण चिह्नों का अनुसरण करके पूरी रेजीमेंट अपने सेंचूरियन टैंकों की बुर्जियाँ खोल कर धड़धड़ाती हुई आगे बढ़ी। 3 बजे कमान्डेंट आर्देशिर, कैप्टेन सुरिन्दर और कैप्टेन गुरदियाल उस जगह पहुँच गये जहाँ कैप्टेन अजय गज़ब की बहादुरी से पीछे हटते हुए दुश्मन पर आक्रमण कर रहे थे। अब रेजीमेंट के हैडक्वार्टर के साथ कमांडेंट आर्देशिर, कैप्टेन सुरिन्दर और ए तथा सी स्क्वॉड्रन पाकिस्तान के मौत के मैदान के बीचोबीच आ पहुँचे। सारा मैदान टैंकों से छूटे गोलों की धाँय-धाँय से, टैंक-विनाशक सुरंगों के फटने के कर्णभेदी धड़ाकों से तथा टैंक विनाशक गोलों के भीषण शोर से गूँज रहा था। बारूद की तीक्ष्ण कड़वी गंध के कारण साँस लेना कठिन हो रहा था। चारों ओर प्राग ऐतिहासिक विशालकाय पशुओं की तरह उलटे हुए टैंक, करवट से पड़े हुए टैंक, धूँ-धूँ करके जलते हुए टैंक, तुमुल कोलाहल से फटते हुए टैंक, टक्कर मारते हुए टैंक, इंजन खराब होने पर आगे बढ़ने में असमर्थ टैंकों का दिल दहलाने वाला दृश्य दिखाई पड़ रहा था।

पाकिस्तानी इतनी ज़ोर से गोलाबारी कर रहे थे कि सी स्क्वॉड्रन के दो टैंकों के गोले लगे। कमांडेंट आर्देशिर अपने चारों ओर हो रहे उस भयंकर शोर और गोलों की बौछार की परवाह न करके, पैदल सेना का मुआयना करने अपने टैंक से बाहर आये। उसी समय उनके मुख्य टैंक 'खुशाब' पर एक गोला लगा और उनके सूचना अधिकारी अमरजित बल, उनका तोपची और प्रचालक (ऑपरेटर) घायल हो गये। आर्देशिर ने निर्णय किया कि पैदल सेना की केवल एक बटालियन को लेकर बुटुर-डोगरांडी पर कब्ज़ा बनाये रखने की चेष्टा बुद्धिसंगत नहीं थी, अतः

उन्होंने पीछे हट कर जसोरन जाने का निर्णय किया। 'खुशाब' को चालू नहीं किया जा सका इसलिये आर्देशिर कैप्टेन सुरिन्दर सिंह के टैंक में आ गये। वहाँ उन्होंने देखा कि अमरजित 'खुशाब' में रह गये थे। आग की उस वर्षा में होकर वे अपने टैंक तक गये और अमरजित को कंधे पर उठा कर ले आये। तब उन्होंने अमरजित के मार्फ़िया का एक इंजेक्शन लगाया और चिकित्सा अधिकारी को आदेश दिया कि उन्हें युद्धक्षेत्र से बाहर ले जायें। अमरजित ने बाद में कहा, "मैं नहीं जानता था कि इसके बाद मैं उन्हें कभी नहीं देखूँगा।"

4.45 तक हमारी सेना पीछे हट कर जसोरन आ गयी। जसोरन में 8 गढ़वाल राइफ़ल्स पुनः गठित हो गयी थी और युद्ध के आदेश की प्रतीक्षा कर रही थी। यह निर्णय किया गया कि 8 गढ़वाल राइफ़ल्स तथा ए स्क्वॉड्रन बुटुर-डोगरांडी पर पुनः अधिकार कर लें। रात्रि तक कैप्टेन गुरदियाल सिंह का विजय-संदेश आ गया कि वे बुटुर-डोगरांडी को जीतने में सफल हुए।

दस दिन तक आर्देशिर जैसे एक अंतःप्रेरणा से प्रेरित होकर सिंह की तरह लड़े। जिस मोरचे पर आवश्यकता होती थी वे वहीं पहुँच जाते थे। ऐसी इतनी घटनाएँ हैं जिनसे प्रतीत होता था मानों वे हरएक स्थान पर थे।

## आर्देशिर का पूर्वाभास सत्य सिद्ध हुआ : आत्मबलिदान

कमांडेंट आर्देशिर का उत्साह और हौसला आसमान छू रहा था। उन्होंने अपनी प्यारी रेजीमेंट को पहली के बाद दूसरी, और दूसरी के बाद तीसरी विजय पाते हुए देखा था। बुटुर-डोगरांडी पर उनके आक्रमण की प्रगति हो रही थी तथा मोरचे से उत्साहवर्धक खबरें आ रही थीं। उत्कर्ष और संकट के ऐसे ही क्षणों के लिये एक सैनिक जीता और मरता है। विजय की उस घड़ी में कमांडेंट आर्देशिर स्वच्छ हवा में साँस लेने के लिये तथा चाय पीने के लिये अपने टैंक से बाहर आये। जब सबको चाय दी जा रही थी दुश्मन का एक गोला टैंक के पास गिर कर फटा और आर्देशिर की तत्काल मृत्यु हो गयी।

## दाह-संस्कार

आर्देशिर की मृत्यु का समाचार सुन कर कहीं सैनिकों का मनोबल न टूट जाये, इस संभावना के कारण इस समाचार को गुप्त रखा गया। उनकी पवित्र देह को जसोरन में रखा गया। उनकी अन्तिम इच्छा थी कि उनका दाह-संस्कार किया जाये। किन्तु 16 सितम्बर को उनका दाह-संस्कार नहीं किया जा सका क्योंकि

निरन्तर भीषण गोलाबारी हो रही थी। 17 सितम्बर को 9 बजे बी स्क्वॉड्रन के रिसालदार प्यारेलाल जब यह देख रहे थे कि दाह-संस्कार के लिये पर्याप्त लकड़ी है या नहीं, एक गोला दाह स्थल के समीप गिरा और प्यारेलाल सांघातिक रूप से घायल हो गये। प्रतीत होता था कि प्यारेलाल अपने प्रिय कमांडेंट के साथ ही स्वर्ग जाना चाहते थे। 9.30 पर जसोरन में परम वीर आर्देशिर का दाह संस्कार कर दिया गया। बाद में उनकी अस्थियाँ पूना ले जायी गई और 29 नवम्बर को उन्हें प्रयाग के संगम में प्रवाहित किया गया। रिसालदार प्यारेलाल की मृत्यु 19 सितम्बर को हुई। युद्ध के बाद जब प्यारेलाल का भाई कमांडेंट आर्देशिर की पत्नी श्रीमती पेरिन से मिलने आया तब उसने कहा, "मेरा भाई अपने अफ़सर की सेवा करने उनके साथ ही स्वर्ग चला गया।"

कमांडेंट लेफ़्टिनेंट कर्नल आर्देशिर तारापोर ने फिलौरा के युद्ध में भीषणतम लड़ाई में अपनी रेजीमेंट का सामने रह कर नेतृत्व किया। शत्रु के पास कहीं अधिक पैदल सेना और टैंक होते हुए भी उन्होंने अपनी रेजीमेंट के साथ शत्रु के सुरक्षा घेरे को तोड़ डाला। जब वे घायल हो गये, उन्होंने एक गलपट्टी में अपनी बाँह लटकाये हुए घमासान युद्ध में अपनी सेना का नेतृत्व किया। इसी प्रकार 1947 में प्रथम परम वीर चक्र विजेता सोमनाथ ने बाँह प्लास्टर में होने पर भी युद्ध किया था।

लेफ़्टिनेंट जनरल हनूत सिंह ने उनके विषय में लिखा, "चाविंडा की लड़ाई में वे अपनी रेजीमेंट को शत्रु के द्वारा बनाये गये मौत के मैदान के मध्य में ले गये। उन्होंने शत्रु के चाविंडा को बाजू से घेरने के खूनी इरादे को विफल कर दिया। उनके उत्साहवर्धक नेतृत्व, वीरत्व और दृढ़ निश्चय के लिये, उन्हें मरणोपरान्त

शौर्य के लिये दिया जाने वाला देश का सर्वोच्च सम्मान परम वीर चक्र प्रदान किया गया। (*फ़ख्रे हिंद, द स्टोरी ऑफ़ पूना हॉर्स,* लेखक : लेफ़्टिनेंट जनरल हनूत सिंह, पी वी एस एम, एम वी सी, पृष्ठ 215)

पूना हॉर्स की अद्वितीय वीरता तथा दृढ़ता ने पाकिस्तानियों की हिम्मत तोड़ दी। उन्होंने पूना हॉर्स को *फ़ख्रे हिंद* का ख़िताब दिया। पूना हॉर्स के अफ़सरों और उनमें भी सबसे अनुपम वीर लेफ़्टिनेंट कर्नल आर्देशिर तारापोर की वीरता ने दुश्मन को भी उनकी सराहना करने को बाध्य कर दिया।

1965 का युद्ध हमारी बख्तरबंद सेनाओं के गौरवपूर्ण कार्यों के कारण अविस्मरणीय हो गया, जिन्होंने कहीं अधिक टैंकों तथा शस्त्रों से लैस पाकिस्तानियों को हराया। अंकों में पाकिस्तान की शक्ति और हमारी शक्ति में पाकिस्तान के पक्ष में 9/5 का अनुपात था। लिबी, फ़िलौरा, वज़ीरवाली, जसोरन और बुटुर-डोगरांडी में पूना हॉर्स तथा भारतीय सेना की अन्य टुकड़ियों ने एक बहुचर्चित सफलता प्राप्त की। युद्धक्षेत्र पाकिस्तानी पैटन टैंकों के कब्रिस्तान बन गये। लगभग 100 पाकिस्तानी टैंक या तो नष्ट कर दिये गये या हमारे हाथ में आ गये। पाकिस्तान के *सूचना एवं प्रसारण विभाग* के सचिव अल्ताफ़ गौहर ने एयर मार्शल एम. असगर खान की पुस्तक *प्रथम दौर* की भूमिका में लिखा, "...सेना को छोड़ कर बहुत कम लोग यह जानते हैं कि 1965 में पाकिस्तान विनाश के कितने समीप आ गया था...।" (वही, पृष्ठ 217)

मेजर जनरल इयान कार्डोजो ने 1965 के युद्ध में दो परम वीर चक्र विजेताओं लेफ़्टिनेंट कर्नल आर्देशिर बुर्ज़ोरजी तारापोर और कंपनी क्वार्टर मास्टर अब्दुल हमीद के विषय में लिखा है, "ऐसे ही लोगों के नेतृत्व और साहस कभी-कभी इतिहास की धारा और राष्ट्रों की नियति बदल देते हैं।" (*परम वीर—आवर हीरोज़ इन बैटल,* मेजर जनरल इयान कार्डोज़ो, पृष्ठ 108)

## प्रशस्ति-पत्र
## लेफ़्टिनेंट कर्नल ए.बी. तारापोर
## पूना हॉर्स (17 हॉर्स) आई सी—5565

11 सितम्बर 1965 को लेफ़्टिनेंट कर्नल आर्देशिर बुर्ज़ोरजी तारापोर के नेतृत्व में पूना हॉर्स रेजीमेंट को पाकिस्तान के सियालकोट क्षेत्र में फ़िलौरा पर कब्ज़ा करने के लिए बख्तरबंद दबाव डालने का आदेश मिला। इसकी तैयारी के लिए रेजीमेंट ने पीछे से फ़िलौरा और चाविंडा पर अचानक हमला किया, पर दुश्मन ने जवाब में वजीराली में

बख्तरबंद भारी गाड़ियों से हमला कर दिया। उस समय लेफ़्टिनेंट कर्नल तारापोर रेजीमेंट के प्रमुख थे। उन्होंने दुश्मन को चुनौती दी तथा अपनी जगह की रक्षा करते हुए अपने एक स्क्वॉड्रन तथा एक इन्फ़ैंट्री बटालियन के साथ मिल कर हमला किया। दुश्मन के टैंकों तथा तोपों के लगातार प्रहार के बावजूद लेफ़्टिनेंट कर्नल तारापोर अविचलित रहे और घायल होने के बावजूद पूरी कार्रवाई में पीछे नहीं हटे।

14 सितंबर 1965 को घायल होने के बावजूद उन्होंने वजीराली पर कब्ज़ा करने के लिये अपनी रेजीमेंट का नेतृत्व किया। अपनी दृढ़ इच्छा-शक्ति के कारण अपने घावों की परवाह न करते हुए उन्होंने अपनी रेजीमेंट का नेतृत्व कुशलता से करते हुए जसोरन तथा बुटुर-डोगरांडी पर 16 सितंबर को कब्ज़ा कर लिया। उनके टैंक पर कई बार गोले लगे, पर उन्होंने दोनों जगहों पर नियंत्रण बनाये रखा तथा साथ में चल रही इन्फ़ैंट्री को चाविंडा पर पीछे से हमला करने के लिए निर्देशित किया।

उनके असाधारण नेतृत्व से प्रेरित होकर रेजीमेंट ने दुश्मन के बख्तरबंद दस्तों पर ज़ोरदार आक्रमण किया और साठ टैंक नष्ट कर डाले। भारत के सिर्फ़ नौ टैंक नष्ट हो पाए। लेफ़्टिनेंट कर्नल ए.बी. तारापोर मरणासन्न स्थिति में थे, पर रेजीमेंट फिर भी लड़ रही थी।

छह दिनों तक चली इस लड़ाई में लेफ़्टिनेंट कर्नल ए.बी. तारापोर ने भारतीय सेना की शौर्य परंपरा का निर्वाह किया।

भारत सरकार की गजट अधिसूचना<br>संख्या 112–प्रेस/65

## युद्ध-विराम

20 सितम्बर को हमारी सेना ने यह अफ़वाह सुनी कि संयुक्त राष्ट्र संघ युद्ध-विराम का प्रयत्न कर रहा है। 20/21 की रात को उन्हें युद्ध मोर्चों पर सतर्कता से तैनात रहने का आदेश मिला। 21 सितंबर को पूना हॉर्स को विश्राम करने और पुनः साजो सामान से लैस होने के लिये इंगन भेजा गया। 22 सितम्बर को समाचार आया कि 23 सितम्बर 1965 को 3.30 से युद्ध-विराम लागू होगा। उस रात पाकिस्तान ने अपना खोया हुआ गौरव पाने के लिये तथा अपनी खोयी हुई भूमि पर कब्ज़ा करने के लिये हर संभव प्रयत्न किया। उनकी गोलाबारी ने भयंकर रूप धारण कर लिया। किंतु हमारे 2 लांसर्स, 4 हॉर्स, 16 कैवेलरी और 62 कैवेलरी ने पाकिस्तानियों को पीछे ढकेल दिया, और उनके अनेक सैनिकों का सफ़ाया कर दिया। अंतिम गोला 3.32 पर फटा और उसके बाद नीरवता छा गयी।

# हीरो और उसकी रेजीमेंट–*फ़ख्रे हिंद,*–पूना हॉर्स

इस महान् रेजीमेंट पूना हॉर्स के विषय में लेफ्टिनेंट जनरल के.के. सिंह एम वी सी ने लिखा है, "मुझे दो बार पूना हॉर्स के साथ युद्ध करने का सौभाग्य मिला; एक सैनिक के रूप में मैं इससे अधिक वीर दल का साथ नहीं पा सकता था, एक कमांडर के रूप में, मैं अपनी यूनिट से, शत्रु की जितनी अधिक शक्ति थी, उसे देखते हुए इससे अधिक की आशा नहीं कर सकता था।" (*फ़ख्रे हिंद, द स्टोरी ऑफ़ पूना हॉर्स,* लेखक : लेफ्टिनेंट जनरल हनूत सिंह, पी.वी.एस.एम., एम.वी.सी., पृष्ठ 189) अपनी रेजीमेंट की उसके ही एक अफ़सर द्वारा की गई प्रशंसा को हम एकतरफ़ा तथा पक्षपात पूर्ण मान सकते हैं, किन्तु पूना हॉर्स एक ऐसी रेजीमेंट है जिसकी हमारे दुश्मन ने भी सराहना की और उसे *फ़ख्रे हिंद,* अर्थात्, 'भारत के गौरव' की उपाधि दी।

# लेफ्टिनेंट कर्नल तारापोर की
# पुत्री श्रीमती ज़रीन बॉयस की कुछ स्मृतियाँ

21-22 फरवरी 2009 को झाँसी निवासी मेरे देशभक्त मित्र श्री सी.बी. सिंह ने झाँसी में देश के कुछ जीवित परम वीर चक्र विजेताओं तथा कुछ परम वीर चक्र विजेताओं के परिवारों को, जिन्हें मरणोपरान्त परम वीर चक्र प्रदान किया गया था, सम्मानित करने के लिये *महायोद्धाओं का महाकुम्भ* नामक एक अविस्मरणीय कार्यक्रम आयोजित किया। इस अवसर पर परम वीर चक्र विजेता लेफ्टिनेंट कर्नल आर्देशिर तारापोर को भी सम्मानित किया गया। उनकी पुत्री सुश्री ज़रीन बॉयस उस समय जोर्डन में पर्यटन कर रही थीं। सी.बी. सिंह द्वारा यह सूचना पाते ही उन्होंने अपना पर्यटन-कार्यक्रम स्थगित कर दिया और तुरंत इस समारोह में भाग लेने झाँसी पधारीं।

अपने हृदय की व्यथा प्रकट करते हुए श्रीमती ज़रीन ने कहा, "जब मेरे पिता ने आत्म-बलिदान किया तब मैं केवल 14 वर्ष की थी। अगर मेरे नाना इतने धनी न होते और मेरी माँ उनकी एकमात्र पुत्री न होती तब हमारी दुर्दशा हो जाती। बहुत बार मुझे खेद होता था कि देश में किसी ने उनके बलिदान को नहीं सराहा। क्या ऐसे देश के लिये मरने का कोई औचित्य है जो अपने शहीदों का सम्मान करना तो दूर, उनको याद भी नहीं करता? 44 साल में पहली बार यहाँ झाँसी में जनता ने उन्हें सम्मानित किया है और उन्हें श्रद्धांजलि दी है। आज मुझे

प्रतीत हो रहा है कि मेरे पिता का बलिदान सार्थक हुआ क्योंकि देश ने कृतज्ञता सहित उनका स्मरण किया।"

जब परम वीरों के आदमकद चित्रों से सुशोभित झाँसी की यह शोभायात्रा एक स्थान पर माल्यार्पण के लिये रुकी, तब एक सरल व्यक्ति ने पास आकर ज़रीन से पूछा, "मैडम, परम वीर क्या होता है?" ज़रीन ने उसे शहीद परम वीरों के विषय में बताया तो उसने श्रद्धा भाव से झुक कर उनके पिता के चित्र को नमस्कार किया। शोभायात्रा के समय भावोद्वेग के कारण ज़रीन के नयनों से निरन्तर आँसू बह रहे थे।

सुश्री ज़रीन ने बताया कि उनके पिता कहा करते थे, "सवेरे जागने पर अगर तुम शीशे में अपने चेहरे को बेहिचक देख सकते हो, तब समझ लो कि जीवन ठीक रास्ते पर है। किन्तु अगर तुम अपना चेहरा नहीं देख सकते तब समझ लो कि कहीं पर कुछ गलत है।" वे यह भी कहा करते थे, "दूसरे लोग क्या कहते हैं इसकी चिन्ता मत करो, अपने जज अपने आप बनो।" उन्होंने बताया, "मेरे पिता जाति-पाँति में विश्वास नहीं करते थे। वे कहा करते थे, 'हर एक आदमी में कुछ भलाई है। हममें से जो सर्वश्रेष्ठ हैं, उनके अन्दर भी बहुत कुछ खराब है, और जो सबसे निकृष्ट हैं, उनमें भी बहुत सी भलाइयाँ हैं, अतः हमारे लिये यह उचित नहीं कि हममें से कोई किसी दूसरे की निन्दा करे।' एक बार कोई व्यक्ति आया और किसी की निन्दा करने लगा। मेरे पिता ने कहा, 'तुम्हें क्या मालूम कि उसने ऐसा किन परिस्थितियों में किया? वह एक बहुत अच्छा इंसान है। अगर तुम दूसरों के साथ अच्छा व्यवहार करोगे, दूसरे भी तुम्हारे साथ अच्छा व्यवहार करेंगे।' वे सबके प्रति इतने सहृदय थे कि आज भी उनकी रेजीमेंट उनका सम्मान करती है।

"मेरे पिता बहुत धार्मिक व्यक्ति थे और वे नियमित रूप से प्रार्थना करते थे। अगर उन्हें रात में किसी से मिलने के लिये जगाया जाता, तब वे सोने से पहले पुनः स्नान और प्रार्थना करते थे। वे युद्ध में जाने से पहले सदैव प्रार्थना करते थे। वे युद्धक्षेत्र में भी स्नान करने का प्रयत्न करते थे, और अगर यह संभव न हो तो वे, प्रार्थना करने से पहले, गीले तौलिये से शरीर स्वच्छ करते थे।

"हर परिस्थिति में, हर काम में, वे अपने सैनिकों का साथ देते थे। एक बार घर में कोई उत्सव था। जब वे घर लौटे तब कीचड़ से लथपथ थे। रास्ते में उनकी जीप कीचड़ में फँस गयी थी। वे जीप को निकालने के लिये अपने आदमियों की सहायता करने कीचड़ में उतर पड़े।

"उनका एक ही आदर्श मंत्र था, **'देश सदैव सबसे पहले आता है।'** "

## श्रद्धांजलि
## हे आर्देशिर, यदि स्वयं तुम आते

कितना हर्ष होता है परम वीर,
हे आर्देशिर, यदि स्वयं तुम आते,
विजयी तिरंगे को तब लहराते
परम वीर चक्र गौरव से पाते!

पेरिन, आरती तुम्हारी करतीं,
ज़ैरेक्सेज़, ज़रीन गर्व से मुस्काते,
परिजनों के नयनों में आनन्द के
आँसू निरन्तर भर-भर कर आते।

पूना हॉर्स पुलकती, हुलसाती,
स्वागत पर्व दीपावली मनाती,
साथी फूल बिछाते, गले लगाते,
उमंग भरे कंधों पर बिठलाते।

हे विजयी वीर, यदि तुम घर आते,
'जय-जय', के नारे गगन गुँजाते,
कितना हर्ष होता है परम वीर,
हे आर्देशिर, यदि स्वयं तुम आते,

किन्तु जीत माँगती है कुरबानी,
वीरों को वरती मृत्यु की रानी।
बलिदान हुए तुम भारतमाता पर,
प्राण वार दिये भारतमाता पर।

सौ जान कुरबान ऐसी मौत पर,
हिन्द को गर्व तुम्हारी मौत पर,
सिर नवाते सब तुम्हारी मौत पर,
फ़ख़्र को फ़ख़्र है तुम्हारी मौत पर।

पूना हॉर्स के महा अभिमानी,
शौर्य की ध्वजा, आत्म-बलिदानी,
रह गयी शेष वह अनुपम कहानी,
गूँजती हवा में वह वीर-वाणी,—

"मरना है अगर, साथ ही मरेंगे,
साथी, दुश्मन को कस कर दलेंगे,
भारत की ज़मीं पर जो चढ़ आया,
पाये न दुश्मन एक बूँद पानी।"

बालकों को सुना कर यह कहानी,
शूरवीर बनायेंगे हम उनको,
तुम्हारे जैसा बनायेंगे उनको,
भुलायेगा भारत न कभी तुमको।

## वीरों का मरण

उठता है रह-रह कर मन में यही एक प्रश्न,
"क्यों आते हैं वीर यूँ तिरंगे में लिपट कर!
मिलते हैं क्यों मौत के बाद उनको ये पदक!
मनाते हैं क्यों हम उनकी मौत का ही जश्न,
दान देते हैं देवता क्यों वीरों को मरण?"

"इस कठिन सवाल को पूछने वालो तुम सुनो,
वीरों के लिये रंज करने वालो तुम सुनो,
शूरों का मरना है जीने से कहीं बढ़ कर,
अमर हो जाते हैं शहीद प्राण कुरबान कर।
देश के लिये जान देने की जिनको जल्दी पड़ी,
गोलियाँ झेलने को वे छाती करते कड़ी,
सौ ज़िन्दगियों से बढ़ कर वह मरने की घड़ी,
देश पर संकट आ पड़े तब लड़ने की घड़ी,
मौत को गले लगा कर स्वर्ग जाने की घड़ी,
खून के लाल मोतियों से गूँथ करके लड़ी,
भारत माँ के गले में पहनाने की वह घड़ी,
देश पर निसार हो जाने की सुनहरी घड़ी,
सोने के अक्षरों में लिखी जाती वह घड़ी,
प्रेरणा देती है यह रक्तिम कहानी बड़ी।"

"हरगिज़ भी न रोना साथियों तुम उनके लिये,
देश को नाज़ है जिन पर उन वीरों के लिये,
मर कर भी जो अमर हैं साथियों उनके लिये,
मरना व जीना एक खेल है उनके लिये।
युद्ध में वीरता दिखाना भी एक खेल है,
फ़र्ज़ निभाते हुए मर जाना एक खेल है,
जान पर खेल जाना तो खेलों का खेल है!
वीरों की मौत ज़िन्दगी का ही तो रूप है,
आर्देशिर की मौत पर देश को गरूर है।"

# परम वीर चक्र विजेता : लांस नायक अल्बर्ट एक्का

## जन्म एवं बाल्यकाल

झारखंड के गुमला जिले में एक अनजाना आदिवासी गाँव है 'जारी'। पहले यह क्षेत्र बिहार का एक भाग था। जारी राँची से लगभग 180 कि.मी. दूर स्थित है। इसी गाँव की पुण्यभूमि पर 27 दिसम्बर 1942 को जूलियस एवं मरियम एक्का के घर में एक पुत्र ने जन्म लिया। उन्होंने बालक का नाम अल्बर्ट रखा। किसी को यह आभास नहीं था कि उस दिन एक असाधारण वीर योद्धा ने जन्म लिया था जो एक दिन न केवल अपने परिवार और ग्राम का नाम रोशन करेगा वरन् अपने देश भारत को एक युद्ध में विजय दिलाने में एक महत्त्वपूर्ण भूमिका निभाएगा।

अल्बर्ट एक्का के माता-पिता निष्ठावान ईसाई थे। वे अपने पैतृक घर में रहते थे। उस घर को देख कर लगता है जैसे समय ठहर गया है और हम 19वीं सदी के किसी घर को देख रहे हैं। घर की दीवारों पर प्लास्टर नहीं है। छत की कड़ियों पर देसी खपरैल लगी हुई हैं। आधुनिकता का एकमात्र चिह्न बाहर के आँगन की दीवार में लटका हुआ पानी का नल और प्लास्टिक की कुछ कुर्सियाँ हैं। उसी घर में अल्बर्ट एक्का का परिवार अपनी कुछ भेड़ों और तोतों के साथ आज

भी उसी प्रकार रहता है जिस प्रकार उनके पूर्वज रहते थे।

जारी ग्राम के चारों ओर वन-जंगल और छोटी नदियाँ और नाले हैं। वृक्षों में चिड़ियाँ चहचहाती रहती हैं और खरगोश आदि नन्हें पशु वृक्षों के नीचे घास में छिपे रहते हैं। इन नदी-नालों के स्वच्छ जल में मछलियों का प्राचुर्य है। वन्य क्षेत्र में रहने के कारण आदिवासी बालकों को बचपन से ही चिड़ियों का शिकार करने तथा मछलियाँ पकड़ने का अवसर मिलता है। ये आदिवासी बालक प्रकृति के बहुत निकट होते हैं। वे हवा की गति से दौड़ते हैं तथा उन नदियों के चमकते हुए पारदर्शी जल में तीव्र गति से तैरते हैं। वे छोटी आयु से ही घर की बनी गुलेलों से चिड़ियों का शिकार करने लगते हैं और घर के बने बाँस के काँटों को डोरियों में बांधकर और उनमें चारा लगा कर मछलियाँ पकड़ते हैं। वे जान जाते हैं कि नदी के किन गड्ढों में मछलियाँ रहती हैं। कभी-कभी वे इन गड्ढों में से अपने हाथों से ही छोटी-छोटी मछलियाँ पकड़ लेते हैं। इन चिड़ियों एवं मछलियों के कारण उनके घरों में बना सीधा-सादा भोजन स्वादिष्ट हो जाता है।

## प्राथमिक शिक्षा

जब अल्बर्ट 5 साल का हुआ, उसके पिता जूलियस ने उसका दाखिला *शिशि पट्राटोली प्राइमरी स्कूल* में करा दिया जो जारी से 6 कि.मी. दूर था। इस प्रकार 5 वर्षीय अल्बर्ट को स्कूल आने-जाने के लिए रोज़ 12 कि.मी. पैदल चलना पड़ता था। उसे इससे कोई कठिनाई नहीं होती थी, वरन् यह एक दैनिक खेल-अभियान था। अल्बर्ट और उसके मित्र उड़ती हुई चिड़ियों, टर्र-टर्र करते मेढकों और फूलों से लदे वृक्षों और लताओं को देखते थे। वे कभी जंगली फल तोड़ते, तो कभी जंगली मधुमक्खियों के छत्तों के टुकड़े तोड़ लाते। चिड़ियों के शिकार में खोये बच्चों को जब अचानक याद आता कि स्कूल को देर हो रही है, तब वे पूरी शक्ति लगा कर स्कूल की ओर दौड़ पड़ते। इस प्रकार अल्बर्ट एवं उनके साथी दौड़ने में दक्ष हो गये और उनके शरीर बहुत परिपुष्ट हो गए।

## माध्यमिक शिक्षा

प्राथमिक शिक्षा समाप्त होने पर जूलियस ने अल्बर्ट का दाखिला भीखमपुर के *नामपुर माध्यमिक स्कूल* में करा दिया। यह स्कूल जारी से 8 कि.मी. दूर था और अब अल्बर्ट को स्कूल आने-जाने के लिए प्रति दिन 16 कि.मी. चलना पड़ता था, किन्तु अल्बर्ट ने सहज भाव से इसे स्वीकार कर लिया।

## हॉकी कप्तान–अल्बर्ट एक्का

अल्बर्ट एक सीधा-सादा लड़का था। वह पढ़ने-लिखने में सामान्य था, किन्तु उसे खेलों में बहुत रुचि थी। वह हॉकी का बहुत अच्छा खिलाड़ी था और उसने अपने गाँव में हॉकी के दल का गठन किया। ये आदिवासी लड़के बाँस के पेड़ों की जड़ें खोद कर उनसे हॉकी-स्टिक और गेंद बनाते थे। अल्बर्ट इस दल का कप्तान था। आज 70 साल बाद भी उसके बचपन के साथी बताते हैं कि अल्बर्ट के कारण उनके ग्राम की हॉकी की टीम बहुत मज़बूत हो गयी थी।

अल्बर्ट ने केवल आठवीं कक्षा तक पढ़ाई की।

## जन्म दिन का उपहार : सेना में भरती

चीन के साथ 1962 के युद्ध के पश्चात् भारतीय सेना ने बड़े पैमाने पर सेना में भरती आरंभ की। जूलियस एक्का के छोटे भाई भारतीय सेना में सैनिक रह चुके थे। जूलियस की इच्छा थी कि अल्बर्ट भी सेना में भरती हों। भीखमपुर में एक 'सेना भरती शिविर' लगा और उसमें 27 दिसम्बर 1962 को अल्बर्ट को उनके शुभ जन्मदिन पर सेना में भरती कर लिया गया। उस दिन वे 20 वर्ष के हुए थे। उन्हें आरंभिक प्रशिक्षण के लिए पटना के पास स्थित दानापुर छावनी में भेज दिया गया।

## 14 गार्ड्स बटालियन में शामिल

राजस्थान के कोटा जिले से 30 कि.मी. दूर भारतीय सेना के अबरारा नामक कैंप में 13 जनवरी 1968 को एक नयी बटालियन, '32 गार्ड्स बटालियन', बाद में जिसका नाम 14 गार्ड्स बटालियन हो गया था, का गठन हो रहा था। सेना की भिन्न-भिन्न टुकड़ियों से सैनिक इस बटालियन में भरती होने आ रहे थे। बटालियन की 'बी' कंपनी के लेफ्टिनेंट ओ.पी. कोहली नये सैनिकों की भरती कर रहे थे। उनके सामने एक साँवला और पतला युवक खड़ा था। बिहार की एक रेजिमेंट का यह युवक देखने में कुछ प्रभावशाली नहीं लग रहा था। ले. कोहली, जो बाद में कर्नल हो गये और जिन्हें सेना पदक मिला, ने कहा, " ...मैं उस सीधे-सादे और शांत युवक से विशेष प्रभावित नहीं हुआ किन्तु वह बेसिक शारीरिक परीक्षण में उत्तीर्ण हो गया था और एक आदिवासी था, अतः मैं जानता था कि वह शारीरिक रूप से क्षमतावान् होगा और उस समय हमें इसी की आवश्यकता थी। उसे देखकर कोई कल्पना भी नहीं कर सकता था कि एक दिन

अल्बर्ट हमारे लिये कितनी ख्याति लानेवाला था।" (द ब्रेव, रचना बिष्ट रावत, पृष्ठ 148-149 से उद्धृत) इस वीर की वीरता को पोषित करने का आंशिक श्रेय ले. कोहली को भी है।

ले. कोहली को याद है कि यह रंगरूट अल्बर्ट अपनी वेशभूषा पर बिलकुल ध्यान नहीं देता था। उसे किसी भी माप की वरदी मिल जाये वह बिना इस ओर ध्यान दिये कि वह उसके नाप की है या नहीं, उसी को पहन लेता था। वह पलटन के दरजी के पास उसे कटवा-छँटवा कर अपने नाप की बनवाने कभी नहीं जाता था। परिणामस्वरूप उसकी वरदी उसके पतले शरीर पर लटकी रहती थी। ले. कोहली, जो अपनी यूनिट को चुस्त-दुरुस्त देखना चाहते थे, इस रंगरूट को वरदी संबंधी उसकी लापरवाही के कारण प्रायः डाँटते थे। उन्होंने बताया, "मैं अक्सर उसकी पेटी खींचता था जो उसकी कमर पर लटकी रहती थी तथा उससे कुछ चुस्त बनने के लिये कहता था।" *(वही)*

अल्बर्ट को सेना का जीवन बहुत पसंद आया। जब भी वे छुट्टी पर घर आते थे तो जारी के बच्चों के लिये ड्रिल की कक्षाएँ लेते थे।

## विवाह और पुत्रजन्म

14 गार्ड्स में शामिल होने के कुछ ही समय बाद अल्बर्ट का विवाह एक आदिवासी लड़की बलमदीना से हुआ। विवाह संस्कार पहले आदिवासी प्रथा के अनुसार हुआ। आदिवासी विवाह संस्कार बहुत धूमधाम से होते हैं। सभी आदिवासी रंगीन पोशाकों में सामूहिक नृत्य-गान करते हैं। बाद में स्थानीय चर्च में उनका विवाह ईसाई प्रथा के अनुसार हुआ। कुछ समय बाद उनके एक पुत्र हुआ जिसका बपतिस्मा संस्कार गाँव के पादरी ने किया और उसका नाम विन्सेन्ट रखा।

जारी के ग्रामीण अल्बर्ट का बहुत सम्मान करते थे।

## मिज़ो पहाड़ियों में विद्रोह : अली उस्ताद

मई 1962 में 14 गार्ड्स बटालियन को मिज़ो पहाड़ियों में फैले हुए उग्र विद्रोह का दमन करने भेज दिया गया। अपने बचपन से ही अल्बर्ट अपने शिकार का निःशब्द रह कर पीछा करने तथा समीप पहुँच कर उस पर बिजली की तेजी से आक्रमण करने में प्रवीण हो गये थे। अल्बर्ट की, शिकार का निःशब्द पीछा करने और उस पर अचानक आक्रमण करने की, तरुणाई में अर्जित यह निपुणता, मिज़ो विद्रोह काल में उपयोगी सिद्ध हुई। कितनी ही बार अल्बर्ट शिकार करने जाते और उनके

शिकार किये हुए पशु के मांस से उनकी पलटन का भोजन स्वादिष्ट हो जाता था। जितनी कुशलता से वे शिकार का पीछा करते थे उतनी ही कुशलता से वे मिज़ो विद्रोहियों का पीछा करते थे।

अल्बर्ट के सराहनीय कार्य के कारण एक लांस नायक होते हुए भी उन्हें शाखा-नायक बना दिया गया। (सामान्यतः नायक ही शाखा नायक होता है।) लांस नायक अपनी वर्दी की बाँह पर अ के आकार की पट्टी पहनता है जिससे उसके पद का बोध होता है। भारतीय सेना में लांस नायक को उस्ताद कहते हैं। सेना में अल्बर्ट के साथियों ने उनके नाम को छोटा करके 'अली' बना दिया था। उनके अधीनस्थ सिपाही उन्हें "अली उस्ताद" कह कर पुकारते थे।

से.नि. कर्नल कोहली ने सुश्री रचना बिष्ट रावत को बताया, "मिज़ो विद्रोह के दौरान धीरे-धीरे अल्बर्ट एक कुशल योद्धा, एक सच्चे सैनिक के रूप में विकसित हुए। वे अपने अधीनस्थ कर्मचारियों और अधिकारियों से व्यवहार में विशेष कुशल थे, विशेषतया क्योंकि वे बहुत अल्पभाषी थे और दूसरों से अधिक मिलते-जुलते या बोलते नहीं थे। उनका चेहरा भावशून्य रहता था और वे जितनी आवश्यक हो उतनी ही बात करते थे। उनका चेहरा देखकर यह पता नहीं चलता था कि वे सुखी हैं या दुखी या वे क्या सोच रहे हैं।" *(वही)*

मिज़ो विद्रोह के दौरान अली उस्ताद ने अपनी दिलेरी का सबूत दिया। वहाँ उनके कार्य में उनकी भावी महानता की झलक मिलती थी। मिज़ो पहाड़ियों में 14 गार्ड्स बटालियन के कार्य से भारतीय सेना के उच्चाधिकारी प्रभावित हुए।

## युद्ध के बादल : 1971 के भारत-पाकिस्तान युद्ध की पृष्ठभूमि

जब 14 गार्ड्स बटालियन मिज़ो विद्रोहियों से जूझ रही थी, भारतीय सेना के लिये उससे भी कठिन एक कार्य प्रतीक्षा कर रहा था। आने वाले जिस युद्ध में वीर अल्बर्ट एक्का अपना आत्म बलिदान करने वाले थे, उसकी पृष्ठभूमि को समझना आवश्यक है।

पाकिस्तान के निर्माण के समय से ही पश्चिमी पाकिस्तान के निवासी पूर्वी पाकिस्तान के बंगाली नागरिकों को तुच्छ समझ कर उनकी उपेक्षा करते थे। वे पूर्वी पाकिस्तान की संपदा से पश्चिमी पाकिस्तान को समृद्ध करते रहे। यह शोषण 14 अगस्त 1947 से 1971 तक निरन्तर चलता रहा। पूर्वी पाकिस्तान के बंगाली नागरिकों को लगता था कि अंग्रेज़ी शासन के अत्याचार का स्थान उनके अपने देशवासी पश्चिमी पाकिस्तानियों के उससे भी भयानक अत्याचार ने ले लिया था।

इस अत्याचार के विरोध में पूर्वी पाकिस्तान में शेख मुजीबुर्रहमान के नेतृत्व में *अवामी लीग* नामक एक नवीन दल का गठन हुआ।

7 दिसम्बर 1970 को पाकिस्तान में चुनाव हुए। उस समय पाकिस्तान में सत्ता के लिये एक आंतरिक संघर्ष चल रहा था। 1969 में फ़ील्ड मार्शल अयूब के स्थान पर जनरल याह्या खान पाकिस्तान के राष्ट्रपति बने। पाकिस्तान की संसद के निचले सदन में 313 सदस्य होते थे। क्योंकि पूर्वी पाकिस्तान की जनसंख्या अधिक थी, *अवामी लीग* को चुनाव में अधिक स्थान मिले। दिसम्बर 1970 के चुनावों में पूर्वी पाकिस्तान की *अवामी लीग* को पूर्वी पाकिस्तान की 169 में से 167 सीटों पर विजय प्राप्त हुई।

जब शेख मुजीबुर्रहमान ने सरकार बनाने की माँग की तब पश्चिमी पाकिस्तान के नेताओं को भयंकर आघात पहुँचा। वे बंगालियों को कायर तथा अपने को वीर योद्धा मानते थे। तत्कालीन प्रधान मंत्री जुल्फ़िकार अली भुट्टो ने सत्ता की बागडोर मुजीबुर्रहमान को देने से इन्कार कर दिया। 21 फरवरी 1971 को राष्ट्रपति जनरल याह्या खान ने अपने मंत्रिमंडल को बर्खास्त कर दिया और नैशनल एसेंबली का अधिवेशन अनिश्चित काल के लिये स्थगित कर दिया।

पूर्वी बंगाल क्रोध से जलने लगा। पूर्वी पाकिस्तान के नागरिकों ने इस अन्याय के विरुद्ध विद्रोह कर दिया। सरकारी कर्मचारी अपना-अपना काम छोड़ कर कार्यालयों से बाहर निकल आये, विद्यार्थी स्कूल/कॉलेज छोड़ कर आंदोलनकर्ताओं से आ मिले। स्थिति बहुत बिगड़ गयी। 3 मार्च 1971 को पाकिस्तानी सरकार ने ढाका में कफ़र्यू लगा दिया। राष्ट्रपति जनरल याह्या खान ने लेफ़्टिनेंट जनरल टिक्का खान को पूर्वी बंगाल के लेफ़्टिनेंट गर्वनर के पद पर नियुक्त किया और उन्हें आदेश दिया, "30 लाख बंगालियों की हत्या कर दो और तब बाकी बंगाली हमारे हाथ चाटने लगेंगे।"

25 मार्च 1971 को शेख मुजीबुर्रहमान बंदी बना लिये गये। अपने राष्ट्रपति के आदेश का पालन करने के लिये पाकिस्तानी सेना ने उसी रात को 'ऑपरेशन ब्लिट्ज़' आरम्भ किया। सबसे पहले उन्होंने पाकिस्तानी सेना के सभी बंगाली अफ़सरों को हथियार डालने की आज्ञा दी और जब उन्होंने हथियार डाल दिये तब उनकी हत्या कर दी। उसी रात और आने वाले कुछ दिनों में पाकिस्तानी सेना ने अकल्पनीय क्रूरता से मशीनगनों, मॉर्टरों, रॉकेट प्रक्षेपकों, टैंकों और तोपों से पूर्वी पाकिस्तान के निरीह, निःशस्त्र नागरिकों की हत्या आरम्भ कर दी। उनके प्रमुख लक्ष्य थे हिन्दू, बंगाली बुद्धिवादी और *अवामी लीग* के सदस्य। ढाका में उन्होंने

एक ही रात में 7000 लोगों की हत्या कर दी। राबर्ट पेन ने अपनी पुस्तक *हत्याकांड* (मैसाकर) में लिखा है, "एक ही सप्ताह में ढाका की आधी जनता अपने घर छोड़ कर भाग खड़ी हुई।" एक तरह से यह हत्याकांड हिटलर द्वारा यहूदियों के हत्याकांड से भी अधिक क्रूर था।

अनुमान किया जाता है कि अप्रैल 1971 तक पूर्वी पाकिस्तान के 3 करोड़ नागरिक विस्थापित हो गये। वे नहीं जानते थे कि किस प्रकार अपनी जान बचायें। खून के प्यासे राष्ट्रपति याह्या खान के आदेश से पाकिस्तानी सेना ने अपने ही देश के लगभग 30 लाख बंगाली नागरिकों की निर्मम हत्या कर दी जिनमें लगभग 20 लाख हिन्दू और 10 लाख मुसलमान थे। अनेक स्त्रियों की अस्मत लूटी गयी। ढाका में तबाही मचा कर पाकिस्तानी सेना पूर्वी बंगाल के गाँवों में गयी और पूरे-पूरे गाँव जला कर, वहाँ की समस्त जनता का संहार कर दिया।

## पूर्वी बंगाल से लाखों शरणार्थियों का भारत-प्रवेश

पूर्वी बंगाल के लाखों नागरिकों ने प्राण रक्षा के लिए भारत में शरण ली। कुछ ही महीनों में उनकी संख्या एक करोड़ हो गयी। भारत इतने शरणार्थियों का भार कितने दिन उठा सकता था! साथ ही साथ इससे हमारे देश की सुरक्षा पर आँच आ सकती थी। हमारी प्रधान मंत्री इंदिरा गांधी ने अमरीकी राष्ट्रपति रिचर्ड निक्सन से अनुरोध किया कि वे पाकिस्तानी राष्ट्रपति याह्या खाँ को रोकें। किन्तु निक्सन मानों बहरे हो गये थे। उन्होंने याह्या खाँ के अत्याचारों को देखा-अनदेखा कर दिया। राक्षसी वृत्ति से प्रेरित निक्सन ने याह्या के हत्याकांड के विषय में केवल इतना कहा, "याह्या एक अच्छे मित्र हैं। उन्हें (दमन और हत्या के) ये निर्णय लेने में कितनी पीड़ा हो रही होगी यह मैं समझता हूँ।" अर्थात् निक्सन के पाषाण हृदय में उन 30 लाख निरपराधों के लिये, जिनकी हत्या हुई थी, सहानुभूति की एक बूंद भी नहीं थी, उन्हें केवल याह्या की भावनाओं की चिन्ता थी।

इतना नृशंस था यह हत्याकांड कि पूर्वी बंगाल में नियुक्त अमरीका के काउन्सल जनरल आर्चर ब्लड भी अपने देश की अनीति को न सह सके और उन्होंने "इन अत्याचारों की भर्त्सना न करने के लिये और पश्चिमी पाकिस्तान का राजनीतिक समर्थन करने के लिये" अपनी सरकार का विरोध किया। सत्य, न्याय और मानवता की इस पुकार के उत्तर में निक्सन ने कहा, "इस समय याह्या पर दबाव मत डालो।"

इंदिरा गांधी ने समझ लिया कि अमरीका भारत का विरोधी था तथा

किसिंजर की चीन की गुप्त यात्रा के बाद अमरीका एवं चीन के संबंधों में बहुत सुधार हुआ था। अतः चीन तथा अमरीका के मिल कर भारत के विरोध में खड़े होने की पूरी संभावना थी।

प्रधान मंत्री इंदिरा गांधी ने पूर्वी बंगाल के इस नरसंहार को रुकवाने के लिये अमरीका की ओर से निराश होकर, योरोप के कुछ देशों की यात्रा की। योरोप के प्रमुख देशों की सरकारों ने उन्हें सलाह दी कि यह नरसंहार पाकिस्तान की आंतरिक समस्या थी जिसमें हस्तक्षेप करने की कोई आवश्यकता नहीं थी तथा भारत एवं पाकिस्तान को पारस्परिक वार्ता द्वारा शरणार्थियों की समस्या को सुलझाना चाहिये।

भीषण संकट की उस घड़ी में भारत विश्व में अकेला पड़ गया था।

## सोवियत रूस के साथ मैत्री-संधि

सोवियत रूस के प्रधान मंत्री एलेक्ज़ी कोसीगिन ने इंदिरा गांधी को मॉस्को आने का निमंत्रण दिया था। पश्चिमी देशों की ओर से पूरी तरह निराश होकर इंदिरा गांधी ने इस निमंत्रण को स्वीकार कर लिया। मॉस्को में उनका भव्य स्वागत हुआ। अब भारत ने अपनी गुट-निरपेक्षता की नीति त्याग दी और सोवियत संघ के साथ "शांति, मित्रता और सहयोग" की संधि कर ली जिससे यदि अमरीका पाकिस्तान से होने वाले भावी युद्ध के समय हस्तक्षेप करे तो भारत को सोवियत संघ से सहायता मिल सके। 8 अगस्त 1971 को रूस के विदेशमंत्री ऑन्द्रेई गोम्यिको दिल्ली आये और 9 अगस्त को सरदार स्वर्ण सिंह और ऑन्द्रेई गोम्यिको ने एक "मैत्री-संधि" पर हस्ताक्षर किये। इस संधि की सबसे महत्त्वपूर्ण धारा थी कि यदि दोनों में से किसी भी देश पर आक्रमण होता है तो दूसरा देश उसकी सहायता करेगा। इस संधि से अमरीका, पाकिस्तान और चीन तिलमिला उठे।

अब भारत पूरी तरह मित्र-विहीन नहीं था। भारत और संसार में बहुत कम लोग जानते हैं कि सोवियत रूस ने बांगलादेश युद्ध में हमारी कितनी सहायता की।

## युद्ध के बादल गहराये

भारत सरकार का धैर्य समाप्त हो रहा था। भारत की जनता युद्ध की माँग कर रही थी। प्रधान मंत्री इंदिरा गांधी जानती थीं कि भारत अनिश्चित काल तक एक करोड़ शरणार्थियों का भार नहीं उठा सकता था। इन शरणार्थियों की दशा दयनीय थी। अब युद्ध निश्चित था। भारत को केवल यह निर्णय लेना था कि कब युद्ध आरम्भ करे। वर्षा काल में पूर्वी बंगाल की अनेक नदियों में भयंकर बाढ़ आ जाती

है। वहाँ की तीन मुख्य नदियों—पद्मा, यमुना और मेघना के पाट वर्षाकाल में कई किलोमीटर चौड़े हो जाते हैं, इतने चौड़े कि एक तट पर खड़ा व्यक्ति दूसरा तट नहीं देख पाता और उस समय उन्हें पार करना बहुत कठिन हो जाता है। स्पष्ट था कि वर्षाकाल में भारतीय सेना के लिये उन्हें पार करना सहज नहीं होगा।

हमारे सेनाध्यक्ष जनरल सैम मानेकशॉ ने प्रधान मंत्री इंदिरा गांधी को बताया कि वर्षा काल में हमारी सेना पूर्वी बंगाल की दलदली भूमि में फँस जायेगी। साथ ही ऐसे विशाल आक्रमण के लिये सेना एकत्रित करने में समय लगेगा अतः भारत तुरंत आक्रमण नहीं कर सकता। आक्रमण को देर से करने के पक्ष में एक कारण और भी था। गर्मियों के महीनों में हिमालय के वे दर्रे खुल जाते हैं जिनमें से चीन पाकिस्तान की सहायता के लिये अपनी सेनाएँ भेज सकता था। साथ ही भारतीय सेना को पूर्वी और पश्चिमी दोनों मोर्चों पर पाकिस्तान से युद्ध करने के लिये तथा यदि चीन हस्तक्षेप करे तो तीन-तीन मोर्चों पर एक साथ युद्ध करने के लिये तैयार होना था। उपलब्ध सैनिक एवं सैन्य-सामग्री पर्याप्त नहीं...।

स्थिति को हर दृष्टिकोण से जाँचने-परखने के पश्चात् जनरल सैम मानेकशॉ ने प्रधानमंत्री इंदिरा गांधी से कहा कि यद्यपि जनता चाहती है कि हम तुरन्त पाकिस्तान पर आक्रमण कर दें किन्तु हमें शीत ऋतु तक प्रतीक्षा करनी होगी और तब हम अवश्य ही विजयी होंगे।

# पूर्वी बंगाल में विद्रोह,
# मुक्ति बाहिनी के युवकों को सैन्य-प्रशिक्षण

1971 के ग्रीष्म काल में पूर्वी पाकिस्तान में विद्रोह बढ़ता ही गया। भारत में आने वाले शरणार्थियों में से हज़ारों बंगाली युवकों ने पाकिस्तानी सेना की इस क्रूरता से मुक्ति पाने के लिए 'मुक्ति बाहिनी' का गठन किया। नैशनल कैडेट कोर के सदस्य, पूर्वी पाकिस्तानी पुलिस के बंगाली सदस्य तथा अन्य अनेक बंगाली तरुण एवं युवा स्वयंसेवक इस मुक्ति बाहिनी के अंग थे। हमारी अपराजेय नेता इंदिरा गांधी ने भारतीय सेना को इन बांग्लादेशी विद्रोहियों को सैनिक-प्रशिक्षण एवं हथियार देने का आदेश दिया। इन योद्धाओं ने अपने सपनों के भावी देश का नाम बांग्लादेश रखा था।

मुक्ति बाहिनी के जो सदस्य सैन्य-प्रशिक्षण लेने के लिए भारत आए, उनमें से अधिकतर तो युवक थे किन्तु कुछ तो केवल दस वर्ष के बालक थे। वे अपने देश के लिए प्राण देने को तत्पर थे, किन्तु उन्हें हथियारों की तथा हथियारों को

चलाने के लिए सैन्य-प्रशिक्षण की आवश्यकता थी। वर्दियों और हथियारों की बात तो दूर, इनमें से कुछ के पास तो जूते भी नहीं थे।

भारतीय सेना के अधिकारियों ने इन रंगरूटों को कुछ ही सप्ताहों में सैन्य-प्रशिक्षण देकर पूर्वी बंगाल के मुक्ति संग्राम में भाग लेने के लिये तैयार करने का यह कठिन कार्य अत्यन्त कुशलता से किया। 5000 योद्धाओं को संचार साधनों को तोड़ने-फोड़ने, सैनिक ठिकानों तथा रेल की पटरियों का ध्वंस करने तथा शत्रु पर घात लगाकर आक्रमण करने का आरंभिक प्रशिक्षण दिया गया।

## पाकिस्तान ने आक्रमण कर दिया

3 दिसम्बर 1971 को पाकिस्तान ने उस युद्ध में पहला कदम उठाया जो उसके लिये बहुत महँगा सिद्ध होने वाला था। संध्या को 5.45 पर पाकिस्तानी वायु सेना ने भारतीय हवाई अड्डों पर आक्रमण कर दिया। बाद में पाकिस्तानी जहाज दूसरी बार आक्रमण करने आये। किन्तु पाकिस्तान के साथ 1965 के युद्ध में अपनी क्षति से भारत सचेत हो गया था। भारत ने इतनी सावधानी से अपने हवाई जहाजों को छिपा दिया था कि एक भी भारतीय वायुयान क्षतिग्रस्त नहीं हुआ। पाकिस्तानी हवाई हमला पूरी तरह असफल हुआ। जनरल डी.के. पालित ने लिखा, "बाद में उसी रात भारतीय वायुसेना ने आक्रमण प्रारंभ कर दिया और एक के बाद दूसरा आक्रमण किया, यहाँ तक कि एक दिन में 500 धावे किये—द्वितीय महायुद्ध के बाद यह दुनिया का सबसे बड़ा हवाई हमला था।" (*द लाइटनिंग कैंपेन*, पृष्ठ 78) अनुमान किया जाता है कि भारतीय वायुसेना के इन आक्रमणों में 25 पाकिस्तानी वायुयान नष्ट हो गये और उनकी हवाई पट्टियाँ तथा रडार इतने क्षतिग्रस्त हो गये कि अगले 13 दिन के युद्ध में पाकिस्तानी वायुसेना से भारतीय सेना को कोई खतरा नहीं रहा। पाकिस्तानी वायुसेना के आक्रमण के समय इंदिरा गांधी कलकत्ते में थीं। वे पाकिस्तानी वायुसेना से संभावित आक्रमण की परवाह न कर तुरंत हवाई जहाज द्वारा दिल्ली लौट आयीं।

इस प्रकार भारत युद्ध आरम्भ करने के आरोप से बच गया।

## बांग्लादेश के विमुक्ति-युद्ध का आरंभ
### 14 गार्ड्स को पूर्वी बंगाल में आक्रमण करने के लिये चुना गया

आइये अब हम पूर्वी बंगाल के उस युद्ध क्षेत्र की ओर चलें जहाँ हमारी इस कथा के नायक अल्बर्ट एक्का परम वीर चक्र जीतेंगे।

मिज़ो पहाड़ियों में अपने प्रशंसनीय कार्य के कारण 14 गार्ड्स को बांग्लादेश के स्वतंत्रता संग्राम में आक्रमण करने के लिये चुना गया। किसी नयी बटालियन के लिए इतना महत्त्वपूर्ण दायित्व दिया जाना बहुत सम्मान की बात थी। जब 3 दिसम्बर को पाकिस्तान ने भारत की पश्चिमी सीमा पर हमला किया, उस समय तक भारत पाकिस्तान को धूल चटाने के लिये तैयार हो गया था। इस युद्ध में भारतीय सेना, वीरता का एक यादगार इतिहास लिखने वाली थी, जिसके फलस्वरूप 94,000 पूर्णतया सशस्त्र पाकिस्तानी सैनिक भारतीय सेना के सामने आत्मसमर्पण करेंगे। पाकिस्तान खंडित हो जायेगा तथा एक नवीन राष्ट्र बांग्लादेश का जन्म होगा। और इस विजय में हमारे हीरो अल्बर्ट एक्का और उनकी बटालियन 14 गार्ड्स का महत्त्वपूर्ण योगदान होगा।

## अग्नि-पुत्र ले. कर्नल विजय नारायण चन्ना :
## 14 गार्ड्स के नये कमांडर

युद्ध के पूर्व ले. कर्नल विजय नारायण चन्ना वी.एस.एम. ने 14 गार्ड्स का नेतृत्व भार लिया। 14 गार्ड्स बटालियन अगरतला से लगभग 6 कि.मी. दूर डुकली नामक स्थान पर एकत्रित हुई। ले. कर्नल विजय नारायण चन्ना की कुशल रणनीति एवं असंभव को संभव करने वाले नेतृत्व के कारण 14 गार्ड्स ढलाई, गंगासागर, तुंगी तथा ढाका हवाई अड्डे के भावी युद्धों में विजयी हुई।

## युद्धपूर्व की लड़ाइयाँ : ढलाई चाय फ़ैक्ट्री पर आक्रमण

यद्यपि पाकिस्तान ने औपचारिक रूप से युद्ध की घोषणा 4 दिसम्बर को की थी, किन्तु उससे पहले ही दोनों पक्षों ने हमले और जवाबी हमले आरम्भ कर दिये थे।

अगरतला के उत्तरपूर्व में कमालपुर नाम का एक छोटा शहर है। कमालपुर से 3 कि.मी. दूर ढलाई चाय फ़ैक्ट्री है। ढलाई चाय फ़ैक्ट्री में नियुक्त 3 पाकिस्तानी कंपनियों के सैनिक प्रायः भारतीय सीमा में आकर लूटपाट करते थे। ब्रिगेड कमांडर ने एक बैठक की। उसमें ढलाई से पाकिस्तानियों का सफ़ाया करने का दायित्व 14 गार्ड्स को देने का निर्णय लिया गया।

हमारे सैनिक युद्ध के लिये तैयार हो रहे थे। ले. कर्नल विजय नारायण चन्ना के नेतृत्व में 14 गार्ड्स के सैनिकों ने अपूर्व वीरता दिखाकर ढलाई के युद्ध में विजय प्राप्त की। दुश्मन की गोलाबारी से अपनी रक्षा की चिन्ता किये बिना उन्होंने आगे बढ़ कर बहुत से पाकिस्तानियों को भून दिया। पाकिस्तानियों का

मनोबल टूट गया और वे मुड़ कर भागने लगे। हमारे सैनिकों ने उनमें से बहुतेरों को गोलियों और संगीनों से मार डाला।

उसी संध्या को ब्रिगेड कमांडर ने सैनिकों को संबोधित किया और ढलाई युद्ध में वीरता के लिये उनकी पीठ ठोकी। 2-3 दिन बाद अपना काम पूरा करके 14 गार्ड्स बटालियन कमालपुर लौट आयी।

## एक 'बड़ा खाना' और एक जोशीला भाषण

वह युद्ध समीप आ रहा था जिसमें इस कथा के नायक अल्बर्ट एक्का वीरता का सुनहरा इतिहास लिख कर भारतीय सेना द्वारा प्रदत्त वीरत्व का सर्वोच्च सम्मान परम वीर चक्र जीतने वाले थे।

अधिकारियों ने सैनिकों का मनोबल बढ़ाने के लिए अगरतला के समीप डुकली नामक स्थान पर, जहाँ 14 गार्ड्स ने पड़ाव डाला था, एक दावत का आयोजन किया जिसे सेना में 'बड़ा खाना' कहा जाता है। सैनिकों को खीर-पूरी और रायते के अतिरिक्त पीने के लिए 'रम' भी दी गयी। इस 'बड़े खाने' में वीर सेनानी ले. कर्नल चन्ना भी शामिल हुए और उन्होंने एक ऐसा अग्निल भाषण दिया जिसने उनके सैनिकों को मरने-मिटने के लिए तैयार कर दिया। वहाँ पर उपस्थित सैनिकों के हृदय-पटल पर उनके शब्द आज 49 वर्ष बाद भी अंकित हैं। ले. कर्नल चन्ना ने कहा :

"मेरे वीर जवानो, वह मौका आ गया है जब तुम देश के लिए बहादुरी का नया इतिहास लिखोगे। मैं तुम्हें विश्वास दिलाता हूँ कि तुम सबको जीवित वापस ले आऊँगा। किन्तु यदि हम किसी को खो भी देते हैं तब हमारे देश का इतिहास उसके बलिदान से, उसके लहू से लिखा जाएगा। मुझे तुम्हारे ऊपर गर्व है। मेरे पास 1000 शेर हैं। ..." उनके शब्दों ने उनके सैनिकों को प्राण बलिदान देकर भी विजयी होने के दृढ़ निश्चय से भर दिया।

## गंगा सागर का युद्ध और शानदार विजय

ढलाई की विजय के बाद 14 गार्ड्स बटालियन को गंगा सागर को जीतने का दायित्व सौंपा गया। गंगा सागर नामक यह शहर ब्राह्मणबरिया, भैरव बाज़ार, कमालपुर और मुख्य अखौरा रेल स्टेशन के बीच चौराहे पर स्थित था। स्पष्ट था कि इस शहर पर कब्ज़ा होने पर दुश्मन मोरचे पर लड़ रही अपनी सेना को अतिरिक्त सैनिक, रसद और गोला-बारूद नहीं पहुँचा सकेगा। 57 माउन्टेन

डिवीज़न के जनरल कमांडिंग अधिकारी मेजर जनरल बी.एफ़. गोनस्लाव ने योजना बनायी कि ब्रिगेडियर तुली की कमान में 73 माउन्टेन ब्रिगेड गंगा सागर पर कब्ज़ा करेगा।

पाकिस्तानी सेना का 27वाँ ब्रिगेड इस क्षेत्र की रक्षा कर रहा था। हमारी सेना के कमांडिंग अधिकारियों तथा कम्पनी कमांडरों ने कई बार हवाई-जहाजों द्वारा गंगा सागर क्षेत्र का निरीक्षण किया। पाकिस्तानी सेना की एक कम्पनी गंगा सागर रेलवे स्टेशन, सिगनल टावर और रेल की पटरी की सुरक्षा के लिए नियुक्त थी। उन्होंने रेल की पटरी के पास भूमि के नीचे जगह-जगह पर बंकर बनाए थे। पास में एक बड़ा तालाब था। तालाब के चारों ओर बहुत मजबूत और गोलासह (शेल-प्रूफ़) बंकर बने थे। गंगा सागर में इमारतों के बाहर रेत के बोरे लगाये गये थे। चारों ओर की दलदली भूमि, उस क्षेत्र के लिये एक प्राकृतिक सुरक्षा थी। कहीं-कहीं पर कुछ खाली स्थान थे किन्तु वहाँ पर भी पाकिस्तानियों ने बारूदी सुरंगें बिछायी थीं तथा बाँस की, भालों के समान पैनी, पंजियाँ लगायी थीं, जिन पर गिरने वाला उनसे भिद जाता था।

भारतीय सेना के उच्चाधिकारियों ने सामने से हमला करने की एक आरंभिक योजना को रद्द कर दिया क्योंकि सीधे-सीधे लड़ाई में अधिक योद्धाओं की मृत्यु होने की संभावना थी। तब एक गश्ती दल बनाया गया। इस दल का लक्ष्य था गंगा सागर के समीप, मनियाद नाम के एक वीरान गाँव से, शत्रु के सैनिक ठिकानों का निरीक्षण करके, शत्रु की सुरक्षा व्यवस्था में किसी छिद्र या दुर्बलता का पता लगाना। एक बार टोह (रेकि) के समय हमारे कमांडिंग अफ़सर ने देखा कि पाकिस्तानी सिपाही एक वैगन को रेल की पटरी पर ढकेल रहे थे। इससे उन्होंने यह निष्कर्ष निकाला कि रेल की पटरी के दोनों ओर बारूदी सुरंगें नहीं बिछायी गयी थीं।

कमांडिंग अधिकारी ने पाकिस्तानियों को चकित करने के लिए रेल की पटरी के दोनों ओर से सैनिकों को 1-1 की पंक्ति बनाकर आक्रमण के लिये भेजने का निश्चय किया। यद्यपि यह योजना सामान्य सैनिक योजनाओं से बहुत भिन्न तथा संकटों से भरी हुई थी किन्तु 14 गार्ड्स के जोशीले अफ़सरों के आत्मविश्वास से प्रभावित होकर उच्च अधिकारियों ने उनकी इस योजना को स्वीकार कर लिया। इस गुप्त योजना से अनजान पाकिस्तानी सेना यही समझ रही थी कि भारतीय सेना सामने से आक्रमण करेगी।

## युद्ध की तैयारी : आक्रमण का आरम्भ

बटालियन ने युद्धक्षेत्र के रेखाचित्र बनाये। कमांडिंग अफ़सर ने अधिकारियों तथा सिपाहियों को विस्तार से प्रत्येक ब्योरा समझाया तथा उनकी हर शंका का पूरा समाधान किया जिससे बटालियन का हर व्यक्ति अपना-अपना काम समझ गया।

यद्यपि युद्ध के आरंभ की औपचारिक तिथि 3 दिसम्बर 1971 को पाकिस्तान द्वारा भारत के हवाई अड्डों पर आक्रमण से मानी जाती है तदपि पूर्वी बंगाल सीमा पर, दोनों पक्षों द्वारा, इससे बहुत पहले आक्रमण तथा प्रत्याक्रमण होने लगे थे। 1 दिसम्बर 1971 की दोपहर को 4 बजे 14 गार्ड्स बटालियन अपने पड़ाव से युद्धक्षेत्र की ओर रवाना हो गयी। रात होते-होते वह मनियाद पहुँच गयी और रात्रि के 12 बजे अन्तर्राष्ट्रीय सीमा को पार कर लिया। जोंकों से भरी उस दलदली भूमि में से कूच की गति बहुत धीमी और थकाने वाली थी। एक स्थान पर हमारी सेना को 200 मीटर लंबे एक तालाब के एक मीटर गहरे पानी में से गुज़रना पड़ा। यहाँ टट्टुओं पर लदा हुआ सामान और तोपें उतार कर सैनिक अपने कंधों पर उठा कर ले गये। 106 मि.मी. की एक तोप के टुकड़े-टुकड़े करके, उसे ढोने के लिये परिवर्तित की गई दो बाइसिकलों पर ले जाया गया। 13 दिन के उस युद्ध में भारतीय सेना द्वारा परिवर्तन एवं नवीकरण करने का, यह कौशल बार-बार देखा गया।

शीघ्र ही 14 गार्ड्स बटालियन एक युद्ध सम्मान, एक परम वीर चक्र, एक वीर चक्र तथा अन्य कई सम्मान जीतने वाली थी। इस युद्ध में 14 गार्ड्स का हर सैनिक और अफ़सर मानों देवताओं के सेनापति कार्तिकेय के धनुष से छूटा हुआ एक वाण बन गया था।

हमारे सैनिक घोर अंधेरे में बिना आहट किये, पूरी खामोशी से आगे बढ़ रहे थे। उनका लक्ष्य दुश्मन पर अचानक आक्रमण करना था। घना कोहरा छाया था। 'ए' कंपनी का नेतृत्व मेजर तारा तथा सूबेदार होशियार सिंह कर रहे थे जबकि 'बी' कंपनी का नेतृत्व कर रहे थे मेजर ओ.पी. कोहली तथा लांस नायक अल्बर्ट एक्का। योजना के अनुसार 'ए' कंपनी रेलवे लाइन के दायीं ओर चल रही थी जबकि 'बी' कंपनी दूसरी ओर से दुश्मन की ओर बढ़ रही थी। यह रेल-लाइन 8-10 फुट ऊँचे तथा लगभग उतने ही चौड़े एक बाँध पर बिछाई गई थी।

हमारी सेना को चुपचाप आगे बढ़ कर, शत्रु को तैयार होने का अवसर दिये बिना, उस पर आक्रमण करना था। अंधेरे तथा धुंध के कारण 10 मीटर से अधिक

आगे कुछ दिखाई नहीं पड़ता था। अपनी बंदूकों में संगीनें लगाकर हमारे सैनिक एक पंक्ति में आगे बढ़े।

## परम वीर अल्बर्ट एक्का कूद पड़ा हल्की मशीनगन (एल.एम.जी.) बंकर में

जब 'बी' कंपनी शत्रु के पहले हल्के मशीनगन बंकर से लगभग 40 मीटर दूर थी, हमारे किसी सैनिक का पाँव किसी अग्नि भभूके (फ़्लेयर) से जुड़े तार पर पड़ गया। अग्नि भभूके के छुटने से चारों ओर उजाला हो गया।

बंकर के बाहर तैनात एक पाकिस्तानी सिपाही चिल्लाया, "कौन है वहाँ?" अल्बर्ट एक्का ने दहाड़ते हुए उत्तर दिया, "तेरा बाप"। अब पाकिस्तानी सावधान हो गये और हमारे सैनिकों पर निरंतर गोलियों की बौछार करने लगे। उनके द्वारा छोड़े गये अग्नि भभूकों से युद्धक्षेत्र में दिन के समान उजाला हो गया। पूरा क्षेत्र प्रकाश से भर गया। युद्ध की स्थिति भयंकर हो गयी। उस बंकर में तैनात पाकिस्तानी सैनिकों ने अपनी हल्की मशीनगन की नाल हमारे सैनिकों की ओर मोड़ दी। तोपों के फटते हुए गोलों के भीषण शोर से कान फटने लगे।

यह स्पष्ट था कि हमारी सेना को आगे बढ़ने में बाधक उस हल्की मशीनगन को ठंडा करना होगा। वीरवर अल्बर्ट एक्का ने उस हल्की मशीनगन के अड्डे में दो हथगोले फेंके और दुश्मन को संभलने का मौका दिये बिना अंदर घुस गये। इस समय हमारे हीरो अल्बर्ट के पेट में एक गोली लगी। अपने घाव की परवाह किये बिना उन्होंने हल्की मशीनगन चलाने वाले दो पाकिस्तानी सैनिकों को अपनी संगीन से घोंप-घोंप कर मार डाला और उस हल्की मशीनगन की जलते अंगारों सी दहकती नाल को पकड़ कर बाहर घसीट लाये।

## दुःसाहसी मेजर ए.के. तारा घसीट लाये एक मध्यम मशीनगन

दूसरी ओर एक बंकर में लगी एक मध्यम मशीनगन से दनादन गोलियाँ बरसने लगीं जिसके कारण हमारी बटालियन को रुकना पड़ा। उस समय स्थिति संकटपूर्ण थी। उस मध्यम मशीनगन बंकर को तुरंत ही बेअसर करना था वरना हमारे अनेक सैनिक मारे जाते। मेजर अशोक तारा ने पहले एक *मोलोटोव कॉकटेल* (पैट्रोल से भरा बोतल बम) उस बंकर में फेंका और उसके तुरंत बाद एक हथगोला फेंक दिया। इससे कुछ क्षण को बंकर के सैनिक अक्षम हो गये। इससे पहले कि शत्रु सैनिक संभल सकें मेजर तारा ने उस धधकती मध्यम मशीनगन को बाहर खींच

लिया। इससे दुश्मन के दो सिपाही, जो अभी भी बंकर में थे, हिम्मत हार बैठे। उन्होंने भागने की कोशिश की। मेजर तारा ने अपनी बंदूक से उन दोनों सैनिकों को ढेर कर दिया। अपने इस वीरत्व के लिये मेजर अशोक तारा को 'वीर चक्र' प्रदान किया गया।

## अल्बर्ट एक्का का महान् आत्मबलिदान

जिस स्थान पर अल्बर्ट एक्का ने पहली हल्की मशीनगन को नष्ट किया था, गंगा सागर रेलवे स्टेशन उस स्थान से लगभग एक किलोमीटर दूर था। वहाँ से थोड़ी-थोड़ी दूर पर पाकिस्तानी सेना ने बंकर बनाये हुए थे। इन बंकरों में तैनात पाकिस्तानी सिपाही हमारे आगे बढ़ते हुए सैनिकों पर गोलियों की बौछारें कर रहे थे। यह एक किलोमीटर की दूरी हमारे वीर सैनिकों के लिये मृत्यु या विजय का वरण करने की एक चुनौती थी। यद्यपि अल्बर्ट एक्का घायल हो चुके थे और उनके कपड़े रक्त से भीग रहे थे, वे अपनी चोट की परवाह किये बिना अपने साथियों के साथ एक मील तक, एक के बाद दूसरे पाकिस्तानी बंकरों का सफ़ाया करते हुए आगे बढ़ते गये। 'बी' कंपनी तालाब के पास दुश्मन के मोर्चे के समीप पहुँच गयी। दुश्मन इतना करीब था कि रेलवे स्टेशन पर विजय पाने के लिये होने वाले इस युद्ध में आमने-सामने की लड़ाई हो रही थी। दोनों पक्षों के सैनिक एक-दूसरे से जूझ रहे थे, गोलियाँ खा रहे थे, मार रहे थे और मर रहे थे।

कुछ समय के बाद 'बी' कंपनी रेलवे स्टेशन पर एक भवन की पहली मंजिल पर लगाई गई एक मध्यम मशीनगन के समीप पहुँची। इस मशीनगन की गोलियों से हमारे कुछ सैनिक शहीद हो गये। स्पष्ट था कि यदि इस मशीनगन को तुरंत नहीं रोका जाता तो हमारे अनेक सैनिकों की लाशें बिछ जातीं।

उस दिन अल्बर्ट एक्का एक अजेय शेर की तरह आगे बढ़ रहे थे। उन्होंने समझ लिया कि अगर गंगा सागर पर विजय पानी थी तो इस मध्यम मशीनगन की गोलियों की बौछारों को रोकना ही होगा। खड़े होकर आगे बढ़ने पर वे इस मृत्युदूत मध्यम मशीनगन की गोलियों का शिकार हो जाते। उन्होंने बुद्धिमता से काम लिया। वे शत्रु की भारी गोलाबारी के बीच में से पेट के बल रेंग कर आगे बढ़े। उन्हें ऐसा करने का कोई आदेश नहीं मिला था। वे अपनी अन्तःप्रेरणा से कार्य कर रहे थे। अब उनकी गरदन में एक और गोली लगी।

अपने घावों से होने वाली असहनीय पीड़ा तथा बहते हुए खून की परवाह किये बिना, वीरता के साक्षात् अवतार अल्बर्ट एक्का बंकर के नीचे पहुँच गये।

मानों वे मृत्यु को गले लगाने के लिये बेचैन थे। बगल की दीवार पर चढ़ कर वे उस बंकर के मुख के समीप पहुँच गये जहाँ से वह मध्यम मशीनगन मौत बरसा रही थी। उन्होंने अपनी पेटी में लटके एक हथगोले को हाथ में लेकर दाँतों से उसका पिन निकाल कर उसे एक छेद में से उस बंकर के अंदर फेंका, जिससे उस मध्यम मशीनगन का एक चालक ठंडा हो गया। किन्तु दूसरा सिपाही अब भी गोलियाँ बरसा रहा था। अल्बर्ट बंकर में कूद पड़े और तथा उस मशीनगन के चालक को अपनी संगीन से घोंप-घोंप कर मार डाला।

दुर्भाग्य से बंकर से बाहर निकलते समय वे दूसरे बंकरों से होने वाली गोलाबारी से गंभीर रूप से घायल हो गये। उनकी प्राथमिक चिकित्सा की गयी किन्तु कोई लाभ नहीं हुआ। उन्होंने युद्धक्षेत्र में, वीरवेश में, रक्तरंजित वरदी और बूट पहने हुए प्राण त्याग दिये। एक सैनिक के लिये इससे गौरवपूर्ण अन्य कोई मृत्यु हो ही नहीं सकती।

अल्बर्ट एक्का की असाधारण वीरता ने युद्ध की गति बदल दी। उस मध्यम मशीनगन की खूनी गोलियों से भयमुक्त होकर 14 गार्ड्स के हमारे सैनिकों ने आगे बढ़ कर गंगा सागर पर कब्ज़ा कर लिया। अपनी अन्तःप्रेरणा, साहस और आत्म बलिदान से, दुश्मन की गोलियाँ अपने सीने पर झेलने वाले वीर अल्बर्ट एक्का ने गंगा सागर के युद्ध में एक शानदार और महत्त्वपूर्ण भूमिका निभाई। देश के लिये अपने प्राणों का बलिदान करने वाले इस वीर को निश्चय ही देवदूत ससम्मान स्वर्ग ले गये होंगे।

अल्बर्ट एक्का को 1971 के युद्ध में पूर्वी मोरचे पर इस शौर्य-प्रदर्शन के लिये मरणोपरांत 'परम वीर चक्र' प्रदान किया गया।

## प्रशस्ति पत्र
### लांस नायक अल्बर्ट एक्का
### 14 गार्ड्स (संख्या-4239746)

पूर्वी क्षेत्र में हमले के दौरान गंगा सागर पर कब्जे के लिये भेजी गयी ब्रिगेड की एक बटालियन की एक कंपनी के अग्रिम दस्ते में लांस नायक अल्बर्ट एक्का तैनात था। दुश्मन ने यहाँ पर ज़बरदस्त घेराबंदी कर रखी थी। भारतीय सेना पर छोटे हथियारों से भारी गोलाबारी की जा रही थी। लेकिन भारतीय सैनिकों ने पीछे हटने के बजाय आगे बढ़ना जारी रखा और नज़दीक पहुँच कर आमने-सामने की

लड़ाई लड़ी। लांस नायक अल्बर्ट एक्का ने देखा कि दुश्मन एक हल्की मशीनगन से गोलाबारी करते हुए भारतीय सैनिकों को हताहत कर रहा है। अपनी जान की बिलकुल परवाह न करते हुए वह दुश्मन के बंकर में कूद पड़ा और अपनी संगीन से दो सिपाहियों को मार डाला। साथ ही उसने वह मशीनगन भी शांत कर दी। इस संघर्ष में वह गंभीर रूप में घायल हो गया था, लेकिन फिर भी वह आगे बढ़ता रहा और अपने साथियों के साथ एक मील आगे बढ़कर दुश्मन के एक-एक बंकर को खाली कराता रहा। लक्ष्य के उत्तरी हिस्से में दोमंजिला मज़बूत इमारत से एक मध्यम मशीनगन गोले फेंक रही थी। इससे बड़ी संख्या में भारतीय सैनिक मर रहे थे तथा आगे आक्रमण में बाधा हो रही थी। अतः एक बार फिर इस शूरवीर योद्धा ने अपनी सुरक्षा व बहते हुए खून की परवाह न करते हुए दुश्मन की गोलाबारी के बीच रेंगना आरम्भ किया और उस इमारत तक पहुँच गया। उसने दुश्मन के बंकर पर अपना ग्रेनेड फेंका, जिससे एक पाकिस्तानी सैनिक मारा गया और दूसरा घायल हो गया, पर वह मध्यम मशीनगन अभी भी आग उगल रही थी। अपनी असाधारण हिम्मत और दृढ़ता के साथ लांस नायक अल्बर्ट एक्का उस इमारत की एक दीवार पर चढ़ गया तथा अगले बंकर में घुसकर दुश्मन के उस सिपाही को मार डाला, जो गोली चला रहा था। जैसे ही मशीनगन शांत हुई, भारतीय कंपनी का अवरोध खत्म हुआ और उन्हें आगे आक्रमण में सफलता मिलने लगी। पर अपने लक्ष्य को पाने में लांस नायक अल्बर्ट एक्का बुरी तरह घायल हो गया तथा उसकी मृत्यु हो गयी।

इस कार्रवाई में लांस नायक अल्बर्ट एक्का ने भारतीय सेनाओं की परम्परा के अनुसार अनमोल बलिदान किया और अदम्य साहस व दृढ़ता का परिचय दिया।

भारत सरकार गजट अधिसूचना<br>संख्या 7—प्रेस/72

## ढाका में विजय समारोह प्रयाण

14 गाईस बटालियन को एक संदेश मिला कि उन्हें ढाका में विजय प्रयाण का नेतृत्व करना था। गंगा सागर की भयंकर लड़ाई में विजय पाने के बाद भारतीय सेना की इस, संभवतः सबसे नवीन, बटालियन को विजय समारोह की रस्मी परेड के नेतृत्व का अवसर मिलना, गौरव की बात थी। 16 दिसम्बर को तीसरे पहर 3 बजे 14 गाईस के गर्वीले सैनिकों ने ढाका के लिये विजय प्रयाण आरंभ किया।

अल्बर्ट एक्का के नाम पर जारी किया डाक टिकट

निश्चय ही अल्बर्ट एक्का तथा भारतीय सेना के अन्य शहीदों की आत्माएँ स्वर्ग में हर्षित हो रही होंगी।

## अंतिम संस्कार

शहीदों की आत्माएँ तो स्वर्ग चली जाती हैं किन्तु हमारे पास उनके पवित्र अवशेष रह जाते हैं, हमें जिन का आदर के साथ अंतिम संस्कार करना होता है। 14 गार्ड्स अपने मृतकों को अपने शिविर-क्षेत्र डुकली में ले गयी। भारतीय सेना में शहीदों के दाह-संस्कार और दफ़नाने का दायित्व प्रत्येक टुकड़ी में नियुक्त पंडितजी, ज्ञानीजी और पादरीजी को दिया जाता है। 14 गार्ड्स बटालियन के सभी शहीदों का अंतिम संस्कार उनके धर्म के अनुरूप किया गया। अल्बर्ट एक्का का पवित्र शरीर अन्य ईसाई शहीदों के साथ दफ़न कर दिया गया। युद्ध की समाप्ति पर, 14 गार्ड्स को पुनः मिज़ो हिल्स भेज दिया गया। जाने से पहले 14 गार्ड्स ने डुकली में एक युद्ध-स्मारक का निर्माण किया।

## अल्बर्ट एक्का स्मारक और जारी में एक शहीद मेला

जारी गाँव में एक अल्बर्ट एक्का स्मारक बनाया गया है। वहाँ पर परम वीर अल्बर्ट एक्का की एक आदमकद मूर्ति स्थापित की गई है। प्रति वर्ष 3 दिसम्बर को अल्बर्ट एक्का के आत्मबलिदान की स्मृति में से.नि. सार्जेंट अनिरुद्ध सिंह शहीद के गाँव जारी में एक शहीद मेले का आयोजन करते हैं। राँची के सेना मुख्यालय,

जारी गाँव में स्मारक

सेना कल्याण दल, सेना कैंटीन तथा सेना चिकित्सा दल के सदस्य इस मेले में भाग लेते हैं।

## पवित्र माटी

नवम्बर 2015 को श्रीमती बलमदीना ने झारखंड के मुख्य मंत्री रघुबर दास से भेंट करके उनसे प्रार्थना की कि उनके पति के अवशेषों को जारी लाया जाये। उन्होंने अपनी आदिवासी बोली में कहा, "हमर पति के अस्थि या माटी भी हमर पास लाइन देवंच, ताकि उकर दर्शन कइर के हम चैन से मर सबस।" (हमारे पति की अस्थियाँ और यदि अस्थियाँ लाना संभव नहीं हो तो कम से कम उनकी कब्र की मिट्टी ही मंगवा दीजिये, ताकि उसके दर्शन करके मैं चैन से मर सकूँ।)

परमवीर-पत्नी की इस करुण पुकार ने मुख्य मंत्री के हृदय को छू लिया। उन्होंने शहीद मेले के आयोजक से.नि. सार्जेंट अनिरुद्ध सिंह को यह करुण याचना सुनाकर उचित कार्वाई करने का निर्देश दिया। अनिरुद्ध सिंह ने तुरन्त मेजर देवेन्द्र दास से संपर्क किया जिन्होंने 14 गार्ड्स के भूतपूर्व अधिकारी लेफ्टिनेंट जनरल मानवेन्द्र सिंह को, जो उस समय देहरादून स्थित *भारतीय सेना अकादमी* के कमांडेंट थे, यह सूचना दी और बताया कि डुकली में 14 गार्ड्स के शहीदों का एक स्मारक था। लेफ्टिनेंट जनरल मानवेन्द्र सिंह ने, अपने भाई श्री

राँची के एक्का चौक में प्रतिमा

यादवेन्द्र सिंह को, जो उस समय अगरतला में सड़क सुरक्षा दल के डी.आई.जी. थे, डुकली से शहीद अल्बर्ट एक्का की कब्र की मिट्टी लाने का दायित्व दिया।

## श्रद्धांजलि : फूल ही फूल

28 नवम्बर 2015 को सीमा सुरक्षा दल की एक टुकड़ी ने डुकली से एक पात्र में शहीद की कब्र की पावन मिट्टी एकत्रित की। उसे एक विशेष वाहक के हाथ कोलकाता भेजा गया। पवित्र मिट्टी के स्वागत के लिये एक बड़ा स्वागत दल उपस्थित था जिसमें बहुत से पत्रकार तथा मंत्रीगण भी सम्मिलित थे। वहाँ से उस कलश को राँची में मुख्यमंत्री-कार्यालय लाया गया। 14 गार्ड्स के कमांडिंग आफ़िसर ने एक सूबेदार तथा एक हवलदार को, समारोह की वरदी में, पवित्र मिट्टी के उस कलश के अनुरक्षण के लिये राँची भेजा।

मिट्टी को एक सुसज्जित कलश में रखा गया। इस कलश को फूलों से सजाई हुई खुली गाड़ी में रखा गया। सूबेदार राम चन्दर अपनी विशेष समारोहों के लिये बनी वरदी में इस गाड़ी के सामने चल रहे थे। गाड़ी को राँची के मुख्य चौक में लाया गया जिसका नाम हमारे परम वीर की स्मृति में शहीद अल्बर्ट एक्का चौक रखा गया है। मंत्रियों, उच्च अधिकारियों तथा अन्य प्रतिष्ठित व्यक्तियों ने कलश

का स्वागत करके उसे श्रद्धांजलि अर्पित की।

वहाँ से उस पवित्र मिट्टी से परिपूरित सुसज्जित कलश की जारी के लिये 200 कि.मी. की अविस्मरणीय शोभायात्रा आरम्भ हुई। मोटर साइकिलों पर सवार पुलिस के कमांडो फूलों से ढकी उस गाड़ी के सामने चल रहे थे। गाड़ी के पीछे 100 के लगभग जीप, कार तथा स्कूटर आदि वाहन चल रहे थे। उस यात्रा में अनेक स्थानों पर जनता और विद्यार्थियों ने शोभायात्रा की गाड़ियों के कारवाँ को रोक कर उस पर फूल मालायें अर्पित कीं। जनता में इतना अधिक उत्साह था कि शोभायात्रा अत्यंत धीमी गति से आगे बढ़ रही थी।

जारी पहुँचने पर कलश को इसी उद्देश्य से बनाये गये एक मंच पर रखा गया। झारखंड के मुख्य मंत्री रघुबरदास एक हेलीकॉप्टर से आये और अल्बर्ट एक्का के घर गये और वहाँ से उनकी पत्नी श्रीमती बलमदीना को उत्सव-स्थल पर लाये। तब पवित्र मिट्टी का वह सुसज्जित कलश ससम्मान उन्हें दिया गया। निश्चित स्थान पर पत्थर का एक नामपट्ट लगाया गया था। झारखंड सरकार ने परम वीर अल्बर्ट एक्का के नाम पर एक प्रखंड का नामकरण किया है। यह प्रथम प्रखंड है जिसका नामकरण एक परम वीर चक्र विजेता के नाम से सम्मानित हुआ है।

परम वीर अल्बर्ट के एकमात्र पुत्र विन्सेंट इसी प्रखंड में काम करते हैं। उन्हें लगभग 30,000 रुपये प्रतिमाह वेतन मिलता है। श्रीमती बलमदीना को भी 25,000

स्कूल के बच्चों ने पवित्र मिट्टी का स्वागत किया

रुपये प्रतिमाह पेंशन मिलती है। कुछ दिन पूर्व बाबा रामदेव परम वीर एक्का की विधवा का अभिनन्दन करने गये थे और उन्हें 1 लाख रुपये भेंट किये थे। सरकार ने एक्का परिवार को पटना में एक घर दिया तथा राँची में एक दुकान। किन्तु यह सरल एक्का परिवार धन-संपत्ति को संभालना नहीं जानता। दूसरे लोगों ने उस घर और दुकान पर कब्ज़ा कर लिया। जैसा हमने कहानी के आरम्भ में उल्लेख किया है कि आज भी एक्का परिवार दो कमरों के एक पुराने घर में रहता है। जिसकी दीवारों पर प्लास्टर भी नहीं हुआ है तथा जिसकी छत खपरैल की है। सरकार को इस परिवार के लिये एक अच्छे घर का निर्माण करना चाहिये।

अल्बर्ट एक्का की पत्नी से.नि. सार्जेंट अनिरुद्ध सिंह और
मेजर दास को परम वीर चक्र दिखाते हुए

## शहीद पत्नी बलमदीना की इच्छा

वयोवृद्धा बलमदीना ने इच्छा व्यक्ति की है कि उनके गाँव में एक सैनिक स्कूल स्थापित किया जाए जिससे कि उनके गाँव के बच्चे उनके शहीद पति की तरह सेना में भरती होकर देश की सेवा करें। यद्यपि जारी का विकास हो रहा है तथापि इस क्षेत्र के बहुत से सपने अधूरे हैं। उन्होंने कहा, "मेरे पति के नाम से जारी प्रखंड का नाम अल्बर्ट एक्का प्रखंड रखा गया है। लेकिन इस प्रखंड के कई गाँव अभी भी बहुत दूर पहाड़ों पर हैं। पहाड़ी इलाकों के छोटे-छोटे गाँवों के बच्चे, शहर में जाकर नहीं पढ़ सकते क्योंकि उनके पास इतने पैसे नहीं है। जो थोड़ी-बहुत

आय होती है वो पेट भरने में लग जाती है। अगर जारी में एक सैनिक स्कूल खुल जाए तो बच्चे आसानी से पढ़ सकते हैं।"

अल्बर्ट एक्का का पुत्र विन्सेंट एक्का

## शहीद अल्बर्ट एक्का के छोटे भाई फरदीन की इच्छा

फरदीन एक्का भी 1973 से 1994 तक 14 गार्ड्स में कार्यरत थे। अब वे गाँव में रह कर खेतीबारी करते हैं। उनकी इच्छा है, "जारी ने अल्बर्ट एक्का जैसे वीर सुपुत्र को जन्म दिया है, किन्तु जारी प्रखंड अभी भी उपेक्षित एवं अविकसित है। यदि यहाँ सेना भरती कैम्प लगाया जाए तो क्षेत्र के अनेक युवक सेना में भरती होंगे तथा सभी युवक देशभक्त हो जायेंगे।"

## टिप्पणी : भारतीय सेना की प्रशंसा के अविस्मरणीय शब्द

सामान्यतया अमरीकी समाचारपत्र तथा उनके संवाददाता भारत की द्वेषपूर्ण आलोचना करते थे, विशेषतया पाकिस्तान के संदर्भ में। किन्तु इस युद्ध में उन्होंने भारतीय सेना की हार्दिक प्रशंसा की। मेजर जनरल डी.के. पालित ने अपनी पुस्तक द लाइटनिंग कैंपेन में न्यू यॉर्क टाइम्स के युद्ध संवाददाता सिडनी शैनबर्ग, जो 1971 के युद्ध में पूर्वी एवं पश्चिमी दोनों मोरचों पर भारतीय सेना के साथ रहे, के निम्नांकित शब्द उद्धृत किये हैं, जिन्हें पढ़ कर हर भारतीय गर्व का अनुभव करेगा। उन्होंने लिखा, "मैं सेनाओं की प्रशंसा करना पसंद नहीं करता हूँ, मैं

सेनाओं को इसलिये पसंद नहीं करता क्योंकि सेनाओं का अर्थ है युद्ध और मैं युद्ध पसंद नहीं करता। किन्तु यह (भारतीय सेना) भी क्या खूब थी! ...वे पूरी तरह महान् थे। उन पर कहीं भी कोई काला धब्बा नहीं था। मैं अफ़सरों के साथ रहा और जवानों के साथ पैदल और वाहनों पर चला–और वे सब महान् थे। निश्चय ही उनमें से कुछ पहले-पहले डरे हुए थे, जो कि मनुष्यों के लिये स्वाभाविक है। किन्तु मैंने किसी को भय के कारण पीछे हटते नहीं देखा। उनमें (भारतीय सेना में) एक आश्चर्यजनक साहस है और उसका अनुभव करने से व्यक्ति को लाभ होता है। ...मैंने वियतनाम में अपने सिपाहियों को देखा है–और यह सेना उनसे भिन्न थी। उनके (भारतीय सेना के) हथियार इतने अच्छे नहीं थे किन्तु उनके पास जो भी था, उसका उन्होंने प्रभावशाली उपयोग किया। ...और वे स्थिति के अनुरूप क्या बढ़िया, कामचलाऊ प्रबंध कर सकते थे! मैंने रिकॉयल लैस बंदूकों को कंधों पर ले जाते हुए देखा, बड़ी बंदूकों को सिपाहियों, ग्रामीणों तथा अफ़सरों द्वारा, बैलगाड़ियों की तरह दलदलों में ढकेले जाते हुए देखा। इसमें सब साथ-साथ थे। ...और वे सब सज्जन थे–मैंने उन्हें कोई गलत काम करते हुए नहीं देखा–तब भी नहीं, जब उन्होंने देखा कि दुश्मन ने कितना पाशविक व्यवहार किया है।" (*द लाइटनिंग कैंपेन*, मेजर जनरल डी.के. पालित, पृष्ठ 157)

# परम वीर अल्बर्ट एक्का को श्रद्धांजलि

अल्बर्ट तुम भारत की शान।

महकते रक्त-पुष्प के समान

माँ के चरणों पर चढ़ा दिये

लड़ते-लड़ते अपने प्राण।


गोलियाँ लगी, परवाह न की

बहते हुए खून की, दर्द की।

तुम बढ़ते गये शत्रु के काल,

मरियम और जुलियस के लाल।


भून दुश्मन को गोलियों से,

रौंद शत्रु को बूटों के तले,

ले विदा साथियों से तुम चले,

खुशी से लगा मौत को गले।


बलमदीना के सब अरमान

लेकर सो गये तुम बलवान।

पधारो वीरता के प्रतिमान

देवदूत गाते स्वागत-गान।


झुके शीश अश्रुपूरित नयन

हम सब तुम्हें कर रहे नमन।

# परम वीर चक्र विजेता : अरुण खेत्रपाल

हम उन वीरों को प्रणाम करते हैं जो वीरता के पंखों पर उड़ते हुए, गरुड़ के समान झपट्टा मारकर, शत्रु को पराजित करके, विजय का पुरस्कार ले आते हैं। युगों-युगों तक उन शूर-वीरों के शौर्य की गाथाएँ गायी जायेंगी, जिन्होंने भारतमाता को विजय माला पहनाने के लिये मृत्यु का वरण किया। स्वर्ग में देवता फूल बरसा कर इन शहीदों का स्वागत करेंगे। भारत के अनगिनत सैनिक संध्या के समय अपने पड़ावों पर ये कथाएं कहेंगे और सुनेंगे। विद्यालयों के शिक्षक जब उनकी अनुपम वीरता की कहानियाँ अपने विद्यार्थियों को सुनायेंगे तब वे विद्यार्थी इन शहीदों के पदचिह्नों पर चलने के लिये आतुर हो उठेंगे। मैं भारतमाता के एक ऐसे ही महान् पुत्र परम वीर चक्र विजेता सेकेंड लेफ्टिनेंट अरुण खेत्रपाल की कहानी आपको सुनाने जा रही हूँ।

अरुण का वीर परिवार अविभाजित भारत के सरगोधा जिले का निवासी था। 1848 में अरुण के पिता के प्रपितामह चिलियनवाला में अंग्रेज़ों के विरुद्ध लड़ने वाली सिक्ख सेना में सैनिक थे। अरुण के दादाजी प्रथम महायुद्ध में लड़े थे। देश का विभाजन होने पर यह परिवार भारत आ गया। अरुण के पिता ब्रिगेडियर मदन खेत्रपाल भारतीय सेना की इंजीनियर कोर में थे और उन्हें *अति*

*विशिष्ट सेवा पदक* (ए वी एस एम) प्राप्त हुआ। अरुण की माता श्रीमती महेश्वरी खेत्रपाल का जन्म हरदोई के एक प्रतिष्ठित टंडन परिवार में हुआ था।

शूर-वीरों के इस परिवार में 14 अक्टूबर, 1950 को पूना में सूर्य के समान एक ज्योतिर्मय बालक ने जन्म लिया। माता-पिता ने बालक का नाम अरुण रखा जो सूर्य का ही एक नाम है। अरुण के परिवार के कई व्यक्ति सेना में थे, अतः अरुण का लालन-पालन सैनिक वातावरण में हुआ था। अरुण की माता श्रीमती महेश्वरी उसे सदैव वीरता का पाठ पढ़ाती थीं। जून 2005 में एक साक्षात्कार में उन्होंने श्री सत्य प्रकाश एवं श्रीमती राका को बताया, "अरुण पूर्ण स्वतंत्रता तथा निर्भीकता के वातावरण में पला। हमने उसके अंदर भय की भावना कभी नहीं जगायी, कभी यह नहीं कहा, 'यह मत करो, वह मत करो, नहीं तो चोट लग जायेगी।' हमने उसे कभी दायरों में नहीं बाँधा। यदि उसने कभी डर की बात की तो मैं कहती थी, 'कायर नहीं, वीर बनो। तुम्हारे पिताजी ने कितने युद्ध लड़े हैं। वे कितने बड़े अफ़सर हैं। सदा भगवान् पर भरोसा रखो।' "

अरुण खेत्रपाल का परिवार

मेरे अनुरोध पर अरुण की पूज्य माताजी श्रीमती महेश्वरी ने उसके बाल्यकाल की कुछ घटनाएँ लिखकर भेजीं। मैं उन्हें नीचे उद्धृत कर रही हूँ।

"जब अरुण सात-आठ साल का था तो कोठी पर तैनात सिपाहियों के साथ खेलता था, उनसे लड़ाइयों की कहानियाँ भी सुनता था। कभी-कभी उनके लंगर में खाना खाने भी चला जाता था। वह बाल्यकाल से ही सिपाहियों के साथ प्रेम और मित्रता का व्यवहार करता था। सेना में अधिकारी बनने पर भी अपने सैनिकों से उसका व्यवहार स्नेहपूर्ण रहा। उसका लालन-पालन सैनिक अफ़सरी वातावरण में हुआ।

"अरुण की आरंभिक शिक्षा जहाँ-जहाँ उनके पिता की नियुक्ति होती थी, वहीं पर होती थी। जब अरुण आठ वर्ष का था उसके पिता दिल्ली में नियुक्त थे। अरुण और उसका एक वर्ष छोटा भाई मुकेश सेंट कोलंबस स्कूल में पढ़ते थे जो हमारे घर से ढाई मील दूर था। एक दिन स्कूल की छुट्टी हो गयी किन्तु काफ़ी देर इन्तज़ार करने के बाद भी कार उन्हें लेने नहीं पहुँची। अरुण ने मुकेश का थैला कंधे पर लटकाया और उसका हाथ पकड़ कर, दिल्ली की भीड़ भरी सड़कों पर ढाई मील पैदल चल कर घर आ गया। बच्चों के इस साहस पर हम सभी चकित रह गये। एक अन्य अवसर पर जब हम शिलौंग में थे, बच्चों का स्कूल जल्दी बंद हो गया और मुकेश नौकर के साथ घर लौट आया। अरुण को यह मालूम नहीं था। वह दो घंटे तक मुकेश को ढूँढ़ता रहा क्योंकि उसे भय था कि कहीं खासी जाति के लोगों ने नरबलि के लिये उसका अपहरण न कर लिया हो। उन दिनों खासी जाति में नरबलि प्रचलित थी।

"अरुण हर बात को बहुत गौर से देखता-समझता था। एक बार, जब वह 12 वर्ष का था तब अपने पिताजी के साथ सेना के निरीक्षण पर गया। लौट कर उसने मुझसे कहा, 'जब मैं बड़ा हूँगा तब पिताजी ही की तरह अपने अधिकारियों तथा सिपाहियों से कभी प्रेम से तथा कभी डाँट कर काम लूँगा। वे पिताजी का कितना सम्मान करते हैं।' अरुण बहादुर भी था और मिलनसार भी। जब उसके दादाजी घर आते वह उन्हें प्यार तथा सम्मान देता था। वह उनकी सेवा करता था। उनसे पाकिस्तान बनने के समय की भयानक और दर्दनाक कहानियाँ सुनता था। जब उसे अपना पहला वेतन मिला उसने अपने दादाजी को कुछ रुपये मनिऑर्डर से भेजे और लिखा, 'मेरी यह तुच्छ भेंट स्वीकार करें।' वह इतना साहसी था कि एक दिन अपने मामा की मोटर साइकल देखी। उस समय उसे यह भी नहीं मालूम था कि कौन-सा स्विच किस लिये है। किन्तु उसने उसी दिन

अपने-आप मोटर साइकल चलाना सीख लिया।

"1962 में अरुण ने सनावर के प्रसिद्ध लॉरेन्स स्कूल में प्रवेश लिया और वहीं से सीनियर कैंब्रिज की परीक्षा पास की। जब वह 15 वर्ष का था तो दसवीं की परीक्षा देकर गर्मियों की छुट्टियों में घर आया। हम लोग किसी पार्टी में गये। वहाँ पर कुछ लोगों ने उससे पूछा, 'क्या आप सेना में अफ़सर हैं? किस रेजीमेंट में हैं?' अरुण हँस पड़ा और उत्तर दिया, 'मैं तो अभी स्कूल में पढ़ने वाला विद्यार्थी हूँ।' "

एन डी ए में प्रशिक्षण के दौरान

विद्यार्थी जीवन में अरुण ने पढ़ाई तथा खेल-कूद दोनों ही में नाम कमाया। वे अपने स्कूल की क्रिकेट टीम के सदस्य थे तथा स्कूल बैंड में क्लैरिनेट बजाते थे। 1967 में उन्होंने नैशनल डिफ़ेंस अकादमी में प्रवेश लिया और वहाँ पर स्क्वैड्रन कैडेट कैप्टेन बन गये। वे तैराकी, व्यायाम, घुड़सवारी तथा गोल्फ़ में दक्ष थे। 1970 में वे देहरादून की भारतीय सेना अकादमी में ले लिये गये तथा वहाँ उन्हें सीनियर अंडर ऑफ़िसर नियुक्त किया गया। 13 जून, 1971, को उन्होंने भारतीय सेना अकादमी की शिक्षा पूर्ण कर ली।

अरुण 6 फुट 2 इंच लंबे, अत्यंत सुंदर युवक थे। इतना आकर्षक था

उनका व्यक्तित्व कि लोग देखते ही रह जाते थे। वे ओज-तेज से परिपूर्ण एक कुशल अफ़सर थे। उनकी विशेषता थी कि उन्हें जो भी काम दिया जाता था उसे प्राणपण से करते थे। 1971 में वे पूना हॉर्स रेजीमेंट में भरती हो गये। यह एक बख्तरबंद (आर्मी) रेजीमेंट थी जिसकी स्थापना 19वीं शताब्दी में हुई थी। इस रेजीमेंट की परंपरा थी कि युवा अफ़सरों को नीचे से काम करके ऊपर उठना होता था। उन्हें ड्राइवर, तोपची, रेडियो-ऑपरेटर के कार्य भी सीखने पड़ते थे तथा ये सब कार्य सीखने के बाद उन्हें क्रू कमांडर का पद दिया जाता था और टैंक-दल का नेतृत्व सौंपा जाता था।

भगवान् कुछ व्यक्तियों को एक उच्चतर कार्य के लिये पृथ्वी पर भेजते हैं। ये व्यक्ति पृथ्वी लोक में एक साधारण जीवन बिताने के लिये नहीं आते। वे अग्निल आत्म-बलिदान करके इतिहास के पृष्ठों पर अपने पवित्र रक्त से अपना नाम लिख देते हैं। ऐसे ही एक देव-पुत्र थे हमारे हीरो सेकेंड लेफ्टिनेंट अरुण।

अरुण अपने कार्य के प्रति पूर्णतया समर्पित थे। वे अपने टैंक की देखभाल पूरी सतर्कता से करते थे, यहाँ तक कि वे अपने टैंक की सफ़ाई स्वयं करते थे और उसे सदैव युद्ध के लिये पूरी तरह तैयार रखते थे। 16 दिसम्बर के उस महान् दिन जब अरुण ने वीरता का एक भव्य अध्याय लिखा था, वह टैंक मानों उनका एक अंग बन गया था। उस दिन उन्होंने उस टैंक की बंदूक से असंभव कार्य किये थे। अरुण अपनी टुकड़ी के सिपाहियों का भी बहुत ख्याल रखते थे। खेल तथा काम के समय वे उनसे मित्रता का व्यवहार करते थे। वे बहुत हँसमुख एवं मज़ाकिया स्वभाव के थे तथा जीवन के आनन्द से भरपूर थे। वे कोई महान् कार्य करना चाहते थे। उनके अन्दर अद्भुत् आत्म-विश्वास था। जब उनके पिता ब्रिगेडियर खेत्रपाल को *अति विशिष्ट सेवा* पदक मिला तब अरुण ने कहा था, "मैं इससे भी बड़ा पदक जीत कर लाऊँगा।"

अरुण जब मात्र 21 वर्ष के थे भारतमाता ने उन्हें पुकारा। उन्हें सेना में आये केवल छः महीने हुए थे कि 1971 का भारत-पाकिस्तान युद्ध आरंभ हो गया। अरुण की रेजीमेंट पूना हॉर्स ने जोर-शोर से युद्ध की तैयारी कर दी। अरुण ने स्वयं को तथा अपने सैन्य दल को इतनी अच्छी प्रकार प्रशिक्षित किया कि उनकी रेजीमेंट *मिनिएचर फायरिंग रेंज* में प्रथम आयी और अरुण ने तकनीक के अनुसार 25-30 सैकेंड में तीन राउंड दागने में सफलता प्राप्त की। युद्ध में जाने से पहले अरुण की वीर माता ने उनसे कहा "तुम्हारे दादाजी, पिताजी, अंकल, सभी सेना में ऊँचे-ऊँचे पदों पर हैं। सब ने पदक प्राप्त किये हैं। तुम कायर बन कर नहीं

आना। एक शेर की तरह लड़ना।"

पूना हॉर्स रेजीमेंट अपनी वीरता के लिये प्रसिद्ध है। पूना हॉर्स के ही परम वीर चक्र विजेता लेफ्टिनेंट कर्नल आर्देशिर बुरजोरजी तारापोर ने 1965 के भारत पाकिस्तान युद्ध में ऐसा अप्रतिम शौर्य और रणकौशल दिखाया था कि पाकिस्तानियों ने पूना हॉर्स को *फ़ख्रे हिन्द* की उपाधि दी थी। पूना हॉर्स रेजीमेंट के यशस्वी इतिहास में 1971 का युद्ध एक नवीन अविस्मरणीय अध्याय बन गया। पाकिस्तान के साथ हुए इस युद्ध में पूना हॉर्स के वीर और दुस्साहसी टैंक कमांडरों ने अपने टैंकों को इस प्रकार चलाया मानों वे अग्नि के रथ हों। इन परम वीरों ने पाकिस्तान के आठ इंडिपेंडेन्ट आर्मर्ड ब्रिगेड को लगभग नष्ट कर दिया और इस ब्रिगेड की प्रसिद्ध 13 वीं लांसर्स टुकड़ी को ऐसी मात दी कि उसकी युद्ध क्षमता लगभग समाप्त हो गयी।

## 1971 का यह युद्ध क्यों हुआ?

1970 में पाकिस्तान के पूर्वी और पश्चिमी, दोनों हिस्सों में चुनाव हुए। हम लिख आये हैं कि पूर्वी पाकिस्तान में *अवामी लीग* को भारी बहुमत प्राप्त हुआ, फिर भी पश्चिमी पाकिस्तान के नेताओं ने *अवामी लीग* के नेता मुजीबुर्रहमान को प्रधान मंत्री बनाना स्वीकार नहीं किया तथा उन्हें कैद कर दिया। बंगालियों ने इस अन्याय के विरुद्ध विद्रोह कर दिया। पाकिस्तान ने तीस लाख बंगालियों की हत्या कर दी। एक करोड़ शरणार्थी सुरक्षा के लिये भारत में घुस आये। इन शरणार्थियों के आने से भारत के ऊपर असहनीय भार पड़ गया।

भारत ने पाकिस्तान को समझाने की कोशिश की किन्तु सफलता नहीं मिली। अब भारत के सामने युद्ध को छोड़ कर अन्य कोई विकल्प नहीं रहा। दोनों पक्षों ने युद्ध की तैयारियाँ आरंभ कर दीं। पाकिस्तान ने पहले ही पश्चिमी क्षेत्र में सेना की तीन कोर, दो बख्तरबंद डिवीज़न, दो आर्टिलरी डिवीज़न तथा एक पैदल ब्रिगेड तैनात कर दिये थे। अपनी आक्रमण-शक्ति बढ़ाने के लिये पाकिस्तान ने दो नये पैदल ब्रिगेड बनाये। जबकि भारत का गुप्तचर विभाग इन सब गतिविधियों से बेखबर सो रहा था, पाकिस्तान ने पश्चिमी क्षेत्र में अपनी सेनाएँ एकत्रित कर लीं। भारत को पाकिस्तानी सेना के पुनर्गठन के विषय में कोई सूचना नहीं थी। भारत को यह भी ज्ञात नहीं था कि पाकिस्तान ने तीन स्थानों में बारूदी सुरंगों का जाल बिछा दिया था। पश्चिमी क्षेत्र में दोनों पक्षों ने लगभग समान संख्याओं में पैदल तथा बख्तरबंद सेनाएं तैनात कीं। 8 अक्टूबर, 1971 को जब पूना हॉर्स नारायणगढ़

में अपनी वार्षिक निशानेबाजी का अभ्यास कर रही थी तब उन्हें संगरूर में अपने स्थायी अड्डे पर लौटने का आदेश मिला। उनके कमांडर लेफ्टिनेंट कर्नल हनूत सिंह को बताया गया कि गुरदासपुर-दीनानगर क्षेत्र में पाकिस्तानी हमले की संभावना थी। इस हमले का सामना करने के लिये पूना हॉर्स को 323 पदाति ब्रिगेड के अधीन कर दिया गया। आरंभ में कमान के मुख्य अड्डे पर बहुत गड़बड़ हुई। टैंकों की टुकड़ियों का बारंबार गठन-पुनर्गठन हो रहा था। कई बार तो उन सँकरे रास्तों पर हमारे टैंकों के दस्ते एक-दूसरे के सामने आ खड़े हुए।

अक्टूबर-नवंबर में ऐसा लग रहा था कि एक नकली युद्ध हो रहा है। पाकिस्तानी हमलों की झूठी अफवाहों के कारण हमारी सेना बार-बार युद्ध के लिये प्रस्तुत हो जाती थी। हमले की इन सूचनाओं के कारण हमारे सैनिकों ने अनेक रातें जाग कर गुज़ार दीं। धीरे-धीरे व्यवस्था में सुधार हुआ और हमारी सेनाएँ अपने-अपने मोर्चों पर जम गयीं। पूना हार्स के वैब साइट के अनुसार, "योजना बनाने के इन दिनों की सबसे विचित्र बात थी कि जैसे ही युद्ध के किसी क्षेत्र विशेष के लिये हमारी कोई योजना तैयार होती उसी क्षेत्र में दुश्मन अवरोध खड़े कर देते थे। यह एक संयोग था या हमारे यहाँ से कोई भेदी उन्हें सूचना दे रहा था यह कहना कठिन है। जहाँ तक हमारा संबंध है, हमें पाकिस्तानी फौज़ को छोड़ कर भागते हुए बंगाली अफ़सरों से पाकिस्तानी सेना की टुकड़ियों की संख्या, उनके परिनियोजन (डिप्लोयमैंट) एवं योजनाओं के विषय में सूचनाएँ प्राप्त हो रही थीं।"

3 दिसंबर, 1971 को पाकिस्तान की वायु सेना ने हमारे श्रीनगर, जम्मू, पठानकोट, आदमपुर और अमृतसर के हवाई अड्डों पर प्राथमिक हमले कर दिये। यद्यपि 3-4 दिसंबर को छंब क्षेत्र में पाकिस्तान के आक्रमण से ही युद्ध आरंभ हो गया किन्तु जनरल याह्या खाँ ने 4 दिसम्बर, 1971 को मध्याह्न में ही युद्ध की घोषणा की। इसी बीच कमांडेंट लेफ्टिनेंट कर्नल हनूत सिंह को अंतर्भास हो गया कि युद्ध आरंभ होने वाला है। उन्होंने अपने बख्तरबंद स्क्वॉड्रनों को आदेश दिया कि सब टैंक बिखर जाएँ और उन्हें पूरी तरह से छद्मावरणों से ढक कर छिपा दिया जाये। उनकी इस सावधानी के कारण 4 दिसंबर की सवेरे जब पाकिस्तानी हवाई जहाज़ों ने उस क्षेत्र पर उड़ाने भरीं जहाँ पर हमारे टैंक एकत्रित थे तो बार-बार उड़ान भरने के बावजूद वे एक भी टैंक नहीं देख पाये। लेफ्टिनेंट कर्नल हनूत सिंह के इस एक युद्ध-कौशल ने हमारे टैंकों को युद्ध के आरंभ होने से पहले ही नष्ट होने से बचा लिया।

युद्ध आरंभ हो गया। सीमा के समीप, जिस क्षेत्र में हमारे टैंक एकत्रित थे उसके सामने ही गालार टांडा नामक स्थान पर दुश्मन ने पहरे के लिये एक 30 फुट ऊँची मीनार बना रखी थी। हमारे बी स्क्वॉड्रन के टैंकों ने एक गोला दाग कर इस निरीक्षण मीनार के मचान को गिरा दिया। वह मचान धधक-धधक कर जलने लगी। उस क्षेत्र में लंबी-लंबी हाथी घास उगी हुई थी। उसके अंदर पाकिस्तान के चार टैंक छुपे हुए थे। इन पाकिस्तानी टैंकों के चालक बी स्क्वॉड्रन के टैंकों की इस गोलाबारी से घबरा गये और वापस भागे। किन्तु उस क्षेत्र में उगी हुई ऊँची घास के कारण हमारे टैंक भागते हुए पाकिस्तानी टैंकों का पीछा नहीं कर सके।

6 दिसंबर को हमारी टैंक रेजीमेंट का मार्ग अवरुद्ध हो गया क्योंकि दुश्मन ने ठाकुरद्वारा में बारूदी सुरंगों का एक जाल बिछा दिया था। जिती चौधरी अग्रिम टैंक स्क्वॉड्रन के कमांडर थे। संध्या को उन्होंने इस बारूदी क्षेत्र को पार कर लिया। वे बिना किसी बाधा के इस बारूदी मैदान से आगे बढ़ते गये और बारूदी मैदान के उस पार ठाकुरद्वारा में पक्का अड्डा जमा लिया। दुश्मन हमारे टैंकों के आगे बढ़ने से इतना घबरा गये कि अपने तीन टैंक पीछे छोड़ कर भाग खड़े हुए। हमारी सेना ने उन्हें गोलों से उड़ा दिया। इसके बाद भारतीय वायु सेना के उड़ाकों ने पाकिस्तान के 20 लांसर्स के टैंकों पर गोले बरसाने आरंभ कर दिये। घबरा कर 20 लांसर्स के टैंक बरखानियान के बारूदी सुरंग क्षेत्र के पीछे हट गये। उनके पीछे हटने से हमारे टैंक चालकों का हौसला आकाश छूने लगा।

10 दिसम्बर, 1971 तक अरुण का स्क्वॉड्रन पाकिस्तान के अन्दर 10 मील तक आगे बढ़ गया। उन्होंने अपने पिता ब्रिगेडियर मदन लाल को युद्धक्षेत्र से पत्र लिखा :

"प्यारे डैडी, हमारा समय बहुत ही अच्छा गुज़र रहा है। हमारी रेजीमेंट संसार के शिखर पर है। जल्दी ही हम युद्ध को समाप्त कर देंगे।"

वीर अरुण ने जैसा कहा करके दिखाया। उन्होंने युद्ध में असाधारण वीरता द्वारा भारत को विजय अवश्य दिलायी किन्तु इस प्रयत्न में अपने प्राणों का बलिदान कर दिया।

15 दिसंबर को 47 पदाति ब्रिगेड के कमांडर ने पूना हॉर्स के कमांडेंट को अपनी युद्ध-योजना बतायी। 16 मद्रास रेजीमेंट दुश्मन के जवाबी हमले का सामना करने के लिये एक अग्रिम मोरचा स्थापित कर रही थी। 18 राजपूताना राइफ़ल्स को पूना हॉर्स से संयुक्त कर दिया गया और उन्हें 16 मद्रास रेजीमेंट की रक्षा का

भार दिया गया। हमारी सेनाएँ आगे बढ़ती गयीं। हमारा पहला हमला सफल रहा। 16 मद्रास रेजीमेंट ने गाज़ीपुर संरक्षित वन के अधिकांश भाग पर कब्ज़ा कर लिया। दुश्मन ने बहुत से भयंकर जवाबी हमले किये। 16 दिसंबर को, 16 मद्रास रेजीमेंट के मुख्य अधिकारी लेफ़्टिनेंट कर्नल घाई ने रिपोर्ट दी कि दुश्मन के टैंक एक भारी जवाबी हमले के लिये एकत्रित हो रहे थे। उन्होंने कहा कि अगर हमारे टैंक शीघ्र ही उनकी सहायता के लिये नहीं पहुँचे तो वे अधिक देर तक दुश्मन को रोक नहीं सकेंगे। 47 इन्फ़ैंट्री ब्रिगेड के कमांडर ब्रिगेडियर भारद्वाज भी चिंतित हो गये कि अगर दुश्मन के टैंक हमला कर दें तो उस स्थिति में हमारे अग्रिम दल की सुरक्षा कैसे होगी?

यह सफ़रमैना (सैपर्स एंड माइनर्स—वे इंजीनियर जो सेना के आगे चल कर बारूदी सुरंगे साफ़ करते हैं) के इंजीनियरों का कार्य था कि वे उस क्षेत्र की बारूदी सुरंगें साफ़ करके 17 पूना हॉर्स के टैंकों के आगे बढ़ने के लिये रास्ता बनाएँ जिससे वे अग्रिम मोरचे पर युद्ध कर रही सेना की सहायता कर सकें। अभी इंजीनियरों ने आधा क्षेत्र ही साफ़ किया था कि खबर मिली कि दुश्मन आगे बढ़ा आ रहा है। स्थिति की गंभीरता को देखते हुए 17 पूना हॉर्स ने बारूदी सुरंगों के बीच से आगे बढ़ने का निर्णय किया। लेफ़्टिनेंट कर्नल हनूत सिंह सी स्क्वॉड्रन से जा मिले। यद्यपि बारूदी सुरंगें साफ नहीं हो पायी थीं फिर भी ले. कर्नल हनूत सिंह ने मेजर अजय सिंह को आदेश दिया कि वे अपने स्क्वॉड्रन को बारूदी सुरंगों के बीच से निकाल कर ले जाएँ और अग्रिम मोरचे तक पहुँचें क्योंकि अग्रिम मोरचे की स्थिति नाजुक होती जा रही थी। अग्रिम मोरचे पर लड़ रही हमारी 16 मद्रास टुकड़ी संकट में थी। जैसे भी हो पूना हॉर्स को कुछ ही मिनटों में हमारी अग्रिम टुकड़ी 16 मद्रास की सहायता को पहुँचना होगा। ले. कर्नल हनूत सिंह ने आदेश दिया कि अगर कोई टैंक बारूदी सुरंग से उड़ गया तो उसके पीछे वाला टैंक उसके दायीं तरफ से आगे बढ़े। ऐसा उस समय तक करना था जब तक कम-से-कम कुछ टैंक बच कर अग्रिम मोरचे तक जा पहुँचें। कोई शेर दिल व्यक्ति ही, जिसका स्नायु मंडल इस्पात का बना हुआ हो, ऐसा निर्णय ले सकता था। मेजर अजय अपने दस्ते का नेतृत्व कर रहे थे। उनके सामने रवि देयोल पथ-प्रदर्शक (नेवीगेटर) के रूप में चल रहे थे। लगभग 600 मीटर क्षेत्र में अभी तक सुरंगें साफ़ नहीं हुई थीं। उस दिन निश्चय ही दैवी शक्तियाँ हमारे टैंक-दलों की रक्षा कर रही थीं क्योंकि उस घोर अंधेरी रात में हमारे सभी टैंकों ने उस बारूदी क्षेत्र को सुरक्षित पार कर लिया और उनमें से कोई भी सुरंगों से नष्ट नहीं हुआ। जबकि अगले दिन

एक कवचित पर्सनल कैरियर (एपीसी) और एक जीप, रात्रि में टैंको द्वारा बनाये हुए रास्ते से थोड़ा हट कर चले तो दुश्मन की बारूदी सुरंगों के विस्फोट से नष्ट हो गये। वास्तव में रवि देयोल और मेजर अजय सिंह ने उस अंधेरी रात्रि में सुरंगों से भरे क्षेत्र में से टैंक ले जाकर चरम साहस का परिचय दिया।

पूना हॉर्स और पाकिस्तान के 16 आर्मड ब्रिगेड के पैटन टैंकों के बीच हुआ यह युद्ध अपने में बेजोड़ है। इस युद्ध में पूना हॉर्स के साथ ही 47 पदाति ब्रिगेड की 16 मद्रास, 18 राजपूताना राइफ़ल्स और 13 ग्रेनाडियर्स टुकड़ियों के बहुत से वीरों ने अद्भुत साहस दिखाया। अनेक सैनिकों, जूनियर कमीशंड अफ़सरों तथा अफ़सरों ने साहस और वीरता के गौरवमय अध्याय लिखे। किन्तु यह कहानी अरुण खेत्रपाल के विषय में है, अतः यहाँ उन अन्य सभी वीरों के बलिदान और शौर्य का अभिनन्दन करते हुए भी हम अरुण खेत्रपाल की वीरता का विशेष वर्णन करेंगे। (इस युद्ध के विषय में अधिक सूचना के लिये पूना हॉर्स का वैब साइट देखें तथा लेफ़्टिनेंट जनरल हनूत सिंह पी वी एस एम की पुस्तक *फ़ख्रे हिंद* पढ़ें।)

भीषण युद्ध हो रहा था। हमारे एक अधिकारी अमरजित बाल ने रेडियो-संदेश भेजा कि तुरंत उनकी सहायता के लिये कुछ टैंक भेजे जायें। अरुण ने रेडियो पर यह संदेश सुना और स्वेच्छा से अपने टैंक से गोलाबारी करते हुए युद्धक्षेत्र में पहुँच गये और दुश्मन के ठिकानों पर हमला कर दिया। अरुण ठीक समय से जरपाल पहुँचे। एक-एक पल मूल्यवान था। दुश्मन के टैंक हमारे स्क्वॉड्रन पर पहला आक्रमण करके लौट ही रहे थे। जब अरुण बसन्तर नदी पार कर रहे थे उनके दल पर, सीमेंट के बंकरों में जमी हुई पाकिस्तानी सेना ने अपनी रिकॉयल लैस बन्दूकों से भारी गोलाबारी आरंभ कर दी। अरुण की नस-नस में युद्ध का उत्साह उमड़ रहा था। उन्होंने दुश्मन की गोलाबारी की परवाह किये बिना उनके ठिकानों पर धावा बोल दिया। उस समय उनके दिल में एक ही विचार, एक ही कामना थी कि जैसे भी हो दुश्मन को समाप्त कर दें। वे अपना टैंक लेकर पाकिस्तानियों के सुदृढ़ ठिकानों और रक्षात्मक मोर्चों पर चढ़ गये। अरुण के जे. सी. ओ. रिसालदार सगत सिंह सर्वश्रेष्ठ टैंक कमांडरों में से एक थे। उन्हें अरुण के साथ भेजा गया था जिससे वे इस युवा अफ़सर की देखभाल कर सकें जिसने अभी तक अपना युवा अफ़सरों का प्रशिक्षण-कोर्स (यंग ऑफ़िसर्स कोस) भी नहीं किया था। अरुण के इस प्रचंड धावे के समय रिसालदार सगत सिंह के मुँह पर मशीनगन की गोलियों की बौछार पड़ी। उनकी मृत्यु हो गयी। मरते-मरते भी उस वीर ने अपने टैंक के अन्य सिपाहियों से कहा कि वे कच्ची उम्र के अरुण साब का ख्याल रखें।

## अग्नि के रथ

पूना हॉर्स के इन दुस्साहसी तीन टैंक कमांडरों, कैप्टेन वी. मलहोत्रा जिन्हें प्यार से 'मल्लू', कहते थे, कमांडर अवतार अहलावत और हमारे हीरो अरुण खेत्रपाल ने अपने टैंक दुश्मन के बंकरों पर चढ़ा दिये। वे अपनी पिस्तौलें हाथ में लेकर इन बंकरों में कूद पड़े और पिस्तौलें तान कर दुश्मन के कुछ सैनिकों को समर्पण करने को विवश कर दिया तथा उन्हें बन्दी बना कर उनके हथियार छीन लिये। कैप्टेन मल्लू के पास तो पिस्तौल भी नहीं थी। उन्होंने केवल अपनी अंगुली तान दी। पाकिस्तानी सैनिक इस बुरी तरह घबरा गये थे कि उन्होंने समर्पण कर दिया। हमारे कमांडरों ने इन सिपाहियों को अपने टैंकों के इंजनों पर बाँध दिया। एक पाकिस्तानी कैदी ने कहा, "आज की लड़ाई से साबित हो गया है कि अपने से बड़ी ताकत से कभी टक्कर नहीं लेनी चाहिये।" कैप्टेन वी. मलहोत्रा, कमांडर अवतार अहलावत और हमारे हीरो अरुण खेत्रपाल शीघ्र ही जरपाल के दक्षिण के एक वृक्ष-समूह के बाहर निकल आये। उन्होंने देखा कि पहला हमला करने के बाद दुश्मन के टैंक पीछे हट रहे थे। हमले के प्रचंड वेग में, सुरक्षा की परवाह किये बिना, वे दुश्मन के पीछे हटते हुए टैंकों का पीछा करने लगे और उनमें से दो को नष्ट कर दिया। उनके कमांडेंट ने कठिनाई से उन्हें रोका और कहा कि वे वापस लौटें और शेष स्क्वॉड्रन के साथ लड़ें।

इसी समय दुश्मन ने अपना जवाबी हमला किया। इस हमले के आरंभ होते ही स्क्वॉड्रन के कुछ टैंक तो ओट में चले गये किन्तु मल्लू, अवतार और अरुण अभी तक खुले मैदान में थे। दुश्मन ने उन्हें देख लिया और उन पर अपने टैंकों की बन्दूकों से गोलाबारी आरंभ कर दी। पाकिस्तान के 13 लांसर्स की एक पूरी आर्मर्ड रेजीमेंट ने जरपाल पर आक्रमण कर दिया और टैंकों की टैंकों से भीषण लड़ाई होने लगी। इसकी पूरी चोट मल्लू, अवतार और अरुण के ऊपर पड़ी क्योंकि शत्रु ने वही क्षेत्र आक्रमण के लिये चुना जहाँ उनके टैंक थे। शत्रु ने उन पर भारी बमवर्षा आरंभ कर दी। विनाश और मृत्यु के उस तांडव नर्तन के बीच इन तीन युद्ध-देवताओं ने आक्रमण करने वाले शत्रु टैंकों पर मानों कहर ढा दिया। 13 लांसर्स के टैंक हमारे वीरों द्वारा की गई गोलों की बौछार से भयभीत हो गये। हमारे वीर उन टैंकों को चूर-चूर कर रहे थे। उनके 10 के करीब टैंक इस युद्ध में नष्ट हो गये। मानों हमारे ये तीन वीर भारतमाता के चरणों में शत्रु के टैंकों की बलि चढ़ा रहे थे। इस प्रचंड आक्रमण से भयभीत होकर शेष पाकिस्तानी टैंक पीछे हट गये।

पाकिस्तान की 13 लांसर्स को पुनः आक्रमण करने का आदेश मिला। वे अपने टैंकों के भारी संख्या में नष्ट होने से हिम्मत खो बैठे थे। उनके स्क्वॉड्रन के कमांडर मेजर नासिर ने अपने टैंक चालकों, बन्दूकचियों तथा अफ़सरों से कहा कि यह निर्णायक युद्ध था। "या तो अब विजय पाई जा सकती थी या कभी नहीं।" नासिर ने उन्हें यह कह कर हिम्मत बंधाई कि वे अन्य अफ़सरों के साथ स्वयं युद्ध में आगे रहेंगे। उनके शब्दों से उत्साहित होकर 13 लांसर्स ने बड़े जोश से प्रचंड हमला किया। (यह सूचना युद्ध-विराम के बाद पाकिस्तानी अफ़सरों ने भारतीय अफ़सरों को दी थी।) 13 लांसर्स के टैंक पूरी ताकत से लड़े। किंतु फिर भी हमारे टैंकों ने बहुत से पाकिस्तानी टैंकों की धज्जियाँ उड़ा दीं। इसी समय कमांडर अवतार के टैंक पर एक गोला लगा और वे गंभीर रूप से घायल हो गये। उनका ड्राइवर टैंक को ओट में ले गया और कमांडर अवतार को युद्धक्षेत्र से बाहर ले जाया गया। इसके बाद ही कैप्टेन मल्लू के टैंक की बंदूक में कुछ खराबी आ गयी और उसने काम करना बंद कर दिया। कैप्टेन मल्लू ने रेडियो पर कमांडेंट हनूत सिंह से पीछे हटने की अनुमति माँगी। कमांडेंट हनूत सिंह को लगा कि इस स्थिति में यदि कोई भी टैंक पीछे हटा तो उसका बहुत खराब प्रभाव होगा। ऐसा करने पर हमारी सेना का हौसला टूट जायेगा और घबराहट फैल जायेगी। उन्होंने मल्लू को आदेश दिया कि बंदूक खराब होने पर भी वे अपने स्थान पर डटे रहें। अब उन्होंने रेडियो नैट पर सब टैंकों को आदेश भेजा, "हर टैंक अपने स्थान पर डटे रह कर लड़ेगा। कोई भी टैंक अपना स्थान नहीं छोड़ेगा।"

## बलिदान और गौरव की बेला

युद्ध में कभी-कभी ऐसे क्षण आते हैं जब मनुष्य एक ऐसी दैवी शक्ति से भर जाता है जो मृत्यु को अमरता प्रदान करती है। प्रतीत होता है कि उस भीषण टैंक-युद्ध के समय अरुण के अन्दर कोई ऐसी ही दैवी शक्ति संचरित होने लगी। युद्ध के इस महत्वपूर्ण मोर्चे पर अब उस क्षेत्र में केवल हमारे हीरो अरुण अपने टैंक के साथ बचे थे। उन्होंने अपने टैंक से शत्रु के पीछे हटते हुए टैंकों का पीछा करना शुरू कर दिया और उनमें से एक को नष्ट कर दिया। इसी समय उनके टैंक पर एक गोला लगा किन्तु वह छिटक कर एक ओर जा गिरा। कुछ देर बाद एक दूसरा गोला उनके टैंक पर लगा और उसमें आग लग गयी। कैप्टेन मल्लू ने यह देख कर अरुण को आज्ञा दी कि वे अपना टैंक छोड़ दें। अमरजित ने भी उन्हें यही संदेश भेजा। किन्तु अरुण ने देखा था कि उस क्षेत्र में युद्ध की स्थिति गंभीर थी और

केवल वे ही दुश्मन को उस क्षेत्र में पुनः आने से रोक सकते थे। अरुण यह भी समझ गये थे कि यद्यपि शत्रु पर करारी चोट पड़ी थी किन्तु वह अब भी उस क्षेत्र में बढ़ता आ रहा था जिसकी रक्षा का दायित्व उनके ऊपर था। यदि वे अपना टैंक छोड़ देते तो शत्रु निश्चय ही उस क्षेत्र में घुस आता। अतः परम वीर अरुण जान हथेली पर रख कर लड़ते रहे तथा एक अन्य टैंक को उड़ा दिया। उनके अफ़सर ने पुनः संदेश भेजा, "अरुण, टैंक छोड़ कर अपनी जान बचाओ।" सेकेंड लेफ़्टिनेंट अरुण ने रेडियो पर ही अपने अफ़सर को उत्तर दिया, "नहीं, सर, मैं अपना टैंक नहीं छोड़ूँगा। मेरी बंदूक अभी काम कर रही है और मैं इन बदमाशों को खत्म करके रहूँगा।" जब मल्लू ने ज़ोर दिया कि या तो अरुण अपने टैंक को पीछे ले जायें या टैंक को छोड़ कर बाहर निकल आएँ, तब अरुण ने अपने रेडियो का स्विच ही बंद कर दिया। वे अपना सारा ध्यान युद्ध पर केंद्रित करना चाहते थे। उनके टैंक-ड्राइवर प्रयाग सिंह ने भी अनुरोध किया कि टैंक को पीछे हटा लें और कुछ मिनटों में आग बुझा कर वापस युद्ध करने आ जाएँ। तब परम वीर अरुण ने उत्तर दिया, "नहीं, प्रयाग सिंह, तुमने सी. ओ. साहिब का ट्रांसमीशन नहीं सुना? कोई भी टैंक एक इंच भी पीछे नहीं हटेगा।"

अब एक ऐसा टैंक युद्ध हुआ जिसकी चर्चा युगों तक होगी। युद्ध क्षेत्र में चारों ओर टूटे हुए टैंक धूँ-धूँ करके जल रहे थे, उनमें से गहरा धुँआ निकल रहा था। दुश्मन के वे भारी-भरकम, विशालकाय पैटन टैंक उलटे हुए पड़े थे। बीसियों तोपों से गोलाबारी हो रही थी। टैंकों के टैंकों से टकराने के, स्पात-भेदी तोपों के गोलों के द्वारा टैंकों को फोड़ने के उस भीषण शोर से कानों के परदे फट रहे थे। घायल और मरते हुए सैनिकों की आवाज़ें उस शोर में खो गयी थीं। दोनों पक्षों के सैनिकों के शव इधर-उधर बिखरे थे। कुछ मृत सैनिकों के हाथों में अभी भी उनकी बंदूकें थीं। कुछ अपने ही टैंकों में जिंदा भुन गये थे। मृत्यु का भीषण नृत्य हो रहा था, लगता था शिव तांडव कर रहे थे। अकेले होने पर भी शेरदिल अरुण घबराये नहीं। वे एक के बाद दूसरे टैंक को उड़ाते गये और एक पल को भी रुके बिना अपना टैंक लेकर आगे बढ़ते गये। दुश्मन के दस टैंक नष्ट हो गये जिनमें से चार को अकेले अरुण ने नष्ट किया था। उनके ज़बरदस्त आक्रमण से दुश्मन की हिम्मत टूट गयी और पाकिस्तानी टैंक पीछे हटने लगे।

अब कमांडेंट हनूत सिंह ने मेजर मान सिंह को आज्ञा दी कि वे कैप्टेन मल्लू और कमांडर अहलावत के टूटे हुए टैंकों के स्थान पर जा कर मोरचा संभालें। किन्तु जब तक मान सिंह संकट में फँसे हुए ए स्क्वॉड्रन की सहायता के लिये

पहुँच पाते, उसके पहले ही शत्रु ने धावा बोल दिया। इस बार शत्रु का लक्ष्य वह क्षेत्र था जहाँ हमारे हीरो अरुण अपनी ट्रूप के एक अन्य टैंक के साथ मोरचे पर जमे थे। टैंकों का यह घमासान युद्ध हमारे सैनिकों को सदा प्रेरित करता रहेगा। यद्यपि मेजर नासिर के अधिकांश टैंक नष्ट हो गये थे फिर भी चार या पाँच टैंक अब भी बच गये थे जिनमें स्वयं मेजर नासिर का टैंक भी था। मेजर नासिर ने अपने टैंकों को एकत्रित किया और हमारे घेरे को तोड़ने का अंतिम प्रयत्न करने को तैयार हो गये। उनके सामने अकेले अरुण का टैंक था। कुछ ऐसा लगने लगा था कि संख्या में अधिक होने के कारण वे वीर अरुण को हरा देंगे। शत्रु के टैंक आगे बढ़े। किंतु अरुण ने अपूर्व कौशल से एक-एक करके उन्हें गोलों से उड़ा दिया। अन्त में केवल मेजर नासिर का टैंक बचा।

जब मेजर नासिर का टैंक केवल 75 मीटर दूर था तब अरुण और नासिर दोनों ने एक दूसरे को निशाना बना कर गोले छोड़े। नासिर के गोले ने हमारे हीरो अरुण के टैंक को भेद दिया। जब हमारे हीरो अरुण कीर्ति के शिखर पर थे, तब मेजर नासिर के इस गोले ने उनके यशोमय जीवन का अन्त कर दिया। गोले के प्रहार से अरुण का ऑपरेटर नन्द सिंह मारा गया, उनका बन्दूकची नाथू सिंह गंभीर रूप से घायल हो गया और स्वयं अरुण भी मर्मान्तक रूप से घायल हो गये। उनके ड्राइवर प्रयाग सिंह ने बड़ी बुद्धिमता से नाथू सिंह को उस घोर युद्ध के बीच में हमारे एक दूसरे टैंक पर चढ़ा दिया जो उसी समय युद्धक्षेत्र में आया था। ऐसा करते समय प्रयाग सिंह के पैर में मशीनगन की गोली लगी, किन्तु अपने घाव की परवाह किये बिना वह जलते हुए टैंक को ओट में ले आया और उसकी आग बुझा दी। अब उसने वीर अरुण को देखा और पाया कि वे अभी जीवित थे। अरुण ने पानी माँगा। प्रयाग सिंह ने सोचा कि ठंडा पानी हमारे हीरो को नुकसान पहुँचा सकता है क्योंकि उस प्रभात बेला में भीषण ठंड थी। उसने टैंक के बिजली के स्टोव पर चाय बनानी शुरू की। इस समय तक उनके स्क्वॉड्रन का एक दूसरा टैंक समीप आ गया। प्रयाग सिंह ने इस टैंक के नायक रिसालदार हमीर सिंह को बुलाया और उसकी सहायता से अरुण को टैंक से बाहर निकाला। जब वे अरुण को टैंक से बाहर ला रहे थे अरुण की वीर आत्मा शरीर से निकलकर स्वर्ग चली गयी। इस प्रकार भारत के महान् वीर अरुण खेत्रपाल ने यश और गौरव से मंडित वीरगति पायी। वीर अरुण ने अपने पराक्रम से उस युद्धक्षेत्र में भारत की विजय पताका फहरा दी। शत्रु का एक भी टैंक हमारे क्षेत्र में नहीं घुस सका। इसी प्रकार एक अन्य युग में बेजोड़ साहस दिखाते हुए सुभद्रा पुत्र अभिमन्यु ने अंतिम साँस

तक युद्ध किया था। निश्चय ही स्वर्ग में देवताओं ने अरुण का स्वागत किया होगा।

जब-जब वीरों के वीर अरुण की याद आती है तब-तब झाँसी की रानी लक्ष्मी बाई के संबंध में सुश्री सुभद्रा कुमारी चौहान की पंक्तियाँ "उम्र अभी कुल 24 की थी मनुज नहीं अवतारी थी" मन में गूंजने लगती हैं। अपना बलिदान करने के समय अरुण तो 24 के भी नहीं, 21 ही वर्ष के थे। रानी के अमर शब्द "मैं अपनी झाँसी नहीं दूँगी" इतिहास में स्वर्णाक्षरों में अंकित हुए हैं। उसी तरह अपने धूँ-धूँ करके जलते हुए टैंक के अन्दर से अरुण के रेडियो द्वारा अपने अफ़सर को कहे गये शब्द, "सर, मैं अपना टैंक नहीं छोड़ूँगा," भारतीय सेना के इतिहास में स्वर्णाक्षरों में अंकित हैं।

सेना में मात्र छः महीने की सेवा के बाद परम वीर अरुण ने भारतमाता की रक्षा में अपने प्राण उत्सर्ग कर दिये। उन्होंने अपने अनुभव की कमी को अपने साहस और संकल्प से पूरा किया और शत्रु को मुँह तोड़ जवाब दिया। उस दिन अकेले सेकेंड लेफ्टिनेंट अरुण ने भारत को विजय दिलाई। 11.20 तक शत्रु का आक्रमण खत्म हो गया। पाकिस्तान के 48 टैंक युद्ध क्षेत्र में नष्ट हुए पड़े थे। इनमें से 30 जरपाल युद्धक्षेत्र में ध्वस्त हुए थे और 18 गाज़ीपुर संरक्षित वनक्षेत्र के सामने। पाकिस्तान की सबसे पुरानी और अभिमानी रेजीमेंट 13 लांसर्स विनष्ट हो गयी और उनकी 31 कैवेलरी पर करारी चोट पड़ी।

चौदह दिन के बाद 17 दिसंबर को युद्ध बंद हो गया। अरुण का परिवार बहुत खुश था कि युद्ध समाप्त हो गया है और अब अरुण घर आयेगा। किन्तु 20 दिसम्बर को उन्हें एक तार मिला कि वीर अरुण ने देश की रक्षा के लिये प्राण अर्पित कर दिये और 17 दिसम्बर को जम्मू के पास सम्बा नामक स्थान में उनका दाह-संस्कार कर दिया गया। अरुण के माता-पिता स्तंभित रह गये, उनका हृदय भग्न हो गया। एक कृतज्ञ राष्ट्र ने अरुण को मरणोपरान्त परम वीर चक्र प्रदान किया। वीर अरुण की माता श्रीमती महेश्वरी खेत्रपाल ने अपने स्वर्गीय पुत्र की ओर से 26 जनवरी, 1972 की गणतन्त्र दिवस परेड में राष्ट्रपति वी. वी. गिरि द्वारा प्रदत्त यह पदक ग्रहण किया। उस समय तक परम वीर चक्र पाने वालों में सेकेंड लेफ्टिनेंट अरुण खेत्रपाल आयु में सब से छोटे थे।

जब मैंने परम वीर अरुण की कहानी ब्रिगेडियर मदन लाल के पास उचित परिवर्तन एवं संशोधन के लिये भेजी तब 6 जनवरी, 2006 को उन्होंने लिखा, "अरुण की मृत्यु 16 दिसंबर, 1971 को पाकिस्तान के 10 मील अंदर हुई। उसके

शव को रात्रि के 9 बजे, एक ट्रक में, तीन अन्य शवों के साथ, तीन सिपाहियों और एक हवलदार की निगरानी में भारत में सम्बा नामक स्थान पर भेज दिया गया जहाँ 17 दिसंबर को सवेरे नौ बजे उनका दाह-संस्कार कर दिया गया। उस समय युद्ध चल रहा था, अतः अरुण को विदाई देने कोई अफ़सर उपस्थित नहीं था। उसके शव पर कोई मालाएँ नहीं चढ़ाई गई, न ही कोई बिगुल बजे। उसके माता-पिता को यह सूचना तार द्वारा दी गई जो उन्हें 20 दिसंबर को मिला। पाँच दिन बाद उसकी रेजीमेंट के एक अफ़सर मेजर बाल अरुण के अवशेष लेकर आये। अरुण के माता-पिता को उसका मृत शरीर देखने का अवसर नहीं मिला।"
किन्तु मुझे विश्वास है कि देवताओं ने अरुण के स्वागत में शंख-नाद किया होगा, तथा अप्सराओं ने उसकी आत्मा पर दिव्य सुमन बरसाये होंगे।

## सम्मान पत्र (साइटेशन)

### परम वीर चक्र : सेकेंड लेफ़्टिनेंट अरुण खेत्रपाल
### पूना हॉर्स (आइ. सी. 25067)
### (मरणोपरान्त)

"16 दिसम्बर, 1971 को जब शकरगढ़ सेक्टर में जरपाल में हमारी पोजीशन पर पाकिस्तानी कवचित (armoured) रेजीमेंट ने हमला किया था तो दुश्मन की सेना की संख्या हमारे ट्रूपों की संख्या से बहुत अधिक थी, तब स्क्वॉड्रन कमांडर को सेना भेजने के लिये कहा गया। सेकेंड लेफ़्टिनेंट अरुण ने रेडियो पर इस ट्रांसमिशन को सुन कर आदेश का पालन किया और दुश्मन के हमले का जवाब देने के लिये अपने ट्रूपों के साथ चल पड़े। रास्ते में दुश्मन की मज़बूत मोरचेबंदी और रिक्वॉयललैस गन नेस्ट्स से होने वाली फायरिंग में इनके ट्रूप फँस गये। दुश्मन हमारे ट्रूपों द्वारा बसन्तर नदी पर बनाए ब्रिज हैड पर अभी भी नियंत्रण बनाए हुए था। सेकेंड लेफ़्टिनेंट अरुण खेत्रपाल ने यह भाँपते हुए कि स्थिति नाजुक बनती जा रही है और तुरंत कार्यवाही करनी चाहिये, दुश्मन के शक्तिशाली ठिकानों (स्ट्रांग प्वाइंट्स) पर धावा बोल दिया। उन्हें तहस-नहस करते हुए इन्होंने पिस्तौल की नोक पर दुश्मन के इन्फैंट्री एवं शस्त्र कर्मिदल को बंदी बना लिया। इस कार्यवाही के दौरान इनके ट्रूप के एक टैंक का कमांडर मारा गया; किंतु सेकेंड लेफ़्टिनेंट खेत्रपाल तब तक लगातार लड़ते रहे जब तक कि दुश्मन को परास्त नहीं कर दिया। ये दुश्मन को भेदते हुए अपने स्क्वॉड्रन के स्थान पर पहुँच गये। जब

दुश्मन के टैंक अपने आरंभिक टोही हमलों के बाद पीछे हटने लगे तो इन्होंने उनका पीछा किया और उनमें से एक टैंक को नष्ट कर दिया। जब दुश्मन ने बख्तरबंद स्क्वॉड्रन से हमारे तीन टैंकों, जिनमें से एक टैंक का संचालन सेकंड लेफ्टिनेंट खेत्रपाल कर रहे थे, द्वारा नियंत्रित क्षेत्र पर दूसरा हमला किया तो दोनों पक्षों में घमासान युद्ध हुआ। दुश्मन के दस टैंकों को नष्ट कर दिया गया जिनमें से चार टैंकों को अकेले सेकंड लेफ्टिनेंट अरुण खेत्रपाल ने नष्ट किया। युद्ध के दौरान सेकंड लेफ्टिनेंट खेत्रपाल के टैंक पर गोला लगा और उसमें आग लग गई तथा ये गंभीर रूप से घायल हो गए। सेकंड लेफ्टिनेंट खेत्रपाल को टैंक छोड़ने का आदेश हुआ; परन्तु यह महसूस करते हुए कि दुश्मन अब भी इस सेक्टर में आक्रमण कर रहा है और यदि वे टैंक छोड़ देते हैं तो बसन्तर नदी पर ब्रिज हैड बनाने का कार्य अधूरा रह जायेगा, अपने टैंक में आग लगने और ज़ख्मी होने के बावजूद ये दुश्मन के टैंकों पर प्रहार करते रहे तथा उनके एक और टैंक को नष्ट कर दिया। इसी दौरान इनके टैंक पर एक और गोला लगा, जिसके फलस्वरूप सेकंड लेफ्टिनेंट अरुण खेत्रपाल की मृत्यु हो गयी; परन्तु इन्होंने दुश्मन को उसके इरादों में सफल नहीं होने दिया।

इस कार्यवाही के दौरान सेकंड लेफ्टिनेंट अरुण खेत्रपाल ने दुश्मन के सामने उल्लेखनीय वीरता, असाधारण युद्ध कौशल और उद्देश्य प्राप्ति के प्रति दृढ़ निश्चय का प्रदर्शन किया।"

भारत सरकार गजट अधिसूचना<br>संख्या 7–प्रेस/72

ब्रिगेडियर खेत्रपाल ने मेजर जनरल इयान कार्डोजो से बताया, "...पूना हॉर्स के जनरल एस. डी. वर्मा ने 15 फ़रवरी को अरुण की रेजीमेंट, जो अभी तक पाकिस्तान में थी, के निरीक्षण के पश्चात् मुझे लिखा, 'मैं उस स्थान पर गया था जहाँ उसका टैंक था और जहाँ वह अपने पैदल और कवचित साथियों को छोड़ देने को तैयार नहीं था। उसने एक सैनिक की मृत्यु पायी। मैं उसे स्वयं यह पुरस्कार पाते हुए देखने के लिये खुशी से अपने जीवन के दस वर्ष दे देता, यह पुरस्कार जिसे अपने निःस्वार्थ व्यवहार के कारण वह दस बार पाने का अधिकारी था।' ...

"अरुण पूना हॉर्स में नियुक्त होना चाहता था; वह पूना हॉर्स के एक अफ़सर की तरह जिया और मरा। लेफ्टिनेंट जनरल हरप्रसाद ने मुझे फ़रवरी 1972 में लिखा, 'आपने मुझसे अरुण की पूना हॉर्स में नियुक्ति करने की प्रार्थना की थी, जो मैंने कर दी। उस युवक को अपनी पसंद की रेजीमेंट तो मिली पर

अरुण खेत्रपाल की माँ राष्ट्रपति से परम वीर चक्र लेते हुए

किस कीमत पर!' ” (*परम वीर : आवर हीरोज़ इन बैटल*, लेखक : मेजर जनरल इयान कार्डोजो, पृष्ठ 130)

85 वर्ष के ब्रिगेडियर मदन लाल खेत्रपाल ने जून 2005 में एक साक्षात्कार में सत्यप्रकाश और राका को बताया, “हमें आशा थी कि हमारा छोटा बेटा मुकेश सेना में जायेगा और अरुण आई. आई. टी. में। किन्तु हुआ उलटा। हम सेना के जीवन से प्रेम करते हैं। 17 पूना हॉर्स, 16 दिसम्बर को बसन्तर दिवस के रूप में मनाती है और समारोह में हमें भी निमंत्रित करती है। अंबाला जाने पर हमने अरुण के टैंक को देखा। उन्होंने उसे चमका कर बिलकुल नये के समान बना कर रखा है।” (अरुण के टैंक का नाम फामा गुस्ता है। फामा गुस्ता साइप्रस का एक बन्दरगाह है जो 14 वीं सदी में एक अत्यंत समृद्ध नगर था।)

हमारे हीरो की माता श्रीमती महेश्वरी खेत्रपाल ने सत्यप्रकाश और राका को बताया, “सम्बा में जहाँ अरुण का अंतिम संस्कार हुआ था, उसके सम्मान में

एक स्मारक बनाया गया है। उसमें अरुण की मूर्ति स्थापित की गयी है। इस मूर्ति के लिये संगमर्मर देने वाले व्यापारी ने सब से उत्तम कोटि का पत्थर दिया और उसके लिये मूल्य लेने से इनकार कर दिया। सम्बा एक तीर्थ-स्थल बन गया है। अरुण का एक रिश्ते का भाई अरुण को श्रद्धांजलि देने सम्बा गया तो टैक्सी के ड्राइवर ने किराया नहीं लिया।"

एक बार सहारा चैनल ने श्रीमती खेत्रपाल से साक्षात्कार किया। श्रीमती खेत्रपाल ने तीव्र भावावेग से कहा, "युद्ध के समय और शहीदों के मृत्यु-दिवस पर नेता और राजनीतिज्ञ उनको बहुत सुन्दर श्रद्धांजलियाँ देते हैं और उनके परिवारों का सम्मान भी करते हैं। बस, यहीं उनकी देशभक्ति समाप्त हो जाती है। आज तक किसी नेता या राजनीतिज्ञ ने अपने बेटे को सेना में भेजा है? अगर दे सकें तो आप मुझे एक भी उदाहरण दीजिये।" इस साक्षात्कार के बाद जब खेत्रपाल दंपती बसन्तर दिवस के समारोह में अंबाला गये तो वहाँ सैनिक अधिकारियों ने श्रीमती खेत्रपाल को उनकी स्पष्टवादिता के लिये बधाई दी। श्रीमती खेत्रपाल इस बात से दुःखित हैं कि भारत सरकार 16 दिसम्बर को विजय दिवस के रूप में नहीं मनाती। उन्होंने राका से कहा, "यह आश्चर्य की बात है। सेना के उच्चाधिकारियों ने अनेक बार सरकार से प्रार्थना की कि 16 दिसम्बर को विजय दिवस के रूप में मनाया जाना चाहिये। किन्तु फिर भी सरकार ने इस ओर कोई ध्यान नहीं दिया। अब कुछ गैर-सरकारी संगठन इस दिशा में प्रयत्न कर रहे हैं और सरकार पर इस विषय में कुछ करने के लिये दबाव डाल रहे हैं।"

कुछ दिन पूर्व श्रीमती खेत्रपाल की इच्छा अंशतः पूरी हुई। 16 नवम्बर, 2005 को लेफ्टिनेंट जनरल जी. डी. सिंह ए वी एस एम, डायरेक्टर जनरल मैकेनाइज़्ड फ़ोर्सेज़ ने शिक्षा-मंत्रालय के माध्यम से एक उत्सव का आयोजन किया। भारतीय सेना के प्रधान सेनापति, राष्ट्रपति ए. पी. जे. अब्दुल कलाम इस समारोह के सभापति थे। लेफ्टिनेंट अरुण के सम्मान में कैवेलरी मैमोरियल भाषण देते हुए राष्ट्रपति ने अरुण को उज्ज्वल श्रद्धांजलि देते हुए कहा, "अपनी परम आत्माहुति देने के लिये मैं अरुण को सैल्यूट करता हूँ और जानता हूँ कि वे सभी युवाओं के, विशेषतया सेना के अफ़सरों और जवानों के अनुकरणीय आदर्श (रोल मॉडल) बनेंगे।" बाद में राष्ट्रपति ने स्वयं बच्चों को यह शपथ दिलाई : "देश की रक्षा का साहस, नवीन परिवर्तन का साहस, आविष्कार का साहस, पीड़ा पर विजय पाने का साहस और सफल होना ऐसी विशेषताएँ हैं जिन्होंने मानव सभ्यता को विकास की ओर बढ़ाया है।"

इस समारोह में 1200 से अधिक गण्य मान्य व्यक्ति और 800 विद्यार्थी निमंत्रित थे। इन विद्यार्थियों में सनावर के लॉरेंस विद्यालय के विद्यार्थी भी थे जहाँ परम वीर अरुण ने शिक्षा पायी थी। श्रीमती खेत्रपाल को समारोह के आरंभ में दीपक जलाने के लिये आमंत्रित किया गया। राष्ट्रपति ने उनका आलिंगन किया और उन्हें एक शॉल तथा चाँदी का एक पदक उपहार दिये।

## एक शत्रु की श्रद्धांजलि

यह तो स्वाभाविक ही है कि एक राष्ट्र अपने वीर सैनिक का सम्मान करे, किन्तु शत्रु भी जिसकी वीरता के सामने नतमस्तक हों, ऐसे वीर विरले ही होते हैं। अरुण के पिता ब्रिगेडियर एम. एल. खेत्रपाल का एक बहुत मर्मस्पर्शी संस्मरण है। अरुण की मृत्यु के बाद बरसों तक ब्रिगेडियर खेत्रपाल यदाकदा यह सूचना पाते रहे कि एक पाकिस्तानी सेनाधिकारी उनसे संपर्क करना चाहता है। किन्तु कई दशक बीत गये और कोई संपर्क स्थापित नहीं हो सका। ब्रिगेडियर खेत्रपाल मृत्यु से पहले अपने जन्मस्थान सरगोधा को, जो अब पाकिस्तान में है, एक बार पुनः देखना चाहते थे। सन् 2001 में, 81 वर्ष की अवस्था में, उन्हें पाकिस्तान जाने के लिये अनुमति पत्र (विज़ा) प्राप्त हुआ। ऐसा प्रबंध किया गया कि वे लाहौर में ब्रिगेडियर ख्वाजा मोहम्मद नासिर के अतिथि होंगे। ब्रिगेडियर खेत्रपाल को यह ज्ञात नहीं था कि ब्रिगेडियर नासिर 13 लांसर्स के नायक थे। ब्रिगेडियर नासिर ने उनका हृदय से स्वागत किया तथा उनके प्रति बहुत सम्मान प्रकट किया। सरगोधा से लौट कर ब्रिगेडियर खेत्रपाल तीन दिन तक लाहौर में ब्रिगेडियर नासिर के सम्मानित अतिथि के रूप में उनके घर रहे। जिस दिन ब्रिगेडियर खेत्रपाल लौटने वाले थे ब्रिगेडियर नासिर ने उनसे कहा, "...मुझे आपसे, आपके पुत्र अरुण के विषय में कुछ कहना है। अरुण खेत्रपाल राष्ट्र के हीरो हैं ...परम वीर चक्र पाने वालों में सब से कम उम्र के हैं ...किन्तु उस नियति निर्धारित दिन, बड़े पिंड की लड़ाई में (जिसे भारतीय सेना बसन्तर का युद्ध कहती है) हम एक-दूसरे से अपरिचित दो सैनिक थे और अपने-अपने देश की सुरक्षा और सम्मान के लिये लड़ रहे थे। युद्धक्षेत्र में अरुण ने अनुकरणीय साहस दिखाया और अपनी सुरक्षा की परवाह किये बिना वे अपने टैंक को निर्भीक साहस और वीरता से चला रहे थे। दोनों ही ओर के बहुत से टैंक नष्ट हो गये। अन्त में हम दोनों ही बचे और एक दूसरे के आमने-सामने थे। हमने एक साथ ही गोले छोड़े। ...भाग्य की बात है कि मैं जीता रहा और उनकी मृत्यु हो गयी। मुझे बाद ही में पता चला कि वे कौन थे और कितनी कम

उम्र के थे। ...मैं आपके बेटे को, वे जो थे और इतनी छोटी उम्र में उन्होंने जो किया उसके लिये उन्हें सलाम करता हूँ और आपसे मिलने के बाद मैं आपको भी सलाम करता हूँ क्योंकि अब मैं समझ गया हूँ कि वह कैसे इतना श्रेष्ठ युवक बना... ।"

बाद में ब्रिगेडियर नासिर ने ब्रिगेडियर खेत्रपाल को उनकी यात्रा की स्मृति में एक फ़ोटो भेजा जिसके पीछे उन्होंने लिखा था :

हार्दिक सम्मान

और

पूरी सचाई के साथ,

ब्रिगेडियर खेत्रपाल को,

जिनके पुत्र परम वीर चक्र विजेता

शहीद सेकेंड लेफ्टिनेंट अरुण खेत्रपाल

16 दिसम्बर, 1971 को बड़े पिंड के युद्ध में 'स्पीयर हैड्स' 13 लांसर्स द्वारा किये गये जवाबी हमले की विजय और पराजय के बीच में, जिसे हम 'बड़े पिंड' की लड़ाई कहते हैं और 17 हॉर्स 'बसन्तर' का युद्ध कहती है, एक अजेय चट्टान की तरह खड़े रहे—

ख्वाजा मोहमद नासिर, 13 लांसर्स

2 मार्च, 2001 लाहौर

यह घटना हमें होमर द्वारा अपने महाकाव्य इलियड में वर्णित इसी प्रकार के एक हृदयविदारक प्रसंग की याद दिलाती है। महान् वीर ऐकीलीस ट्रॉय के युद्ध में हीरो राजकुमार हेक्टर को मार देता है और उसके शव को अपने रथ के पहियों से बाँध कर ट्रॉय के तीन चक्कर काटता है। 12 दिन बाद हेक्टर के, शोक से विदीर्ण, वृद्ध पिता राजा प्रायाम चुपचाप ऐकीलीस की छावनी में आकर उससे अपने पुत्र का शव लौटाने की याचना करते हैं। 12 दिन से भूखे, दुख की सजीव मूर्ति, वृद्ध राजा प्रायाम को देख कर ऐकीलीस का हृदय करुणा से भर गया। उसने प्रायाम को भोजन कराया और उन्हें कुछ खालों से ढक कर रात होने तक एक ओर विश्राम करने के लिये कहा। उसे भय था कि यदि उसके पक्ष के सैनिकों को प्रायाम की उपस्थिति का आभास हो गया तो वे उन्हें मार देंगे। अपने प्रिय पुत्र के हत्यारे का आतिथ्य स्वीकार करना राजा प्रायाम के लिये हृदयविदारक हुआ होगा। उसी प्रकार ब्रिगेडियर खेत्रपाल के लिये यह अहसास कितना असहनीय

हुआ होगा कि उन्होंने अपने पुत्र को मारने वाले व्यक्ति का आतिथ्य स्वीकार किया था!

कितना मार्मिक और दुःखद है यह तथ्य कि देश के विभाजन के पूर्व भारत के 3 ग्रेनाडियर्स तथा पूना हॉर्स और पाकिस्तान के 13 लांसर्स जो बसन्तर में एक-दूसरे के विरुद्ध लड़े थे, भारतीय सेना की एक ही टुकड़ी के अंग थे।

# एक भाई के संस्मरण

अक्टूबर 2010 में परमवीर चक्र विजेता अरुण खेत्रलाल के छोटे भाई मुकेश खेत्रपाल मुझसे मिलने आये। उन्होंने अरुण खेत्रपाल के बाल्यकाल के विषय में अब तक अज्ञात कुछ अविस्मरणीय संस्मरण सुनाये।

मुकेश परमवीर अरुण से केवल एक वर्ष छोटे थे किन्तु अरुण मुकेश का सर्वदा संरक्षण करते थे, उनकी हर जिद को मानते थे। मुकेश कहते हैं कि वे अपने भाई के कारण सदा सुरक्षित होने का अनुभव करते थे।

जब अरुण सात-आठ वर्ष के थे उनकी माँ ने उनके पहनने के लिये एक नया कार्डिगन खरीदा। नया कार्डिगन पहन कर अरुण स्कूल गये। जब वे शाम को लौटे तो कार्डिगन नहीं पहने थे। माँ ने आश्चर्य से पूछा, "तुम्हारा कार्डिगन कहाँ है?" अरुण ने उत्तर दिया, "कार्डिगन स्कूल में रह गया।" माँ ने उन्हें लापरवाही के लिये कस कर डाँटा और कहा, "कल स्कूल से लौटते समय कार्डिगन लेकर आना।" अगले दिन अरुण पुराना कार्डिगन पहन कर स्कूल गये। लौटने पर माँ ने नये कार्डिगन के विषय में पूछा। अरुण ने बताया कि कार्डिगन नहीं मिला। माँ को बहुत बुरा लगा और उन्होंने अरुण को खासी डाँट लगायी।

समय बीतता गया। कुछ वर्ष बाद एक दिन तरुण मुकेश अपने कॉलेज के कैंटीन में नाश्ता करने गये। नाश्ते के बाद उन्होंने बिल माँगा। कैंटीन वाले ने पूछा, "क्या आप अरुण खेत्रपाल के भाई हैं?" मुकेश के 'हाँ' कहने पर कैंटीन वाले ने कहा, "मैं आपसे पैसा नहीं ले सकता।" "क्यों भाई पैसा क्यों नहीं लोगे?" मुकेश ने पूछा। "कुछ साल पहले की बात है मैं जाड़े में सड़क पर ठिठुर रहा था। मैं इतना गरीब था कि कार्डिगन नहीं खरीद सकता था। अरुण ने अपना कार्डिगन उतार कर मुझे दे दिया था। आज मैं उनके भाई से पैसे कैसे ले सकता हूँ?"

इतने उदार थे बालक अरुण।

# परम वीर चक्र विजेता—
# अरुण खेत्रपाल को श्रद्धांजलि

माता महेश्वरी का जाया,

पिता मदन लाल का सरमाया,

*फ़ामा गुस्ता* पर चढ़ आया,

धड़-धड़ करता वह बढ़ आया।

वह काल-दूत बन कर आया,

राणा प्रताप बन चढ़ आया,

वह वीर शिवाजी-सा छाया,

भारत माँ का मान बढ़ाया,

भारत माँ पर प्राण चढ़ाया,

शत्रु-पराजय का यश पाया।

देखे थे कुल इक्कीस वसंत,

पर अरुण में था वीरत्व अनंत।


बसन्तर के घनघोर युद्ध में,

दुश्मन-दल से टैंक युद्ध में,

घूँ-धूँ करके धधक रहा था,

*फ़ामा गुस्ता* टैंक अरुण का,—

फिर भी आगे बढ़ता जाता,

गोलों पर गोले बरसाता,

ऐसी की अचूक बमबारी,

दुश्मन ने हिम्मत थी हारी।

कवच भिदे पैटन टैंकों के,

टुकड़े हुए शत्रु टैंकों के,

!! हमारे परम वीर चक्र विजेता !!

होश उड़ गये कमान्डरों के,
मुड़ भागे वे साहस खो के।


चूर कर दिये वीर अरुण ने,
अकेले ही दस पैटन टैंक,
मिटा दिये अरि के वे सपने,
दिल्ली चढ़ आने के सपने।
रणधीरों का वह था सरताज़,
टूट पड़ा निर्भय बन बाज़,
साँस रोक कर देख रहे थे,
दुश्मन भय से भाग रहे थे।
स्वर्ग लोक के द्वार खुले थे,
नभ से देव पुकार रहे थे,–
"स्वागत-स्वागत अरुण तुम्हारा,
अभिनन्दन है अरुण तुम्हारा।"


पूना हॉर्स के ओ सेनानी,
अचूक लक्ष्य के ओ संधानी,
ऐसी की तुमने मनमानी
दे डाली अपनी कुरबानी।
नहीं तुम्हारा कोई सानी,
कैसी थी पुरज़ोर जवानी,
गायेगी कवियों की वाणी,
रोमांचक यह विजय कहानी।

भारत माता के हीरक कण!
चुका नहीं सकते हम यह ऋण।
सदियाँ तुमको याद करेंगी,
भाव-सुमन बौछार करेंगी।
'अरुण', 'अरुण' की गूँज उठेगी,
यश-गाथा की धूम मचेगी।
वीरों के तुम वीर अमर हो,
भारत के रणधीर अमर हो।
कभी नहीं भूलेंगे तुमको,
शीश झुकायेंगे हम तुमको।
सुमन चढ़ायेंगे हम तुमको,
आदर्श बनायेंगे हम तुमको।

# परम वीर चक्र विजेता : मानद कैप्टेन बाना सिंह

## जन्म और बाल्यकाल

जम्मू कश्मीर राज्य की रणबीरपुरा तहसील में कडयाल नाम के ग्राम में 6 जनवरी 1949 को बाना सिंह का जन्म हुआ। उस दिन कौन अनुमान कर सकता था कि एक दिन यह यशस्वी बालक भारत के नक्शे पर इस अज्ञात गाँव को एक विशेष स्थान दिला देगा। बाना सिंह की माता का नाम श्रीमती भोली कौर और पिता का श्री अमरसिंह है। अमरसिंह एक कृषक थे। वे अपनी जमीन जोतते-बोते थे। उनके गाँव में बाना सिंह नाम का एक पहलवान रहता था। गाँव के लोग उनका बहुत सम्मान करते थे। अमरसिंह सोचा करते थे कि अगर उनके बेटा हुआ तो उसका नाम बाना सिंह रखेंगे। अतः उन्होंने अपने बड़े पुत्र का नाम बाना सिंह रखा।

अमरसिंह के पाँच पुत्र तथा तीन पुत्रियाँ हुईं। उनका परिवार धार्मिक प्रवृत्ति का है। उनके दो भाई इंग्लैंड और कनाडा में 'रागी' हो गये। (गुरुद्वारों में गुरुग्रंथ साहब का पाठ करने वाले सिख पुजारी 'रागी' कहलाते हैं।) उनके परिवार में ईमानदारी और सच्चरित्रता पर बहुत बल दिया जाता था। इस कारण बाना सिंह स्वभाव से ही अपने व्यवहार में खरे थे और हर परिस्थिति का सामना करने में, चाहे वह कितनी भी संकटपूर्ण क्यों न हो, अपनी जान की बाजी लगा देते थे।

श्री अमरसिंह के बड़े भाई करतार सिंह सेना में भरती हो गये थे। सरल ग्रामीण उनका बहुत सम्मान करते थे। बाना सिंह के पिता उनसे कहा करते थे, "बेटे, मैंने अपना जीवन खेती करने में व्यतीत किया है। किन्तु अपने ताऊजी की ओर देखो। जब वे छुट्टी में घर आते हैं तो कितना अच्छा लगता है। वे कितनी शान से बैठते हैं, कितना अच्छा खाते हैं। मैं तो एक किसान हूँ। मेरी ज़िंदगी में कोई खास बात नहीं है। लेकिन अगर तुम अपने ताऊजी के कदमों पर चलोगे तो हमारे पूरे खानदान की ज़िंदगी सुधर जायेगी।" बाना सिंह के परिवार के अन्य बहुत से लोग भी सेना में नौकरी करते थे और उनमें से कुछ ने नाम-यश पाया था। उस परिवार में सेना की नौकरी को सर्वश्रेष्ठ समझा जाता था। इसलिये यह स्वाभाविक ही था कि बाना सिंह अपने दिल में सेना में नौकरी करने का सपना संजोये थे।

बचपन से ही बाना सिंह के दिल में कुछ बड़ा काम करने की तमन्ना थी। जब भी वे उस क्षेत्र के सेना के उन सिपाहियों और अफ़सरों को देखते थे, जो अपने घरों से दूर रह कर देश की सीमाओं की रक्षा करते थे, तब वे बेचैन हो जाते थे कि कब उन्हें भी देश की रक्षा करने का मौका मिलेगा। सेना में भरती होने के लिये उनकी इच्छा तीव्र होती गयी।

बाना सिंह के दिल में बुजुर्गों के लिये बहुत सम्मान था। उनके एक चाचा अंग्रेज़ी सेना में नौकरी करते थे। सेवानिवृत्त होने के बाद वे कडयाल से कुछ दूर एक गाँव में रहने लगे। वे भी बाना को सेना में भरती होने के लिये प्रेरित करते थे। वे कहा करते थे, "बाना, अगर तुम बुजुर्गों का सम्मान करोगे तब तुम्हें अवश्य ही नाम और शोहरत प्राप्त होंगे। सेना की नौकरी में शान-शौकत और सम्मान है।" गाँव के लड़के उनके चारों ओर एकत्रित होकर उनसे सैनिक जीवन की रोमांचक कहानियाँ सुना करते थे। उन्होंने लड़कों को बताया, "जब मैं सेना से सेवानिवृत्त हुआ तब मुझे पाँच रुपये पेंशन मिलती थी।" बच्चे हँस कर अविश्वास से कहते, "दादाजी, आप पाँच रुपये से किस प्रकार काम चलाते होंगे?" वे उत्तर देते कि उन दिनों सब चीज़ें इतनी सस्ती थीं कि खर्च के बाद पाँच रुपयों में से उनके पास कुछ पैसे बच भी जाते थे।

बाना सिंह की आरंभिक शिक्षा कडयाल के स्कूल में हुई। वहाँ से आठवीं कक्षा पास करने के बाद बाना सिंह ने समीप के एक गाँव बडयाल ब्रह्मणा के आर. एस. पुरा विद्यालय में दाखिला लिया और वहाँ से दसवीं कक्षा पास की। उन्हें गाँव के लड़कों के साथ कबड्डी खेलने में बहुत मज़ा आता था। 14 वर्ष की आयु में

उनके एक शिक्षक श्री निशान सिंह ने उन्हें परामर्श दिया, "बाना, खेल हो या काम, तुम जो कुछ भी करो, उसे पूरा मन लगा कर, पूरे उत्साह से करो। तब सफलता अवश्य मिलेगी।" यह वाक्य बाना सिंह के जीवन का मंत्र बन गया। उन्होंने निश्चय किया, "मैं जो भी करूँगा, उसे पूरे ध्यान, उत्साह और सावधानी से करूँगा।" 16 वर्ष की आयु में बाना सिंह ने 10 वीं कक्षा पास कर ली। इसके बाद उन्होंने सेना के इंजीनियरिंग विभाग में नौकरी कर ली। जहाँ उन्होंने तीन वर्ष तक काम किया। किन्तु उनकी हार्दिक इच्छा सैनिक बनने की थी।

## पूरा हुआ सपना

अन्त में 20 वर्ष की अवस्था में बाना सिंह की सैनिक बनने की साध पूरी हुई। उनके जन्मदिन 6 जनवरी 1969 को 8 जम्मू-कश्मीर लाइट इन्फैन्ट्री में उनकी नियुक्ति हो गयी। उनका पहला प्रशिक्षण श्रीनगर में हुआ। पलटन के सदस्य एक स्नेहमय परिवार के समान थे। सब एक-दूसरे का दुःख-सुख बाँट लेते थे। बाना सिंह को सीखने की लगन थी और वे सदैव दूसरों की सहायता करने को तत्पर रहते थे। इस कारण उनकी पलटन के सभी सैनिक और अधिकारी उनसे स्नेह करते थे।

## छंब का युद्ध

बाना सिंह को सेना में भरती हुए दो ही साल हुए थे कि 3 सितम्बर 1971 को पाकिस्तान ने भारत पर हमला कर दिया। हमारी सेना पाकिस्तान के साथ पूर्वी और पश्चिमी, दोनों मोर्चों पर एक साथ लड़ी। इस कारण हमारी सेना को कम संख्या में एक बड़े लंबे क्षेत्र की रक्षा करनी पड़ रही थी। प्रत्येक 20 किलोमीटर सीमा-क्षेत्र की रक्षा के लिये केवल एक ही बटालियन उपलब्ध थी। बाना सिंह की बटालियन उस समय छंब क्षेत्र में नियुक्त थी। छंब क्षेत्र में पाकिस्तान द्वारा निरंतर गोलाबारी हो रही थी। 8 जे.के.एल.आइ. (8 जम्मू-कश्मीर लाइट इन्फैन्ट्री) ने बरगद के एक बड़े वृक्ष के नीचे एक एम.एम.जी. (मीडियम मशीन गन) लगा रखी थी। जब एम.एम.जी. गोला छोड़ती है तो उसके गोले के प्रकाश से शत्रु को उसके सही स्थान का पता लग जाता है। पाकिस्तानियों ने उस एम.एम.जी. की नाल को उड़ा दिया। अब बाना की बटालियन की गोलाबारी की क्षमता बहुत कम हो गयी।

बाना की बटालियन के अड्डे के दाहिनी ओर एक कुआँ था। देश के विभाजन के समय यह कुआँ भारत के हिस्से में आया था। उसमें पानी निकालने

का एक नल लगा हुआ था। नल के एक ओर एक नाला था। पाकिस्तानियों ने इस नाले के एक बाजू से आक्रमण आरंभ किया। उन्होंने एक चतुराई की। उन्होंने भेड़-बकरियों के एक झुंड को उस क्षेत्र में ढकेल दिया जिसमें भारतीय सेना ने बारूदी सुरंगें बिछा रखी थीं। वे सोच रहे थे कि भेड़-बकरियों के चलने से बारूदी सुरंगें फट जायेंगी और जब उनकी सेना उस क्षेत्र को पार करेगी तो उन्हें खतरा नहीं रहेगा। किन्तु उनकी चाल सफल नहीं हुई और उस क्षेत्र को पार करते समय बहुत से पाकिस्तानी मारे गये। भारतीय सेना ने लगातार धुआँधार बमबारी की। तब पाकिस्तानियों ने अपने बेतार चालक (वायरलैस ऑपरेटर) को बाना की बटालियन से लगभग 50 मीटर दूर आम के एक पेड़ पर चढ़ा दिया। उसकी आवृत्ति परास (फ्रीक्वैन्सी) हमारे बेतार पर सुनाई पड़ रही थी। उसकी आवृत्ति परास से बाना की बटालियन पाकिस्तानी रेडियो चालक के स्थान का ठीक-ठीक पता लगा सकी और उन्होंने उसे गोली से उड़ा दिया। किन्तु पाकिस्तानी तोपखाने की लगातार गोलाबारी के कारण बाना की बटालियन को पीछे हटने का निर्णय लेने के लिये विवश होना पड़ा।

## लांसनायक अमरनाथ

बाना ने बताया, "हमारे एक साथी लांसनायक अमरनाथ के पेट में गोली लगी। उसकी अंतड़ियाँ बाहर निकल आयीं। इस बहादुर ने अपनी अंतड़ियाँ हाथ से अंदर घुसा लीं और एक तौलिये से उन्हें कमर से बांध दिया। तब उसने हमसे कहा, 'साथियो, मैं तो अब जिंदा नहीं रह सकता किन्तु मैं पाकिस्तानियों को कुछ देर तक रोके रखूँगा। तब तक आप लोग पीछे हटिये।' अमरनाथ के प्राण निकल रहे थे। उसे असहनीय पीड़ा हो रही थी। फिर भी, उस वीर ने आधा घंटे तक अकेले ही पाकिस्तानी सेना को आगे बढ़ने से रोके रखा। इसी बीच हमारी बटालियन ने पीछे हट कर दूसरी जगह मोर्चा जमाया। किन्तु हमें वहाँ से भी पीछे हटना पड़ा।

"अब हमारी कंपनी पाइंट 1886 नामक एक स्थान पर नियुक्त हुई जहाँ हमारी दो चौकियाँ थीं। एक का नाम था चौकी 707 और दूसरी का लालियाली। पाकिस्तानियों ने हमला करके चौकी 707 पर कब्ज़ा कर लिया। जब हमारे कमान अधिकारी (कमांडिंग आफिसर या सी.ओ.) मेजर सपन कुमार मंडल ने यह सुना तो उन्होंने हमारी 8 जे.के.एल.आइ. की एक घातक (कमांडो) पलटन लेकर इस चौकी को वापस जीतने का निर्णय किया। टुकड़ी के चलने से पहले हमारे कर्नल जसबीर पाल सिंह रणधावा ने हमें इस प्रकार संबोधित किया, 'आज पता चलेगा

कि कौन अपनी माँ के दूध की लाज रखेगा।'

"चुनौती भरे ये शब्द सुन कर हमारे तन-बदन में बिजली-सी दौड़ गयी। हमारे सी.ओ. अपनी जीप से उतर पड़े और हमारे सामने चलने लगे। जब कोई अफ़सर अपने सैनिकों के साथ दो कदम चलता है तो सैनिकों का हौसला, साहस और उत्साह कई गुना बढ़ जाता है और वे पचास कदम आगे चलते हैं। सच्चे नेता का यही गुण है।

"वहाँ एक रास्ता था जिस पर से भारतीय सेना के एक टन और तीन टन के ट्रक सैनिकों के लिये गोला-बारूद और रसद लेकर ऊपर आते थे। अब पाकिस्तानियों ने एक कतार में इस रास्ते से ऊपर चढ़ना शुरू किया। वे अपना युद्ध का नारा 'या अली' 'या अली' चिल्ला रहे थे। मेरे सी.ओ. ने तोपों को गोलाबारी करने की आज्ञा दी। हमने दुश्मन को भून दिया। अब जो घमासान लड़ाई हुई उसमें हमारा कुछ नुकसान अवश्य हुआ किन्तु हमने चौकी 707 को पुनः जीत लिया। हमारे गोले-गोलियों द्वारा मारे गये सैकड़ों पाकिस्तानी सैनिकों की लाशें वहाँ सड़ती रहीं और दो-तीन महीने तक उनकी दुर्गन्ध हवा में फैलती रही। लेकिन बारूदी सुरंगों से अटे उस क्षेत्र में उन लाशों को कौन हटाता!

"हमारी बटालियन की बहादुरी की बहुत तारीफ़ हुई। हमारी बटालियन को वीर चक्र और सेना मेडल मिले। ये पदक पूरी बटालियन को दिये गये थे क्योंकि यह सबकी सम्मिलित बहादुरी का परिणाम था।"

बटालियन को मिले पदकों से 22 वर्ष के बाना सिंह की शान बढ़ी किन्तु उनके लिये जो स्वर्णिम भविष्य प्रतीक्षा कर रहा था उसकी वे कल्पना भी नहीं कर सकते थे।

## आशीर्वाद और भविष्यवाणी

बाना सिंह के एक रिश्तेदार सरदार संत सिंह पुलिस की नौकरी से सेवानिवृत्त होकर कडयाल में रहते थे। सेना में भरती होने के तीन साल बाद एक दिन बाना सिंह उनसे मिलने गये। बाना सिंह के प्रेम तथा सेवा से प्रसन्न होकर सरदार संत सिंह ने बाना को आशीर्वाद दिया और भविष्यवाणी की, "मेरे बेटे एक दिन तुम ऐसा इनाम और सम्मान पाओगे जो आज तक किसी को नहीं मिला है।" बाना सिंह ने सोचा, "अभी तो मुझे सेना में आये दो-तीन साल ही हुए हैं। मुझे क्या मिलेगा? शायद मैं एक हवलदार बन जाऊँ या अधिक से अधिक अवर राजादिष्ट अधिकारी (जूनियर कमीशंड आफ़िसर, जे.सी.ओ.) बन जाऊँ। दशकों बाद जब

मुझे परम वीर चक्र मिला तब मुझे उनकी भविष्यवाणी याद आयी। बुजुर्गों के आशीर्वाद में बहुत ताकत होती है। जब कोई इंसान सरल और शांत होता है और आशीर्वाद उसके दिल की गहराई से निकलते हैं तो वे सच हो जाते हैं। मैं उनके आशीर्वाद का ऋण कभी नहीं चुका सकता।"

## विवाह

1971 के युद्ध के पश्चात् बाना सिंह के माता-पिता ने उनका रिश्ता किरपिंड गाँव की 18 वर्षीया रविन्दर कौर से कर दिया। 18 मार्च 1972 को उनका विवाह हो गया। बाना सिंह का सम्मिलित परिवार है। जब उनकी नियुक्ति घर से दूर स्थानों पर होती थी तब उनकी पत्नी उनके परिवार के साथ रहती थी। बाना सिंह और रविन्दर कौर के दो बेटे और दो बेटियाँ हुईं। बाद में बाना सिंह के बच्चे उन्हीं स्कूलों में पढ़े जिनमें स्वयं बाना सिंह पढ़े थे।

## नियुक्तियाँ और पदोन्नतियाँ

आइये, हम बाना सिंह के सियाचिन में नियुक्ति से पहले के सैनिक जीवन पर एक नज़र डालें। हम लिख चुके हैं कि बाना सिंह की प्रथम नियुक्ति पुंछ में हुई थी। 1971 के युद्ध के बाद उनकी नियुक्ति जम्मू-कश्मीर के सुंदरबनी क्षेत्र में और 1973 से 1976 तक गुरेज़ क्षेत्र में हुई। 1976 से 1978 तक जोधपुर में, 1978 से 1981 तक सिक्किम में और 1981 में मेरठ में और 1982 में जालंधर में हुई। 1986 में उनकी नियुक्ति जम्मू-कश्मीर में खेरू में हुई और 13 अप्रैल 1987 को उनकी बटालियन को सियाचिन भेज दिया गया।

1972 में बाना सिंह को लांस नायक बना दिया गया, 1978 में वे हवलदार बन गये और 1985 में उन्हें जे.सी.ओ. बना दिया गया। अब उन्होंने वह पद पा लिया था जिसका उन्होंने सपना देखा था। उन्हें क्या मालूम था कि एक दिन उन्हें भारतीय सेना का सर्वोच्च सम्मान परम वीर चक्र प्राप्त होगा!

## सियाचिन : संसार का सबसे ऊँचा रणक्षेत्र

1987 में बाना सिंह की बटालियन की नियुक्ति सियाचिन में हुई। अधिकांश भारतीयों को संसार के सबसे ऊँचे सियाचिन हिमनद रणक्षेत्र के विषय में अधिक कुछ ज्ञात नहीं है। इस क्षेत्र में सेना की कोई भी टुकड़ी कुछ महीनों से अधिक नहीं रह पाती। वहाँ पाकिस्तानी गोलियों से मरनेवाले सैनिकों से अधिक सैनिकों की

मृत्यु भीषण बर्फानी ठंड के कारण होती थी। सियाचिन संसार की सबसे ऊँची सेना चौकी है। वहाँ पर जीना ही दुष्कर है। 21,000 फुट की ऊँचाई पर तापमान शून्य से -29 से -40 डिग्री तक नीचे रहता है।

सियाचिन हिमालय की कराकोरम पर्वतमाला में 21,153 फुट की ऊँचाई पर भारत के सुदूर उत्तर में स्थित 80 किलोमीटर लंबा एक हिमनद है। इसकी सीमा पाकिस्तान से मिलती है और चीन भी इसके बहुत समीप है। तिब्बती भाषा में सियाचिन का अर्थ है "गुलाब की शैया"। निश्चय ही जिसने सियाचिन को यह नाम दिया था उसके अन्दर मज़ाक की आदत होगी क्योंकि सियाचिन में गुलाब की तो बात ही दूर, घास की एक पत्ती भी नहीं उगती। ऊँचे-ऊँचे हिम मंडित शिखरों से घिरा यह क्षेत्र, जहाँ हिमनद गरजते हैं, अद्भुत सुंदर है। किन्तु इसे हम मृत्यु और विनाश का क्षेत्र कह सकते हैं। जब मृत्यु की देवी हिमनद के रूप में गरजती हुई उतरती हैं तब हज़ारों टन हिम उछलता-लुढ़कता हुआ नीचे आता है। यह हिम अपने रास्ते की बड़ी-बड़ी चट्टानों को बहा ले जाता है। मृत्यु की देवी के इस तांडव के बाद श्मशान-सी चुप्पी छा जाती है। कभी-कभी गरजते हुए 60 मील प्रति घंटा की गति से चलने वाले पवन व्यक्ति को कँपा देते हैं।

बहुत क्रूर है यह क्षेत्र। वहाँ ऑक्सीजन विरल है। अच्छे दिनों में तापमान -29 डिग्री सेंटीग्रेड रहता है और शीत ऋतु में -40 सेंटीग्रेड तक हो जाता है किन्तु अति तीव्र हवाओं के कारण उसका दुष्प्रभाव लगभग -70 डिग्री सेंटीग्रेड के समान हो जाता है। यह निष्करुण ठंड मज्जा को भी जमा देती है। नाक के नीचे साँस हिम कण बन कर जम जाती है, यहाँ तक कि मंजन भी ट्यूब के अन्दर जम जाता है। शरीर पर इसके अनेक प्रकार के दुष्प्रभाव पड़ते हैं, याद्दाश्त कम हो जाती है, फेफड़ों में पानी भर जाता है और अंग गलने लगते हैं। कभी-कभी हाथ-पाँव की अंगुलियाँ अपने आप शरीर से निकल कर गिर जाती हैं। पूरे शरीर को ढकने वाले विशेष कपड़े पहनने पड़ते हैं। क्योंकि चेहरा खुला रहता है, इस कारण चेहरे की खाल काली हो जाती है और सूख कर फल के छिलके के समान उतरने लगती है। ऑक्सीजन की कमी के कारण सैनिक थोड़ा परिश्रम करते ही थक जाते हैं। वहाँ हर कदम उठाना कठिन है।

सियाचिन हिमनद शिखर पर हमारी सेना की सुरक्षा चौकियों तक पहुँचने के लिये व्यक्ति को सात से चौदह दिन तक, हिम दरारों के बीच से, हिमनदों के खतरे का सामना करते हुए, चलना पड़ता है और पाँच भिन्न-भिन्न ऊँचाइयों तक अपने को पर्यावरण के अनुकूल बनाना पड़ता है।

जब संसार के सबसे ऊँचे युद्ध क्षेत्र में चलना ही इतना कठिन है तब वहाँ युद्ध करना कितना कठिन होगा, इसकी कल्पना की जा सकती है! स्वास्थ्य संबंधी समस्याओं के कारण साधारणतया किसी जवान को हिमनद पर 90 दिन से अधिक नहीं रखा जाता। साथ ही अपने सेवा काल में जवानों की सियाचिन में दूसरी बार नियुक्ति नहीं हो सकती।

सियाचिन की बर्फ़ से ढकी, गगनचुंबी चोटियाँ भयभीत करने वाली हैं। जो व्यक्ति वहाँ नहीं गये हैं उनके लिये इसकी कल्पना करना भी कठिन है कि वहाँ रहना कितना पीड़ादायी है। 1980 के दशक में वहाँ दुश्मन की गोलियों से इतने सैनिक नहीं मरते थे जितने हिमघावों (फ़्रास्ट बाइट) और ठंड के कारण। वहाँ पर एक छोटी-सी गलती या असावधानी मौत को बुलावा देती है। वहाँ पर बिना दस्ताने पहने धातु की बनी कोई वस्तु, जैसे बंदूक या गोले, उठाने पर वे खाल से इस तरह चिपक जाते हैं कि उन्हें शल्य चिकित्सा से अलग करना पड़ता है। वहाँ पर तैनात सिपाहियों को अवसाद और मतिभ्रम हो जाता है। किन्तु सन् 2000 के बाद भारत ने इतनी असाधारण सावधानियाँ बरती हैं कि सैकड़ों के स्थान पर केवल बीस या पच्चीस सैनिक मरे या घायल हुए और पिछले कुछ सालों में सियाचिन में हिमघावों और ठंड के कारण एक भी सिपाही की मृत्यु नहीं हुई।

कर्नल अशोक चौधरी ने, जो सियाचिन में कार्य कर चुके हैं, हमें बताया कि सैनिकों के लिये शौच के लिये अपने कपड़ों की परत के बाद परत खोलना इतना कठिन है कि वे शौच जाने से बचने के लिये कम-से-कम खाना खाते हैं। वे केवल बिस्किट खाते हैं जिनमें मेवे, प्रोटीन और विटामिन मिलाये जाते हैं।

ताज़ी बर्फ़ में छिपी हुई दरारें भी सैनिकों की शत्रु हैं। ताज़ी बर्फ़ कई लोगों का वजन नहीं सह सकती और उस पर चलने वाले सिपाही कई सौ मीटर गहरी बर्फ़ की दरारों में गिर जाते हैं, जहाँ तापमान -75 डिग्री सेंटीग्रेड हो सकता है। हमारे सैनिक अफ़सर और दो-तीन सैनिक अपनी-अपनी कमर में रस्सियाँ बाँध कर स्वयं को एक-दूसरे से जोड़ लेते हैं। सैनिकों को आदेश दिये गये हैं कि अगर उनका कोई साथी किसी हिम-दरार में गिर जाये तो उसे बाहर निकालने के लिये 4-5 मिनट से अधिक प्रयत्न न करें। उसके बाद उन्हें रस्सी काट कर अपने निर्धारित कार्य के लिये आगे बढ़ना होता है। आह! अपने मित्र को उस बर्फ़ानी कब्र में छोड़ कर आगे बढ़ना सैनिकों के लिये कितना कठिन होता होगा!

सियाचिन में सारा काम रात में होता है क्योंकि दिन में हिमनदों की आशंका बढ़ जाती है। कहते हैं कि कभी-कभी एक दियासलाई जलाने मात्र से

भू-स्खलन या हिमनद शुरू हो सकता है। 25 वर्ग किलोमीटर के इस क्षेत्र में घास का एक पौधा भी नहीं उगता किन्तु भारत को इसकी रक्षा के लिये प्रतिदिन करोड़ों रुपये खर्च करने पड़ते हैं। सियाचिन पहुँचते-पहुँचते छोटी-से-छोटी वस्तु भी बहुत महँगी हो जाती है। उदाहरण के लिये जो चपाती शहरों में दो रुपये में मिलती है, सियाचिन पहुँचने पर उसकी कीमत 50 रुपये हो जाती है।

जवानों को निरन्तर सतर्क रहना पड़ता है क्योंकि कहीं-कहीं तो दोनों पक्षों के सिपाही एक-दूसरे को देख सकते हैं। किन्तु यह गर्व की बात है कि हमारे सिपाही कठिनाइयों से डर कर पीछे नहीं हटते और कार्य इतना दुष्कर होते हुए भी प्रति वर्ष अनेक सैनिक स्वेच्छा से वहाँ लड़ने जाते हैं।

## सियाचिन-संघर्ष का इतिहास

1947-1948 में कश्मीर में हुए युद्ध के बाद भारत और पाकिस्तान ने जुलाई 1949 में युद्धविराम स्वीकार किया और दोनों देशों के बीच एक समझौते में विभाजन सीमा बनाई गई। यह विभाजन रेखा लद्दाख में एन.जे.9842 नामक एक बिंदु पर रुक गई। समझौते में इस बात का उल्लेख था कि यह रेखा एन.जे.9842 बिंदु के बाद उत्तर में हिमनदों तक जाती है। यह विभाजन इस निर्विवाद सिद्धान्त के आधार पर किया गया था कि अगर कोई भूखंड किसी भी देश की सेना के कब्ज़े में नहीं था तो वह भारत का भाग माना जायेगा। पाकिस्तान ने इस समझौते का उल्लंघन करके इस क्षेत्र में से 5180 वर्गकिलोमीटर क्षेत्र चीन को दे दिया। इस क्षेत्र में भारत, पाकिस्तान और चीन की सीमाएँ मिलती हैं। पाकिस्तान की इस करतूत के कारण इस क्षेत्र का सामरिक महत्त्व बढ़ गया। 1983 में भारतीय सेना को सूचना मिली कि पाकिस्तान इस क्षेत्र पर कब्ज़ा करने की योजना बना रहा है। 1984 में भारतीय सेना ने अपनी ओर से पहल करके सियाचिन हिमनद क्षेत्र और सियाचिन हिमनद की पश्चिमी सीमा पर साल्टोरो पर्वतमाला पर कब्ज़ा कर लिया।

पाकिस्तान ने 1984 से सियाचिन पर अपना दावा किया और वहाँ पर्यटक दलों को ले जाना आरंभ कर दिया। यही नहीं, 1987 में पाकिस्तान ने सियाचिन की सबसे ऊँची चोटी पर अपनी एक चौकी स्थापित कर दी जहाँ से उसके सैनिक भारत की बिलाफोंडा चौकी पर तैनात सेना-टुकड़ियों को देख सकते थे। भारत के रेडियो चालक ने पाकिस्तानी सरकार द्वारा पाकिस्तानी सेना के एस.एस.जी. कमांडो दल (स्पेशल सर्विस ग्रुप) को भेजा गया संदेश सुना "तुम्हें भारतीय

प्रायद्वीप के मुकुट के ऊपर पाकिस्तानी झंडा फहराना होगा।" सूबेदार अताउल्ला मोहम्मद के नेतृत्व में पाकिस्तानी एस.एस.जी. कमांडो दल के 16 घातक (कमांडो) वहाँ तैनात हुए।

पाकिस्तान ने अपने बहुत चुने हुए घातक दल को इस काम के लिये भेजा था। वे इस चोटी पर विजय पाकर इतने उल्लासित हुए कि उसका नाम कायदे आज़म मुहम्मद अली जिन्ना के नाम पर *कायद टॉप* रखा। उन ऊँचाइयों से उन्होंने हमारी सेनाओं को रसद और अस्त्र-शस्त्र पहुँचाने वाले हेलीकॉप्टरों पर गोले बरसाने आरंभ कर दिये। भारत के अनेक सैनिकों का बलिदान हुआ। 1971 के युद्ध में 8 जम्मू-कश्मीर लाइट इन्फ़ैंट्री ने असाधारण वीरता दिखाई थी। इसलिये इस बटालियन को पाकिस्तान को सियाचिन से निकालने का कठिन काम सौंपा गया।

बाना सिंह ने बताया, "अप्रैल 1987 में भारत ने इस चौकी को फिर से जीतने का और जैसे भी हो, पाकिस्तानियों को वहाँ से भगाने का निर्णय किया। इस सर्वाधिक कठिन कार्य के लिये उन्होंने हमारी 8 जम्मू-कश्मीर लाइट इन्फ़ैंट्री को सियाचिन भेजने का निर्णय किया। हमने असंभव प्रतीत होने वाले इस दुष्कर काम को बेहिचक स्वीकार किया।

"जब हमारी बटालियन सियाचिन पहुँची तब पाकिस्तान ने समझा कि भारतीय सेना आ गयी है। उन्होंने अंधाधुंध गोलाबारी आरंभ कर दी जिसमें सोनम पोस्ट पर हमारी बटालियन के दो तथा एक दूसरी बटालियन के दो जवान मारे गये। हेलीकॉप्टरों पर इस लगातार गोलाबारी के कारण हमारी चौकियों को रसद पहुँचना कठिन हो गया। इस तरह *कायद पोस्ट* हमारे गले का काँटा बन गयी।

# 29 मई

"हमारे कमांडर चंदन सिंह नोग्याल वहाँ पर मौजूद थे। उन्होंने स्थिति की गंभीरता को समझा। 29 मई 1987 की अंधेरी रात को उन्होंने गुप्त रूप से *कायद पोस्ट* तक जाने का रास्ता ढूँढ़ने के लिये, सेकेंड लेफ़्टिनेंट राजीव पांडे के नेतृत्व में जूनियर कमीशंड अधिकारी हेमराज तथा 11 सैनिकों का एक दल भेजा। उन्हें यह आदेश दिया गया था कि चोटी तक जाने के लिये रस्सी बांधें और यदि संभव हो तो यह भी पता लगायें कि चोटी पर कितने पाकिस्तानी सैनिक हैं। सेकेंड लेफ़्टिनेंट राजीव पांडे और उनका दल बिना कोई आहट किये 21,153 फुट ऊँची उस चोटी तक पहुँचने के लिये 1500 फुट ऊँची बर्फ़ की खड़ी दीवार पर चुपचाप

चढ़ने लगा। वे काँटे गाड़-गाड़कर रस्सियाँ बाँध रहे थे जिससे कि उनके साथी इन रस्सियों के सहारे चढ़ कर इस चोटी को जीत लें। उस वायु-विरल वातावरण में प्राणों पर खेल कर कदम-कदम उठाते हुए, काँटे गाड़ते हुए और रस्सियाँ बाँधते हुए वे चोटी से 500 फुट नीचे पहुँच गये। उसी समय पाकिस्तानियों ने आहट सुन कर उनके ऊपर गोलियों की बौछार कर दी जिसमें सेकेंड लेफ़्टिनेंट राजीव पांडे, जो अपने माता-पिता के एकमात्र पुत्र थे, के सहित हमारे नौ वीर बलिदान हो गये। लेकिन उनका बलिदान व्यर्थ नहीं हुआ। हमारे जो चार सैनिक बच कर लौट आये उन्होंने चोटी तक जाने के रास्ते के विषय में सूचना दी और यह भी बताया कि अगले हमले के लिये जाने वाले सैनिकों के लिये चोटी से 500 फुट नीचे तक रस्सी बाँध दी गयी है। इस रस्सी में झूमर बंधे थे। झूमर एक प्रकार के झूले होते हैं जिनमें सैनिक, अगर उन्हें रस्सी छोड़नी पड़े, तो उनमें बैठ कर कुछ मिनट विश्राम कर सकते हैं।

“राजीव पांडे और अपने अन्य साथियों की मौत से हम सब गुस्से से धधकने लगे। हम अपने अफ़सर और साथियों की मौत का बदला लेना चाहते थे। कमांडर चंदन सिंह नोग्याल ने सभी अफ़सरों की एक मीटिंग की। उन्होंने हमारे सी.ओ. (कमांडिंग ऑफ़िसर) कर्नल ए.पी. रॉय से कहा, ‘मुझे वह चौकी चाहिये। अगर 800 सैनिकों को अपना बलिदान करना पड़े, तब भी मुझे वह चौकी चाहिये।’ क्योंकि मैंने पर्वतारोहण का एक प्रशिक्षण लिया था मेरे सी.ओ. ने सुझाव दिया, ‘बाना सिंह ने पर्वतारोहण का प्रशिक्षण लिया है। वे इस काम के लिये जायेंगे।’ 62 सैनिकों का एक दल गठित किया गया। हमने एक महीने तक आक्रमण का प्रशिक्षण लिया। हमने राह में आने वाली हर संभव बाधा तथा उस पर किस प्रकार विजय पायी जाये, इस पर विचार किया। हममें से प्रत्येक को इस आत्मघाती-दल से बाहर निकलने की स्वतंत्रता दी गयी। किन्तु 62 सैनिकों में से किसी ने भी कदम पीछे नहीं हटाया। उस तूफ़ानी क्षेत्र की आकाश छूती हुई ऊँचाइयों पर हमारे चीता हेलीकॉप्टर एक बार में एक ही व्यक्ति को ले जा सकते हैं। हम 62 सैनिकों को अपने साज-समान, हथियारों, खाने के सामान सहित सोनम चौकी तक ले जाने के लिये हमारे हेलीकॉप्टरों को 400 उड़ानें भरनी पड़ीं। हालाँकि मैंने गुलमर्ग में एक पर्वतारोहण कोर्स किया था किन्तु क्रूर सियाचिन जहाँ तापमान -29 डिग्री से -40 डिग्री सेलसियस होता है, गुलमर्ग से बहुत भिन्न है। यह बहुत कठिन काम था। हम 62 सैनिकों को अड्डे तक पहुँचने में 25 दिन लगे। 23 जून को हमारा पूरा दल अड्डे पर पहुँच गया।

## 23 जून

"23 जून को दुश्मन कोई उत्सव मना रहे थे। हमने इसका लाभ उठा कर, सोनम चौकी से सीधे गोलाबारी करके हमला करने का निर्णय किया। उस समय हमने कसम खायी कि अगर हमें अपने प्राणों की आहुति देनी पड़े तो हम देंगे लेकिन इस चोटी को जीत कर ही रहेंगे और आखिरी साँस तक देश के लिये लड़ेंगे। 23 जून को मेजर विरेन्दर सिंह के नेतृत्व में एक दल ने पाकिस्तानियों को वहाँ से हटाने के लिये हमला किया। इस हमले का सांकेतिक नाम सेकेंड लेफ़्टिनेंट राजीव पांडे के नाम पर *ऑपरेशन पांडे* रखा गया। लेकिन मौसम अनुकूल नहीं था और हमारे सिपाही राजीव पांडे के दल द्वारा बांधी गयी रस्सी को खोज नहीं सके। अतः पाकिस्तानियों को खदेड़ने का काम एक नयी रस्सी के बंधने तक स्थगित कर दिया गया।

## 24 जून : रात्रि

"उन बर्फ़ से ढकी चोटियों पर रस्सी बाँधना आसान नहीं है। बर्फ़ में हथौड़ों से लोहे के लगभग चार फुट लंबे काँटे गाड़ने होते हैं और तीन-चार मोटी-मोटी रस्सियाँ उनसे बाँधनी होती हैं, जिससे वे एक साथ कई सिपाहियों का बोझ वहन कर सकें। हमारे सी.ओ. साहिब ने मुझे हुक्म दिया, 'बानासिंह, जाओ और वह रस्सी बाँध दो।' मुझे अपने ब्रिगेडियर चंदन सिंह नोग्याल के वे शब्द याद आये, 'मुझे वह चौकी चाहिये। अगर 800 सिपाहियों को कुर्बान होना पड़े तब भी मुझे वह चोटी चाहिये।' मेरे कानों में उनके वे शब्द गूँज रहे थे। 24 जून की रात को आठ बजे मैं अपने साथ दो सिपाहियों को लेकर गया और चोटी से 500 फुट नीचे तक रस्सी बाँधने में सफल हुआ। हमें जिस जगह से ऊपर चढ़ना था, वहाँ पर निशान लगा कर मैं नीचे आया और मेजर विरेन्दर सिंह को सूचना दी कि ऊपर चढ़ने के लिये रस्सी बंध गयी है।

"मेजर विरेन्दर सिंह ने हमें आक्रमण के लिये चार दलों में नियोजित किया। पहले दल में सूबेदार हरनाम सिंह को दस सिपाहियों को लेकर हमला करना था। दूसरे दल में सूबेदार संसार चंद और दस सिपाही थे। तीसरे दल के नेता मेजर विरेन्दर सिंह थे। उनके दल में दस सिपाही तथा वायरलैस ऑपरेटर आदि थे। अन्त में मुझे दस सिपाहियों के साथ जाना था। हमारे मेजर साहब ने कहा, 'अगर किसी ने पीठ दिखाई तो उसे गोली मारनी चाहिये।' सूबेदार हरनाम सिंह अपने दल के साथ आगे बढ़े और दुश्मन के करीब पहुँच गये। वहाँ उन्हें

हमारे साथियों की लाशें पड़ी मिलीं। उन्होंने वहाँ एक अड्डा बनाया। किन्तु बदकिस्मती से दुश्मन ने उनकी आहट सुन ली और उनके ऊपर गोलियों की बौछार शुरू कर दी। हमारे दो जवान मारे गये और शेष को पीछे हटना पड़ा। उस रात दूसरे दल ने हमला किया किन्तु वे भी कुछ नहीं कर सके क्योंकि उनके हथियार ठंड के कारण जम गये थे। पाकिस्तानियों के हथियार हमारे हथियारों से बेहतर थे।

## 25 जून : दिन

"इस समय तक सवेरा होने लगा था। सवेरे चार बजे मेजर विरेन्दर सिंह ने सूबेदार संसार चंद से कहा, 'अब काम आपको पूरा करना है।' सूबेदार संसार चंद और उनका दल चोटी तक पहुँच गया, किन्तु तीन घंटे तक उनका कोई संदेश नहीं मिला। हमने उन्हें सांकेतिक भाषा में संदेश भेजा किन्तु कोई उत्तर नहीं मिला। तब मेजर विरेन्दर सिंह ने कहा, 'बाना, चार सिपाहियों को साथ लेकर जाओ और पता लगाओ कि क्या मुश्किल है।' मैं रेंग-रेंग कर चढ़ कर ऊपर गया और सांकेतिक भाषा में उनसे पूछा कि क्या समस्या थी। उन्होंने बताया कि उनका रेडियो-सैट काम नहीं कर रहा था। वे यह भी चाहते थे कि उन्हें चोटी पर आक्रमण करने के लिये कुछ और सिपाही दिये जायें। मैं रेंग-रेंग कर वापस आया और मेजर विरेन्दर सिंह को सूचना दी कि संसार चंद का रेडियो सैट काम नहीं कर रहा था। मैंने उनसे कहा, 'सर, मैं 1971 के युद्ध में छंब क्षेत्र में लड़ा था। अगर रेडियो सैट काम न करे तो सिपाही के लिये यह मौत का पैगाम होता है। क्योंकि जब धुंध के कारण कुछ दिखाई नहीं पड़ता तब उन्हें पता नहीं चलता कि कौन दुश्मन का सिपाही है, कौन अपना।' मैं मेजर साहब से एक दूसरा सैट लेकर गया और सूबेदार संसार चंद के आदमियों को दे दिया। हमारे सैनिक गोलियाँ नहीं चला रहे थे क्योंकि इतनी ऊँचाई पर गोला-बारूद पहुँचाना बहुत कठिन काम है।

"जब मैं नीचे आया तब संसार चंद के दल की सहायता करने के लिये मेजर विरेन्दर सिंह अपने दल को लेकर ऊपर गये। लेकिन 45 मिनट बीत गये और कुछ नहीं हुआ तब मैं फिर से रेंग कर मेजर साहब के पास गया और पूछा, 'साहब, क्या बात है?' उन्होंने कहा, 'संसार चंद के फेफड़ों में तकलीफ हो गयी है और उन्हें नीचे ले जाना होगा। यह काम तुम्हें करना होगा।' मैं दो जवानों की सहायता से संसार चंद को नीचे ले आया। तब तक शाम हो गयी थी।

## 25-26 जून : सबसे लंबी रात : गुरु गोविंद सिंह की वाणी

"अब हमले का नेतृत्व करने का मेरा नंबर आया। उस समय हमारा यही दृढ़ निश्चय था कि यदि देश की सेवा में मरना होगा तो मरेंगे लेकिन दुश्मन को वहाँ से उखाड़ कर ही मानेंगे। हम आखिरी साँस तक देश के लिये लड़ेंगे। उस दिन इतनी अधिक बर्फ़ गिर रही थी कि रात के आठ बजे से सुबह के चार बजे तक आठ घंटे तक चढ़ने पर भी हम केवल 100 मीटर चढ़ सके। एक पल के लिये मेरी हिम्मत टूट गयी और तब मैंने जीवन में पहली और एक ही बार दसवें गुरु गोविन्द सिंह की आवाज़ सुनी। उन्होंने कहा, 'बाना सिंह मैं केवल तेरी परीक्षा ले रहा था।' गुरु के शब्द सुनकर एक पल में मेरी निराशा उड़ गयी। मैं ईश्वर की इच्छा के अनुसार जीने या मरने के लिये तैयार हो गया। साथ में मुझे यह अनुभूति भी हुई कि अगर इंसान सच्चा है तो वह सफल अवश्य होगा। उस पल के बाद मेरे अंदर से मृत्यु का भय मिट गया। मैं यह भी समझ गया कि सफलता केवल भगवान् की कृपा और सहायता से ही प्राप्त हो सकती है। और दैवी शक्तियाँ सच्चे और निडर लोगों की सहायता करती हैं।

"उन ऊँचाइयों पर गोला-बारूद ले जाना बहुत कठिन है। दोनों पक्षों को अपने गोला-बारूद का बहुत सोच-समझ कर इस्तेमाल करना होता है। वे बर्फ़ीली

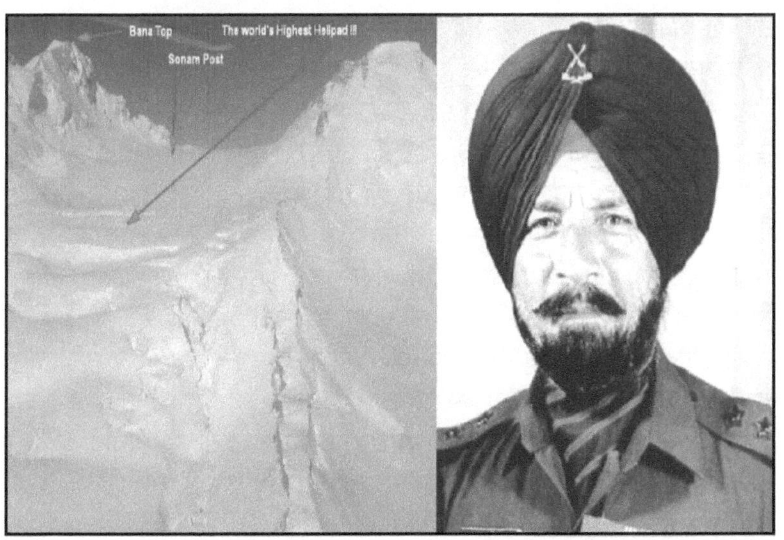


सियाचिन में बाना पोस्ट उनके नाम पर

हवायें हमें चाकू की तरह चीर रही थीं। लेकिन हमें ठंड महसूस नहीं हो रही थी क्योंकि सामने साक्षात् मौत खड़ी थी। एक तो दुश्मन ऊपर शिखर पर बैठा था, दूसरे उनके हथियार हमारे हथियारों से बहुत अच्छे थे। अब हमने दिन-दिहाड़े, सामने से आक्रमण करने का निश्चय किया। हमने सबसे खतरनाक रास्ता चुना जो बहुत सँकरा था। एक भी गलत कदम उठाने पर 1500 फुट नीचे दुश्मन के क्षेत्र में गिरने का भय था। वहाँ गिरने पर अगर जिंदा रह भी जाते तो दुश्मन के हाथ पड़ जाते। भाग्यवश बर्फ़ गिर रही थी जिससे बहुत स्पष्ट दिखाई नहीं दे रहा था। हमने तय किया कि कौन पहले जायेगा, कौन बाद में। मैं दल की अगुवाई कर रहा था। मैंने अपने दल से कह दिया कि अगर किसी ने वापस लौटने की चेष्टा की तो मैं उसे गोली मार दूँगा। सेना में दो ही विकल्प होते हैं 'मारो या मरो'। मैं गर्व के साथ कह सकता हूँ कि मेरे जो भी साथी मरे उन सभी के सीने में गोलियाँ लगी थीं, किसी की भी पीठ में नहीं।

## 26 जून : दिन

"मैंने मेजर साहब से फ़ोन पर पूछा, 'साहब, आपकी क्या आज्ञा है?' उन्होंने जवाब दिया, 'हम दुश्मन पर गोली-गोलों की बौछार करेंगे जिससे वे अपनी जगह से हिल न सकें। इसी बीच तुम अपने आदमियों को लेकर रेंग कर दुश्मन के बंकर तक पहुँचो।' हमने उनके हुक्म का पालन किया और रेंग-रेंग कर बंकर के पास पहुँच गये। तब हमने बेतार के द्वारा मेजर साहब से गोलाबारी रोकने के लिये कहा। मुझे उम्मीद थी कि गोलाबारी रुकने पर दुश्मन चौंक कर खड़े हो जायेंगे और हमें पता चल जायेगा कि वे कहाँ हैं। और ठीक यही हुआ। अब हमने उन पर हथगोले फेंके। घायल होने पर सिपाही पीछे हटते हैं। अब कुछ पाकिस्तानी पीछे हटे, कुछ छुप गये और कुछ भाग गये। बंकर के बाहर पाकिस्तान के स्पेशल सर्विस ग्रुप (एस.एस.जी.) की शाहीन कंपनी की 3 कमांडो बटालियन के कुछ सिपाही थे। हम उन पर मौत बन कर टूट पड़े और अपनी संगीनों से उनके टुकड़े-टुकड़े कर दिये। तब मैंने उनके बंकर में हथगोले फेंक कर बाहर से दरवाज़ा बंद कर दिया। हथगोले फटने की आवाज़ हुई। हमें अंदर से चीख-पुकार सुनाई पड़ी। फिर चुप्पी छा गयी। जब आखिरी आवाज़ शान्त हो गयी, तब हम सावधानी से अंदर गये। वहाँ पर एस.एस.जी. के सात कमांडो मरे पड़े थे, बाकी भाग गये थे।

# चोटी पर तिरंगा लहराया

"हमारी विजय की सूचना पाकर मेजर विरेन्दर सिंह वहाँ पहुँचे। उन्होंने यह देखने के लिये सारे क्षेत्र का निरीक्षण किया कि कहीं से किसी नये हमले की संभावना तो नहीं थी। जिस रास्ते से पाकिस्तानी ऊपर चढ़े थे उसकी निगरानी के लिये उन्होंने वहाँ पर एक लाइट मशीन गन लगा कर तीन सिपाहियों को तैनात कर दिया। इसके अलावा दुश्मन जहाँ से ऊपर चढ़ सकते थे उन सभी रास्तों की रक्षा के लिये सिपाही तैनात कर दिये गये।

"पाकिस्तानी संचार-ऑपरेटर ने अपने मुख्य अड्डे को सूचना दी कि हिन्दुस्तानियों ने *कायद टॉप* पर कब्ज़ा कर लिया है। पाकिस्तानी बहुत देर तक भारी गोलाबारी करते रहे। इस गोलाबारी में हमारे एक साथी का कंधा उतर गया। हमने पट्टियों से उसका कंधा बाँध दिया। इसी समय एक गोली हमारे मेजर साहब के लगी किन्तु गोली उन्हें छीलती हुई निकल गयी। वह उनके शरीर के अंदर नहीं घुसी। यदि गोली अंदर चली जाती तो घाव गंभीर हो सकता था। हमने ब्रिगेडियर नोग्याल को मेजर विरेन्दर सिंह के घायल होने की सूचना दी। उन्होंने मेजर साहब को नीचे भेजने का आदेश दिया। एक हेलीकॉप्टर उन्हें और हमारे घायल साथी को कुमार पोस्ट ले गया।

"26 जून को भारत का तिरंगा चोटी पर लहराया गया और उस समय से वहीं लहरा रहा है।

# 27 जून : बाना पोस्ट

"27 जून को सवेरे ब्रिगेडियर नोग्याल चोटी पर पहुँचे और उस क्षेत्र का निरीक्षण किया और उन सब स्थानों पर, जहाँ से पाकिस्तानी हमला कर सकते थे, सुरक्षा का प्रबंध किया। उन्होंने पाकिस्तानी सैनिकों द्वारा पीछे छोड़े गये हथियारों, कागज़ों तथा अन्य वस्तुओं का निरीक्षण भी किया। इसके बाद उन्होंने मुझसे कहा, 'बाना सिंह जी, आपने इन ऊँचाइयों पर जो किया है वह कोई और नहीं कर सकता था। आज से इस चोटी को आपके नाम पर 'बाना पोस्ट' पुकारा जायेगा।' इसके बाद वे मुख्य अड्डे पर लौट गये। इसके बाद घायल सिपाहियों को हेलीकॉप्टर द्वारा नीचे भेजा गया।"

बाना सिंह कुछ सिपाहियों के साथ कुछ दिन तक चोटी पर रहे। इसके बाद सर्दी के कारण पैरों में होने वाले छालों (चिलब्लेन्स) के कारण उन्हें नीचे आना पड़ा। उन्हें चंडीगढ़ के अस्पताल में भरती कर दिया गया। ठीक होने के बाद वे

सियाचिन के नीचे के अड्डे पर अपनी यूनिट में लौट आये। दिसम्बर 1987 को वे अपने हथियार और विशेष कपड़े एक दूसरी यूनिट को लौटा कर श्रीनगर आ गये।

## अनपेक्षित सम्मान

15 जनवरी 1988 को एक कैप्टेन बाना सिंह की यूनिट में आये और उनसे कहा कि दिल्ली में सेना-मुख्यालय के अधिकारियों ने उनका एक फोटो और जीवन-विवरण माँगा है। बाना सिंह बताते हैं, "हममें से किसी को इसका कोई आभास नहीं था कि यह सूचना क्यों माँगी गयी। 21 जनवरी को हमारी यूनिट को एक संदेश मिला कि बाना सिंह और उनकी यूनिट के कुछ सिपाही तुरंत ऊधमपुर पहुँचें। ऊधमपुर में कर्नल अहलूवालिया ने मुझसे कहा, 'बाना तुम्हें आज ही अपनी पत्नी के साथ दिल्ली पहुँचना है।' सेना की एक जीप मुझे ऊधमपुर से 60 किलोमीटर दूर मेरे गाँव कडयाल ले गई। मेरे घर वाले मेरे इस प्रकार अचानक आने से चकित हो गये। मैंने अपनी पत्नी रविन्दर कौर से कहा, 'तैयार हो जाओ। हमें अभी दिल्ली जाना है।'

"दिल्ली हवाई अड्डे पर एक मेजर हमें लेने आये थे। उन्होंने कहा, 'नायब सूबेदार बाना सिंह परम वीर चक्र विजेता'! यह सुन कर मैं स्तंभित हो गया। मैंने कहा, 'साहब, मैं आपका मतलब नहीं समझा। आप बात खोल कर बताइये।' अब तक हम हवाई अड्डे के बाहर आ गये थे। परम वीर चक्र विजेता कर्नल धन सिंह थापा, जो दिल्ली की 26 जनवरी की शोभायात्रा में भाग लेने आये थे, वहाँ खड़े थे। उन्होंने मुझसे कहा, 'अब तुम मेरी तरह एक परम वीर चक्र विजेता हो। तुम्हें वही पुरस्कार मिलेगा जो मुझे मिला है।' "

अब बाना सिंह कुछ-कुछ समझे कि उन्हें देश का शौर्य के लिये दिया जाने वाला उच्चतम सम्मान मिलने वाला है। बाना सिंह को इस सौभाग्य का पूरा अहसास होने में कुछ समय लगा। दिल्ली में उन्हें एक पाँच सितारा होटल में ठहराया गया। 23 जनवरी को घोषित किया गया कि नायब सूबेदार बाना सिंह को परम वीर चक्र प्रदान किया गया है। 26 जनवरी को तत्कालीन राष्ट्रपति वेंकटरामन् ने उन्हें परम वीर चक्र प्रदान किया।

यह एक रोचक तथ्य है कि जून 1987 में, जब भारत का तिरंगा *कायद पोस्ट* पर लहराया गया तब पाकिस्तान की एस.एस.जी. टुकड़ी के नायक ब्रिगेडियर मुशर्रफ़ थे। पाकिस्तान की तत्कालीन प्रधानमंत्री बेनज़ीर भुट्टो एवं मुशर्रफ़, दोनों ही *कायद पोस्ट* को खोने पर आग-बबूला हो गये। बदला लेने के लिये उन्होंने

साल्टोरो पर्वतमाला के बेलाफ़ौंडा पास पर आक्रमण किया। किंतु वे अपने नापाक इरादे में सफल नहीं हुए। कहते हैं कि इस आक्रमण में पाकिस्तान के 1000 चुने हुए सैनिक मारे गये। कुछ लोगों का मत है कि 1998 में जब मुशर्रफ़ पाकिस्तान के सेनाध्यक्ष बन गये तब उन्होंने इसी हार का बदला लेने के लिये कारगिल पर आक्रमण किया। वहाँ भी वे बुरी तरह हारे। तब उन्होंने प्रस्ताव किया कि भारत और पाकिस्तान दोनों ही सियाचिन से अपनी-अपनी सेनाएँ हटा लें और इस मुकाबले को समाप्त करें। भारतीय सेना में से जिन लोगों ने सियाचिन के लिये इतना बलिदान किया है वे इस प्रस्ताव से बहुत आशंकित हैं। इसका कारण है कि पाकिस्तान पर विश्वास नहीं किया जा सकता। पाकिस्तान जब चाहे संधियों को तोड़ देता है। दूसरी बात है कि पाकिस्तान की ओर से सियाचिन पर चढ़ना अपेक्षाकृत आसान है इसलिये हमेशा यह डर रहेगा कि पाकिस्तान फिर से सियाचिन पर अधिकार कर सकता है।

भारतीय सेना के लिये सियाचिन दशकों से उनके द्वारा किये गये एक असंभव-प्राय वीरत्व और बलिदान की भूमि है। उनके लिये सियाचिन भारतीय सेना के अफ़सरों और सैनिकों द्वारा अपनी बलि देकर जीता हुआ, उनके रक्त से रंगा हुआ एक पवित्र तीर्थ है। जबकि हमारे राजनीतिज्ञ शायद उसे पाकिस्तान से लेन-देन का एक सिक्का मानते हैं। भारतीय सैनिक अधिकारी याद करते हैं कि किस प्रकार भारतीय सेना ने 1965 के युद्ध में सामरिक दृष्टि से महत्त्वपूर्ण हाजी पीर दर्रे को अपना खून बहा कर जीता था। किन्तु ताशकंत में भारत ने उसे लौटा दिया था। सेना को भय है कि कहीं भारत सरकार फिर से वही गलती तो नहीं कर रही है।

## प्रशस्ति पत्र
## नायब सूबेदार बाना सिंह
## 8 जम्मू व कश्मीर लाइट इन्फ़ैंट्री (जे सी 155825)

नायब सूबेदार बाना सिंह ने जून 1987 में उस कार्यदल में भरती होने के लिये अपने आपको स्वेच्छा से समर्पित किया, जिसका गठन 21,000 फुट ऊँचे सियाचिन ग्लेशियर पर दुश्मन द्वारा कब्ज़े को खाली कराने के लिये किया गया था। यह चौकी वास्तव में बर्फ़ के मज़बूत किले जैसी थी, क्योंकि उसके चारों ओर बर्फ़ की ऊँची-ऊँची दीवारें थीं। दोनों तरफ़ 1,500 फुट ऊँची दीवारों वाली इस चौकी पर

चढ़ने के लिये नायब सूबेदार बाना सिंह के लिये अत्यंत कठिन व ख़तरनाक रास्ता था, किन्तु वे अपने साथियों को प्रेरित करते रहे और आगे बढ़ते रहे। वे रेंगते हुए दुश्मन के काफ़ी नज़दीक जा पहुँचे और एक के बाद एक बंकर में ग्रेनेड फेंकने लगे तथा घुसपैठियों के पेट में संगीन उतारते चले गये। उन्होंने पूरी चौकी दुश्मन से खाली करा ली।

नायब सूबेदार बाना सिंह ने अत्यंत विपरीत परिस्थितियों में अद्वितीय शौर्य एवं नेतृत्व का प्रदर्शन किया।

भारतीय गजट अधिसूचना<br>संख्या 9–प्रेस∕188

## दुनियावी लोगों के ढंग

स्वाभाविक ही था कि परम वीर चक्र पाने पर बाना सिंह बहुत प्रसन्न थे। उन्होंने बताया, "बाद में एक विचित्र बात हुई। जब मुझे पुरस्कार मिला तब बहुत से सरकारी अफ़सरों तथा मंत्रियों ने मुझसे लंबे-चौड़े वादे किये कि वे मेरे बच्चों को छात्रवृत्तियाँ देंगे, मेरे परिवार के लोगों को नौकरियाँ दिलायेंगे। किसी ने कहा कि वे मेरे बच्चों को इंजीनियरिंग या डॉक्टरी की शिक्षा दिलाने में मदद करेंगे। किन्तु ये सब वादे खोखले सिद्ध हुए। बाद में जब मैं उनके पास गया तो उन्होंने कहा, 'वह कोई दूसरा मंत्री या दूसरा अफ़सर होगा जिसने वादा किया था। मैंने ऐसा कोई वादा नहीं किया।' उन्होंने कुछ भी नहीं किया।"

## सेना का आदर्श–अपने साथियों के प्रति प्रेम और वफ़ादारी

सेना की हर टुकड़ी के सदस्य एक-दूसरे के लिये प्राण न्योछावर करने को तैयार रहते हैं। अनेक बार पाकिस्तानी अपने साथियों की लाशें नहीं माँगते और उन्हें गलने-सड़ने के लिये छोड़ देते हैं किन्तु भारतीय सेना की टुकड़ियाँ इतनी सुगठित हैं कि भारतीय सैनिक न केवल एक-दूसरे के लिये प्राण देने को तैयार रहते हैं, वरन् अपने साथियों की लाशें लाने के लिये भी अपने प्राणों की बाजी लगा देते हैं। बाना सिंह ने बताया, "एक बार मैं श्रीनगर से 100 मील दूर गुरेज़ में नियुक्त था। इस क्षेत्र में हिमनदों का बहुत भय रहता है अतः जवानों को आदेश था कि वे दिन में कभी सफ़र न करें क्योंकि दिन में हिमनदों का बहुत भय रहता है।

"एक बार हमारे दो जवानों को अपने अड्डे से दूसरे अड्डे तक राशन ले जाना था और वहाँ से उन्हें छुट्टी पर जाना था। उनको पास दिये जा चुके थे। घर

जाने की उत्सुकता में वे सूरज उगने से पहले ही बिना किसी को बताये चल दिये। गुरेज़ में एक ऐसा क्षेत्र है जहाँ बहुत अधिक वेगवान, भयानक हिमनद आते हैं। ये हिमनद अपने रास्ते में पड़ने वाली बड़ी-बड़ी चट्टानों को भी बहा कर ले जाते हैं। हमारे दोनों जवान भी अचानक आने वाले एक हिमनद की चपेट में आ गये।

“शाम को जब गिनती हुई तो रमेश नाम का एक जवान और एक पहलवान सिपाही लापता थे। हमारे सी.ओ. ने कहा, ‘हमें उन्हें खोजना ही होगा। हालाँकि उनके जीवित होने की कोई संभावना नहीं है किन्तु हमें उनके शव तो खोजने चाहियें।’ यद्यपि खतरा था कि कहीं दूसरा कोई हिमनद आकर हमें दफ़न न कर दे किन्तु सिपाहियों में एक-दूसरे से गहरा प्रेम होता है। वे अपने घरों से बहुत दूर रहते हैं और अपने साथियों को ही अपना परिवार मानते हैं। वे एक-दूसरे के लिये प्राण देने को भी तैयार रहते हैं। हम सारे दिन बर्फ़ में अपने साथियों के शव ढूँढ़ते रहे। हिमनद में फँसे हुए आदमी को दिशा ज्ञान नहीं रहता। हमारे दिलों पर उस समय गहरा आघात लगा जब हमने देखा कि हमारा एक साथी अपने सिर से गलत दिशा में बर्फ़ फोड़ता रहा। इसलिये वह और अधिक नीचे धँसता गया। हमने उनके शव निकाल कर ही आराम किया।”

## जनरल करिअप्पा द्वारा पदोन्नति

15 जनवरी 1996 को मुंबई में सेना दिवस परेड की गई। नायब सूबेदार बाना सिंह की रेजीमेंट निकोबार से इस परेड में भाग लेने आई थी। जनरल करिअप्पा ने बाना सिंह का स्वागत किया। बातचीत के समय बाना सिंह ने उन्हें बताया कि वे शीघ्र ही सेवानिवृत्त होने वाले थे। जनरल करिअप्पा परम वीर चक्र विजेता बाना सिंह की वीरता का सम्मान करते थे। अपने कार्यालय लौटने पर उन्होंने बाना सिंह की फ़ाइल मंगाई और उन्हें क्रम से पहले ही पदोन्नति देकर बटालियन का सूबेदार मेजर बना दिया। इस प्रकार बाना सिंह को सेना में चार वर्ष अतिरिक्त कार्य करने का अवसर मिला। इसके बाद उन्हें श्रीनगर में जे.के.एल.आई. रेजीमेंट केंद्र का सूबेदार मेजर बना दिया गया। बाना सिंह ने भारतीय सेना अकादमी (आइ.एम. ए.) में प्रशिक्षक का कार्य भी किया। अक्टूबर 2000 में सेवानिवृत्त होने तक उनका ओहदा (सूबेदार मेजर) मानद कैप्टेन हो गया।

## 8 जम्मू और कश्मीर हल्की पदाति बटालियन
## (8 जम्मू-कश्मीर लाइट इन्फ़ैंट्री)

1990 में आसाम में गैंडा अभियान (ऑपरेशन राइनो) आरंभ होने तक बाना सिंह की गर्वीली जे.के.एल.आई. रेजीमेंट की इतनी प्रसिद्धि हो चुकी थी कि पलटन का निरीक्षण करने के लिये आने वाले अधिकारी कहते थे "सेना की हर पलटन को 8 जे.के.एल.आई. के समान होना चाहिये। जिस पलटन ने इतने पुरस्कार और पदक, यहाँ तक कि एक परम वीर चक्र भी जीता है, उसका निरीक्षण करने की क्या आवश्यकता है?" बाना सिंह कहते हैं, "इस तरह की तारीफ़ सुन कर हमारे तन-मन में खुशी भर जाती थी। हम सैनिकों तथा हमारे अधिकारियों का हौसला दस-गुना हो जाता था।"

## देश की रक्षा को समर्पित यह परिवार

भारतीय सेना में 32 वर्ष तक प्राणपण से सेवा करने के बाद बाना सिंह 31 अक्टूबर 2000 को सेवानिवृत्त हुए। उनके एक पुत्र राजेंद्र सिंह अपने परम वीर पिता के पदचिह्नों पर चल कर भारतीय सेना में सिपाही बन गये। उनके बड़े पुत्र गुरदीप सिंह कुछ साल दक्षिण कोरिया में काम करने के बाद स्वदेश लौट आये और अब परिवार की देखभाल करते हैं। बाना सिंह की दो बेटियों सुरिन्दर कौर और राजिन्दर कौर के विवाह हरनेक सिंह और बलविन्दर सिंह नामक सिपाहियों से हुए। ये दोनों अब हवलदार हैं। बाना सिंह की तीनों बहिनों, मनजीत कौर, भजन कौर और रणजीत कौर के विवाह भी सिपाहियों से हुए। मनजीत कौर के पति हाल ही में कैप्टेन बन कर सेवानिवृत्त हुए हैं। इस प्रकार बाना सिंह के परिवार के अधिकांश सदस्य देश की रक्षा में सेवारत हैं।

## अस्वीकार कर दी 25 एकड़ जमीन,
## 25 लाख रुपये और दस गुनी पेंशन

5 अक्टूबर 2006 को पंजाब के तत्कालीन मुख्यमंत्री अमरिन्दर सिंह ने सुना कि एक परम वीर चक्र विजेता जम्मू-कश्मीर के एक गाँव में रहते हैं। अमरिन्दर सिंह एक राजपरिवार के सदस्य हैं। वे चाहते थे कि ये परम वीर चक्र विजेता पंजाब में बस जायें। उन्होंने बाना सिंह को संदेश भिजवाया कि यदि वे पंजाब में बसने को तैयार हों तो वे उन्हें पंजाब में कहीं भी, उनकी पसंद की, 25 एकड़ जमीन देंगे,

परमवीर चक्र बाना सिंह को पांडिचेरी में सम्मानित किया गया (24/03/2007) (बायें से दायें) श्री राकेश चन्द्र : शिक्षा निदेशक, पांडिचेरी, सुश्री श्याम कुमारी, श्रीमती बाना सिंह, परम वीर बाना सिंह मेजर जनरल के.के. तिवारी, प्रो. किट्टू रैडी : श्री अरविन्द, *अन्तर्राष्ट्रीय शिक्षा केन्द्र,* डॉ. रामदास सहायक शिक्षा-निदेशक, पांडिचेरी, श्रीमती अरुणा, निदेशक : *द लिटिल एंजेल्स इंगलिश स्कूल।*

साथ ही 25 लाख रुपये नगद और 12500 रुपये महीने पेंशन देंगे। यदि हम बाना सिंह की जम्मू-कश्मीर की सरकार द्वारा उस समय दी जाने वाली 160 रुपये महीने की पेंशन से अमरिन्दर सिंह के प्रस्ताव की तुलना करें तो मानना पड़ेगा कि यह बहुत उदार प्रस्ताव था। किन्तु जितने दरियादिल हैं अमरिन्दर सिंह उतने ही निर्लोभी हैं वीर बाना सिंह। उन्होंने "मैं अपना गाँव नहीं छोड़ूँगा," कह कर उनका प्रस्ताव अस्वीकार कर दिया। आज जब रुपये के लिये हमारे नेता, अधिकारी और लक्ष्मीपति हर तरह के उचित-अनुचित उपाय अपनाते हैं, भारतमाता के वीर पुत्र बाना सिंह ने घर आयी लक्ष्मी को लौटा दिया किन्तु अपना गाँव नहीं छोड़ा।

अमरिन्दर सिंह बाना सिंह की निःस्वार्थता से इतने प्रभावित हुए कि उन्होंने बाना सिंह को निमंत्रण भेजा, "आप कम-से-कम मेरे साथ चायपान के लिये आना तो स्वीकार करेंगे?" यह निमंत्रण बाना सिंह ने खुशी से स्वीकार कर लिया। श्री अमरिन्दर सिंह ने उन्हें चाँदी की एक तलवार तथा दस लाख रुपये का एक चैक दिया।

# सेवानिवृत्त (रिटायर्ड) सैनिकों के हितों की रक्षा

बाना सिंह का हृदय सेना से सेवानिवृत्त सैनिकों के लिये चिन्तित है। सेना में सैनिकों को 37 वर्ष की उम्र में सेवानिवृत्त कर दिया जाता है। उन्हें कोई नौकरी भी नहीं दी जाती। इस कारण उन्हें अपने बाल-बच्चों का लालन-पालन करने और शिक्षा दिलाने में बहुत कठिनाई होती है। 29 दिसम्बर 2009 को बाना सिंह जम्मू-कश्मीर के तत्कालीन मुख्य मंत्री ओमर अब्दुल्ला से मिले और उनके सामने इन सैनिकों को पुनः नौकरी देने के विषय में कुछ ठोस प्रस्ताव रखे। उन्होंने कहा, "सरकार अनेक ट्यूब वैल खुदवा रही है जिन पर प्रति ट्यूब वैल 30 लाख रुपये खर्च होते हैं किन्तु उन्हें चलाने के लिये आदमी नहीं मिलते। इसी प्रकार सरकारी जीपगाड़ियाँ चलाने के लिये ड्राइवरों का भी अभाव है। सरकार सेवानिवृत्त सैनिकों को इन कार्यों के लिये नियुक्त क्यों नहीं करती? ये सेवानिवृत्त सैनिक बिजली के मीटर पढ़ने के लिये भी रखे जा सकते हैं और उन्हें इस काम के लिये कुछ कमीशन दिया जा सकता है।"

श्री ओमर अब्दुल्ला ने बाना सिंह के सुझावों को ध्यान से सुना और यह देखकर कि उनके सुझाव व्यावहारिक हैं, सेवानिवृत्त सैनिकों के लिये कुछ करने का आश्वासन दिया। वे परम वीर बाना सिंह से प्रभावित हुए और अपने सुरक्षा-सैनिकों को आदेश दिया कि भविष्य में बाना सिंह जब चाहें, उनसे मिलने आ सकते हैं, उन्हें पहले से मुलाकात का समय लेने की आवश्यकता नहीं।

बाना सिंह कहते हैं, "ब्रिटेन की सरकार अपने सैनिकों की, विशेषतया जिन्हें विक्टोरिया क्रॉस मिला है या जिन्होंने वीरता का कोई विशेष काम किया है, उनकी भली प्रकार देखभाल करती है। जबकि भारत में नेता केवल अपनी सत्ता और शक्ति के लिये चिंतित रहते हैं। सियाचिन को जीतने के लिये हमारे अनेक सैनिकों ने अपने प्राणों का बलिदान किया है, कितनों ने रक्त बहाया है, देश के करोड़ों रुपये खर्च हुए हैं और अब सरकार सियाचिन से पीछे हटने के पाकिस्तानी प्रस्ताव पर विचार कर रही है। इस प्रकार की पीछे हटने की बातों से सेना को आघात पहुँचता है।

"पाकिस्तान विखंडित हो रहा है। पाकिस्तानी अपनी ही जलाई आग में जल कर राख हो जायेंगे। उन्होंने ही आतंकवाद का आरंभ किया है। न वे खुद शांति से रहते हैं और न ही दूसरों को शांति से रहने देते हैं।

"किन्तु सैनिकों की ज़िंदगी भिन्न होती है। सेना के सदस्यों को अपने परिवारों से दूर, जंगलों, पहाड़ों और रेगिस्तानों में रहना पड़ता है। देश के सम्मान

के लिये, अपना कर्तव्य निभाने के लिये, एक सिपाही सभी कठिनाइयों का सामना करने को तैयार रहता है और वह हर हालत में, कठिन-से-कठिन परिस्थिति में, जहाँ भी उसकी तैनाती हो, खुश रहना सीख लेता है। मोबाइल फोन आने से पहले हम अपने घर चिट्ठी लिखते थे और मनिऑर्डर भेजते थे तो उनके पहुँचने में 15 दिन लग जाते थे। हम बेताबी से जवाब का इन्तज़ार करते थे। सेना का जीवन कमज़ोरों के लिये नहीं है।"

## भारत के नौजवानों के लिये एक सच्चा आदर्श

आज बाना सिंह जिस भी शिक्षा संस्था में जाते हैं, तरुण-युवा विद्यार्थी उनसे मिल कर रोमांचित हो जाते हैं। बाना सिंह से मिल कर, उनकी कहानी सुन कर, विद्यार्थियों के दिलों में देशप्रेम की आग धधकने लगती है। 23/24 फरवरी 2007 को पांडिचेरी में उनके सम्मान में आयोजित विभिन्न समारोहों ने बाना सिंह को भावविभोर कर दिया। उन्होंने कहा, "आपने मुझे जो प्रेम, स्वागत और सम्मान दिया है उससे यह सिद्ध हो जाता है कि भारत की आत्मा मरी नहीं है, भारत आज भी वीरों का सम्मान करता है। आपके प्रेम ने मेरी आयु बढ़ा दी है। एक सिपाही चाहता है कि उसकी वीरता को पहचाना जाये, उसके साहस और कुरबानी को सम्मानित किया जाये। आज हमारे देश के नागरिकों को फ़िल्मी अभिनेताओं और

बाना सिंह राष्ट्रपति के साथ

क्रिकेट के खिलाड़ियों के नाम, उनकी पसन्द-नापसन्द, उनके छक्कों-शतकों की संख्या तो अच्छी तरह ज्ञात हैं किन्तु देश के लिये लड़ने-मरने वालों से उन्हें कोई सरोकार नहीं है। उन बलिदानी वीरों के चेहरे पहचानने की तो बात ही छोड़िये, वे उनके नाम भी नहीं जानते।

"आज ज़रूरत इस बात की है कि हम भारत के युवकों को नये आदर्श दें। हमें उनके दिलों में देशभक्ति जगानी होगी और उन्हें अहसास कराना होगा कि सैनिक मुट्ठी भर वेतन के लिये अपनी जान की बाजी नहीं लगाते। भारत के सैनिक चाँदी के कुछ सिक्कों के लिये, असहनीय मुश्किलें सहन नहीं करते, सहर्ष अपनी कुरबानी नहीं देते। वे देश के गौरव और सम्मान के लिये लड़ते हैं, उसकी सीमा की रक्षा के लिये मरते हैं। एक देश तभी अपनी स्वतंत्रता की रक्षा कर सकता है जब वह अपनी सीमा के रक्षकों को सम्मान और गौरव प्रदान करे।"

# सियाचिन का वीर

सियाचिन का वीर वह, बाँका रणधीर वह,
वीरों का वीर वह, अर्जुन का तीर वह,
साक्षात् काल वह, भारत का लाल वह,
दुश्मन को चीरता, अतिशय विकराल वह।

सिक्खों की शान वह, गुरुओं का मान वह,
अतिशय बलवान वह, शिव का वरदान वह,
चंड वह, प्रचंड वह, वीरत्व अखंड वह,
शत्रु की सेना को, मृत्यु का दंड वह।

दुर्गा का खंग वह, राम का निषंग वह,
देवों का अंग वह, काल का भुजंग वह,
शूरत्व अनन्त वह, योद्धा दुरन्त वह,
दुश्मन का अंत वह, जीत का वसंत वह।

बाना सिंह नाम है, जिस पर अभिमान है,
भारत की शान है, सियाचिन प्रमाण है।

# हिम शिखर का आरोही

रौंद रहा कौन वह हिमनद को,

जीतने जा रहा कौन सियाचिन को?

दुश्मन की छाती को संगीन से भेद कर,

कौन चढ़ता जा रहा हिम की दीवार पर

हाथ में तिरंगे को लेकर,

हथेली पर प्राण लेकर

बढ़ रहा यह कौन दुर्धर्ष वीर?

साँय-साँय करता है जहाँ पवन,

साँस नहीं ले पाते हैं जहाँ पर जन,

वायु जहाँ पर है इतनी विरल,

मौत मिलती है जहाँ हर कदम पर?

बाँका वह वीर, उसका बानासिंह नाम है,

सियाचिन के शिखर पर वह सरनाम है।

यही वह नाम है जिस पर हज़ारों कुरबान हैं।

# गुरु की आवाज़

बाना ने सुनी गुरु गोविन्द की आवाज़,

"बन्दे, मत घबरा ऊपर चढ़ जा आज,

देख ज़रा, तुझे बुलाती फ़तह आज,

ले रहा था बस मैं तेरा इम्तहान।

हार रहा क्यों हिम्मत, खोता क्यों सम्मान?

बाना! बनेगा तू अब हिन्द की शान,

प्राणलेवा चढ़ाई, बरफ़ीला मैदान,

हिमालय का यह शिखर जीत ले आज,

बढ़ता जा, मेरे वीर, जंग जीत ले आज।

गुरु के बन्दे, तेरे लिए क्या कुछ है दुस्तर?

तेरे दिल में, बाँहों में, रगों में, रहूँगा मैं निरन्तर,

दिखलायेगा तू गज़ब की वीरता आज,

सियाचिन से पाकियों को मार भगायेगा तू आज,

उनको दोज़ख पहुँचाएगा तू आज,

दुश्मन के लहू से सजायेगा साज,

बाना, छिपा है हिम्मत में ही जीत का राज़,

रख लेना, भारतमाता की लाज,

कर देना दुश्मन के लहू से लाल,

सियाचिन का हिमनद तू आज,

रणधीर, ओ मेरे वीर, गुरुओं के लाल

आगे बढ़, बिन रुके चढ़ता जा आज,

गिरा दे इन पाकियों का झंडा आज,

मिटा दे इनके नापाक सपने आज,

निगल ले इन नागों को बन के बाज,

!! हमारे परम वीर चक्र विजेता !!

हो कितना ही कठिन, करना है यह काज,

भारत को तुझ पर होगा कितना नाज़,

नाम गूँजेगा तेरा घर-घर आज।

ओ सियाचिन के वीर, मेरे जाँबाज़,

पाट दे इस बरफ़ को लाशों से आज,

मिट्टी में मिला दे बैरियों को आज,

भारत माँ को पहना दे सियाचिन का ताज़,

आन रख ले देश की, मान रख ले आज।"

# परम वीर चक्र विजेता : मनोज कुमार पांडे

7 जुलाई, 1999 के सूर्योदय के पूर्व का समय था। उत्तर प्रदेश की राजधानी लखनऊ के गोमती नगर क्षेत्र में अनेक व्यक्ति एकत्रित थे। रात से ही सैकड़ों व्यक्ति निःशब्द काम कर रहे थे। वे गोमती नगर से 6 किलोमीटर दूर स्थित वैकुंठधाम श्मशान घाट तक की सड़क को बुहारकर उस पर फूल बिछा रहे थे। हर व्यक्ति प्रयत्न कर रहा था कि फूलों पर पाँव न पड़ जाये। चारों ओर फूलों की सुगन्ध फैली थी। ट्रकों में भर-भर कर फूल लाये जा रहे थे। किन्तु लखनऊ नगर के सारे फूल समाप्त हो गये और अभी तो सड़क का बहुत-सा अंश सजाने को शेष था। आयोजकों को समाचार भेजा गया। सहारा प्रतिष्ठान के मालिकों ने अविलंब अपना हवाई जहाज कलकत्ता भेजा। कुछ ही घंटों बाद फूलों-से लदा हवाई जहाज आ पहुँचा। जहाज से फूल उतारकर तुरंत सड़कों पर सजावट करने वालों के पास पहुँचाये गये। किसी को खाने-सोने-नहाने की सुध नहीं थी। किसी प्रकार सड़क को समय से पहले ही फूलों से सजा दिया जाये, कार्यकर्ताओं की यही चेष्टा थी। शायद श्री राम के सीता और लक्ष्मण सहित अयोध्या लौटने पर अयोध्यावासियों ने सड़कें इसी प्रकार फूलों से सजाई होंगी।

आपको आश्चर्य हो रहा होगा कि कौन आ रहा था जिसके स्वागत के लिये

सुदूर कलकत्ता तक से फूल मँगाकर सड़कें सजाई जा रही थीं? क्या कोई राजा-महाराजा, प्रधानमंत्री या राष्ट्रपति आ रहे थे? नहीं, यह किसी देश के राष्ट्रपति, राजा, धर्मगुरु या प्रधानमंत्री के स्वागत की तैयारी नहीं थी, यह तो गोमती नगर के एक सामान्य-से घर में रहने वाले 24 वर्षीय युवक मनोज कुमार पांडे की शवयात्रा की तैयारी थी। कौन हैं यह मनोज कुमार जिनके अंतिम संस्कार के लिये ऐसी भव्य तैयारियाँ हो रही थीं? मनोज कुमार हैं देश के लिये बलिदान होने वाले, अपने प्राण देकर भारतमाता के मस्तक पर विजयश्री का मुकुट पहनाने वाले 24 वर्षीय नवयुवक, हमारे एक परम वीर चक्र विजेता, कारगिल के शहीद शूरवीर। मालाओं और तिरंगे से सजी फौजी गाड़ी के सामने गोरखा रेजीमेंट के सैनिक चल रहे थे। मनोज कुमार की जयजयकार के नारे गूँज रहे थे।

सवेरे साढ़े नौ बजे उनकी पवित्र देह को उनके घर लाया गया। वीर माता बृजमोहिनी और पिता श्री गोपीचन्द को अपने लाल के शव को विदाई देने के लिये केवल डेढ़ घंटे का समय दिया गया। भाई मनमोहित, मनमोहन और बहन प्रतिभा अपनी आँखों में मनोज की अंतिम छवि संजो रहे थे। पिता ने पुत्र की शव-पेटिका खोलकर शरीर का अंग-अंग निहारा। हे आत्मीयो! आँखों में, हृदय में अंकित कर लो यह छवि। फिर ये अमूल्य पल लौटकर नहीं आयेंगे। शीघ्र ही अग्नि देवता मनोज को अपने अंक में आत्मसात् कर लेंगे। अदृश्य देवता फूल लिये आकाश में अमर शहीद मनोज का स्वागत करने के लिये आतुर हैं।

समय बहुत कम है। शहीद पर पूरे देश का अधिकार होता है। उन्हें अंतिम नमन करने के लिये दस लाख व्यक्ति श्मशान-पथ के दोनों ओर खड़े हैं। 20 लाख आँखें अश्रुओं की वर्षा कर रही हैं। धन्य है माता बृजमोहिनी और पिता गोपीचन्द जिन्होंने ऐसे पुत्र को जन्म दिया। हे माता, आतुर हैं तेरे इस बाँके शूर की एक झाँकी पाने के लिये लखनऊ के नागरिक।

सेना का हर कार्य समय से होता है। ठीक साढ़े दस बजे शव-पेटिका को बंद करके तिरंगे में लपेटकर फ़ौज की शानदार गाड़ी में रख दिया गया और शवयात्रा चल दी शहीद चौक की ओर, जहाँ पर अनेक फूल मालाओं से सजे मंच पर शूरवीर की शव-पेटिका रख दी गयी। 10:30 से 2:30 तक शहीद की शव-पेटिका वहीं रखी गयी। उद्यान में तिल भर भी जगह नहीं थी। दस लाख व्यक्ति वीर मनोज कुमार को अपने भावों के सुमन अर्पित कर रहे थे। अनेक तो उद्यान में प्रवेश भी नहीं कर सके। लाखों ने गोमती के दूसरे तट से शवयात्रा की एक झलक भर देखी। इस पार खड़े होने को स्थान ही नहीं था। ठीक 2:30 पर

उस पवित्र देह को लेकर फ़ौजी गाड़ी वैकुंठधाम के शमशान की ओर चल दी। गोरखा राइफ़ल्स की एक टुकड़ी सामने चल रही थी। किन्तु भीड़ इतनी अधिक थी कि शवयात्रा इंच-इंच बढ़ रही थी, मानों धरती माता अपने सुपुत्र को कुछ और देर तक अपने पास रखना चाहती थीं। दोपहर के बाद 3:45 पर शवयात्रा शमशान पहुँची जहाँ पर राज्यपाल, मुख्यमंत्री तथा अन्य गण्य मान्य अधिकारियों ने शव-पेटिका को सम्मान सहित उतारा। उन्हें फ़ौजी सलामी दी गयी और 4:30 तक अंतिम संस्कार समाप्त हो गया।

मई 1999 में जब पाकिस्तान ने कारगिल के पर्वत शिखरों पर चोरी-चोरी अपनी चौकियाँ स्थापित कर लीं तब अपने जीवन की आहुति देकर शत्रुओं को देश से निकालने वाले वीरों में एक परम वीर था युवक मनोज कुमार पांडे। भारत सरकार ने उसे मरणोपरान्त परम वीर चक्र प्रदान किया। कैसा था इस वीर का बचपन और परिवेश, कैसा था उसका परिवार और शिक्षा? इस विषय में हमें सबसे अधिक सूचनाएं उनके पूज्य माता-पिता से प्राप्त हुईं।

वीरवर मनोज का जन्म 25 जून, 1975 को उत्तरप्रदेश के सीतापुर जनपद के रूढ़ा नामक ग्राम में हुआ था। उनके पिता श्री गोपीचन्द बहुत दूरदर्शी थे। "गाँव में बच्चों की शिक्षा ठीक प्रकार नहीं हो सकेगी," यह सोचकर जब मनोज ढाई साल के ही थे, बच्चों को उपयुक्त शिक्षा दिलाने के लिये वे सपरिवार लखनऊ आ गये। परिवार की आर्थिक स्थिति अच्छी नहीं थी अतः उनके पिता एक साधारण नौकरी करने लगे। मनोज बाल्यकाल से ही बहुत होनहार थे। वीरता और बुद्धिमत्ता उन्हें जन्म से ही प्राप्त थीं। माँ ने वीरों की कहानियाँ सुनाई, पिता ने जीवन के लिये आदर्श प्रदान किये। एक बार लगभग तीन वर्ष की आयु में अपने मामा के गाँव गये। मामा ने हँस कर पूछा, "मनोज, तुम कुछ पढ़ते भी हो या खेलते ही रहते हो?" मनोज ने गर्व से कहा, "हमें सब आता है।" उन्होंने एक ही साँस में 100 तक गिनती मामा को सुना दी। मामा ने चकित होकर कहा, "तुम किसी को इस तरह गिनती मत सुनाना। तुम्हें नज़र लग जायेगी।"

अपनी कुशाग्रता के कारण उन्हें लखनऊ के ग्रीन फ़ील्ड स्कूल निरालानगर में दाखिला मिल गया। पाँचवी तक शिक्षा पूरी करने के उपरांत उन्हें रानी लक्ष्मी बाई मैमोरियल स्कूल रहीमनगर में प्रवेश मिला जो घर से 5-6 किलोमीटर दूर था। घर की आर्थिक स्थिति ऐसी नहीं थी कि मनोज को रिक्शा या बस से स्कूल भेज सकते। माता कभी-कभी चिन्ता व्यक्त करती थीं, "इतना छोटा बच्चा भारी बैग लेकर इतनी दूर पैदल कैसे जायेगा?" मनोज हँसकर कहता, "माँ, तुम चिन्ता क्यों

करती हो? मैं तो यूँ ही खेलते-खेलते चला जाता हूँ।" उनमें अदम्य आत्म विश्वास था। एक बार पिता ने पढ़ाने के लिये एक ट्यूटर रख दिया तो यह कहकर, "मैं अपने आप पढ़ूँगा," उसको हटवा दिया। वे 12 वीं कक्षा तक सदैव कक्षा में प्रथम आये। वे परिश्रम से कभी पीछे नहीं हटते थे। उन्होंने अपने दृढ़ निश्चय, परिश्रम और प्रेममय स्वभाव के कारण सभी शिक्षकों और सहपाठियों का मन जीत लिया था।

मनोज को पढ़ने और खेलने, दोनों का ही बहुत शौक था। वे पढ़ाई की ही तरह खेल में भी सर्वप्रथम आते थे। उन्हें रस्सी कूदना बहुत प्रिय था। वे रस्सी आगे-पीछे, दायें-बायें, चारों ओर से कूदते थे। माँ बरसात में पीने के पानी का घड़ा उलटा करके छत पर रख देती थीं। मनोज उस पर रस्सी कूदते थे। माँ को आशंका होती थी कि कूदने की आवाज़ से नीचे के घर में रहने वालों को असुविधा न हो किन्तु मनोज रस्सी कूदने में इतने प्रवीण थे कि न पैरों की धप-धप सुनाई पड़ती थी, न घड़ा टूटता था, बस रस्सी की साँय-साँय सुनाई पड़ती थी, मानों वे हवा में कूद रहे हों। शरीर से पसीने की धाराएं बहती रहती थीं मगर वे कूदते ही जाते थे। रस्सी कूदने का शौक जीवन के अन्त तक रहा।

बहुत सादगी और सरलता से भरा था इस परिवार का जीवन। मनोज कहते थे कि छोटा घर होना ही अच्छा है। एक ही कमरे में हम सब रहते हैं, एक साथ टी. वी. देखते हैं। बड़ा घर होने पर सब अलग-अलग हो जायेंगे। धन का आकर्षण उन्हें नहीं था। कहा करते थे, "मनुष्य को दाल-रोटी ही पर्याप्त है, अधिक का क्या करना है!" मनोज हर काम को पूरी लगन से करते थे। कभी-कभी कहते थे, "लोग यह क्यों कहते हैं कि काम मुश्किल है। करो तो क्या काम मुश्किल है?" स्वभाव में बहुत सादगी थी। एक बार 12 वर्ष की उम्र में स्कूल के साथ हरिद्वार गये। माँ ने खर्च के लिये 100 रुपये देने चाहे। उन्होंने बड़ी कठिनाई से 24 रुपये लिये। लौटकर दो रुपये माँ को लौटा दिये। माँ ने समझा 22 रुपये खर्च कर लिये होंगे। कुछ दिन बाद गायत्री परिवार की *अखंड ज्योति* नाम की पत्रिका आई तो पता चला कि 22 रुपये उसका चंदा दे आये थे।

आठवीं कक्षा में प्रथम आने पर मनोज को आवासीय छात्रवृत्ति मिली थी। यह छात्रवृत्ति मिलने पर विद्यार्थी दून स्कूल या मेयो कॉलेज में भी प्रवेश पा सकते हैं किन्तु मनोज की माँ ने कहा, "भैया, (मनोज की माँ उन्हें सदा भैया कहती थीं क्योंकि उनके परिवार में बड़े पुत्र का नाम नहीं लेते।) तुम देहरादून या ग्वालियर जाओगे तो हम पैसा न होने के कारण मिलने नहीं आ सकेंगे। तुम लखनऊ के

सैनिक स्कूल में ही दाखिला ले लो।" रानी लक्ष्मी बाई मैमोरियल स्कूल में हिंदी माध्यम था इस कारण लखनऊ के सैनिक स्कूल के प्रधानाचार्य ने इनको आठवीं के स्थान पर सातवीं में प्रवेश दिया। बालक मनोज एक कक्षा पीछे हटने पर बहुत रोये किन्तु माँ के समझाने पर मान गये। वर्ष के अन्त में जब वे कक्षा में प्रथम आये तब प्रधानाचार्य ने मनोज के माता-पिता को बुलाकर कहा, "हमसे बड़ी भारी भूल हुई कि हमने मनोज को सातवीं कक्षा में प्रवेश दिया। इसने वह कर दिया जिसकी उम्मीद नहीं थी।" सैनिक स्कूल में इतने लोकप्रिय थे कि इन्हें दो वर्ष तक कैप्टेन चुना गया। बहुत मिलनसार थे। सभी सहपाठी उनसे प्यार करते थे। जिससे भी पाँच-दस मिनट बात करते उसे लगता कि मनोज मुझे ही सबसे अधिक प्यार करते हैं। संध्या को जब सब बच्चे हँसी-मज़ाक करते, खेलते और शोर मचाते तब ये सो जाते थे और रात को उठकर 12 से 3 बजे तक पढ़ते थे। सब सहपाठी आश्चर्य करते थे कि मनोज तो सोता रहता है फिर प्रथम कैसे आता है? अपनी हर वस्तु को संभालकर रखते थे। 7-8 साल की उम्र में बच्चों वाली एक बाँसुरी खरीदी थी जिसपर वे स्वयं धुन निकालते थे। वह बाँसुरी आज भी नई लगती है। 15 साल की उम्र में छात्रवृत्ति मिली तो माँ तथा बहिन के लिये चप्पल लाये। बड़ों के प्रति आदर और छोटों से स्नेह, यही उनका जन्मजात स्वभाव था। कभी किसी संबंधी, सहपाठी या स्कूल से उनके विरुद्ध कोई शिकायत नहीं आई।

यदि स्कूल के बच्चों को फ़िल्म दिखानी हो तो ये पुरानी आदर्शवादी फ़िल्में मंगाते थे। उन्होंने केवल देशभक्ति की दो-चार फ़िल्में छोड़कर कभी फ़िल्म या दूरदर्शन नहीं देखा। तेरह वर्ष की उम्र से इंटरमीडिएट तक की शिक्षा इन्होंने सैनिक स्कूल में प्राप्त की। वहाँ उन्हें अनेक पुरस्कार मिले। एक पदक श्री राज्यपाल द्वारा प्रदान किया गया।

इंटर पास करने के बाद उनका दाखिला *रुड़की इंजीनियरिंग विश्वविद्यालय* तथा *राष्ट्रीय रक्षा अकादमी*, दोनों में हो गया। मनोज ने कहा, "इंजीनियर तो हर कोई बन जाता है। मैं राष्ट्रीय रक्षा अकादमी में पढ़ूँगा और परम वीर चक्र जीतकर लाऊँगा।" राष्ट्रप्रेम और मातृभूमि की सेवा बचपन से ही इनका लक्ष्य था। उनकी यह वीरवृत्ति सैनिक स्कूल में अध्ययन से और भी परिपुष्ट हो गयी थी। तीन वर्ष तक *राष्ट्रीय रक्षा अकादमी*, खड़गवासला पूना में शिक्षा प्राप्त की जहाँ इन्हें *जवाहरलाल नेहरू विश्वविद्यालय* की स्नातक की उपाधि प्राप्त हुई। इसके उपरान्त एक वर्ष तक देहरादून में स्थित *भारतीय सेना अकादमी* में सैनिक अधिकारी का प्रशिक्षण प्राप्त किया। यहीं पर इन्हें 6 जून, 1997 में सेना में कमीशन प्राप्त हुआ।

इन्हें 11 वीं गोरखा राइफ़ल्स की पहली कंपनी में लेफ़्टिनेंट बना दिया गया। माता-पिता *पासिंग आउट परेड* देखने देहरादून गये। वहीं पता चला कि मनोज गोरखा रेजीमेंट में नियुक्त हुए हैं तथा उनकी नियुक्ति श्रीनगर में हुई है जहाँ आतंकवादियों ने हत्याकांड मचा रखे थे। माँ ने स्नेहवश कहा, "हमने कहा था लड़ाई में मत जाना।" वीर मनोज ने उत्तर दिया, "फिर आपने हमें बचपन में चन्द्रशेखर आज़ाद और सरदार भगतसिंह की कहानियाँ क्यों सुनाई थीं? अगर लड़े नहीं तो हमारा यहाँ पढ़ने और गोरखा रेजीमेंट में जाने का क्या फायदा? माँ, आप हमें कमज़ोर न करें।" मनोज की वीर माता ममतावश आँखों में आँसू भरकर कहती हैं, "हमने ही मनोज को सिखाया था, 'बेटा, शरीर नश्वर है। आज, कल, दस दिन, दस साल बाद कभी तो जाना है।' " माता मोहिनी ने एक दिन मनोज से कहा, "सेना का कप्तान तो पीछे रहता है, आगे तो सिपाही रहते हैं।" मनोज ने उत्तर दिया, "माँ, यदि कहीं खतरा हो तो क्या आप मुझे आगे जाने दोगी? मेरी बटालियन के जवान मेरे बच्चे हैं। मैं स्वयं पीछे रहकर उन्हें खतरे में आगे कैसे भेज सकता हूँ?" सरल माता ने शंका प्रकट की, "क्या तुम आदमियों को मारोगे?" मनोज ने माता को समझाया, "माँ, अगर कोई तुम्हें मारने आये तो क्या मैं उसे नहीं मारूँगा? ऐसे ही भारतमाता पर कोई चढ़ाई करे तो हम उसे कैसे छोड़ सकते हैं? हम उसे नहीं मारेंगे तो वह हमें मार देगा।"

मनोज कश्मीर पहुँचे। बटालियन में कार्यरत होने के अगले ही दिन उन्होंने अपने अफ़सर सेकेंड लेफ़्टिनेंट पी. एन. दत्त के साथ एक बहुत संकटपूर्ण

अभियान में भाग लिया जिसमें सेकेंड लेफ़्टिनेंट पी. एन. दत्त ने अपने प्राणों की आहुति दे दी। उनके साहसिक कार्य के लिये उन्हें तथा उनकी बटालियन को अशोक चक्र प्रदान किया गया। युवा मनोज पर इस अभियान और सेकेंड लेफ़्टिनेंट पी. एन. दत्त के आत्म-बलिदान का गहन प्रभाव पड़ा। एक बार कश्मीर में मनोज एक प्रहरी दल के साथ गश्त करने निकले। उनके प्रहरी दल को लौटने में बहुत देर हो गयी। बटालियन के अधिकारी बहुत चिन्तित थे। लौटने के निश्चित समय से दो दिन बाद जब ये लौटे और कमान अधिकारी ने इनसे देर से लौटने का कारण पूछा तब इन्होंने उत्तर दिया, "हमें पहले कोई आतंकवादी मिले ही नहीं इसलिये हम उन्हें खोजने आगे बढ़ते गये और उन्हें खोज निकाला। रास्ता इतना कठिन था कि लौटने में देर हो गयी।" युवा अफ़सर मनोज इतने उत्साही थे तथा देश सेवा के लिये हर क्षण इस तरह तत्पर रहते थे कि उनके कमान अधिकारी कर्नल शेखर उपाध्याय ने एक बार कहा था, "मनोज को रोकने के लिये जंजीरें बाँधनी पड़ेंगी।" बटालियन के सबसे कठिन काम उन्हें ही दिये जाते थे क्योंकि वे कठिन कामों को करने के लिये सबसे पहले तत्पर होते थे। अपनी प्रथम तैनाती में ही मनोज ने तीन आतंकवादियों को मार गिराया। उनके सहयोगियों और सिपाहियों में उनके साहस के चर्चे होते रहते थे।

## सियाचिन हिमनद

कश्मीर से इनकी बटालियन का दूसरा स्थानान्तरण सियाचिन में हुआ। जब मनोज की बटालियन सियाचिन ग्लेशियर में 'ऑपरेशन मेघदूत' में भाग लेने के लिये भेजी जा रही थी तब मनोज युवा अफ़सरों के लिये एक कोर्स कर रहे थे। मनोज को बहुत निराशा हुई कि उन्हें सियाचिन जाने में देर हो जायेगी। उन्होंने अपने कमान अधिकारी को पत्र लिख कर प्रार्थना की कि अगर उनकी बटालियन उत्तरी हिमनद भेजी जाती है तो उनके लिये *बाना पोस्ट* रखी जाये और यदि उनकी बटालियन मध्य हिमनद भेजी जाती है तो उनके लिये *पहलवान पोस्ट* सुरक्षित रखी जाये। ये दोनों पोस्ट अपनी कठिन और प्राणलेवा परिस्थितियों के लिये प्रसिद्ध हैं। अंत में 19,700 फुट ऊँची *पहलवान पोस्ट* पर मनोज सबसे लंबे समय तक तैनात रहे। इनके अधिकारियों ने इनके काम से प्रभावित होकर इनको शौर्य चक्र प्रदान करने की सिफारिश की।

मनोज का परिवार शाकाहारी था। मनोज कहा करते थे, "घोड़ा घास खाकर मालिक को कमाकर देता है, बैल भूसा खाकर अनाज उत्पन्न करता है, तब

हम मानव अनाज खाकर क्यों नहीं रह सकते?" जब वीरवर मनोज की नियुक्ति सियाचिन में हुई तो माँ ने शंका व्यक्त की, "अब तुम माँस खाओगे और शराब पियोगे?" मनोज ने उत्तर दिया, "माँ, जीभ के स्वाद के लिये तो नहीं किन्तु शरीर की रक्षा के लिये अगर खाना पड़े तो खाऊँगा।"

सियाचिन में अपने कार्यकाल को समाप्त करने के बाद मनोज और उनकी बटालियन को मार्च 1999 में विश्राम के लिये लेह-लद्दाख भेजा गया। 10 सितंबर, 1999 के इंडियन एक्सप्रैस में शोभिता अस्थाना ने वहाँ के कुछ अनमोल संस्मरण प्रकाशित किये हैं जिनमें हम वीरवर मनोज का एक दूसरा ही रूप देखते हैं। शोभिता जी लिखती हैं, "दोपहर में, दंत कथाओं के बाँसुरी वाले (पाइड पाइपर) की तरह, मनोज तमिस्गाम के बच्चों के दल के सामने हँसते-नाचते चलते जाते थे। अचानक रुककर वे बच्चों की ओर एक मुठ्ठी टॉफ़ी फेंक कर आगे बढ़ जाते। बच्चे जल्दी से टॉफ़ियाँ बटोरकर फिर दौड़कर उनके समीप पहुँच जाते और वे फिर टॉफ़ियाँ फेंकते। बच्चों को बहलाकर वे ग्रामवासियों के सामने माइक पर भाषण देते। सुनने वाले उनकी शालीनता से मुग्ध हो जाते। संध्या को आफ़िसरों के मैस में अपनी ज़िंदादिली और हँसमुख स्वभाव से मनोज सबका मन मोह लेते थे। रात में भोजन के उपरांत वे सियाचिन हिमनद की कहानियाँ सुनाते, जहाँ मीलों गहरी बर्फ़ की दरारें थीं, मीलों ऊँची बर्फ़ीली सपाट चढ़ाइयाँ थीं। इन कहानियों को सुनकर श्रोताओं के रोंगटे खड़े हो जाते थे। श्रोता वहाँ लड़ने वाले इन वीरों के सम्मुख नतमस्तक हो जाते थे। दोपहर में वे बच्चों के साथ डार्ट तथा टेबुल-टेनिस खेलते थे। मनोज ने उस गाँव में अकेले ही एक जन-कल्याण मेले का आयोजन किया जिसमें गाँव के बच्चों ने अपनी परंपरागत पोशाकों में नृत्य किया, दरिद्र ग्रामीणों को बढ़िया भोजन कराया गया। बहुत सफल रहा मनोज द्वारा आयोजित यह मेला।"

कारगिल युद्ध के समय 11 गोरखा राइफ़ल्स की पहली बटालियन ने सियाचिन में अपना कठिन कार्यकाल पूरा किया था और अब उसके सैनिक तथा अफ़सर पूना में अपनी शान्तिकालीन अवधि बिताने को उत्सुक थे। वे सभी बहुत थके हुए थे और प्रत्येक सैनिक का वज़न लगभग पाँच किलो घट गया था। उनकी अगली टुकड़ी पूना पहुँच चुकी थी और वहाँ उन्होंने अपने शीतकालीन वस्त्र तथा युद्ध का अधिकांश साजोसामान लौटा दिया था। बटालियन के बहुत-से सैनिक छुट्टी पर चले गये थे और उनके कमांडिंग अफ़सर ने समय से पहले ही अवकाश ले लिया था। दूसरे कमांडिंग अफ़सर भी छुट्टी पर थे और उनके स्थान पर उनका

अधीनस्थ अफ़सर कार्य कर रहा था।

इसी समय 11 गोरखा राइफ़ल्स की इस बटालियन को आदेश मिला कि वे बटालिक क्षेत्र में जाकर कारगिल युद्ध में भाग लें। अपने अधिकांश साजोसामान, कमांडिंग अफ़सर तथा बहुत-से सैनिकों के अभाव में पहली गोरखा राइफ़ल्स की बटालियन को यह असंभव कार्य दे दिया गया था। फिर भी बटालियन ने देशरक्षा के इस आह्वान का पूरे जोश से उत्तर दिया और असंभव को संभव करके दिखा दिया।

## बलिदान, वीरता और विजय की स्वर्णिम शौर्य-कथा : कारगिल

सन् 1999 में कारगिल में हमारा, पाकिस्तान के साथ अन्तिम युद्ध हुआ था। इस युद्ध में भारतीय सेना 21,000-22,000 फुट की ऊँचाइयों पर लड़ी, जहाँ वायु इतनी विरल होती है कि हर कदम को उठाने के लिये घोर श्रम करना पड़ता है, जहाँ भीषण ठंड के कारण व्यक्ति की साँस भी अपने नथुनों के नीचे जम जाती है, जहाँ साँस लेने पर फेफड़ों में जलन होती है। भारतीय जनता ने इस युद्ध के दृश्यों को दूरदर्शन पर देखा था। अपनी सेना का अप्रतिम शौर्य देखकर भारतीयों की नसों में बिजली-सी दौड़ गयी थी और बच्चा-बच्चा वीर भाव से भर गया था।

पाकिस्तान द्वारा भारत से कश्मीर को छीनने का यह तीसरा प्रयास था। पाकिस्तानियों ने भारत से छल किया। उन्होंने उस अलिखित समझौते को भंग किया जिसके अनुसार शीत ऋतु में दोनों देशों की सेनाएं पर्वत-शिखरों से नीचे लौट जाती थीं और बसंत ऋतु में अपने-अपने बंकरों में वापस लौट आती थीं। 1999 की शीत ऋतु में पाकिस्तानी सेना चोरी-चोरी भारतीय सीमा में घुसकर कारगिल के पर्वत शिखरों पर हमारी सेना द्वारा बनाये बंकरों में जम गयी। हम भारतीयों को सतर्क न रहने का भारी मूल्य चुकाना पड़ा।

मई 1999 में भारत को ज्ञात हुआ कि पाकिस्तानी सेना उन पर्वत-शिखरों पर जमकर बैठी है जहाँ से उसकी बंदूकों और तोपों के गोले श्रीनगर-लेह राजमार्ग पर जाने वाले हर वाहन को उड़ा सकते थे। पाकिस्तान की योजना थी कि वे कश्मीर को लद्दाख से जोड़ने वाले मार्ग पर यातायात असंभव कर देंगे और कारगिल पर कब्ज़ा करके भारत का सियाचिन जाने का हर रास्ता बंद कर देंगे।

यह पाकिस्तान का दुहरा विश्वासघात था क्योंकि उसी समय तत्कालीन भारतीय प्रधानमंत्री अटल बिहारी वाजपेयी एक बस द्वारा लाहौर गये थे और वहाँ उन्होंने पाकिस्तान के प्रधानमंत्री नवाज़ शरीफ़ के साथ एक शांति-समझौते पर

हस्ताक्षर किये थे। पाकिस्तान ने एक ओर तो भारत को इस धोखे में डाला कि पाकिस्तान भारत से मैत्री चाहता है, दूसरी ओर उसने अपनी सेनाओं को गुप्त रूप से कारगिल भेजकर युद्ध की तैयारी आरंभ कर दी।

कारगिल आक्रमण की यह योजना जनरल ज़ियाउल हक के राज्यकाल में बनाई गई थी किन्तु इसे उस समय लागू नहीं किया गया था क्योंकि पाकिस्तान के तत्कालीन विदेश मंत्री लेफ़्टिनेंट जनरल याकूब खाँ ने इस योजना के सामरिक, राजनीतिक और राजनयिक (डिप्लोमैटिक) दोष दिखाये थे। यह योजना 1997 में उस समय कार्यान्वित की गयी जब जनरल परवेज़ मुशर्रफ़ उस सैन्य दल (कोर) के जनरल ऑफ़िसर थे जिसे इस योजना को लागू करना था। जब अक्टूबर 1998 में पाकिस्तान के प्रधान मंत्री ने परवेज़ मुशर्रफ़ को सेनाध्यक्ष बनाया तब उन्होंने योजना पर ज़ोर-शोर से अमल करना आरम्भ कर दिया। वास्तव में पाकिस्तान भारत को कारगिल में हराकर 1971 के बाँगलादेश युद्ध की अपनी पराजय का बदला लेना चाहता था।

शीत ऋतु में कारगिल क्षेत्र में, जिसमें मश्कोह घाटी, द्रास, काक्सर और बटालिक क्षेत्र आते हैं, भारी हिमपात होता है, हिमनद बहते हैं, बर्फ़ीले तूफ़ान आते हैं। इस कारण वहाँ शीत ऋतु में जीवन रक्षा भी कठिन है। सन् 1999 में पाकिस्तानी सेना दोनों देशों की नियंत्रण सीमा रेखा (लाइन ऑफ़ कंट्रोल) को पार करके 4 से 8 किलोमीटर तक भारतीय क्षेत्र में घुस आयी। लगभग 2000 पाकिस्तानी सैनिकों ने भारतीय सीमा में प्रवेश किया। उनके पास तोप, मोर्टार, विमानभेदी प्रक्षेपास्त्र तथा अन्य भारी हथियार थे।

सबसे पहले कुछ गडरियों ने इस छापे की सूचना भारतीय सेना को दी। भारत ने मई 1999 में सत्य का पता लगाने के लिये एक गश्ती टुकड़ी भेजी। हमारी यह टुकड़ी पाकिस्तानियों के हाथों पड़ गयी। पाकिस्तानियों ने उन्हें भयानक यंत्रणाएं दीं और एक महीने बाद, 10 जून को उन पाँच सैनिकों तथा उनके नायक के क्षत-विक्षत शव भारत को लौटाये। उन्होंने हमारे सैनिकों के साथ पशुओं से भी अधिक क्रूर व्यवहार किया था।

भारत समझ गया कि इन छापामारों को निकालने के लिये उसे भारी मूल्य चुकाना होगा। पाकिस्तानी सेना सीमेंट-कांक्रीट के उन अभेद्य बंकरों में जमी थी जहाँ से उसके सैनिक उस खड़ी चढ़ाई पर चढ़ने वाले भारतीय सैनिकों को ताक-ताक कर निशाना बना सकते थे। वे खुशी से फूल उठे। उन्होंने सोचा, "अल्लाह के करम से अब हम इन हिन्दुस्तानियों को अच्छा सबक सिखायेंगे। हम

कश्मीर को जीत कर 1971 की हार का बदला लेंगे ।"

लेकिन जिनके हृदय में साहस है उन्हें तोप के गोले या विमानभेदी प्रक्षेपास्त्र नहीं हरा सकते । साहस और अपराजेय संकल्प के द्वारा वियतनाम के सदृश छोटे-से देश ने महान् अमरीका को हरा दिया था । भारतीय सैनिकों के पास उन पर्वत शिखरों की बर्फ़ीली सर्दी में पहनने के योग्य वस्त्र नहीं थे, उनके जूते कमज़ोर थे, उनके सामान के थैले इतने भारी थे कि उस दुर्गम चढ़ाई पर उनको ले जाना कठिन था किन्तु उनके अन्दर साहस कूट-कूट कर भरा था । हमारे हर सैनिक के अन्दर अपराजेय संकल्प था और शत्रु को मातृभूमि से निकाल फेंकने का एक दृढ़ निश्चय था ।

उस युद्ध में न दया माँगी गयी और न दी गयी । उन घातक, सपाट चढ़ाइयों पर चढ़ते समय परिस्थितियाँ पूरी तरह हमारे सैनिकों के प्रतिकूल थीं । हमारी सेना के तोपचियों ने हमारे जवानों की पूरी सहायता की । हमारे वायुयान उन बंकरों को उड़ाने के लिये बम-वर्षा कर रहे थे । भारतीय सेना के जवानों और सैनिक अधिकारियों ने मातृभूमि की मिट्टी को अपने खून से धोया । सैनिकों को कमर पर भारी थैले उठाकर चलना पड़ रहा था । कभी-कभी अपना भार कम करने के लिये वे थैलों से निकालकर भोजन के पैकेट फेंक देते थे । किन्तु वे शूरवीर उन ऊँचाइयों पर चढ़ते गये । शत्रु की सन्-सन् करती गोलियाँ उनके चारों ओर बरस रही थीं । दुश्मन हथगोलों की बौछारें कर रहा था और तोपों के गोले तथा मोर्टार बरसा रहा था किन्तु हमारे शूरवीर ऊपर चढ़ते गये । वे मानों मृत्यु के साथ खिलवाड़ कर रहे थे । जैसे एक प्रतियोगिता हो रही थी कि कौन भारतमाता के ऊपर पहले न्योछावर होगा, कौन पहले अपने प्राण अर्पित करेगा ।

अमरीका की प्रसिद्ध पत्रिका *टाइम मैगज़ीन* के 10 जुलाई, 1999 के अंक में एक पाकिस्तानी सैनिक का बयान छपा है जिसका सारांश यह है, "हम पाकिस्तानी सैनिक पर्वत के एक शिखर पर एक बंकर में जमे थे । अचानक भारतीय सैनिक पर्वत पर चढ़ने लगे । पहले एक-दो, फिर पाँच-सात और फिर सौ सवा सौ । वे हमारी राइफ़लों की सीधी मार में आ गये थे । हम साध-साध कर निशाना लगा रहे थे क्योंकि गोला-बारूद ख़त्म होने पर पुनः मिलना निश्चित नहीं था । उन ऊँचाइयों तक रसद पहुँचने में बहुत कठिनाइयाँ हैं । हम भारतीय सैनिकों पर गोलियाँ दागते रहे, वे ढेर होते गये, यहाँ तक कि बन्दूकें चलाते-चलाते हमारी बाँहें दुखने लगीं । किंतु फिर भी वे पागल भारतीय सैनिक आगे बढ़ते गये और मरते गये ।" यह है दुश्मन के एक सैनिक द्वारा भारतीय सेना के शौर्य का वर्णन

तथा उनकी वीरता का मूल्यांकन। जिसे वह पाकिस्तानी सिपाही हमारे सिपाहियों का पागलपन कहता है, उसे हम देशप्रेम, रणोन्माद और आत्म-बलिदान कहेंगे। अदम्य साहस के धनी हमारे उन प्रथम दलों के सैनिक अंतिम क्षण तक हँसते रहे और आगे बढ़ते गये। उन्होंने धावा बोलने से पहले जब घरवालों को फ़ोन किये तब उनकी बातें उमंग और उत्साह से भरी थीं, उनकी चिट्ठियों में नैराश्य का लेश भी नहीं था और जब वे मरे तो हँसते हुए मरे। *टाइम मैगज़ीन* के इसी अंक में छपी सूचनाओं के अनुसार पाकिस्तानी सिपाहियों की स्थिति हमारे सैनिकों से भिन्न थी। उनके दिलों में मायूसी भरी थी। वे अपने घरों को फ़ोन करते समय फूट-फूट कर रोते थे और अपने अधिकारियों को कोसते थे जिन्होंने उन्हें मृत्यु के मुख में ढकेल दिया था। वे रो-रो कर अपने घरवालों से कहते थे, “हम मौत के चंगुल में फँस गये हैं। हमारी जिन्दा वापसी संभव नहीं है। हमें हमारे अफ़सरों ने मौत के कुएं में ढकेल दिया है।”

हमने भारी मूल्य देकर यह युद्ध जीता। हमारे 25 अफ़सर और 436 जवान शहीद हुए और 54 अफ़सर तथा 629 जवान घायल हुए। इनमें से कुछ सदा के लिये अपाहिज हो गये। बड़ा रोमांचक था यह युद्ध। हमारी स्थल सेना ने ऐसा भयानक हमला किया कि पाकिस्तानी स्तंभित हो गये, उनका घमंड और हौसला टूट गया और विजय का विश्वास हिल गया। भारतीय तोपचियों ने इस तरह धुंआधार बमवर्षा की कि उनकी तोपों की नालें गरम होकर लाल हो गयीं और उनमें से धुंआ निकलने लगा। भारतीय वायुयानों के उड़ाकों ने अपना जीवन बार-बार संकट में डालकर शत्रु के ठिकानों को उड़ाने का प्रयास किया। भारतीय नौ सेना ने समुद्रों में ऐसी कड़ी नाकाबंदी की कि जुलाई 1999 में पाकिस्तान के पास केवल दो सप्ताह का पेट्रोल बचा था। पाकिस्तान के सामने साक्षात् पराजय खड़ी थी। भारतीय टी. वी. ने युद्ध के सजीव दृश्य घर-घर पहुँचा दिये। सारा देश एक होकर सेना के जवानों को सहायता देने को तत्पर हो गया और जनता द्वारा दी जाने वाली इस अभूतपूर्व सहायता ने सेना का हौसला बढ़ाया।

पाकिस्तान की सरकार ने संसार में झूठा प्रचार किया कि ये योद्धा कश्मीर के स्वतंत्रता संग्रामी मुज़ाहिद थे, किन्तु जब हमारी सेना ने पाकिस्तानी सैनिकों को बन्दी बनाया तो उनके हाथ में जो कागज़ात पड़े उनसे सिद्ध हो गया कि वे सैनिक पाकिस्तान की उत्तरी हल्की पदाति सेना (नदर्न लाइट इन्फ़ैन्ट्री) का अंश थे। इससे संसार के सामने सिद्ध हो गया कि लड़ने वाले कश्मीरी मुज़ाहिद नहीं वरन् पाकिस्तानी सैनिक थे।

पाकिस्तानी भारतीय सेना के साहस और शौर्य को देखकर चकित रह गये। उनके अजेय प्रतीत होने वाले अड्डों को हमारी वीर सेना ने नष्ट कर दिया। उनके 45 अफ़सर और 700 सिपाही मरे। अन्त में पूरी तरह हार सामने खड़ी देखकर पाकिस्तानी प्रधानमंत्री नवाज़ शरीफ़ दौड़े-दौड़े वॉशिंगटन गये और वहाँ राष्ट्रपति बिल क्लिंटन से प्रार्थना की कि वे युद्ध विराम करा दें और उन्हें हार की लज्जा से बचायें।

उस दो महीने के युद्ध में भारतीयों की वीरता की सैकड़ों लिखित और अलिखित कहानियाँ हैं। लगता है माता दुर्गा ने अपनी शक्ति अदृश्य रूप से हमारे सैनिकों में भर दी थी। कारगिल युद्ध में बेजोड़ वीरता दिखाने वाले चार वीरों ने भारतीय सेना का सर्वोच्च शौर्य-पदक परम वीर चक्र प्राप्त किया। पाने वालों में दो अफ़सर थे और दो जवान। दो अपनी कहानी सुनाने को जीवित रहे और दो ने अपने प्राणों का बलिदान करके हमारी स्वतंत्रता को सुरक्षित रखा।

जोश के उस उमड़ते आवेग का, उमंग की उस सरिता का, शौर्य की उस धधक का, जब शरीर गोलियों से छलनी हो जाता है उस समय भी लड़ते रहने का, बेजोड़ साहस द्वारा असंभव को संभव बना देने का वर्णन करने के लिये शब्द अपर्याप्त हैं।

कारगिल जाने से पहले अन्तिम बार जब वीर मनोज घर आये तो बोले, "माँ, मेरे लिये पँराठे बना दो। मैं पैदल ही नैमिषारण्य जाऊँगा।" वे संध्या को 5-6 बजे पैदल, लगभग 90 मील दूर स्थित नैमिषारण्य तीर्थ गये और अगले दिन लौट आये। प्रतीत होता है कि नैमिषारण्य की दैवी शक्तियों ने उन्हें अदृश्य रूप से विजय और चिरंतन कीर्ति का वरदान दिया तथा उनके अन्दर अदम्य साहस और शक्ति भर दी।

## कारगिल की प्राणलेवा ऊँचाइयाँ

4 मई से 2 जुलाई, 1999 तक मनोज कुमार 'ऑपरेशन विजय' के दौरान लगातार दुश्मन से जूझते रहे। उन्होंने बहुत-से दुश्मनों को मारा और अपने बहुत-से साथियों के बलिदान के साक्षी बने। हर सैनिक के बलिदान ने उनकी हिम्मत बढ़ाई। जून 1999 में मनोज ने अपनी माँ को पत्र लिखा, "पाकिस्तानी भारत की सीमा के 7 किलोमीटर अन्दर तक घुस आये हैं, इनको भगाने में एक महीना लग जायेगा। माँ, आप आशीर्वाद दो कि हम कामयाब हों।" वीर माता ने हिम्मत बढ़ाने के लिये लिखा, "बेटा, पीछे मुड़कर मत देखना। मेरा व पूरे देश का

आशीर्वाद तुम्हारे साथ है।” ऐसी ही तो होती थीं राजस्थान की वे क्षत्राणियाँ जो पुत्रों को हँसते-हँसते मृत्यु का वरण करने भेज देती थीं।

जब इस बटालियन को 'ऑपरेशन विजय' के लिये भेजा गया तब लेफ्टिनेंट मनोज कुमार पांडे सबसे कठिन कार्यों के लिये स्वेच्छा से आगे बढ़े। वे सबसे पहले अग्रिम चौकियों पर पहुँचते थे। 9 मई, 1999 को उन्होंने ही 16 ग्रेनेडियर्स के गश्ती दल के उन चार सिपाहियों के शव प्राप्त किये जिनकी हमारे ही क्षेत्र में 8 मई, 1999 को पाकिस्तानियों ने अमानुषी ढंग से हत्या कर दी थी। तत्पश्चात् उन्होंने कुक्कर थांग पर हमला किया जिस पर बाद में कब्ज़ा कर लिया गया। इसके बाद उन्हें जुबार में एक चौकी स्थापित करने के लिये भेजा गया। ये वहाँ भी चौकी स्थापित करने में सफल हुए।

युद्धक्षेत्र से ही मनोज ने अपने एक मित्र को पत्र में लिखा था, “मैं तुम्हें और देशवासियों को आश्वस्त करता हूँ कि हम लोग किसी भी कीमत पर घुसपैठियों को वापस भगा देंगे। हमारे कई जवान शहीद हो चुके हैं लेकिन मैं अभी भी शायद किसी उच्च लक्ष्य की प्राप्ति के लिये जिन्दा हूँ।” कारगिल रणभूमि से अपने अंतिम पत्र में उन्होंने लिखा था, “अगर मैं वापस लौटता हूँ तो मेरे पास जीवन भर न भूलने वाला एक अद्भुत अनुभव होगा।”

2-3 जुलाई, 1999 को 1/11 गोरखा बटालियन की 'बी' कंपनी को खालुबार पर कब्ज़ा करने का आदेश मिला। लेफ्टिनेंट मनोज कुमार ने खालुबार पर चढ़ाई का नेतृत्व किया। 2 जुलाई की रात को 12 बजे 16,000 फुट की ऊँची चढ़ाई आरंभ की दूसरी दोपहर 12 बजे पहले बंकर पर आक्रमण किया। उनके ऊपर आसपास की चोटियों पर बने बंकरों से गोलाबारी हो रही थी। लेफ्टिनेंट मनोज कुमार को इन बंकरों को दुश्मन से खाली कराने का कार्य दिया गया। वे इस गोलाबारी के बीच से अपनी पल्टन को कौशलपूर्वक ऐसे स्थान पर ले गये जहाँ से वे सफलतापूर्वक इन बंकरों पर आक्रमण कर सकते थे। उन्होंने हवलदार भीम बहादुर को दाईं ओर के दो बंकरों पर कब्ज़ा करने का आदेश दिया और स्वयं बाईं ओर के चार बंकरों पर हमला करने आगे बढ़े। निर्भीकता से हमले पर हमला करते हुए उन्होंने आमने-सामने के युद्ध में अपने हाथों, चार दुश्मनों को मौत के घाट पहुँचा दिया। किन्तु तीसरे बंकर को मुक्त कराते समय उनके कन्धे और पाँवों में गोलियाँ लगीं। अपने घावों की परवाह न करते हुए उन्होंने गोरखा राइफ़ल्स का “आयो गोरखाली” युद्ध-घोष करते हुए चौथे बंकर पर हमला किया। चौथे बंकर पर हथगोला फेंकते हुए उनके माथे पर मीडियम मशीन गन की एक

गोली लगी। फिर भी उनका हथगोला अपने लक्ष्य तक पहुँच गया और बंकर के अंदर के सैनिक ढेर हो गये किन्तु लेफ़्टिनेंट मनोज कुमार भी शहीद हो गये।

परम वीर मनोज के शौर्य के कारण छः पाकिस्तानी बंकर नष्ट हो गये और 11 पाकिस्तानी सैनिक मारे गये। वहाँ से बहुत भारी मात्रा में युद्ध सामग्री प्राप्त हुई। मनोज के बलिदान से प्रेरित होकर उनकी गोरखा टुकड़ी को रणोन्माद हो आया और उन्होंने दुश्मन को पूरी तरह पराजित करके ही दम लिया। वीरवर मनोज के शौर्य द्वारा विजित इन्हीं बंकरों को अड्डा बनाकर भारतीय सेना ने खालुबार पर हमला करके उसे जीता। अपनी वीरता, दृढ़ निश्चय और अदम्य साहस के कारण लेफ़्टिनेंट मनोज कुमार पांडे को मरणोपरान्त परम वीर चक्र प्रदान किया गया। उन्हें 'वीरों में शूरवीर' का अलंकरण भी प्रदान किया गया। उनकी डायरी में अंग्रेज़ी में लिखे हुए ये शब्द पढ़ने योग्य हैं :

"...मैं अपने रक्त को सिद्ध कर सकूँ, अगर इससे पहले ही मृत्यु आक्रमण करती है तो मैं शपथ खाता हूँ कि मृत्यु को भी मार दूँगा।" (If death strikes before I prove my blood, I promise I will kill death.)

मनोज में तीन विशिष्टताएं थीं; उनकी सत्यवादिता, उनके चमकते हुए नेत्र एवं उनकी बुलन्द आवाज़। मनोज ने कभी झूठ नहीं बोला। उनकी माँ बताती हैं कि मनोज की आँखों में एक ऐसी तीव्र चमक थी कि उनकी ओर देखना कठिन था। मनोज के पिताश्री कहते हैं, "मनोज शेर की तरह दहाड़ते थे। इतनी बुलन्द आवाज़ मैंने जीवन में कभी नहीं सुनी। उनकी दहाड़ सुनकर ही बहुत से पाकिस्तानी भाग गये।" वीर माता मोहिनी उदारता से कहती हैं, "अकेले मनोज ही नहीं, सभी जवान बहादुर थे, नहीं तो 18,000 फुट की ऊँचाई पर लड़ाई नहीं जीत सकते थे। सभी ने मिलकर वीरता दिखाई तो विजय प्राप्त हुई। पाकिस्तानी ऊँचाई पर पत्थरों के घर बनाकर बैठे थे। उनके पास काजू-बादाम-पिस्ता की बोरियाँ और एक साल की रसद थी। वे ऊपर से सीधे आक्रमण करने की पोज़ीशन में थे। विजय का श्रेय उन सभी को है।"

कारगिल में सबसे पहला परम वीर चक्र कैप्टेन मनोज ही को मिला। हमारे तत्कालीन सेनाध्यक्ष जनरल वेद मलिक ने श्री गोपीचन्द से कहा था, "पांडेजी, कारगिल विजय का श्रेय कैप्टेन मनोज पांडे को है, नहीं तो न जाने कितने अन्य नौजवान शहीद होते। खालुबार चौकी नष्ट होते ही लड़ाई रुक गयी।" (*कारगिल युद्ध के पूर्व ही सेनाधिकारियों ने मनोज को, कश्मीर में दिखलाई गई वीरता के फलस्वरूप, पदोन्नति करके उन्हें कैप्टेन बनाने का निर्णय ले लिया था किन्तु यह*

*घोषणा उनकी मृत्यु के बाद ही हुई।)*

वीरवर मनोज अपनी माता के बहुत निकट थे। दोनों घंटों साथ बैठकर भजन, कीर्तन और सत्संग करते थे। माँ कहतीं, "भैया, अब आप शादी कर लो।" मनोज उत्तर देते, "अभी जल्दी क्या है?" माता प्रेम से कहतीं, "तुम्हारी शादी में सेना का बैंड और शहनाई ज़रूर होगी।" तब मनोज उत्तर देते, "तुम चिन्ता न करो। मेरी शादी तो सारा गोमती नगर देखेगा।" जैसे वे भविष्य की ओर इशारा कर रहे थे। कभी माँ कहतीं, "भैया, हम अंग्रेज़ी नहीं जानते फिर तुम्हारे बच्चों को कैसे पढ़ायेंगे? तुम बच्चों को कहाँ पढ़ाओगे?" माता सोचती थीं कि मनोज तो नौकरी पर रहेंगे अतः बच्चे उनके पास रहेंगे। मनोज ने उत्तर दिया, "माँ, ये सब बातें छोड़ो। आज केवल आज की बात करो।"

माता और पुत्र में इतना गहरा संबंध था कि मनोज अस्वस्थ होते तो वे कितनी ही दूर क्यों न हों उनकी माता को पता चल जाता था। होस्टल से घर आने पर माता पूछतीं, "भैया उस तारीख को कैसे थे?" तब पता चलता कि उस दिन बुखार या अन्य कोई रोग हुआ था। माता से अपने मित्रों से मिलने को कहते थे। वे कहती थीं, "तुम्हारे मित्र बड़े लोग हैं। उनसे कैसे मिलें? हमें शर्म आती है।" मनोज कहते थे, 'माँ, बड़े लोगों से मिलने का अभ्यास करो।' अब हमें समझ में आ रहा है कि वे हमें भविष्य के लिये तैयार कर रहे थे। मनोज की मृत्यु के बाद अब तक पाँच लाख के लगभग लोग हमसे मिलने आये जिनमें एक से एक बड़े आदमी हैं।"

मृत्यु के एक साल बाद तक मनोज हर रात सपने में आकर अपनी माँ को सांत्वना देते, "माँ, तुम क्यों रो रही हो? क्या हमने इसीलिये आत्म बलिदान किया था?" इसके बाद वीर माता ने यह भाव बना लिया कि मनोज कहीं पास ही हैं। मनोज की माता कहती हैं, "वे कोई दिव्य आत्मा थे जो कोई उद्देश्य लेकर आये थे और उसे पूरा करके लौट गये।"

उनके पिता श्री गोपीचन्द तथा माता मोहिनी ने 2 जून 2002 के *संडे एक्सप्रेस* में छपे आर. बी. सिंह को दिये गये एक साक्षात्कार में कहा, "हमें अपने पुत्र की वीरता पर गर्व है। किन्तु मनोज को खोकर हम जीवित ही मृत के समान हो गये हैं।" मनोज कुमार के पिता, पुत्र की मृत्यु के बाद से ही उच्च रक्तचाप एवं मधुमेह के शिकार हो गये हैं। उनका कहना है, "हमें पाकिस्तान से निर्णायक युद्ध करना ही होगा। हम कब तक इस प्रकार परोक्ष युद्ध के शिकार बनते रहेंगे? अगर हमारे गुप्तचर विभाग ने अपना कार्य ठीक प्रकार किया होता तो हमें कारगिल युद्ध

न करना पड़ता तथा हमारे पुत्र तथा अनेक सैनिकों को प्राणों से हाथ न धोना पड़ता।" उन्हें राज्य सरकार की ओर से दस लाख तथा सेना की ओर से आठ लाख रुपये मिले हैं। केन्द्रीय सरकार की ओर से एक गैस एजेंसी भी मिली है किन्तु उनका कहना है, "जब हम अपनी होज़री की दुकान से 200 रुपये रोज़ कमाते थे तब अधिक सुखी थे। मनोज के भाई मोहित और मनमोहन तथा बहन प्रतिभा अभी तक इस आघात से उबर नहीं पाये हैं। मनोज की मृत्यु ने उनकी मुस्कानें छीन ली हैं।"

उन्होंने एक नया घर खरीदा है जिसमें मनोज की बहिन रहती है। मनोज के माता-पिता अभी तक पुराने घर में रहते हैं क्योंकि वह मनोज की यादों से परिपूर्ण है। नये घर के एक कमरे में इनके माता-पिता ने मनोज का सब सामान बहुत सुंदर ढंग से सजाया है। उनके सारे पदक, वर्दी और बचपन की वह बाँसुरी भी वहीं रखी है।

<h2 style="text-align:center">सम्मान पत्र (साइटेशन)</h2>

<h2 style="text-align:center">परम वीर चक्र : लेफ़्टिनेंट मनोज कुमार पांडे<br>1/11 गोरखा राइफ़ल्स (आई. सी. 56959)</h2>

लेफ़्टिनेंट मनोज कुमार पांडे ने ऑपरेशन विजय के दौरान वीरतापूर्वक किये गये कई आक्रमणों में भाग लिया, बटालिक सेक्टर में घुसपैठियों को भारी नुकसान पहुँचाते हुए पीछे खदेड़ दिया तथा जुबार शिखर पर कब्ज़ा किया। वह उनके जीवन का सबसे गौरवमय क्षण था जब खालुबार की ओर बढ़ते हुए वे नं. 5 प्लाटून के कमांडर थे। 2/3 जुलाई, 1999 की रात को खालुबार की ओर जाते समय जब उनका प्लाटून अपने अंतिम लक्ष्य के करीब ही था वे आस-पास की पहाड़ियों से की जा रही भारी और सघन गोलाबारी की चपेट में आ गये। लेफ़्टिनेंट पांडे को इन अड़चन पैदा करने वाले ठिकानों से शत्रु के सफ़ाये का कार्य सौंपा गया था ताकि अत्यंत जोखिमपूर्ण स्थान पर होने के कारण उनकी बटालियन सुबह होने से पहले वहाँ से निकल जाये। वे शत्रु की गहन गोलाबारी के बीच से तुरंत अपनी प्लाटून को एक ऊँचे ठिकाने पर ले गये तथा एक टुकड़ी को दाहिनी ओर से शत्रु के सफ़ाये के लिये भेजते हुए स्वयं बायीं ओर से शत्रु के चार ठिकानों के सफ़ाये के लिये बढ़े। निर्भयता से शत्रु के प्रथम ठिकाने पर धावा बोलकर उन्होंने दो शत्रुओं को मार गिराया तथा दो अन्य शत्रुओं को मारकर दूसरे ठिकाने

को भी नष्ट कर दिया। तीसरे ठिकाने को नष्ट करते समय उनका कंधा तथा पैर जख्मी हो गये। बिना डरे और अपने गंभीर जख्मों की परवाह न करते हुए वे अपने साथियों को ललकारते हुए चौथे ठिकाने पर धावा बोलने के लिये सबसे आगे रहे तथा माथे पर एम. एम. जी. की प्राणघातक गोलियाँ खाने के बावजूद उन्होंने चौथे ठिकाने को भी एक ग्रेनेड से नष्ट कर दिया। लेफ़्टिनेंट पांडे के इस अनन्य साहस के फलस्वरूप शेष कंपनियों को एक ठोस ठिकाना मिल गया जिससे अन्ततः खालुबार पर कब्जा कर लिया गया।

इस प्रकार लेफ़्टिनेंट मनोज कुमार पांडे ने शत्रु के सम्मुख असाधारण वीरता, अदम्य साहस, अनुकरणीय व्यक्तिगत बहादुरी, उत्कृष्ट नेतृत्व तथा असाधारण कोटि की कर्तव्यनिष्ठा का परिचय देते हुए भारतीय सेना की उच्चतम परम्पराओं के अनुरूप सर्वोच्च बलिदान दिया।

भारतीय गजट अधिसूचना<br>संख्या 16–प्रेस/2000

लखनऊ में स्थित कांस्य प्रतिमा (उनके माता-पिता के साथ)

लखनऊ के विकास प्राधिकरण (डेवलपमेंट बोर्ड) ने अमर शहीद मनोज पांडे के सर्वोच्च बलिदान के प्रति श्रद्धांजलि अर्पित करते हुए गोमती नगर योजना में विशाल और विवेक खंड स्थित चौराहे को उनकी स्मृति में विकसित कर उसका नाम अमर शहीद मनोज पांडे चौक रखा है। इस चौराहे पर अमर शहीद मनोज पांडे की 14 फुट ऊँची कांस्य प्रतिमा स्थापित की है जिसका वज़न 3 टन है। विशाल खंड में कैप्टेन मनोज पांडे के पैतृक निवास के समीप स्थित पार्क को उनकी स्मृति के लिये समर्पित किया गया है। लखनऊ के विकास प्राधिकरण ने 100 एकड़ क्षेत्र में कारगिल पुष्करणी विकसित करके कारगिल शहीदों की स्मृति जीवन्त रखने का एक सुन्दर प्रयास भी किया है।

उनके पिता श्री गोपीचंद परम वीर चक्र प्राप्त करते हुए

# मनोज कुमार पांडे को श्रद्धांजलि

हिम मंडित दुर्गम शिखरों पर,

जब कारगिल के शिखरों पर,

विजय खोजती थी वीरों को,

वीर खोजते विजय श्री को।

किसको यह जयमाल मिलेगी?

देशभक्ति की आन मिलेगी?

प्राणदान की शान मिलेगी?

रजपूतों की बान मिलेगी?

आज लड़ेगा कौन शत्रु से?

तिलक करेगा कौन रक्त से?

बीड़ा कौन उठायेगा अब?

अरि को धूल चटायेगा अब?

दुश्मन से भिड़ जायेगा अब?

झंडा कौन उठायेगा अब?

किसको यह सम्मान मिलेगा?

किसको ये वरदान मिलेगा?

प्राणदान का मान मिलेगा?

यश-कीर्ति का गान मिलेगा?

जो केसरिया वेश धरेगा,

दुश्मन का आखेट करेगा,

कौन है ऐसा वीर अजेय?

कौन है ऐसा कार्तिकेय?

कौन करेगा शत्रु का नाश?

ढेर करेगा लाश पर लाश?

किसमें होगा शक्ति का पात?
कौन बनेगा रुद्र का हाथ?


रूढ़ा ग्राम में जन्मा वह वीर,
पला, पढ़ा लखनऊ में धीर,
नाम मनोज कुमार अति सुंदर
गोरखा राइफ़ल का अफ़सर।
बृजमोहिनी का लाल मनोज,
गोपीचन्द का ओज मनोज,
बटालिक का वह वीर मनोज,
गोरखा राइफ़ल का सिंह मनोज।
वह मान धनी, अभिमान धनी,
वीरत्व धनी, बलिदान धनी,
वह दुर्गा का हथियार धनी,
वह रुद्र भाव का सार धनी,
वह वीरों का सरताज़ धनी,
वह तेज-पुंज साकार धनी।
उसकी ऐसी वर बान बनी,
अरि पर ऐसी बंदूक तनी।
दहाड़ उठा जैसे वह शेर,
टूटा जैसे खूंखार शेर।
ऐसी भीषण उसकी हलचल,
थर्राया पाकी सैनिक-दल।
जीते कुक्कर थांग, जुबार,
भारत माँ को लिया उबार।

!! हमारे परम वीर चक्र विजेता !!

बटालिक के दुर्गम शिखरों ने,

खून सनी उन चट्टानों ने,

देखा उसका अपूर्व विक्रम

छाया दुश्मन पर बन कर यम।

उसको प्राणों का नहीं मोह,

उसके संकल्पों में था लोह,

खालूबार पर विजय पाने का,

दुश्मन को मार भगाने का,

गोरखा दल को आदेश मिला,

यह बड़ा कठिन निर्देश मिला।

अर्ध रात्रि का था सन्नाटा,

भीषण सरदी का झन्नाटा,

चढ़ता फिर भी मनोज का दल,

बढ़ता आता वह गुरखा दल,

मनोज दहाड़ कर टूट पड़े,

विष बुझे तीर-से छूट पड़े,

दुश्मन को भारी खूब पड़े,

क्या खूब लड़े, क्या खूब लड़े।

ऐसा युद्ध किया प्रलयंकर,

जीते दुश्मन के छः बंकर।

'आयो गोरखाली' चिल्लाये,

हथगोले अचूक बरसाये।

खाली हाथों ही वार किया,

चार पाकियों को तार दिया,

उनको वैतरणी पार किया,

भारत माँ को उपहार दिया।

ऐसा युद्ध किया घमसान,

वैरी दल के खींच कर प्राण,

कर दी न्योछावर अपनी जान

भारत माँ का रख लिया मान


आयी पावन निर्वाण घड़ी,

आयी उनकी बलिदान घड़ी,

खाकर मशीनगन की गोली,

तन छोड़ गया वह वीर बली

जाओ मनोज तुम देवलोक,

जय का स्वर गूँजे तीन लोक,

ऐसा तुम्हारा शुभ्र आलोक,

जगमग हो गया समस्त लोक।

बटालिक के ओ महान् वीर,

गोरखा राइफ़ल के परम वीर,

हे चिर-यशस्वी! हे बलधाम!

हम सब तुमको करते प्रणाम।

# कारगिल की कहानी

कारगिल की सुनो कहानी, वीरों की बाँकी जवानी,

कि हँस-हँस के दी कुरबानी, उन शूरों की यह कहानी।

भारत की पावन मही पर, पर्वत के दुर्गम शिखर पर,

चढ़ आये जब पाकिस्तानी, मिटाने की उन्हें तब ठानी।

चल दिये वे सीना ताने, मौत को गले से लगाने,

तोपों की सीध में आकर, छातियों पर गोली खाकर,

तिरंगे को ऊँचा उठाकर, गोली पर गोली चलाकर,

बढ़ते गये वे सेनानी, अनूठी थी उनकी रवानी।

प्राणों की बाजी लगाते, साथी को अपने बचाते,

शोणित की नदियाँ बहाते, स्वयं को सुमन-सा चढ़ाते।


ये टाइगर हिल के पत्थर, सजाओ इन्हें आज घर-घर।

लहू से धुली ये चट्टानें, गोलियों से भिदी चट्टानें,

माथे पर लगा लो यह धूल, देवता जहाँ चढ़ाते हैं फूल,

शहीदों की अन्तिम निशानी, भारत के अमर बलिदानी।

कारगिल की सुनो कहानी, वीरों की अनुपम कहानी।

# परम वीर चक्र विजेता : कैप्टेन विक्रम बतरा

हिमाचल प्रदेश में धौलाधर पर्वत की छाया में बसा एक छोटा-सा अनजाना नगर है पालमपुर। भारतीय सेना के इतिहास में इस नगर के एक युवक ने जो यशोमय अध्याय लिखा है, उसके विषय में बहुत कम लोग जानते हैं। विक्रम बतरा नाम के इस युवक ने भारतीय सेना का, असाधारण वीरता के उपलक्ष्य में दिया जाने वाला, सर्वोच्च पुरस्कार परम वीर चक्र प्राप्त किया। पालमपुर के नगर-चौक में विक्रम बतरा की एक कांस्य-प्रतिमा स्थापित है और उनकी प्रतिमा के सामने ही भारत के प्रथम परम वीर चक्र विजेता मेजर सोमनाथ शर्मा की कांस्य-प्रतिमा भी स्थापित है, जिन्होंने श्रीनगर की रक्षा के लिये अपने प्राणों की आहुति दी थी।

कारगिल युद्ध के लिये जाने से पहले जब विक्रम होली पर पालमपुर आये तो शहर में अपने प्रिय रेस्टोरेंट *न्यू गल काफ़े* गये। वहाँ किसी परिचित ने कहा, "विक्रम, युद्ध आरंभ हो गया है। शायद तुम्हें भी युद्ध के लिये जाना पड़े। संभल कर रहना।" विक्रम ने उत्तर दिया, "तुम चिन्ता न करो। मैं या तो विजयी तिरंगे को ऊँचे फहरा कर आऊँगा या फिर तिरंगे में लिपट कर घर आऊँगा।" वीरवर विक्रम ने अपने दोनों ही वचन निभाए। उन्होंने दुश्मन को पराजित कर भारत के तिरंगे झंडे को प्वाइंट 5140 के 17,000 फुट ऊँचे शिखर पर फहरा दिया और

तत्पश्चात् 4875 नंबर शिखर पर युद्ध में प्राण देकर अपनी भव्य अंतिम यात्रा के लिये शान से तिरंगे में लिपट कर ही घर आए।

कारगिल युद्ध-क्षेत्र में आत्म-बलिदान तथा शौर्य का जो भव्य इतिहास लिखा गया, उस अध्याय में से कुछ नाम ऊपर उभड़ आते हैं। स्वर्णाक्षरों में लिखने योग्य इन नामों में एक नाम है—13 जम्मू-कश्मीर राइफ़ल्स के कैप्टेन विक्रम बतरा का। वीरवर विक्रम के पिता श्री गिरधारी लाल बतरा पालमपुर में एक विद्यालय के प्रिंसिपल थे और उनकी माता श्रीमती कमल कान्ता बतरा एक शिक्षिका थीं (अब दोनों ही सेवानिवृत्त हो चुके हैं)। जब श्री गिरधारी लाल बतरा और श्रीमती कमल कान्ता बतरा के दो पुत्रियों के बाद जुड़वाँ पुत्रों का जन्म हुआ तो उन्हें बहुत हर्ष हुआ। श्रीमती कमल कान्ता की श्री रामचरित मानस में गहन श्रद्धा थी और भगवान् राम उनके इष्टदेव हैं अतः उन्होंने श्री राम और सीता के जुड़वाँ पुत्रों के नाम पर अपने पुत्रों को प्रेम से लव और कुश कहना आरंभ किया। बाद में उन्होंने उन जुड़वाँ पुत्रों में से एक पुत्र (लव) का नाम विक्रम रखा और दूसरे (कुश) का विशाल। संस्कृत शब्द 'विक्रम' का अर्थ है : वीरता की प्रचुरता। हमारे हीरो विक्रम के माता-पिता ने अपने पुत्र के लिये एक उपयुक्त नाम चुना था क्योंकि विक्रम वीरता की सजीव प्रतिमूर्ति थे।

श्री गिरधारी लाल और श्रीमती कमल कान्ता ने अपने बच्चों को बचपन में स्वयं ही पढ़ाया। बाद में विक्रम ने पालमपुर के *दयानन्द एंग्लो वैदिक पब्लिक स्कूल* और *सैन्ट्रल स्कूल* में शिक्षा पायी। विक्रम बाल्यकाल से ही निडर और साहसी थे। उनकी माता बताती हैं, "एक दिन जैसे ही मैं स्कूल पहुँची मेरी एक सहयोगिनी ने मुझसे कहा, 'मैंने अभी विक्रम को अस्पताल में देखा है।' मैं घबरा कर तुरंत शहर के अस्पताल गयी। वहाँ पर मैंने देखा कि विक्रम पूरी तरह स्वस्थ था। मैंने उससे अस्पताल आने का कारण पूछा। उसने मुस्कराकर बताया कि उसने एक लड़की के प्राण बचाये। उस दिन संयोगवश उसके स्कूल की बस का दरवाज़ा ठीक से बन्द नहीं था और जब बस एक पहाड़ी मोड़ पर तेज़ी से मुड़ी तो दरवाज़ा झटके से खुल गया और एक लड़की बस से बाहर गिर पड़ी। विक्रम तुरंत बस से कूद पड़ा और घायल लड़की को अस्पताल ले गया। लड़की के घावों से खून बह रहा था। किन्तु समय से उपचार होने के कारण वह लड़की बच गयी। मुझे अपने पुत्र पर गर्व है। यह मेरे लिये गौरव की बात है कि मैंने एक ऐसे पुत्र को जन्म दिया जिसने प्राणदान की घड़ी आने पर अपने को सहर्ष बलिदान कर दिया। उसने मेरी कोख की लाज रख ली, उसने मेरे दूध को धन्य कर दिया।"

रात्रि में सोने से पहले बालक विक्रम अपने पिताजी से कहानी सुनाने का अनुरोध करते थे। श्री बतरा में देश प्रेम की प्रबल भावना थी। उन्हें अध्यात्म में भी रुचि थी। अतः वे विक्रम को हमारे देश की सदियों की गुलामी की कहानी सुनाते थे। उन्होंने विक्रम को देश और धर्म की रक्षा के लिये प्राण उत्सर्ग करने वाले गुरु गोविन्द सिंह, चन्द्रशेखर 'आज़ाद' तथा भगत सिंह के समान वीरों और क्रांतिकारियों की कहानियाँ सुनाईं। इन कहानियों का बालक विक्रम के हृदय पर बहुत गहरा प्रभाव पड़ा। इन्होंने उनके अन्तर में देश प्रेम और वीरत्व के बीज बो दिये।

विद्यार्थी जीवन के आरंभ से ही विक्रम अध्ययन, खेल-कूद तथा अन्य क्षेत्रों में चमक उठे। उन्होंने कराटे में हरी पट्टी पायी। खेलों में तो वे विद्यालय के प्रायः सभी पुरस्कार जीत लेते थे। उन्हें स्केटिंग का भी शौक था। किन्तु विद्यार्थी जीवन में अन्य सब खेलों की तुलना में सर्वाधिक दक्षता उन्होंने टेबल टेनिस में दिखाई। हिमाचल प्रदेश में वे कांगड़ा के सर्वश्रेष्ठ खिलाड़ी माने जाते थे। उन्हें अपने राज्य की ओर से राष्ट्रीय स्तर पर टेबल टेनिस प्रतियोगिता में भाग लेने भेजा गया। विक्रम बहुत खुशमिज़ाज थे तथा सभी से आदरपूर्ण व्यवहार करते थे। उनके मित्र और शिक्षक भी उन्हें बहुत प्यार करते थे। *दयानन्द एंग्लो वैदिक कॉलेज चंडीगढ़* की वायुशाखा में वे *नैशनल कैडेट कोर* के सर्वश्रेष्ठ कैडेट चुने गये।

उनके पूज्य पिता श्री गिरधारी लाल बतरा ने श्री ओंकार सिंह को दिये गये एक साक्षात्कार में कहा, "सन् 1994 में मेरे बेटे ने *नैशनल कैडेट कोर* के सदस्य के रूप में गणतंत्र दिवस की परेड में भाग लिया। जब वह लौटकर आया उसने कहा कि वह सेना में जाना पसंद करेगा। उसके नाना तथा अन्य कई रिश्तेदार सेना में थे। 1995 में उसे हाँगकाँग में मर्चेन्ट नैवी की भारी वेतन वाली एक नौकरी मिल रही थी किंतु देश भक्ति की उमंग में उसने इस नौकरी को ठुकरा दिया तथा भारतीय सेना में भरती होने का निर्णय किया। (वास्तव में हाँगकाँग के एक जहाज़ में विक्रम की नियुक्ति हो गयी थी। उनकी वर्दी भी सिल गयी थी और टिकट भी खरीद लिया गया था।) उसने मुझसे कहा कि वह धन नहीं चाहता था। वह कोई अद्भुत कार्य करना चाहता था जिससे देश का नाम रोशन हो। कुछ वर्षों बाद *इंडियन ऑयल कॉर्पोरेशन* ने अपने एक विज्ञापन में विक्रम को श्रद्धांजलि देते हुए लिखा, 'कभी-कभी एक सामान्य भारतीय एक 120,000 करोड़ रुपये मूल्य वाली एक कंपनी को नीचा दिखा सकता है। हमारे हर बढ़ते कदम का उच्च भावना से प्रेरित कोई भारतीय पथ-प्रदर्शन करता है।' इस विज्ञापन के साथ

विक्रम का एक रेखाचित्र छपा है। जुलाई 1996 में विक्रम ने देहरादून स्थित *भारतीय सैनिक अकादमी* में प्रवेश प्राप्त किया। 6 दिसम्बर, 1997 को सेना की 13 जम्मू-कश्मीर राइफ़ल्स टुकड़ी में उसे लेफ़्टिनेंट के पद पर नियुक्त किया गया। डेढ़ वर्ष में ही उसने देश का वीरता का सर्वोच्च पुरस्कार जीत लिया। मुझे अपने पुत्र पर गर्व है...।

"वह एक महत्वाकांक्षी युवक था और अपने लक्ष्य की प्राप्ति के लिये प्राण न्योछावर करने को तैयार रहता था। वह शौकीन स्वभाव का था। उसे रुपया खर्च करने में आनन्द आता था। वह इतना खुशमिज़ाज था कि हर व्यक्ति के साथ घुल-मिल जाता था। मैं हमेशा उससे कहता था कि वह कुछ भी करे उसे अपने क्षेत्र में सर्वोत्तम होना चाहिये। उसने मेरी बात को सत्य सिद्ध कर दिया। वह अपने क्षेत्र में सर्वोत्तम निकला। 18 वर्ष की अवस्था में उसने अपने नेत्र दान करने का निर्णय किया। वह नेत्र बैंक के इस कार्ड को हमेशा अपने पास रखता था।"

जुलाई 1996 में विक्रम ने *भारतीय सेना अकादमी* में प्रवेश किया और दिसंबर 1997 में शिक्षा समाप्त होने पर उन्हें 6 दिसम्बर, 1997 को जम्मू कश्मीर के सोपोर नामक स्थान पर सेना की 13 जम्मू-कश्मीर राइफ़ल्स टुकड़ी में लेफ़्टिनेंट के पद पर नियुक्त किया गया। सोपोर में तीन-चार महीने बीतने पर उन्हें दो महीने के प्रशिक्षण के लिये मऊ भेजा गया। उनके पिता ने लिखा कि उन्हें इस प्रशिक्षण को बहुत गंभीरता से लेना चाहिये क्योंकि इस प्रशिक्षण के द्वारा एक सैनिक अफ़सर के रूप में उनके चरित्र का निर्माण होगा। इस प्रशिक्षण में विक्रम ने 'एल्फ़ा' ग्रेड पाया। इसके बाद उन्हें कमांडो प्रशिक्षण के लिये बेलगाँव भेजा गया। वहाँ भी उन्होंने 'इंस्ट्रक्टर' ग्रेड पाया।

1999 में जब होली की छुट्टियों में विक्रम अंतिम बार घर आये तब उनकी माँ ने उन्हें उनके प्रिय पकौड़े, घर के बने आलू-चिप्स तथा आम का अचार जी भर कर खिलाए। छुट्टियाँ पंख लगाकर उड़ गयीं। उनके माता-पिता तथा मित्र उन्हें बस अड्डे पर विदा देने आए।

महान् वीर पृथ्वी पर आत्म-बलिदान के ही लिये आते हैं। हमारे शूरवीर विक्रम के जीवन की सबसे महत्वपूर्ण बेला समीप आ रही थी। आत्म-बलिदान का समय दूर नहीं था। विक्रम की यूनिट को उत्तर प्रदेश के शाहजहाँपुर नामक स्थान पर जाने का आदेश मिला था। किन्तु इसी बीच कारगिल युद्ध आरंभ हो गया और उनकी यूनिट को कारगिल जाने का आदेश मिला। 1 जून, 1999 को उनकी यूनिट कारगिल चली गयी। विक्रम ने अपने माता-पिता को सूचित कर दिया और उन्हें

आश्वासन दिया कि वे उन्हें 10 दिन में एक बार फ़ोन अवश्य करेंगे। उन्होंने अपनी बड़ी बहिनों नीता और सीमा तथा अपने प्रिय जुड़वाँ भाई की कुशल पूछी। जब उन्होंने अपनी माँ को आश्वासन दिया, "माँ, मैं बिलकुल ठीक हूँ। तुम चिन्ता मत करो," तब उनकी माँ की चिन्ता दूर हो गयी। अपनी माँ से उनका यही अन्तिम वार्तालाप था।

जब 1 जून, 1999 को विक्रम की बटालियन को कारगिल युद्धक्षेत्र में भेजा गया तब उन्हें सेना में आये हुए डेढ़ ही वर्ष हुआ था। युद्ध पूरे ज़ोर पर था। तोलोलिंग के 'हम्प' नामक स्थान पर भीषण युद्ध हो रहा था। 12 जून, 1999 को 13 जम्मू-कश्मीर राइफ़ल्स को तोलोलिंग में लड़ रहे सैन्य दल की सहायता के लिये भेजा गया। दो रात तक भयानक युद्ध करने के बाद हमारी सेना ने 'हम्प' और 'रॉकी नॉब' नामक स्थलों को जीत लिया। शत्रु के आठ सैनिक मारे गये और नौ घायल हुए। पाकिस्तानी सैनिक युद्धक्षेत्र से भाग गये। वे अपने पीछे तीन यूनिवर्सल मशीनगन छोड़ गये। वीर विक्रम और उनके साथियों ने इन्हीं यूनिवर्सल मशीनगनों को लेकर भागते हुए पाकिस्तानी सैनिकों पर हमला किया। युद्ध के दौरान ही विक्रम को कैप्टेन बना दिया गया। 16 जून को विक्रम ने द्रास युद्ध-क्षेत्र से अपने जुड़वाँ भाई विशाल को, जिसे वे प्यार से 'कुशली' कहते थे, एक पत्र लिखा :

प्रिय कुशु,

...तुम रोज़ खबरों में सुन ही रहे होंगे कि यहाँ घमासान युद्ध हो रहा है। स्थिति बहुत गरम हो गयी है। मैं 15,500 फुट की ऊँचाई पर पाकिस्तानियों से लड़ रहा हूँ ...जान को पूरा खतरा है। कुछ भी हो सकता है। हम हर दिन भयंकर स्थिति का सामना कर रहे हैं। ढेरों गोले-गोलियाँ बरस रही हैं। आज का दिन हमारी बटालियन के लिये बहुत दुःख से भरा है क्योंकि हमारे एक अफ़सर की मृत्यु हो गयी है। ...प्यारे कुशु, माँ-पिताजी को संभालना, क्योंकि यहाँ कुछ भी हो सकता है। सदैव प्यार सहित,

तुम्हारा लव

हमारी सेना ने 17 जून को 'हम्प' और 'रॉकी नॉब' पर विजय पायी। इस विजय के बाद 13 जम्मू-कश्मीर राइफ़ल्स को 17,000 फुट की ऊँची 5140 नंबर की चोटी पर कब्ज़ा करने का काम सौंपा गया। यह टाइगर पर्वत का अत्यधिक

**कैप्टेन विक्रम बतरा**

महत्वपूर्ण सामरिक स्थान था। इसी स्थान से पाकिस्तानियों ने हमारे एक वायुयान को गिरा दिया था। चोटी नम्बर 5140 पर अधिकार किये बिना हमारे हेलिकॉप्टर इस क्षेत्र में नहीं जा सकते थे, अतः इसे जीतना बहुत आवश्यक था। यह कठिन कार्य जम्मू-कश्मीर राइफ़ल्स की 'डी' और 'बी' कंपनियों को सौंपा गया। 'बी' कंपनी के नेता थे कैप्टेन एस. एस. जामवाल और 'डी' कंपनी के नेता थे हमारे हीरो कैप्टेन विक्रम बतरा। 19 जून को दोनों कंपनियाँ बड़ी सतर्कता से चुपचाप 'हम्प' के ढलानों पर चढ़कर चट्टानों के पीछे छिप गयीं। जामवाल और विक्रम ने उस हिममंडित क्षेत्र का विस्तृत निरीक्षण किया। उनकी बटालियन के कमांडर लेफ़्टिनेंट कर्नल वाई. के. जोशी ने उन्हें विस्तार से स्थिति समझायी। उस समय यह निश्चित हुआ कि जीतने पर कैप्टेन विक्रम लेफ़्टिनेंट कर्नल जोशी को रेडियो द्वारा विजय संदेश देंगे, "यह दिल माँगे *more* (और अधिक)।" कैप्टेन जामवाल ने कहा कि उनका विजय घोष होगा, "ओह, याह, याह, याह।"

विक्रम जानते थे कि अपना लक्ष्य सिद्ध करने के लिये उनके पास केवल उसी रात का समय था क्योंकि पर्वत शिखरों पर घाटी से बहुत पहले ही सूर्योदय हो जाता है। पाकिस्तानी 17,000 फुट की ऊँचाई पर अपने बंकरों में जमे हुए थे। स्थिति हर तरह से उनके अनुकूल थी। वे वहाँ से भारतीय सैनिकों को सपाट

चढ़ाई पर ऊपर चढ़ते समय स्पष्ट देख सकते थे और उन्हें आसानी से अपना निशाना बना सकते थे। विक्रम ने देख लिया कि सामने से आक्रमण करने पर शत्रु को हराना कठिन होगा, अतः उन्होंने पीछे से हमला करके शत्रु को पराजित करने का निश्चय किया। पाकिस्तानियों को यह आशंका भी नहीं थी कि उनके ऊपर पीछे से भी हमला हो सकता है। विक्रम ने अपने सैनिकों को उस पर्वत की भयानक और संकटपूर्ण खड़ी ढलान पर चढ़ने का आदेश दिया। बहुत कठिन थी यह चढ़ाई। विक्रम के सैनिक चुपचाप पहाड़ी पर चढ़ रहे थे। एक कदम भी गलत पड़ने पर फिसल कर हज़ारों फुट नीचे चट्टानों पर गिर कर हड्डी-पसली चूर हो जाती। विक्रम ने कमांडो ट्रेनिंग में प्रशिक्षक का प्रमाणपत्र पाया था। उनका निश्चय था कि अपने एक भी सैनिक को मरने नहीं देंगे। जब आतंकवादियों से ग्रस्त सोपोर में उनकी पहली नियुक्ति हुई थी तब एक आतंकवादी की गोली से उनके पीछे वाला सैनिक मारा गया था। उन्होंने बहुत व्यथा भरे स्वर में अपनी दीदी से फ़ोन पर कहा था, "दीदी, वह गोली मेरे लिये थी, किन्तु कितने दुःख की बात है कि मेरी जगह मेरा सैनिक मारा गया।" विक्रम अपने सैनिक के मरने पर इतने विचलित क्यों हो गये? वे अपने प्राण बचने से दुःखी क्यों थे? उनकी इन भावनाओं की पृष्ठभूमि में देहरादून की सैनिक अकादमी का प्रसिद्ध अभिलेख है :

आपके देश की सुरक्षा, सम्मान और कल्याण हमेशा और हर बार सर्वप्रथम हैं।

फिर है आपके सैनिकों का सम्मान, कल्याण और सुविधा।

आपकी अपनी सुविधा, आराम और सुरक्षा हमेशा और हर बार आखिर में आते हैं।

ये वचन विक्रम की चेतना में बस गये थे, इन शब्दों ने उनकी भावनाओं, विचारों और कार्यों को संचालित किया था। वे इन्हें जीते थे। इसी कारण उन्होंने अपनी दीदी के सामने अपनी व्यथा प्रकट की थी कि उनके स्थान पर उनका सैनिक गोली से मारा गया। अपने अधीनस्थ सैनिकों तथा अपने सहयोगियों का जीवन उनके लिये अपने जीवन से कहीं अधिक मूल्यवान था। अन्त में अपने एक साथी की रक्षा के लिये ही विक्रम ने अपना बलिदान कर दिया।

सूर्यास्त के बाद जब पर्वत शिखरों पर अंधकार छा गया तब हमारी 'बी' और 'डी' कंपनियाँ 5140 नम्बर चोटी की ओर बढ़ीं। हमारी तोपों ने गोलाबारी आरम्भ कर दी जिससे शत्रु को हमारे सैनिकों के आगे बढ़ने का पता न चले। खड़ी चढ़ाई पर रात के घुप अंधेरे में 17,000 फुट ऊँचे पर्वत पर चढ़ना प्राणलेवा

काम था। हवा इतनी पतली थी कि सैनिकों को साँस लेने के लिये बार-बार रुकना पड़ता था। बीच-बीच में शत्रु के अग्नि भभूके (फ़्लेयर) सारे क्षेत्र को प्रकाशित कर देते थे। हमारे सैनिक जहाँ भी होते थे वहीं दुबक कर भभूकों के बुझने की प्रतीक्षा करते थे। शत्रु निरंतर गोलाबारी कर रहा था जिससे हमारे सैनिकों का जीवन संकट में पड़ गया। किन्तु ख़तरे की परवाह किये बिना 'बी' और 'डी' कंपनियाँ लक्ष्य की ओर बढ़ती गयीं। हमारे बंदूकचियों ने भारी गोला-बारी आरंभ कर दी। उसका लाभ उठा कर 'बी' और 'डी' कंपनियाँ आगे बढ़ने लगीं। बर्फ़ से ढकी चोटियों की निस्तब्धता रह-रह कर गोलियों की साँय-साँय, तोपों की धाँय-धाँय और ऊपर मंडराते हवाई जहाजों की भड़-भड़ तथा विमान भेदी तोपों की गरज से भंग हो जाती थी।

प्रातः 3:15 के लगभग 'बी' और 'डी' कंपनियाँ शत्रुओं के बंकरों के समीप पहुँच गयीं। इनमें से दो बंकर शिखर पर थे तथा पाँच पूर्व दिशा की ओर। 'बी' कंपनी के कैप्टेन जामवाल ने शिखर पर पहुँचकर वहाँ के बंकरों पर आक्रमण किया। कंपनी के सभी अफ़सरों को रेडियो पर बात करने के लिये सांकेतिक नाम दिये गये थे। विक्रम का सांकेतिक (कोड) नाम 'शेरशाह' था। यह नाम उनके लिये उचित ही था। उनकी टुकड़ी के सैनिक उन्हें प्यार से 'शेरशाह' कहते थे। पाकिस्तानी सैनिक हमारी सेनाओं की रेडियो वार्ताएँ सुन लेते थे। उन्हें यह नाम ज्ञात हो गया था। हमारी 'डी' कंपनी के रेडियो पर पाकिस्तानी सैनिक बोले, "ओ शेरशाह, तुम क्यों आये हो? तुममें से एक भी ज़िन्दा नहीं लौटेगा।" विक्रम हर चुनौती का करारा उत्तर देते थे। उन्होंने रेडियो पर ही शत्रु को ललकारा, "एक घंटे में ही तुम्हें पता लग जाएगा कि ऊपर कौन रहेगा।"

पहली जीत का यश कैप्टेन जामवाल को मिला। उनका विजय संदेश, "ओह, याह, याह, याह" सुन कर सेना के मुख्य अड्डे पर अधिकारियों के हृदय में हर्ष की एक तरंग बह गयी। विक्रम ने अपनी घड़ी की ओर देखा। 3 बजकर 25 मिनट हो गये थे। 4.30 पर सूर्योदय हो जायेगा। उनके पास केवल एक घंटे का समय था। विक्रम की कंपनी ने पाँचों पूर्वी बंकरों पर आक्रमण कर दिया। उनकी कंपनी ने इन पूर्वी बंकरों पर तीन रॉकेट छोड़े। विक्रम अपनी टुकड़ी के आगे चल रहे थे। उन्होंने पहले बंकर पर धावा बोल दिया और उसमें घुस कर एक हथगोला फेंका। पहले बंकर में कितना नुकसान हुआ यह देखे बिना उन्होंने दूसरे बंकर पर आक्रमण कर दिया। इसके बाद "दुर्गा माता की जय!" का रण नाद करते हुए उन्होंने पूर्वी दिशा के बंकरों पर हमला किया। अपने जवान अफ़सर का अदम्य

साहस देख कर उनके सैनिकों में जोश भर गया और उन्होंने दुगुने उत्साह से हमला किया।

विक्रम और उनके सैनिकों ने एक के बाद एक सात बंकर जीत लिये। उस आमने-सामने के घमासान युद्ध में आठ पाकिस्तानी सैनिक मारे गये और शेष भाग खड़े हुए। उन भागते हुए सैनिकों में से बहुत से 16,900 फुट की ऊँचाई से गिर कर चूर-चूर हो गये। 13 जम्मू-कश्मीर राइफ़ल्स को विजयश्री प्राप्त हुई। विक्रम का एक भी सैनिक नहीं मरा। हमारी सैन्य टुकड़ी को वहाँ बहुत-सा गोला-बारूद और अस्त्र-शस्त्र मिले, जिनमें एक विमान भेदी तोप भी थी। हमारी सेना ने 5140 नम्बर के शिखर पर तिरंगा लहरा कर वीरता का अनोखा उदाहरण प्रस्तुत किया। पार्वतीय युद्धों में यह भारत के सबसे कठिन अभियानों में से एक था। 4:35 पर विक्रम ने रेडियो द्वारा हमारी सेना के मुख्य अड्डे को अपना विजय उद्घोष "यह दिल माँगे *मोर*" भेजा। मुख्य अड्डे पर फिर से हर्ष की एक लहर दौड़ गयी। अधिकारियों ने आशंकित हृदय से पूछा, "कितने सैनिक मरे?" लेफ़्टिनेंट कर्नल वाई. के. जोशी ने जब कहा, "भगवान् की कृपा से हमारा एक भी सैनिक या अधिकारी नहीं मरा," तब अधिकारियों को अपने कानों पर विश्वास ही नहीं

कैप्टेन विक्रम बतरा साथियों के साथ

हुआ। सेना के तत्कालीन सेनाध्यक्ष श्री वेद प्रकाश मलिक ने विक्रम को फ़ोन पर बधाई दी। विक्रम के सैनिक उनके नाम पर कसमें खाते थे। अपने सैनिकों सहित पाकिस्तानी तोप पर खड़े हुए विक्रम का चित्र देश के अनेक समाचार पत्रों में छपा। वे युवा वीरों में परम वीर माने गये और एक कृतज्ञ भारत के हीरो बन गये। जनता उन्हें "कारगिल का शेर" कहने लगी।

*स्टेट्समैन* के संवाददाता श्रींजय चौधरी ने विक्रम से कारगिल युद्ध क्षेत्र में भेंट की। हम श्रींजय चौधरी और वीर विक्रम के संवाद का भावानुवाद उद्धृत कर रहे हैं। श्रींजय चौधरी लिखते हैं, "विक्रम जोश से परिपूर्ण थे। रॉकी नॉब पर अपनी हाल की रोमांचक विजय का नशा उन पर चढ़ा था ...उनकी कंपनी का एक भी सैनिक नहीं मरा था। यह कॉमिक कथाओं के अजेय वीरों के कारनामों के समान प्रतीत होता था। विक्रम अकल्पनीय और अविश्वसनीय वीरता का प्रदर्शन कर रहे थे। हमें आश्चर्य होता था कि एक युवक ऐसे अद्भुत कार्य कैसे कर सकता था।" विक्रम ने श्रींजय चौधरी को बताया, "हमें—डेल्टा कंपनी को—रॉकी नॉब पर कब्ज़ा करने के लिये कहा गया। हमारे सैनिक अत्यंत उत्साह से भरे थे। हमारे कमांडिंग ऑफ़िसर ने उनके अंदर वीरता का ऐसा मंत्र फूँक दिया था कि पीछे मुड़कर देखने का सवाल ही नहीं उठता था। हम ऊपर जाने को आतुर थे। हम जानते थे कि हम उनको धूल चटा देंगे।" श्रींजय चौधरी कहते हैं कि युद्ध के आरंभिक दिनों में जब आक्रमणकारियों को रोकना ही हमारा लक्ष्य-मंत्र बन गया था, इस प्रकार की निर्भीकता पूर्ण बातें कोई नहीं करता था। विक्रम की कंपनी ऊपर चढ़ने लगी। मौसम डरावना हो गया था, चट्टानें बरफ़ से फिसलनी हो गयी थीं। ऊपर से हिमपात होने लगा।" विक्रम बताने लगे, "हमारे सैनिक जोश से चिल्लाने लगे 'हम जीत कर रहेंगे, हम बदला लेकर रहेंगे!' शिखर पर स्थित बंकरों से पाकिस्तानी सैनिक लगातार मशीनगनों और स्वचालित राइफ़लों से गोलियों की बौछारें कर रहे थे। सीमा के उस पार से गोले बरस रहे थे। अब उन्होंने अग्नि भभूके छोड़ने आरंभ कर दिये। उनके जलने पर रात्रि में भी चतुर्दिक दिन के समान प्रकाश हो जाता था। हम लक्ष्य से 50 मीटर नीचे थे। सामने ही बर्फ़ से ढका एक क्षेत्र था। जब वे भभूके छोड़ते थे हम धरती पर लेट कर मृत होने का अभिनय करते थे। वे रॉकेट और मशीनगनों से गोलियाँ बरसाते गये और हम आगे बढ़ते गये। शिखर पर पहुँच कर हमने 'जय दुर्गा माता' का युद्धघोष किया और शत्रु की ओर दौड़ पड़े। हमारी संख्या 80 से 100 तक थी। हम बढ़ते-बढ़ते गोलियाँ बरसाते जा रहे थे। हम धावे पर धावा बोलते गये। और वे

पीठ दिखा कर इधर-उधर दौड़ने लगे। हम उनका पीछा करते हुए लगातार गोलियों की बौछारें कर रहे थे। मैंने चार पाकिस्तानियों को एक खड्डु में गिरते हुए देखा। हम उन्हें निकाल नहीं सके। हम जानते थे कि बहुत से सैनिक चट्टानों के पीछे छिपे हुए थे। हमने उन सबको खदेड़ कर उस क्षेत्र को निरापद बनाया तथा अपनी स्थिति मज़बूत कर ली। हम अपनी स्वचालित बंदूकें चलाते गये और अपनी आगामी योजना बना ली। अब हम अंतिम दो बंकरों पर—जिन्हें हमने नौ और दस नंबर दिये, हमला करने वाले थे। हमारा अनुमान था कि उनके अंदर दो या तीन पाकिस्तानी होंगे। हमने धावा बोल कर दो पाकिस्तानियों को मार डाला। इसके बाद हमने उस पूरे क्षेत्र का निरीक्षण किया किन्तु अब वहाँ एक भी पाकिस्तानी जीवित नहीं था। तब हमने अपना विजय संकेत 'यह दिल माँगे *मोर*' मुख्य अड्डे को भेजा।

"हमें विश्वास ही नहीं हुआ कि हमने एक भी सैनिक को खोये बिना विजय पायी थी। यह बहुत बड़ी उपलब्धि थी। वह सपाट चढ़ाई थी। हम 15000 फुट से 17,000 फुट ऊपर चढ़ रहे थे। हमें हर पाँच कदम के बाद साँस लेने के लिये रुकना पड़ता था। हम बड़ी-बड़ी चट्टानों के ऊपर चढ़ रहे थे। एक बार तो हमें संदेह होने लगा था कि हम शायद ही अपने लक्ष्य तक पहुँच सकें। अगर हम प्रभात होने पर उन ढलानों पर रह जाते तो बहुत कठिनाई में पड़ जाते। हम ऊपर जमे हुए पाकिस्तानियों के सरल निशाने बन जाते।" श्रींजय के यह पूछने पर कि भागते हुए सैनिकों को मारते समय उन्हें कैसा लग रहा था विक्रम ने उत्तर दिया, "यदि हम उन्हें न मारते तो वे हमें मार देते। अगर हम ऊपर न पहुँचते तो उनके शिकार बन जाते। यह सब ईश्वर की कृपा से हुआ। भाग्य हमारे साथ था। भगवान् हमारे साथ थे।"

यह युद्ध पार्वतीय युद्धों में भारत की कठिनतम लड़ाइयों में से एक था। प्वाइंट 5140 तक पहुँचने के लिये हमारे वीरों को आठ पर्वत चोटियाँ (हम्प) पार करनी पड़ीं। पाकिस्तानियों ने इन चोटियों पर अपनी मशीनगनें जमा रखी थीं और पाक अधिकृत कश्मीर से तोपों की सहायता भी ली थी। किन्तु हमारे वीरों ने एक सैनिक या अधिकारी को बिना खोये उन पर विजय पा ली। लेफ्टिनेंट कर्नल वाई. के. जोशी ने बाद में कहा, "पार्वतीय युद्धों के क्षेत्र में प्वाइंट 5140 का युद्ध जितनी श्रेष्ठता से लड़ा गया, वह सैनिक पाठ्य क्रम का एक अंग बन सकता है।" 20 जून को द्रास में खुशी छा गई। अब इस छोटे से शहर में भारतीय सेना, पुलिस और सीमा-रक्षक दल की टुकड़ियाँ फैल गई थीं। 5140 नम्बर की चोटी पर विजय

के साथ द्रास क्षेत्र में युद्ध का पलड़ा हमारे पक्ष में भारी हो गया। अब हमारे हेलीकॉप्टर तोलोलिंग शिखर पर उतर सकते थे।

प्वाइंट 5140 की विजय के बाद *एन डी टी वी* की संवाददाता बरखा दत्त ने विक्रम से पूछा कि उन्हें अपनी विजय के बाद कैसा अहसास हो रहा था? लाखों दर्शकों ने दूरदर्शन पर उनका रंगभरा, उत्साहभरा, बाँका उत्तर सुना, "यह दिल माँगे *mor*"। उस दिन से पैप्सी के इस विज्ञापन का अर्थ ही मानों बदल गया। वह केसरिया बाने का, रक्ताक्त बलिदान के रंग का प्रतीक और भारतीय सेना के वीरों का अमर घोष बन गया।

श्री गिरधारी लाल बतरा 20 जून की सवेरे आयी उस फ़ोन कॉल को कभी नहीं भूल सकते। विक्रम की उत्तेजित आवाज़ सैटेलाइट फ़ोन पर सुनाई पड़ी, "डैडी, मैंने 'कैप्चर' (अधिकृत) कर लिया।" उनके शब्द स्पष्ट सुनाई नहीं पड़ रहे थे। एक क्षण को श्री बतरा ने सोचा कि विक्रम 'कैप्चर' (बंदी) हो गया है। किन्तु तुरंत उनकी समझ में आ गया कि यदि वह बंदी होता तो वह सैटेलाइट फ़ोन पर बात नहीं कर सकता था। उन्होंने विक्रम से स्पष्ट बोलने के लिये कहा। विक्रम ने उत्तर दिया, "मैंने शत्रु का अड्डा जीत लिया है। मैं ठीक हूँ, मैं ठीक हूँ।" श्री बतरा ने उत्तर दिया, "बेटे, हमें तुम पर गर्व है। भगवान् तुम्हें आशीर्वाद दें कि तुम अपने कार्य में सफल हो।" श्री बतरा कहते हैं, "वह मेरे जीवन की सबसे खुशी की घड़ी थी। मैंने अपने पुत्र का नाम विक्रम रखा था क्योंकि यह शब्द चरित्र की दृढ़ता का द्योतक है। उसने अपने नाम के अनुरूप कार्य किया।"

विक्रम के माता-पिता ने युद्ध के दौरान उन्हें कई बार टेलीविज़न पर देखा। अपनी बढ़ी हुई दाढ़ी तथा छद्मावरण वाली जाकेट में वे देखने में कुछ भिन्न लगते थे, किन्तु उनमें अदम्य आत्म-विश्वास था और उनका उत्साह छलक-छलक पड़ता था। वे सदा मुस्कराते रहते थे और उनका हौसला हमेशा बुलंद रहता था। श्रीमती बतरा बताती हैं कि जब विक्रम ने फ़ोन किया कि उसकी यूनिट को कारगिल भेजा जा रहा है तब एक बार तो उनका हृदय डूबने लगा। "भारत और पाकिस्तान के बीच जब इससे पहले युद्ध हुआ था तब विक्रम का जन्म भी नहीं हुआ था। अब वह केवल 24 वर्ष का था और उसे सेना में भरती हुए केवल 18 महीने हुए थे। अगर उसे कुछ...," किन्तु उन्होंने अपनी इस निराशावादी विचारधारा को रोक दिया और खुद से कहा, "अगर सभी माताएँ इसी प्रकार सोचने लगें तो इस विशाल देश की रक्षा कौन करेगा?" जब उन्होंने सुना कि विक्रम ने अपने प्रथम पर्वत-शिखर को जीत लिया है तब उनका हृदय गर्व से भर गया। मानों यह उनकी

अपनी जीत थी। वे कहती हैं, "मैं जीवन भर धौलाधर पर्वत की छाया में रही हूँ। मैं समझती थी कि हर पर्वत अजेय होता है। अब मेरा पुत्र मुझसे कह रहा था कि उसने एक पर्वत पर विजय पायी जो संभवतः धौलाधर से भी ऊँचा था।"

इस युद्ध के बाद 'डी' कंपनी को विश्राम के लिये, कुछ नीचे स्थित, घुमरी के पड़ाव पर भेज दिया गया। किन्तु लगभग चार दिन बाद ही उन्हें पुनः युद्ध के लिये बुलाया गया। 30 जून, 1999 को जम्मू-कश्मीर राइफ़ल्स की इस टुकड़ी को 78 माउंटेन ब्रिगेड के नेतृत्व में मश्कोह घाटी की 4875 नम्बर चोटी को जीतने के लिये युद्ध में भेजा गया।

यह कार्य दुष्कर ही नहीं, लगभग असंभव था। पाकिस्तानियों ने वहाँ अपनी तोपें जमा दी थीं और भारत के द्रास से मतायन जाने वाले राजमार्ग 1-ए पर, 30-40 किलोमीटर तक, हर वाहन को ये तोपें चुन-चुन कर अपने गोलों से उड़ा देती थीं। हमारे कई बहादुर ट्रक चालकों ने इस राजमार्ग पर ट्रक ले जाने का दुस्साहस किया, किन्तु वे पाकिस्तानी तोपों की मार से शहीद हो गये। भारतीय हेलीकॉप्टर द्रास के हेलीपैड पर उतर भी नहीं सकते थे क्योंकि वहाँ उतरने पर वे इन तोपों की मार में आ जाते थे। अतः भारत के लिये किसी भी कीमत पर इस चोटी को जीतना आवश्यक था। सामान्य लोगों के लिये उस भीषण स्थिति का अंदाज़ लगाना भी कठिन है। शिखर पर लड़ रही हमारी सेनाएं बहुत थक गई थीं। यह युद्ध सारे दिन चलता रहा था। हमारी सेना ने पाकिस्तान के जवाबी हमले का करारा जवाब दिया था। किन्तु लग रहा था कि हमारे सैनिक सहायक सेना के आये बिना अधिक देर तक उस अड्डे को कब्ज़े में नहीं रख सकते थे। स्पष्ट था कि वे अधिक देर तक नहीं लड़ सकते थे। उन्होंने रेडियो पर सहायता माँगी। नीचे के अड्डे से उन्हें संदेश भेजा गया कि 'शेरशाह' अपने सैनिकों के साथ उनकी सहायता के लिये आ रहा था तथा उसके पहुँचने तक जैसे भी हो वे मोरचा संभाले रखें। यह संदेश सुनकर चोटी पर युद्ध कर रहे हमारे सैनिकों में नवीन उत्साह भर गया क्योंकि प्वाइंट 5140 शिखर को जीतने वाला वीर विक्रम भारतीय सैनिकों का हीरो बन चुका था। उसकी वीरता की कहानियाँ हर सैनिक की जबान पर थीं।

उन दिनों विद्यालय से लौटने पर श्री गिरधारी लाल टेलीविज़न पर संध्या की खबरों में कभी-कभी अपने पुत्र को देख पाते थे। प्वाइंट 4875 पर जाने से पहले एक टेलीविज़न संवाददाता नीचे के सैन्य-संचालन अड्डे पर पहुँच गया और हमारे हीरो से बातें की। उसने पूछा, "विक्रम, तुम एक अन्य जोखिम भरे, महत्वपूर्ण अभियान के लिये जा रहे हो। इस समय तुम्हारे क्या विचार हैं?" विक्रम

ने उत्तर दिया, "हमारी सरकार जहाँ तक संभव है हमें इन ऊँचाइयों पर खाना और गोला-बारूद पहुँचा रही है। किन्तु मैं यह भी चाहता हूँ कि सरकार और समाज मृत सैनिकों के परिवारों की अच्छी प्रकार देखभाल करें," (इस युवा अफ़सर के इस प्रौढ़ उत्तर को उनके अधिकारियों ने सराहा।) यह कहकर विक्रम ने कैमरे की ओर से अपना मुँह मोड़ लिया। सैकड़ों मील दूर घर पर बैठे श्री बतरा ने अपने बेटे के मुख का भाव देखा और उनका हृदय डूबने लगा, क्योंकि वे अपने पुत्र का भाव खुली पुस्तक के समान पढ़ सकते थे। "हे भगवान्, उसके हृदय में संदेह हो रहा है कि वह लौट नहीं सकेगा।" उन्होंने टेलीविज़न के परदे की ओर से मुँह फेर लिया और रो पड़े। पत्नी के यह पूछने पर कि वे क्यों अचानक रो पड़े, वे चुप रहे। वे अपना संशय उनसे कैसे कहते?

कंपनी कमांडर लेफ़्टिनेंट कर्नल वाई. के. जोशी और 'ए' कंपनी के कमांडर मेजर एस. विजय भास्कर 1 जुलाई को एक ऊँची चोटी पर चढ़ गये, जहाँ से वे पूरे युद्धक्षेत्र का निरीक्षण कर सकते थे। वहीं पर उन्होंने आक्रमण के विषय में एक योजना बना कर मुख्य कार्यालय को भेजी। उनकी रिपोर्ट के आधार पर 79 माउंटेन ब्रिगेड के मुख्य कार्यालय में कमांडर ने विस्तृत योजना तैयार की। 2 जुलाई, 1999 को विक्रम की बटालियन को 4875 नम्बर चोटी के 1500 मीटर नीचे एक ऐसे स्थान पर ले जाया गया जहाँ पर कुछ आड़ थी। हमारे बहादुर कुली अपने प्राणों पर खेल कर बटालियन के लिये भारी हथियार और गोला-बारूद उस पड़ाव तक ले गये।

इस कठिन अभियान पर जाने से पहले 2 जुलाई, 1999 को विक्रम ने अपने माता-पिता को एक पत्र लिखा :

आदरणीय माँ और पिताजी,

...ईश्वर की कृपा से मैं यहाँ पर ठीक हूँ। मैं पाँच-छः दिन के लिये शिखर से नीचे द्रास विश्राम और स्वास्थ्य लाभ के लिये आया हूँ किन्तु आज ही हम एक अन्य युद्ध क्षेत्र में युद्ध करने जा रहे हैं। हम जाने को पूरी तरह तैयार हैं। मैंने पहले भी एक बड़े अभियान में भाग लिया था, जिसमें मुझे 100 प्रतिशत सफलता मिली थी। यह इस युद्ध क्षेत्र की सब से बड़ी जीत थी। सेनाध्यक्ष, तथा अन्य उच्च सेनाधिकारियों ने बधाई देने के लिये मुझे फ़ोन किये। समाचारपत्रों ने मुझसे *ऑन लाइन* साक्षात्कार लिये।

पता नहीं अब मैं कब नीचे वापस आऊँगा। जैसे ही मौका मिलेगा मैं

आपको फ़ोन करूँगा। आप मेरे अगले युद्ध की सफलता के लिये प्रार्थना कीजिये। सदैव प्रेम के साथ,

आपका बेटा लव

कंपनी कमांडर मेजर गुरप्रीत सिंह ने 4 जुलाई को हमारे सैनिकों को उनके लक्ष्य दिखाये। संध्या 6 बजे हमारी बोफ़र तोपों ने शत्रु पर बमबारी आरंभ कर दी। 8:30 बजते ही घने अंधकार में हमारी सेना ने उन दुर्गम चट्टानों पर चढ़ना आरंभ किया। वे 17,000 फुट की ऊँचाई पर लड़ रही हमारी सेना के पार्श्व भागों को मज़बूत बनाने के लिये आगे जा रहे थे। घने कुहरे के कारण 80 डिग्री की वह सीधी चढ़ाई और भी मुश्किल हो गयी थी। मश्कोह नाले की बर्फ़ानी हवाएं रक्त जमाएं दे रही थीं। अब बर्फ़ भी गिरने लगी। लेकिन हमारे हीरो विक्रम एक हिम-तेंदुए की तरह चढ़ते चले गये। वे अपने थके हुए सैनिकों का हौसला बढ़ा रहे थे और उन्हें आगे बढ़ने को प्रेरित कर रहे थे। उसी समय उन्हें एक मशीनगन की रट-टट-टट सुनाई पड़ी। विक्रम एक से दूसरी चट्टान के पीछे छिपते हुए उस मशीनगन के समीप पहुँच गये और उस पर एक हथगोला फेंक कर उसे नष्ट कर दिया। अब उन्होंने फुसफुसा कर कहा, "जवानों, मेरे पीछे आओ।" वे शत्रु के अगले ठिकाने तक पहुँच गये क्योंकि उन्हें शत्रु की दो अन्य मशीनगनों को सवेरा होने से पहले ही ठंडा करना था। हवा इतनी विरल थी कि हर पाँच कदम पर साँस लेने को रुकना पड़ता था। जब वे शिखर से 200 मीटर नीचे थे, शत्रु ने हमारी सेना को देख लिया और भारी बमवर्षा आरम्भ कर दी। पाकिस्तानियों ने हमारे रेडियो पर पुनः विक्रम को ताना दिया, "शेरशाह, इस बार तेरा शव उठाकर नीचे ले जाने के लिये भी कोई नहीं बचेगा।" विक्रम ने कड़क कर उत्तर दिया, "तुम अपनी खैर मनाओ।"

युद्ध में थोड़ा विराम होने पर, तोप के गोलों-गोलियों की बौछारों के बीच में बैठ कर विक्रम ने अपने जुड़वाँ भाई को अंतिम पत्र लिखा :

प्यारे कुश,

मैं यहाँ एक बहुत ऊँचे पर्वत पर अपना अभियान आरंभ करने के लिये बैठा हूँ। दो कंपनियाँ ऊपर जा चुकी हैं और भारी गोलाबारी चल रही है। वे अपने लक्ष्य के (जिसके विषय में मैं तुम्हें नहीं बता सकता) बहुत समीप पहुँच गयी हैं। ...तुमने यहाँ की स्थिति के विषय में पूछा है। स्थिति सुधर रही है किन्तु मैं यह

नहीं कह सकता कि कितना समय लगेगा। किन्तु हमारी सेना यहाँ अद्भुत कार्य कर रही है।...सदा प्रेम के साथ,

तुम्हारा लव

शत्रु की ओर से भारी गोलाबारी हो रही थी। अब हमारी सेना ने अपनी स्वचालित बंदूकों से शत्रु की गोलियों का जवाब देना आरम्भ किया। किन्तु पाकिस्तानियों की भारी गोलाबारी के कारण वे आगे न बढ़ सके। यह सूचना रेडियो द्वारा कंपनी कमांडर को दी गई। 5 जुलाई को कंपनी कमांडर लेफ़्टिनेंट कर्नल वाई. के. जोशी ने स्वयं दुश्मन के ठिकानों को लक्ष्य बनाकर दो फ़ैगट मिसाइल छोड़े। दोनों मिसाइल ठीक निशाने पर लगे। पाकिस्तानियों के बंकरों में आग लग गयी। हमारे सैनिकों ने देखा कि शत्रु अपने ठिकानों से भाग रहे थे। उन्होंने तुरन्त हमला करके प्वाइंट 4875 पर कब्ज़ा कर लिया।

लेकिन स्थिति अभी तक गंभीर थी क्योंकि प्वाइंट 4875 के उत्तर में चट्टानों के एक सँकरे पठार पर शत्रु सैनिकों का एक दल जम गया था। चट्टानों के इसी छज्जे से शत्रु अभी भी अचूक गोलाबारी कर रहा था। यह स्पष्ट हो गया था कि उन्हें हटाना ही होगा। विक्रम ने 7 जुलाई को स्वेच्छा से एक दल के साथ जाकर इस जगह को जीतने का बीड़ा उठाया। उस दिन उनकी तबीअत ठीक नहीं थी उनकी आँखें बुखार और थकान से लाल हो रही थीं। वे बंकर में एक कंबल में लिपटे बैठे थे। उनके कमांडिंग अधिकारी उनकी दशा देख कर हिचक रहे थे किन्तु विक्रम ने जोर दिया कि वे शत्रु को उस तंग पठार से हटा देंगे। उन्होंने अपनी तबीयत की ओर ध्यान ही नहीं दिया। बाहर भीषण ठंड थी। जब उन्होंने इस कार्य का दायित्व लिया शायद वे जानते होंगे कि वे मृत्यु का वरण करने जा रहे थे। किन्तु देशप्रेम और आत्माहुति का जोश उनकी नस-नस में भर गया था। अपने हीरो को युद्ध के लिये तैयार देख कर बहुत-से सैनिकों ने स्वेच्छा से उनके साथ जाने की इच्छा प्रकट की। विक्रम ने अपने साथ जाने वाले सैनिकों के साथ दुर्गा माता से प्रार्थना की और उस दल ने वह कठिन चढ़ाई आरंभ कर दी। अचानक विक्रम का चेहरा बदल गया। उनके मुख पर से थकान और बुखार के चिह्न लुप्त हो गये।

गहन अंधेरा छाया था। मश्कोह नाले की बर्फ़ीली हवाएँ हमारे शूर-सैनिकों की हड्डियाँ भेद रही थीं। कोहरे के कारण कुछ दिखाई नहीं पड़ रहा था। अब बर्फ़ गिरने लगी। किन्तु विक्रम आगे बढ़ते ही जा रहे थे। वे अपने थके हुए सैनिकों

को प्रोत्साहित करते जा रहे थे। अब उन्होंने उस मशीन-गन की रट-टट-टट सुनी जिसने हमारे सैनिकों को बेबस कर दिया था। वे एक चट्टान से दूसरी चट्टान के पीछे छिपते हुए उस मशीनगन के एकदम समीप पहुँच गये और एक हथगोला फेंक कर उसे नष्ट कर दिया। अपने सैनिकों को पीछे आने के लिये कह कर वे एक अड्डे से दूसरे अड्डे तक बढ़ते हुए उन्हें नष्ट करते गये। सूर्योदय पर्वत शिखरों को रक्तिम करे, इससे पहले ही उन्हें शत्रु की मशीनगनों को नष्ट करना था। अन्यथा शत्रु उन्हें देख पाते तो उनको गोलियों से भून देते।

16,087 फुट की ऊँचाई पर हवा इतनी पतली थी कि साँस लेना कठिन हो रहा था। हमारे सिपाही हाँफ रहे थे। किन्तु वे बिन रुके आगे बढ़ते गये। जैसे उनकी रगों में कोई दैवी शक्ति दौड़ रही थी। उन्हें प्रभात से पहले ही दो अन्य मशीनगनों को नष्ट करना था। यह एक असंभव कार्य प्रतीत हो रहा था। जब विक्रम उन मशीनगनों के समीप पहुँचे सूर्योदय हो गया। प्वाइंट 5140 पर घायल होने के बावजूद विक्रम उस स्थान पर फँसे हुए अपने साथियों की सहायता करना चाहते थे जो उस संकीर्ण पठार से आती हुई गोलाबारी में फँस गये थे।

## आत्म-बलिदान की घड़ी

कैप्टेन विक्रम प्राण हथेली पर लिये हुए अपने दल के साथ आगे बढ़ने लगे। वे अपनी ए. के. राइफ़ल से लगातार गोलियाँ बरसाते जा रहे थे। वे निर्भीक शेर के समान दुश्मन से भिड़ गये। एक अन्य अफ़सर लेफ़्टिनेंट अनुज नैयर के साथ विक्रम दुश्मन के जवाबी हमले का जोश-खरोश के साथ प्रत्युत्तर दे रहे थे। उन्होंने अपने सैनिकों को आगे बढ़ने के लिये प्रेरित किया। दोनों दल एक-दूसरे से जूझ रहे थे। वे एक-दूसरे के इतने समीप थे कि राइफ़ल चलाने का स्थान ही नहीं था। विक्रम ने अपनी संगीन निकाली और शत्रुओं पर हमला कर दिया। वे एक पाकिस्तानी से जूझ रहे थे। उन्होंने उसकी नाक पर एक घूँसा मार कर उसे फ़र्श पर गिरा दिया और अपनी संगीन उसकी छाती में भोंक दी। एक पाकिस्तानी सैनिक ने पीछे से उनके ऊपर हमला किया। विक्रम ने उसे पटका और अपनी संगीन की नोक से उसे मौत के घाट पहुँचा दिया। उस खूनी लड़ाई में सात पाकिस्तानी मारे गये।

उनके खूंखार हमले से घबरा कर पाकिस्तानी पीछे हटने लगे। अब विक्रम और उनके सैनिकों का पलड़ा भारी हो गया। हमारे सैनिकों का उत्साह दुगुना हो गया। उन्होंने स्थिति का लाभ उठा कर उस संकीर्ण चट्टान पर हमला कर दिया।

एक मशीनगन वहाँ से अभी तक गोलियाँ बरसा रही थी। अधिकांश पाकिस्तानी भाग गये थे किन्तु दो सिपाही अब भी उस मशीनगन में गोलियाँ भरते जा रहे थे तथा तीसरा उसकी गोलियों द्वारा भारतीय सैनिकों पर मृत्यु की वर्षा कर रहा था। पाकिस्तानी सेना का एक जूनियर कमीशंड अधिकारी उन्हें निर्देश दे रहा था। विक्रम बतरा भूखे शेर की तरह अंदर कूद पड़े और अकेले ही उन चारों को मार डाला और शेष पाकिस्तानियों को उनके बंकरों से भागने के लिये मज़बूर कर दिया।

उनका सफल अभियान लगभग पूरा हो गया था। (लेफ़्टिनेंट अनुज नैयर को इसी अभियान में असाधारण वीरता दिखाने के उपलक्ष्य में, मृत्यु के उपरान्त महावीर चक्र प्रदान किया गया।) इसी समय विक्रम एक दूसरे अफ़सर लेफ़्टिनेंट नवीन को बचाने के लिये बंकर से बाहर दौड़े। उनके एक सूबेदार ने कहा, "साहब जी, आप मत जाइये, मैं जाता हूँ।" विक्रम ने उत्तर दिया, "तू बीवी-बच्चों वाला है। पीछे हट।" विक्रम झपटकर लेफ़्टिनेंट नवीन के पास पहुँचे। नवीन के पाँव घायल हो गये थे तथा वे चल नहीं सकते थे। जब विक्रम उन्हें बंकर की ओर लाने लगे तब गंभीर रूप से घायल वीरवर नवीन ने अनुरोध किया कि विक्रम उन्हें वहीं छोड़ दें जिससे वे लड़ाई जारी रख सकें। आखिर पाँव नहीं रहे तो क्या, उनके हाथ तो सलामत थे! दोनों पाँव घायल होने पर भी लेफ़्टिनेंट नवीन का युद्ध का उत्साह कम नहीं हुआ था। नवीन को घसीटते समय दुश्मन की एक गोली विक्रम की छाती में लगी। अपने घायल साथी को बचाने के लिये वीर विक्रम ने अपने प्राणों की आहुति दे दी। ऐसे थे परम वीर विक्रम, महावीर अनुज और वीरवर नवीन। विक्रम की टुकड़ी के जो सैनिक जीवित लौटे उन्होंने बताया कि मृत्यु का वरण करने से पूर्व विक्रम ने "जय माता की!" कहा और प्राण त्याग दिये।

अपने प्यारे कैप्टेन विक्रम की मृत्यु ने उनके सैनिकों को क्रोधोन्मत्त कर दिया। चारों ओर से बरसती गोलियों की परवाह किये बिना जम्मू-कश्मीर राइफ़ल के सैनिकों ने दुश्मन का पीछा किया। वे अपने आदर्श, अपने नायक विक्रम की मौत का बदला लेना चाहते थे। उनका हमला ऐसा भयंकर था कि बहुत से भागते हुए पाकिस्तानी सैनिक खड़्डों में गिर कर चूर-चूर हो गये। दुश्मन को खदेड़ कर हमारे सैनिक वापस लौटे और अपने चहेते कैप्टेन के शव के चारों ओर बैठ गये। यह विश्वास करना कठिन था कि जोश की साकार मूर्ति, वह ज़िन्दा आग, वह धधकता सूर्य, उनका 'शेरशाह' अब नहीं रहा था।

गौरव सामन्त ने *डेटलाइन कारगिल* में लिखा, "विक्रम बतरा शत्रु को उस

चट्टानी संकीर्ण पठार से खदेड़ने में और उस शिखर को जीतने में सफल हुए। हमारी 17 जाट टुकड़ी के सैनिक पाकिस्तानियों की गोलाबारी के कारण आगे नहीं बढ़ पा रहे थे। वे अब आगे बढ़ सके। अपने अधिकारी कर्नल दिनेश बडोला के नेतृत्व में नागा रेजिमेंट की दूसरी बटालियन के जवान रात्रि में चुपचाप आगे बढ़े और भयंकर आक्रमण द्वारा पाकिस्तानियों को हरा कर ट्विन बंप नाम के शिखर पर अधिकार कर लिया। इस शिखर पर भारतीयों का कब्ज़ा होते ही पाकिस्तानियों को नवीन सैनिक सहायता, हथियार और रसद मिलना संभव नहीं रहा। वे पीछे हटने के लिये विवश हो गये।" सवेरा होने तक भारत ने 4875 नंबर के शिखर को जीत लिया किन्तु विक्रम को खो दिया।

(डेटलाइन कारगिल, गौरव सामन्त, पृ. 188)

सवेरा होने तक भारत ने 4875 नम्बर की चोटी पर विजय के बाद लद्दाख को जाने वाली हमारी सड़क सुरक्षित हो गयी और हमारे वाहन लेह-मतायन राजमार्ग पर बिना बाधा या भय के आने-जाने लगे। आज 4875 नंबर के शिखर का नाम "कैप्टेन विक्रम बतरा शिखर" है। दुश्मन का सामना करते समय सर्वोच्च कोटि की वीरता के सतत प्रदर्शन के लिये कैप्टेन विक्रम बतरा को मरणोपरांत भारत का वीरता का सर्वोच्च पदक परम वीर चक्र प्रदान किया गया।

## सम्मान पत्र (साइटेशन)

## परम वीर चक्र : कैप्टेन विक्रम बतरा, 13 जम्मू-कश्मीर राइफ़ल्स (आई सी—57556)

'आपरेशन विजय' के दौरान, 20 जून 1999 को डेल्टा कंपनी कमांडर कैप्टेन विक्रम बतरा को प्वाइंट 5140 पर आक्रमण करने का दायित्व सौंपा गया। कैप्टेन बतरा अपनी कंपनी के साथ घूम कर पूर्व दिशा की ओर से उस क्षेत्र की तरफ बढ़े और बिना शत्रु को भनक लगे हुए उसकी मारक दूरी के भीतर तक पहुँच गये। कैप्टेन बतरा ने अपने दस्ते को पुनर्गठित किया और उन्हें दुश्मन के ठिकानों पर सीधे आक्रमण के लिये प्रेरित किया। सब से आगे रह कर दस्ते का नेतृत्व करते हुए उन्होंने बड़ी निडरता से शत्रु पर धावा बोल दिया और आमने-सामने की गुत्थम-गुत्था लड़ाई में उनमें से चार को मार डाला। 7 जुलाई, 1999 को प्वाइंट 4875 के पास एक अन्य सैनिक कार्रवाई में उनकी कंपनी को ऊँचाई पर एक ऐसी संकरी चोटी से दुश्मन के सफ़ाये का कार्य सौंपा गया था जिसके दोनों ओर

खड़ी ढलान थी और जिसके एकमात्र रास्ते की शत्रु ने भारी संख्या में नाकाबंदी की हुई थी। कार्रवाई को शीघ्र पूरा करने के लिये कैप्टेन बतरा ने एक संकीर्ण पठार के पास से शत्रु ठिकानों पर आक्रमण कर दिया और आमने-सामने की भीषण गुत्थम-गुत्था लड़ाई में अत्यंत निकट से पाँच शत्रु सैनिकों को मार गिराया। गंभीर जख़्म लग जाने के बावजूद वे रेंगते हुए शत्रु की ओर बढ़े और ग्रेनेड फेंके जिससे उस ठिकाने पर शत्रु का सफ़ाया हो गया। अपनी जान की तनिक भी परवाह न करते हुए और सब से आगे रह कर उन्होंने अपने साथी जवानों को एकत्र करके आक्रमण के लिये प्रेरित किया और दुश्मन की भारी गोलाबारी के सम्मुख एक लगभग असंभव सैन्य कार्य को पूरा कर दिखाया। किंतु जख़्मों के कारण यह अफ़सर वीरगति को प्राप्त हुआ। उनके निडरतापूर्ण कार्य से प्रेरित उनके साथी जवान प्रतिशोध लेने के लिये शत्रु पर टूट पड़े और शत्रु का सफ़ाया करते हुए प्वाइंट 4875 पर कब्ज़ा कर लिया।

इस प्रकार कैप्टेन विक्रम बतरा ने शत्रु के सम्मुख अत्यंत उत्कृष्ट व्यक्तिगत वीरता तथा उच्चतम कोटि के नेतृत्व का प्रदर्शन करते हुए भारतीय सेना की उच्चतम परंपराओं के अनुरूप अपना सर्वोच्च बलिदान दिया।

भारतीय गजट अधिसूचना<br>संख्या 16–प्रेस ⁄ 2000

कैप्टेन बतरा के परिवार को उसी दिन यह हृदय-विदारक समाचार मिल गया। श्रीमती बतरा जब विद्यालय से घर लौटीं तब उनकी पड़ोसिन ने उन्हें बताया कि दो सैनिक अधिकारी आये थे और घर में किसी को न पाकर लौट गये। श्रीमती बतरा के मुँह से चीख निकल गयी। वे जानती थीं कि सैनिक अधिकारी कोई दुखभरी खबर लेकर ही आते हैं। वे मन ही मन भगवान् से प्रार्थना करने लगीं। उन्होंने श्री बतरा को फ़ोन किया। जब बतरा साहब घर आये और दो सैनिक अधिकारियों को देखा, तो वे समझ गये कि विक्रम नहीं रहा। उन्होंने प्रतीक्षा करते हुए दो कर्नलों से कहा कि वे कुछ रुकें। पहले वे अपने पूजाघर में गये और भगवान् के सामने सिर झुकाया। जब वे बाहर आये तो एक कर्नल ने उनका हाथ पकड़ कर कहा, "बतरा साहब, विक्रम नहीं रहा।" श्री बतरा का हृदय इस आघात को सह नहीं सका। वे एकाएक गिर पड़े। अगले दिन उनके पुत्र का शव घर लाया गया और पूरे सैनिक सम्मान के साथ उनका भव्य अंतिम संस्कार

हुआ जिसमें पालमपुर के तथा पास के उपनगरों के लगभग 20,000 व्यक्ति सम्मिलित हुए थे। लगता था किसी 'शहंशाह' की अन्तिम यात्रा हो। पालमपुर का पूरा बाज़ार बंद रहा। अनेक गण्यमान्य व्यक्तियों ने श्रद्धांजलि अर्पित की। तत्कालीन सेनाध्यक्ष जनरल वेद प्रकाश मलिक ने श्री बतरा से कहा, "अगर यह लड़का कारगिल से लौट आता तो पंद्रह वर्ष बाद मेरे पद पर होता।"

देश विक्रम की मृत्यु से स्तब्ध हो गया। युद्ध के दौरान वे जनता के प्रिय नायक बन गये थे। लगता था उनको कुछ हो ही नहीं सकता था, कि वे अजेय थे। अनजान लोगों ने भी उनकी मृत्यु पर आँसू बहाये।

श्रीमती बतरा ने बताया, "जब उसका शरीर घर लाया गया तब हमें असहनीय वेदना हुई। कोई माता-पिता अपने युवा बेटे का शव नहीं देख सकते। हमारे बेटे ने तीन-तीन पर्वत शिखर जीते, उसने सारे देश में तूफ़ान मचा दिया। किन्तु अचानक वह नहीं रहा। फिर भी भगवान् जब कोई आघात देते हैं तब उसे सहन करने की शक्ति भी देते हैं। जब भगवान् ने मुझे जुड़वाँ बेटे दिये तब इसमें उनका कोई उद्देश्य रहा होगा। एक बेटा उन्होंने देश के लिये दिया था और एक मेरे लिये।" यह कहते समय उनकी आँखों से निरन्तर आँसुओं की धारा बह रही थी।

विक्रम के जुड़वाँ भाई विशाल सपने देखते थे कि एक दिन उनका भाई ब्रिगेडियर या उससे भी ऊँचे पद पर होगा। इसके बाद जब वे अपने भाई के साथ चलेंगे तब उनके दोस्तों पर कितना रोब पड़ेगा! अपने भाई की मृत्यु के बाद उनके कारण विशाल को कितने अवसरों पर सम्मान मिला है इसकी वे आज गिनती भी नहीं कर सकते। एक बार वे स्कॉटलैंड में एक होटल में हस्ताक्षर कर रहे थे कि पास खड़े एक भारतीय ने उनका नाम पढ़ कर पूछा, "क्या आप विक्रम बतरा को जानते हैं?" विशाल, जो एक बैंकर हैं, कहते हैं, "इससे बड़ा पुरस्कार क्या हो सकता है कि सुदूर स्कॉटलैंड में भी लोगों को उनका नाम ज्ञात है।" विक्रम की पासिंग आउट परेड से 50 दिन पहले विशाल उनसे मिलने *भारतीय सैनिक अकादमी* देहरादून गये थे। उन्होंने देखा कि विक्रम ने सुंदर चित्रों से सजा कर अपने कमरे को अतीव आकर्षक बना रखा था। उनकी अंतिम भेंट 9 मार्च, 1999 को हुई। विक्रम ने अपना कमांडो प्रशिक्षण समाप्त करने के बाद बेलगाँव से उन्हें फ़ोन किया था कि वे दिल्ली पहुँच रहे हैं। विशाल ने दिल्ली के निज़ामुद्दीन रेलवे स्टेशन पर उनका स्वागत किया। वे उन्हें लाजपतनगर अपने घर ले गये। विक्रम ने उन्हें अपने कमांडो कोर्स की अनेक कहानियाँ सुनाई। दोनों की बातें समाप्त ही

नहीं हो रही थीं। किन्तु शीघ्र ही विक्रम के जाने का समय हो गया। कितना कुछ अनकहा रह गया। वे माता-पिता से भेंट करने पालमपुर जा रहे थे। बस स्टैंड पर दोनों भाइयों ने आलिंगन किया। उस समय उन्हें कोई आशंका नहीं थी कि यह उनका अंतिम आलिंगन होगा, आखिरी भेंट होगी। विशाल कहते हैं, "उस आलिंगन का संवेदन आजीवन मेरे साथ रहेगा। मुझे उनकी उपस्थिति की अनुभूति होती रहती है। अब हमें उनकी सुंदर स्मृतियों के साथ जीना होगा। रोज सवेरे मैं उनके चित्र के सामने खड़े होकर उन्हें, उनके वीरतापूर्ण कार्यों तथा देश के लिये आत्म-बलिदान के लिये प्रणाम करता हूँ।"

जब हमारे तत्कालीन सेनाध्यक्ष श्री वेद प्रकाश मलिक विक्रम के परिवार से भेंट करने आये तब उन्होंने विक्रम के परिवार से कहा, "यदि मैं आपके लिये कुछ कर सकूँ तो बताइये।" विशाल ने कहा, "मैं विक्रम की बटालियन में भरती होना चाहता हूँ।" विक्रम के माता-पिता ने कहा, "हमें इसमें कोई आपत्ति नहीं होगी।" धन्य है एक पुत्र खोकर दूसरे को रणक्षेत्र में भेजने को तैयार ये माता-पिता और धन्य है शहीद भाई के यशस्वी चरण-चिह्नों पर चलने को आतुर विशाल। किन्तु एक दुर्घटना में विशाल के हाथ की हड्डियाँ टूट गयी थीं और उनके हाथ में लोहे के कुछ पिन लगाने पड़े थे, इस कारण सेना में जाने की उनकी इच्छा पूरी नहीं हुई।

## 'प्रेम गली अति साँकरी, ता में दो न समाहिं'

विक्रम जिस किसी के संपर्क में आते थे उसे अपना बना लेते थे। जब वे चंडीगढ़ में अध्ययन कर रहे थे तब उनकी भेंट एक लड़की से हुई जिसे उन्होंने अपना हृदय दे दिया। विक्रम उससे विश्वविद्यालय में मिले थे। उनका इरादा युद्ध के बाद उससे विवाह करने का था। युद्ध में जाने से पहले विक्रम ने अपने भाई विशाल से कहा था कि जब भी संभव हो वह उनकी मित्र से मिलता रहे। विक्रम की मृत्यु से पाँच दिन पहले विशाल चंडीगढ़ आया था। वह उससे मिलने स्टेशन आयी थी। जब विशाल रेल से उतरा उसने कहा, "इस बार तुम मेरी शादी अवश्य करा देना।" विशाल ने उत्तर दिया, "पक्का।" जब विक्रम की मृत्यु का समाचार आया तब विशाल की हिम्मत नहीं पड़ी कि वह उसे यह दुःखद समाचार देता। दाह-संस्कार के समय वह अपने माता-पिता के साथ एक ओर खड़ी रोती रही। आज इतने वर्ष बाद भी वह अविवाहिता है। विक्रम के माता-पिता ने प्रयत्न किया कि वह विवाह कर ले। किन्तु वह सहमत नहीं हुई। वह एक शिक्षिका है और उसने निश्चय

किया है कि वह कभी विवाह नहीं करेगी। एक खिलौना और कुछ कार्ड जो विक्रम ने उसे दिये थे, उसके कमरे में सजे हैं।

विक्रम के माता-पिता जिस घर में रहते हैं उसके बरामदे में विक्रम के नाम का पट्ट लगा है। वहाँ लकड़ी के एक फ्रेम में जड़ा एक सम्मान पत्र टँगा है जिसमें सुनहरे अक्षरों में लिखा है : *परम वीर चक्र*—यह उनके पुत्र का पदक है। श्री गिरधारी लाल ने श्री ओंकार सिंह को दिये एक साक्षात्कार में बताया, "जब हम कुछ उदास होते हैं और दर्द में डूब जाते हैं तब हम गुरु गोविन्द सिंह का स्मरण करते हैं जिन्होंने सिक्ख पंथ और कश्मीरी पंडितों की रक्षा के लिये अपने पिता तथा चार पुत्रों का बलिदान कर दिया था। हम तो गुरु गोविंद सिंह के सामने कुछ भी नहीं है। मैंने महान् गुरु का चित्र विक्रम के कमरे में स्थापित कर दिया है जिससे कि, हम जब भी उस कमरे में जायें, हमें गुरु के शब्द याद रहें :

'इन पुत्रण के सीस पर वार दिये सुत चार, चार मुए तो क्या हुआ जब जीवित कई हज़ार।' "

जब वे उदास होते हैं तब वे विक्रम के शब्दों को, उसकी मुक्त हँसी को याद कर लेते हैं। वे कहते हैं, "उसका अभाव हमें जीवन भर सतायेगा किन्तु उसने देश की रक्षा के लिये प्राण दिये। उसकी मृत्यु ने हमें गौरवान्वित कर दिया है।" विक्रम के माता-पिता को यह सोचकर शांति मिलती है कि उनके पुत्र के बलिदान को राष्ट्र ने सराहा।

कैप्टेन विक्रम बतरा को मरणोपरान्त परम वीर चक्र प्रदान किया गया। अपने शहीद पुत्र की ओर से श्री गिरधारी लाल ने राष्ट्रपति से यह पुरस्कार प्राप्त किया। वीर पुत्र के वीर पिता ने मुस्कराते हुए पदक ग्रहण किया। उस मर्मान्तक क्षण में मुस्कराने वाले पिता के सामने मस्तक स्वयं झुक जाता है। 13 जम्मू-कश्मीर राइफ़ल्स के वर्तमान कमांडर ने लेफ़्टिनेंट कर्नल कौशिक सिरकार को बताया, "विक्रम सच्चे अर्थों में जोश का एक बक्स थे। वे हमेशा ऊर्जा से भरे रहते थे। उनका मुख मुस्कान से शोभित रहता था और वे बहुत मज़ाकिया स्वभाव के थे। जीवन के प्रति उनका दृष्टिकोण पूर्णतया सकारात्मक था। वे हर कार्य को पूरी लगन और श्रेष्ठता से करते थे, हर कार्य को पूर्णता से समर्पित होकर करते थे... जब उनकी यूनिट को द्रास भेजा गया वे आनन्दोल्लास से भरे थे और आगामी युद्ध के लिये उत्सुक थे।

"वे अंतिम साँस तक वीरता से लड़े और अपना नाम सदैव के लिये हमारे हृदयों में अंकित कर गये।" (*ऑफ़ गट्स एंड ग्लोरी*, लेखक–लेफ़्टिनेंट कर्नल

कौशिक सिरकार, पृष्ठ 112-113)

मेजर जनरल इयान कार्डोज़ो ने लिखा है, "कारगिल युद्ध एक ऐसा युद्ध था जिसमें सेना के युवा अफ़सर अपने पूरे रंग में थे। इससे पहले किसी भी युद्ध में युवा अफ़सर इस प्रकार युद्धक्षेत्र में हावी नहीं हुए जिस प्रकार ये युवा रण बाँकुरे कारगिल में उभर कर आये। उनमें से कुछ ऐसे थे जिन्हें अधिक सम्मान मिलना चाहिये था तथा कुछ ऐसे थे जिनके महान् कार्य अलिखित रहे और इस कारण उन्हें मान्यता नहीं मिली। किन्तु, इन सब में से एक वीर, विक्रम बतरा, ऐसे थे, जो मीडिया के माध्यम से भारतीय जनता के हृदयों का हार बन गये। एक के बाद दूसरे अभियानों में उनका अद्भुत साहस और दुस्साहसी कारनामे देख कर जनता आश्चर्यचकित और अभिभूत हो गयी। हर बार, जब वे किसी नयी चुनौती का सामना करने जाते थे, तब वे अजेय प्रतीत होते थे। लोग उनके सुरक्षित लौटने के लिये प्रार्थना करते थे।" (*परम वीर : आवर हीरोज़ इन बैटल*, लेखक—मेजर जनरल इयान कार्डोजो, पृष्ठ, 157-158)

जिस तिरंगे में हमारे परम वीर विक्रम का शव ढका था, वह उनके दाह-संस्कार से पहले उतार लिया गया। सेना के अफ़सरों ने विक्रम की टोपी और यह तिरंगा उनकी माता को दे दिया। उन्होंने पारदर्शी प्लास्टिक में लपेटकर यह पवित्र झंडा मेज़ पर विक्रम के फ़ोटो के सामने रख दिया है। विक्रम ने पहले ही कहा था, "मैं तिरंगे में लिपट कर आऊँगा।"

## एक पिता की पुत्र को श्रद्धांजलि

कौम और वतन के लिये कुर्बानी बहुत ही ऊँचा जज़्बा है। हमारे शास्त्रों में इसे त्याग और आदर्श की उच्चतम स्थिति माना गया है। शहीदों के हृदय अपने देश, देशवासियों और मानवता के लिये निःस्वार्थ एवं सच्चे प्रेम से अनुप्राणित होते हैं। मुझे विश्वास है कि यह गुण उन्हें भगवान् की कृपा से प्राप्त होता है।

धर्म-शास्त्रों के अनुसार मोक्ष या निर्वाण या आत्मा का परमात्मा में विलय होना मानव जीवन का चरम लक्ष्य है। गीता में भगवान् श्री कृष्ण ने अर्जुन से यही बात कही है : सत्य और धर्म की रक्षा के लिये जो वीर युद्ध में प्राणों का बलिदान कर देते हैं वे मुझे पा लेते हैं तथा उन्हें मोक्ष की प्राप्ति होती है। श्री कृष्ण ने अर्जुन से कहा :

हतो वा प्राप्स्यसि स्वर्ग जित्वा वा भोक्ष्यसे महीम्।
तस्मादुत्तिष्ठ कौन्तेय युद्धाय कृतनिश्चयः।। (2.37)

मर कर तू स्वर्ग को प्राप्त करेगा और जीतने पर पृथ्वी का उपभोग करेगा, इसलिये, कुन्तीपुत्र अर्जुन! तू युद्ध के लिये निश्चय करके खड़ा हो। उन्होंने यह भी कहा था :

यदृच्छया चोपपन्नं स्वर्गद्वारमपावृतम्।
सुखिनः क्षत्रियाः पार्थ लभन्ते युद्धमीदृशम्।। (2.32)

हे पार्थ! ऐसा धर्ममय युद्ध जिनको प्राप्त हुआ है वे क्षत्रिय बड़े सुखी हैं। स्वयं प्राप्त हुए और स्वर्ग के द्वार रूपी इस प्रकार के युद्ध को भाग्यवान क्षत्रिय ही पाते हैं।

यहाँ सुखी कहने का तात्पर्य अपने कर्तव्य एवं स्वधर्म के पालन करने से है। सांसारिक भोगों का सुख भोगने से नहीं है। सांसारिक भोगों का सुख तो पशु-पक्षियों को भी प्राप्त होता है। अतः जिनको कर्तव्य पालन और स्वधर्म निभाने का अवसर प्राप्त हुआ है, वह अत्यंत भाग्यशाली और श्रेष्ठतम है।

हम यह मानते हैं कि भगवान् श्रीकृष्ण 16 कलाओं से परिपूर्ण थे, भगवान् राम 14 कलाओं से परिपूर्ण थे और गुरु नानक देव 8 कलाओं से परिपूर्ण थे। मेरा यह मानना है कि शहीद, जो मातृभूमि के लिये स्वेच्छा से बलिदान करता है, वह भी महामानव अथवा अंशावतार होता है। उसमें भागवत तत्व साधारण मानव की अपेक्षा अधिक होते हैं। वे सत्य, न्याय, देश प्रेम तथा मानवीयता आदि गुणों से भरपूर होते हैं। वे मातृभूमि की रक्षा हेतु अपना बलिदान देने को सदैव तत्पर रहते हैं। उनके कदम स्वतः ही उस दिशा में बढ़ते चले जाते हैं।

एक पिता होने के नाते नहीं, वरन् एक अध्यापक होने के नाते मेरा यह अवलोकन रहा कि विक्रम बचपन से ही असाधारण थे। उनमें एक अलग ही तेज था। वे प्रतिभावान थे। 'होनहार बिरवान के होत चीकने पात' उक्ति के अनुसार उनकी विलक्षणता प्रारम्भ से ही परिलक्षित होती थी और लगता था कि एक दिन वे किसी उच्च मुकाम को प्राप्त करेंगे। मातृभूमि की रक्षा हेतु प्राण दान से बढ़कर पुनीत एवं उच्चतम कार्य और हो भी क्या सकता है! ऐसे पुत्र रत्न की प्राप्ति से मेरा जीवन सार्थक हो गया है। मैं उन्हें शत्-शत् प्रणाम करता हूँ। वह सदैव हमारे साथ हैं।

गिरधारी लाल बतरा
कैप्टेन विक्रम बतरा के पिता
पालमपुर, जिला काँगड़ा (हिमाचल प्रदेश)

!! हमारे परम वीर चक्र विजेता !!

# परम वीर विक्रम बतरा को श्रद्धांजलि

माँ कमल कान्ता का विक्रम,

गिरधारी लाल का धन विक्रम,

वीरों में परम वीर विक्रम,

भारत का गौरव था विक्रम।

वह वीर शिवाजी था विक्रम,

सचमुच विक्रम था वह विक्रम,

बेजोड़ रहा उसका विक्रम,

पर्वत-पर्वत गाता विक्रम।


साथी कहते थे 'शेरशाह',

दुश्मन कहते थे 'शेरशाह',

जलता अंगारा 'शेरशाह',

लड़ता आगे रह 'शेरशाह',

वह धूमकेतु था 'शेरशाह',

सेना का प्यारा 'शेरशाह',

सब से न्यारा था 'शेरशाह',

साकार जोश था 'शेरशाह'।


चढ़ कर पर्वत के शिखरों पर,

दुश्मन को रौंदा शिखरों पर,

फैला था गहरा अंधकार,

मशीन गनों की भारी मार।

जीते 'हंप' और 'रॉकी नॉब',

जीत लिया तोलोलिंग टॉप,

!! हमारे परम वीर चक्र विजेता !!
इठलाया *"यह दिल माँगे मोर,"*
गूँजा उसका नारा हर ओर।


पाँच हज़ार एक सौ चालीस चोटी,
सत्रह हज़ार फुट ऊँची चोटी
पर जमे हुए थे पाकिस्तानी,
उसने पीछे से हमले की ठानी।
उन बरफ़ीली चट्टानों पर,
दबे पाँव निज दल को लेकर,
निज प्राण हथेली पर लेकर,
धीरे से चढ़ने लगा वीरवर।


तब उसको ऐसा रोष हुआ,
मन में भीषण आक्रोश हुआ,
ऐसा धावा बोला उसने,
उड़ गये होश वैरी दल के,
चार वैरियों को चीर दिया,
फौलादी बाँहों में पीस दिया,
वज्र मुष्टि से वार किया,
वैतरणी पार उतार दिया।


चार हज़ार आठ सौ पिचहत्तर,
अब उसे जीतना यही शिखर,
पर काम बहुत था यह दुष्कर,
था वहाँ जमा वैरी-लशकर।

विक्रम उस दिन क्या खूब लड़ा,

कस कर जूझा, वह वीर बड़ा,

वैरी दल पर वह टूट पड़ा,

उल्का बन कर वह फूट पड़ा।


उस दिन तिथि थी सात जुलाई,

आत्म-दान की बेला आई।

घायल साथी था बाहर पड़ा,

उसकी रक्षा को दौड़ पड़ा,

विक्रम ने गोली जब खाई,

"जय दुर्गा माँ" कह जान गँवाई।

दुर्गा उसको साथ ले गईं,

ज्योति-ज्योति में लीन हो गई।


करते प्रणाम तुमको विक्रम,

नत-अवनत है भारत विक्रम।।

!! हमारे परम वीर चक्र विजेता !!

# सैनिक की विदाई

लमहे क्यों ऐसे सहम से गये हैं?

हवायें अचानक ठिठक क्यों गयी हैं?

कतारों में कितने दिये जल रहे हैं,

कदम यूँ तो सैकड़ों चल रहे हैं,

फिर भी हर आवाज क्यों है इतनी मंद?

ओंठ सभी के क्यों हो गये हैं बंद?

गीली-गीली हैं क्यों आँखें हर एक की?

छायी है कैसी यह मनहूस-सी बेबसी?

सिसकता है यह रह-रह कर कौन?

रो रहा हो जैसे स्वयं आज मौन।

फूल-मालाओं में गुँथी कैसी पीर?

सोया यहाँ पर है यह कौन वीर?

लग रही क्यों आँसुओं की झड़ी है?

यह माता क्यों भूमि पर पड़ी है?

शवयात्रा की यह कैसी तैयारी?

सिर पटकती हो जैसे लाचारी,

हर कदम लग रहा आज भारी।


ये सैनिक क्यों ऐसे खड़े हैं?

ये बंदूकें क्यों उल्टी करे हैं?

तिरंगे से यह किसको ढका है?

स्वर सबका क्यों ऐसा दबा है?

यह बहना क्यों लुटी-सी खड़ी है?

यह माता क्यों सुबक-सी रही है?

किसका पिता अपना वह लाल खोकर
पाला था जिसे सौ-सौ जतन कर
लड़खड़ाता है सर्वस्व लुटाकर?
वह सपनों को पल में मिटाकर,
अपनों से अंचल छुड़ाकर,
हँस रहा देवभूमि जाकर।
दुश्मन के सिरों को कुचल कर,
दस-बारह को छलनी बनाकर,
निज शोणित से भारत का तिलक कर,
वह सो गया शूर गोली खाकर।
भारत से की जिन्होंने गद्दारी
हराने को उन्हें जिसने जान वारी
उस वीर की है यह अंतिम सवारी।
हँस-हँस के मृत्यु का वरण कर,
देश के लिये अपने प्राण देकर,
मौत में भी वह लेटा अकड़ कर,
दुश्मन को धूलि में मिलाकर,
शान से दोस्तों के कंधे चढ़ कर,
जा रहा वह तिरंगे से सजकर।


भारतीयो, अब सिर नवा लो,
शूरों को अंतिम विदा दो,
गर्व से माथे उठा कर
वीरों की चिताएँ जला कर
पावन रज मस्तक लगा लो।
तिरंगे को ऊँचा उठा लो।

# परम वीर चक्र विजेता : ग्रेनेडियर योगेन्द्र सिंह यादव

## एक सिंह का जन्म

सेवानिवृत्त सिपाही करन सिंह यादव उत्तर प्रदेश के बुलंदशहर जिले के औरंगाबाद अहीर गाँव में रहते थे। वे भारतीय सेना की कुमाऊँ रेजीमेंट के सदस्य थे। इस रेजीमेंट ने 1965 और 1971 के भारत-पाकिस्तान युद्धों में भाग लिया था। 10 मई 1980 को करन सिंह के दूसरे पुत्र योगेन्द्र सिंह का जन्म हुआ। 'सिंह' शब्द का अर्थ है शेर और बालक योगेन्द्र सिंह भविष्य में अपने नाम के अनुरूप वास्तव में एक शेर सिद्ध होगा।

सिपाही करन सिंह के तीन पुत्र थे। योगेन्द्र तीनों भाइयों में सबसे अधिक शैतान था। उस बालक की तेजस्विता देख कर उसका परिवार कहता था कि योगेन्द्र अवश्य ही कोई बड़ा काम करेगा। किन्तु क्या? यह भविष्य के गर्भ में छिपा था। योगेन्द्र का लालन-पालन ग्राम्य परिवेश में हुआ था। पाँच वर्ष की अवस्था में योगेन्द्र सिंह को उसके पिता ने गाँव के सरकारी प्राइमरी स्कूल में भरती करा दिया, जहाँ वह पाँचवीं कक्षा तक पढ़ा। इसके बाद उसको उसके गाँव

औरंगाबाद अहीर से तीन मील दूर सोनाटा गाँव के श्रीकृष्ण इंटर कॉलेज में दाखिल करा दिया गया। बालक विद्यालय पैदल आता-जाता था। योगेन्द्र ने इस विद्यालय में 12 वीं कक्षा तक अध्ययन किया।

करन सिंह अपने परिवार और गाँव वालों को युद्ध के अपने अनुभवों की और भारत के महान् योद्धाओं और स्वतंत्रता संग्राम के शहीदों के आत्म-बलिदान और उत्कट देशप्रेम की कहानियाँ सुनाया करते थे। बालक योगेन्द्र साँस रोक कर ये कहानियाँ सुना करता था। जब योगेन्द्र सरदार भगत सिंह के समान युवा वीरों के बलिदान और शहादत की कहानियाँ सुनता था तब उसे रोमांच हो जाता और उसके सिर के बाल खड़े हो जाते थे। ये कहानियाँ सुन कर उसके हृदय में वीरता की एक ज्वाला जल उठी। वह देशप्रेम का एक अग्नि पुंज बन गया।

बालक योगेन्द्र देश के लिये झाँसी की रानी लक्ष्मी बाई के समान युद्ध करने के सपने देखा करता था। वह नेताजी सुभाष चन्द्र बोस के समान ही कोई अनूठा कार्य करना चाहता था जिन्होंने द्वितीय महायुद्ध के समय आज़ाद हिंद फौज का निर्माण करके अंग्रेज़ों से युद्ध किया था। योगेन्द्र बाबर से भी बहुत प्रभावित था जिसने 16 वर्ष की अवस्था में एक साम्राज्य स्थापित किया था।

ऐसे थे योगेन्द्र के सपने, उसके आदर्श और उसके अनुकरणीय व्यक्तित्व। उसकी सबसे बड़ी इच्छा थी इन वीरों के समान बनना और उनके पदचिह्नों में चल कर देश के लिये जीवन दाँव पर लगाना। उसकी यह अभीप्सा इतनी तीव्र हो गई थी कि वह यह सोच कर अधीर हो जाता था कि न जाने वह कब बड़ा होगा और कब देश के लिये महान् और गौरवशाली कार्य करने का अवसर पायेगा!

तरुण योगेन्द्र के हृदय में धधक रही देशप्रेम की अग्नि प्रखर होती गयी। योगेन्द्र के बड़े भाई जितेन्द्र सिंह यादव भारतीय सेना में भरती हो गये। तरुण योगेन्द्र ने उनका अनुसरण करने का निर्णय किया। भरती के लिये वे अपने गाँव से 50 मील दूर स्थित मेरठ शहर गये। अपने गाँव से इतनी दूर वे पहले कभी नहीं गये थे। दिल्ली और मेरठ उन्हें सुदूर शहर लगते थे। सन् 1996 में साढ़े सोलह वर्ष की अवस्था में उन्हें भारतीय सेना की ग्रेनेडियर्स रेजीमेंट में भरती कर लिया गया।

## सेना में प्रशिक्षण

ग्रेनेडियर्स की घातक (कमांडो) टुकड़ी का प्रशिक्षण बहुत कठिन होता है। उन्हें खड़ी चट्टानों पर चढ़ने का अभ्यास कराया जाता है। उनसे प्रत्याशा की जाती है

कि अपनी विखंडित (डिस्मेंटेल्ड) बंदूक को तीन मिनट में जोड़ लें। उन्हें अपनी छह टुकड़ों में विखंडित बंदूकों के साथ ही दस दिन के लिये पर्याप्त भोजन और गोला-बारूद लेकर चलने का अभ्यास कराया जाता है।

प्रशिक्षण काल में भी योगेन्द्र औसत से बेहतर सिद्ध हुए। सैनिक प्रशिक्षण के विषय में वे कहते हैं, "सेना में प्रशिक्षण का उद्देश्य नये सैनिकों की क्षमता एवं सहनशक्ति को बढ़ाना है। वे हम से ऐसे कठिन कार्य करवाते हैं कि हमें पीड़ा सहने की आदत पड़ जाती है। वे हमारी शारीरिक क्षमता इस सीमा तक बढ़ा देते हैं कि जब हमें कठिन काम करने पड़ते हैं तब हम घबराते नहीं और जब हम घायल हो जाते हैं तो हम कराहते नहीं। प्रशिक्षण के दौरान, गोलाबारी के कौशल पर भी बहुत बल दिया जाता है। मुझे प्रशिक्षण जबलपुर में मिला। अपने पूरे प्रशिक्षण काल में मैं नियमित रूप से निशानेबाजी का अभ्यास करता था और उसमें कुशलता प्राप्त कर ली। हमारा एक दल था 'यंग ब्लड ट्रेनिंग'। मैं इस दल का सदस्य बन गया। दल के अधिकारियों ने मेरे प्रदर्शन की प्रशंसा की।"

योगेन्द्र को देश की सेवा में कुछ कर दिखाने की जल्दी थी और युद्ध की देवी ने मानों उनकी पुकार सुन ली। इसी बीच उनके परिवार ने सद्भार गाँव की 20 वर्षीया एक लड़की रीना से उनका विवाह निश्चित कर दिया। रीना ने भी योगेन्द्र की ही तरह 12 वीं कक्षा तक शिक्षा पायी थी। 5 मई 1999 को बहुत उल्लास से यह विवाह संपन्न हुआ। किन्तु विवाह के दस दिन बाद ही कारगिल युद्ध आरंभ हो गया।

योगेन्द्र कहते हैं, "जब कोई आपके भाई को पीट रहा हो तो आपकी माँ आपको जगा कर कहती है 'जा कर अपने भाई की सहायता करो।' इसी प्रकार मुझे जगाया गया। जब मैं अपने विवाह के लिये छुट्टी पर आया तब एक रात मैंने सपने में देखा कि कुछ लोग हमारा राष्ट्रीय झंडा, हमारा प्यारा तिरंगा उठा कर भाग रहे थे तथा हम उनका पीछा कर रहे थे। झंडा चुराने वालों ने हमारे साथियों पर गोलियाँ चला कर उन्हें मार डाला। सवेरे उठ कर मैंने यह सपना अपनी माँ को सुनाया। माँ ने कहा, 'तुम सेना में हो और श्रीनगर में रहते हो। इस कारण तुम्हें सदा ऐसी ही बातें दिखाई पड़ती हैं।' मैंने उत्तर दिया, 'नहीं माँ, ज़रूर कहीं कुछ हो रहा है।' मैंने अपनी पत्नी रीना से भी कहा, 'अब, जब मैं सेना में भरती हो गया हूँ, युद्ध अवश्य होगा। यह नियति है।' "

योगेन्द्र को उस गौरवमय क्षण के लिये अधिक प्रतीक्षा नहीं करनी पड़ी जब वे अपने रक्त से भारतमाता के लिये एक महान् कहानी लिखेंगे। पाकिस्तान

चोरी-चोरी कारगिल में घुस आया। कारगिल युद्ध की सूचना मिलते ही योगेन्द्र ने अपनी छुट्टी रद्द कर दी और जम्मू की रेल पर सवार हो गये। 20 मई 1999 को जब वे जम्मू के *सेना रवानगी कैंप* (आर्मी ट्रैंज़िट कैंप) में पहुँचे और कहा कि वे 18 ग्रेनेडियर के सैनिक हैं तब उन्हें बताया गया कि उनकी बटालियन तो युद्ध के लिये चली गयी है।

“कहाँ?” उन्होंने पूछा।

“कारगिल”

यह सुनकर वीर योगेन्द्र हर्ष से भर गये। अब उन्हें देश के लिये पराक्रम दिखाने का अवसर मिलेगा।

## कारगिल का प्राणलेवा मौसम और खतरनाक प्रदेश

पाकिस्तान से हमारा अंतिम युद्ध कारगिल के ढलानों पर 16,000 से 17,000 फुट की ऊँचाइयों पर हुआ। उन कटीली चोटियों पर जून में भी बर्फ़ गिरती है। इससे भी भयानक बात थी कि जब चारों ओर घना कोहरा छाया रहता था, रात में चुपचाप, कोई भी आहट किये बिना, उन सपाट चढ़ाइयों पर, उन फिसलनी चट्टानों पर, जहाँ पाँव का अँगूठा टिकाने की भी जगह नहीं होती थी, हमारे सैनिकों को रस्सियाँ बांधने के लिये लोहे के खूँटे और शिकंजे गाड़ने पड़ते थे, जिनका सहारा लेकर वे ऊपर चढ़ते थे। और इसी बीच यदि दुश्मन, जो पर्वत शिखरों पर डटा था, उन्हें आते हुए देख लेता था तो अंधाधुंध गोले-गोलियों, हथगोलों, तोप के गोलों तथा पत्थरों की बौछार कर देता था। हमारे सैनिकों की आँखों के सामने दुश्मन की गोलियों से घायल या मृत होकर उनके साथी चट्टानों पर गिर पड़ते थे। उनकी खुली हुई निष्प्राण आँखें ऊपर देखती रहती थीं। किन्तु हमारे सैनिकों को इतना समय भी नहीं मिलता था कि एक पल रुक कर उन बर्फ़ से ढकी चट्टानों पर मृत पड़े अपने प्यारे साथियों की ओर देखें और उनसे विदा लें। यह भी अनिश्चित था कि उनके शवों को वहाँ से उठाना संभव भी होगा या नहीं।

ऐसे समय में सैनिकों के दिलों में प्रतिशोध की एक ज्वाला धधक उठती है। वे दुगुने जोश से अपने साथियों, अपने भाइयों के हत्यारों को मारने-मिटाने को तत्पर होकर आगे बढ़ते हैं। वे इतने उत्तेजित हो जाते हैं कि दर्द की बात तो दूर, उन्हें इस बात का अहसास भी नहीं होता है कि उन्हें कब गोली लगी, कब गोलों के टुकड़े उनके शरीरों में घुसे और उनके मांस की धज्जियाँ उड़ा दीं या कि उनके घावों से खून के फव्वारें छूट रहे हैं।

कारगिल का युद्ध ऐसी ऊँचाइयों पर लड़ा गया था जहाँ सिपाहियों को विशेष कपड़ों, जूतों और चश्मों की आवश्यकता होती है। वहाँ पाकिस्तानियों के अतिरिक्त हमारे सैनिकों की सबसे बड़ी दुश्मन यह निष्ठुर ठंड थी। सिपाहियों के ऊष्मीय (थर्मल) वस्त्रों की परतें, उनके विशेष दस्ताने, जूते तथा मौजे भी उन बर्फ़ानी हवाओं को नहीं रोक सकते थे जो उनके वस्त्रों को भेद कर उनका रक्त जमा देती थीं।

शीत ऋतु में कारगिल प्रदेश के मुश्कोह घाटी, द्रास, काकसर और बटालिक क्षेत्रों में भारी हिमपात होता है। गरजते हुए हिमनद और साँय-साँय करते बर्फ़ीले तूफ़ान जीना दूभर कर देते हैं। पाकिस्तानी इन क्षेत्रों में *नियंत्रण सीमा रेखा* (लाइन ऑफ़ कंट्रोल) के चार से आठ मील तक भारतीय क्षेत्र के अंदर घुस आये। लगभग 2000 पाकिस्तानी सैनिक भारतीय सेना के बंकरों में जम गये। उनके पास तोपें, वायुयान भेदी मिसाइल और अन्य भारी हथियार थे। उन्हें सबसे बड़ा लाभ था कि वे ऊँचाइयों पर जमे हुए थे।

कारगिल तहसील के गारखुन गाँव के एक किसान ताशी नामग्याल ने अप्रैल 1999 में सर्वप्रथम पाकिस्तानी घुसपैठियों को देखा और भारतीय अधिकारियों को उनकी उपस्थिति के विषय में सूचना दी। बाद में वे हमारी सेना को उन चोटियों तक ले गये जहाँ पर पाकिस्तानी सैनिक जम गये थे।

पाकिस्तान की पाशविकता निम्नलिखित घटना से स्पष्ट हो जाती है। पाकिस्तान की घुसपैठ का समाचार पाकर भारत ने स्थिति का पता लगाने के लिये 15 मई 1999 को अपना एक सैनिक संतरी दल भेजा। पाकिस्तानियों ने घात लगा कर हमारे इस दल के सैनिकों को *नियंत्रण सीमा रेखा* के भारतीय क्षेत्र में बंदी बना लिया और दल के नेता लेफ़्टिनेंट सौरभ कालिया और उनके पाँच सैनिकों को कई सप्ताह तक भीषण यातनाएँ दीं और 22 दिन बाद, 9 जून 1999 को उनके विखंडित शरीर भारतीय सेना को लौटा दिये। उन टूटे-फूटे, अंग-भंग हुए, क्षत-विक्षत शरीरों को देख कर अनुभवी सेनानायकों की आँखों में भी आँसू भर आये। (*इंडियन प्रिज़नर्स ऑफ़ वार*, लेफ़्टिनेंट कर्नल राजकुमार पट्टू, पृष्ठ 307-308)

इस तरह के व्यवहार के विषय में हमारे वीर योद्धा योगेन्द्र सिंह का मत है, "पाकिस्तानी उसी प्रकार अपने देश के लिये लड़ रहे थे जिस प्रकार हम अपने देश के लिये। हम एक-दूसरे के शत्रु थे। किन्तु हमने सदा कहा है कि मृत्यु के बाद कोई दुश्मनी नहीं होती। पाकिस्तानियों ने सौरभ कालिया और उनके दल के सिपाहियों की आँखें और नाखून बाहर खींच लिये। उन्होंने हमारे दिलों में दहशत

फैलाने के लिये, हमें यह चेतावनी देने के लिये हमारे सैनिकों के अंग काटे, 'यदि तुम हमारे पास आये तो हम तुम्हारी भी यही दुर्गति कर देंगे।' इसके विपरीत हम दुश्मन के सैनिकों की लाशों को सम्मानपूर्वक पर्वत-शिखरों से नीचे लाये और उन्हें ठीक प्रकार दफ़नाया।"

किन्तु देवता सदा सच्चे और वीर लोगों की सहायता करते हैं। सौरभ कालिया और उनके सैनिकों के साथ पाकिस्तान ने जैसा नृशंसतापूर्ण व्यवहार किया उसके बाद तो भारत के लिये इस युद्ध से पीछे हटने का प्रश्न ही नहीं था। यह अनिवार्य हो गया था कि इन हमलावरों को अपनी सीमा से बाहर खदेड़ दिया जाय। भारत ने दुश्मन को धूल चटाने का निर्णय कर लिया। यह स्पष्ट हो गया कि यह युद्ध अंतिम साँस तक लड़ा जायेगा।

## साहस के अवतार

किन्तु क्या दुश्मन के बम और गोले-गोलियाँ साहसी व्यक्तियों को हरा सकते हैं!

भारतीय सेना से एक असंभव संकल्पशक्ति की अपेक्षा की गयी। पर्वत शिखरों पर जमे हुए पाकिस्तानियों को वहाँ से निकाल फेंकने के लिये वे पर्वतों की 80-90 डिग्री की उन सपाट खड़ी चट्टानों पर चढ़ते गये। अपने साथियों की मृत्यु से वे हताश नहीं हुए। प्रत्येक भारतीय सैनिक को विजय का एक दृढ़ संकल्प, शत्रु को हराने का एक लौह निश्चय करना पड़ा। अपनी पवित्र मातृभूमि से शत्रुओं को निकालने के लिये वे उत्साह से मृत्यु का वरण करने को तैयार थे।

## तोलोलिंग के लिये युद्ध और विजय

22 मई को जब योगेन्द्र सिंह युद्ध क्षेत्र में पहुँचे तब उनकी बटालियन तोलोलिंग क्षेत्र में थी। योगेन्द्र सिंह ने बताया, "हमारी पलटन को तोलोलिंग पर कब्ज़ा करने का आदेश मिला था। जब मैं तोलोलिंग पहुँचा उस दिन हमारी पलटन का पहला सैनिक मारा गया। उस पहाड़ी पर हमारी यूनिट ने 22 दिन लड़ाई लड़ी थी। सारा क्षेत्र घने कोहरे से ढका हुआ था। 25 मई 1999 को नायब सूबेदार लालचन्द अपनी टोली के साथ आक्रमण करने गये। किन्तु उस दल में से एक भी वापस नहीं लौटा सभी शहीद हो गये। 26 मई को सूबेदार रणधीर की टोली हमले के लिये गई लेकिन उनमें से भी कोई नहीं बचा।

"उसी रात मेजर राजेश अधिकारी के नेतृत्व में एक अन्य टुकड़ी आक्रमण के लिये गयी। बहुत बहादुरी से लड़ते-लड़ते वे दुश्मन के बिलकुल पास पहुँच गये

किन्तु वहाँ सभी मारे गये। हम अपनी जान पर खेल कर मेजर राजेश अधिकारी के शहीद होने से पहले मारे गये अपने सभी साथियों की लाशें वापस उतार लाये थे। लेकिन मेजर राजेश अधिकारी और उनकी टोली के छह जवानों की लाशें हम नहीं उठा पाये क्योंकि वे दुश्मन के बंकरों के समीप पड़ी थीं। जब हम लाशें उठाने गये, पाकिस्तानी हमें गाली देने लगे। उन्होंने कहा, 'हमें अपने 'टाइगर' को दे दो और तब हम तुम्हें ये लाशें नीचे ले जाने देंगे। 'टाइगर' हमारे लेफ़्टिनेंट बलवान का सांकेतिक (कोड) नाम था।

"सेना के उच्चाधिकारियों ने हमारे कमांडिंग अफ़सर खुशहाल चंद ठाकुर को आदेश दिया कि वे अपनी यूनिट नीचे उतार लें तथा अन्य कोई टुकड़ी युद्ध के लिये भेजी जायेगी। लेकिन हमारे बहादुर कमांडिंग ऑफ़िसर खुशहाल चंद ने टुकड़ी को नीचे लाने को मना कर दिया और दुबारा हमले की तैयारी की। हमने 2 जून को फिर से हमला किया जिसमें हमारे उप-कमान अधिकारी आर. विश्वनाथ शहीद हो गये। तब 2 राजपूताना राइफ़ल्स को हमारी सहायता के लिये भेजा गया। 2 राजपूताना राइफ़ल्स के कमांडिंग ऑफ़िसर कर्नल रविन्द्रन ने तोपों (आर्टिलरी) की सहायता माँगी।

"आरंभ में भारतीय समझ रहे थे कि वे घुसपैठिये धर्मांध जिहादी थे। गाँववालों ने हमें बताया कि ये घुसपैठिये रसद खरीदने नीचे आया करते थे। किन्तु जब भारतीय सेना वहाँ पहुँची वे ऊपर बने बंकरों में चले गये। दुश्मन की मशीनगनों की गोलाबारी के कारण हम आगे नहीं बढ़ पा रहे थे। 28 मई को हमारी सेना ने दुश्मन के मशीनगन अड्डों पर बमबारी करने के लिये हेलीकॉप्टरों की सहायता माँगी। जब हमारा एक हेलीकॉप्टर दुश्मन के एक मिसाइल ने गिरा दिया तब हमें पता चला कि ये धर्मांध जिहादी घुसपैठिये नहीं थे वरन् पाकिस्तानी सेना के सैनिक थे क्योंकि मिसाइल केवल पाकिस्तानी सेना के पास थे। उसके बाद हमारी वायुसेना तथा हमारे तोपखाने ने हमारी सहायता की।

"अब तोपों को मोर्चे पर लगाया गया। उस समय तक हमारी वायु सेना ने इन पहाड़ियों की चोटियों के चित्र ले लिये थे। 29 मई को पाकिस्तानियों ने एक मिसाइल द्वारा हमारे एक हेलीकॉप्टर को गिरा दिया तथा कारगिल के एक अन्य क्षेत्र में हमारे एक लड़ाकू हवाई जहाज को गिरा दिया। 12 जून को राजपूताना राइफ़ल्स के जवान तोपों के गोलों की बौछार की छाया में आगे बढ़े। तोलोलिंग पर दुश्मन के दो ही जवान बचे थे। बाकी सब तोपों के गोलों से मारे गये थे। हमारे अधिकारी इन दोनों को जिंदा पकड़वाना चाहते थे। उन्होंने समर्पण में अपने

हाथ ऊँचे किये किन्तु अपने पैरों में राइफ़लें बाँध रखी थीं। हमारे सैनिक उनके पास पहुँचे तब समर्पण का नाटक करने वाले इन दुष्टों ने उन्हें राइफ़लों से मार दिया। उनके छलावे से क्रुद्ध होकर हमारे जवानों ने उन्हें भून दिया और तोलोलिंग शिखर पर तिरंगा फहरा दिया।

"युद्धक्षेत्र में देर से पहुँचने के कारण मुझे तोलोलिंग के युद्ध में लड़ने का अवसर नहीं मिला था। मुझे अपनी सेनाओं को गोला-बारूद पहुँचाने का काम दिया गया। मैं सवेरे गोला-बारूद लेकर जाता था और अगली प्रातः तीन बजे लौटता था। फिर कुछ घंटे विश्राम करके गोला-बारूद उठा कर चढ़ाई आरंभ कर देता था। यह हाड़तोड़ परिश्रम का काम था। यह काम लगभग तीन सप्ताह तक चला। मेरे अफ़सरों ने देखा कि मेरे अंदर असीम शक्ति थी और मैं उन बर्फ़ीली, फिसलनी और खड़ी चट्टानों पर लगभग लगातार 22 दिन तक भारी वजन उठा कर चढ़ता रहा। मुझे इस विचार से शक्ति मिलती थी कि अगर मैं ऊँचाइयों पर लड़ते हुए अपने साथियों को गोला-बारूद नहीं पहुँचाऊँगा तब वे किस प्रकार हमारी रक्षा करेंगे! उनके जीवन हमारे ऊपर निर्भर करते थे और हमारे जीवन उनके ऊपर निर्भर करते थे। अगर हम एक-दूसरे को सहारा न दें तो न ही वे और न ही हम लड़ सकेंगे। हम बीस जवान गोला-बारूद ढो रहे थे। अंत में हममें से तीन या चार जीवित बचे। उनमें से किसी ने पैर दर्द की शिकायत की, किसी ने छाती में दर्द की, किन्तु मैंने कहा कि मुझे किसी प्रकार का दर्द नहीं हो रहा था। जब एक सिपाही गोली लगने से घायल हुआ तब मैंने सोचा कि उसे भीषण पीड़ा हो रही होगी किन्तु जब बाद में मुझे गोलियाँ लगीं तब मुझे कोई पीड़ा नहीं हुई। ऐसे समय आदमी को जनून हो जाता है। वह केवल इस बारे में सोचता है कि उसे क्या करना है, इस बारे में नहीं कि उसे क्या हो रहा है। 26 दिन तक हम तोलोलिंग में लड़े।

"हम वहाँ 26 दिन तक रहे। उन 26 दिनों में हमारे दो अफ़सर, दो जूनियर कमीशंड अफ़सर तथा 22 जवान शहीद हुए। इसका कारण था कि हमें आरंभ में तोपों की सहायता नहीं मिली थी।"

## हंप पर विजय

"तोलोलिंग पर विजय के बाद हमारी यूनिट को हंप नाम की पहाड़ी पर कब्जा करने का आदेश दिया गया। जब हम आक्रमण की तैयारी में लगे हुए थे दुश्मन ने हमारे ऊपर गोलों की बौछार कर दी। उस गोलाबारी में हमारे कई जवान घायल

हुए और कई शहीद हो गये। अपने घायल और मृत साथियों को पहाड़ से उतारने में हमारी पलटन के 100 से ज़्यादा सिपाही लग गये। इतना बड़ा हादसा होने के बाद भी हमारी पलटन के बचे हुए सिपाहियों ने आक्रमण किया और हंप पर कब्ज़ा कर लिया। वहाँ से आगे की चोटियों पर कब्ज़ा करने का दायित्व 13 जम्मू-कश्मीर राइफ़ल को दिया गया।"

हमारे इन सैनिकों को कितनी यंत्रणा होती होगी जब उनके अफ़सर या साथी उनकी आँखों के सामने मरते होंगे या घायल होकर तड़प रहे होंगे! किन्तु उन्हें अपने हृदय को पत्थर बनाना पड़ता था। उनकी आँखों से आँसू नहीं, शोले बरसते थे। वे एक पल को भी अपने मृत साथियों की ओर देखे बिना अपने लक्ष्य की ओर बढ़ते जाते थे। सैनिकों से ऐसी वीरता और ऐसी अनासक्ति की अपेक्षा की जाती है। उनके देखते-देखते उनके साथियों के शरीरों से रक्त की धाराएँ बहने लगती हैं, उनके साथियों के टुकड़े-टुकड़े हो जाते हैं और वे एक पल को भी, अपने साथियों के सिर अपनी गोद में रखने के लिये, उन्हें अपने दिल से लगाने के लिये, नहीं रुकते। किन्तु उनके साथियों का बलिदान इन योद्धाओं के निश्चय को और भी फ़ौलादी बना देता है। उनके अंदर एक धधकता जोश लहराने लगता है और उनके प्राण अजेय साहस से भर जाते हैं।

# 18 ग्रेनेडियर्स रेजीमेंट

18 ग्रेनेडियर्स रेजीमेंट एक मिलीजुली रेजीमेंट है। इसमें राजपूत, खेमकानी मुसलमान, डोगरा, अहीर और जाट सैनिक हैं। पुराने समय में, जब हथगोले बहुत भारी होते थे तब उन्हें दूर फेंकने के लिये ग्रेनेडियर्स को लंबा तथा बलवान होना पड़ता था। अब हथगोले पहले से बहुत हल्के हो गये हैं, अतः अब ग्रेनेडियर्स के लिये लंबा और अधिक हृष्ट-पुष्ट होना अनिवार्य आवश्यकता नहीं है। लंबा और अधिक हृष्ट-पुष्ट होना अनिवार्य न होने पर भी उनमें साहस कूट-कूट कर भरा होता है। उनका युद्ध का नारा ही है– "सर्वदा शक्तिशाली"

18 ग्रेनेडियर्स ऐसा सैन्य दल था जिसने कारगिल युद्ध में तोलोलिंग और हंप की लड़ाइयों में अनुकरणीय साहस और वीरता का प्रदर्शन करके यश प्राप्त किया। उन्होंने भीषण युद्ध किया और आमने-सामने की लड़ाई में दुश्मनों को धूल चटा दी। तोलोलिंग और हंप पर विजय पाने के बाद 18 ग्रेनेडियर्स दल को नीचे के कैंप में विश्राम करने के लिये भेज दिया गया।

योगेन्द्र यादव और संजय कुमार (परम वीर चक्र प्राप्तकर्ता)

योगेन्द्र यादव का अरुण जेटली ने अभिनंदन किया

# टाइगर हिल के लिये युद्ध

16,000 फुट ऊँचा टाइगर हिल क्षेत्र देख कर ही साधारण व्यक्ति भयभीत हो जाते हैं। वहाँ बंकरों में जमे हुए पाकिस्तानियों के पास पर्याप्त अस्त्र-शस्त्र, गोला-बारूद और राशन था। पाकिस्तानियों ने वहाँ पर अपनी तोपें लगा दी थीं। श्रीनगर-लेह राष्ट्रीय राजमार्ग 1ए पर जाने वाला हर सैनिक या नागरिक भारतीय वाहन उन तोपों के गोलों का शिकार बन जाता था। इस कारण यह अति आवश्यक हो गया कि टाइगर हिल के शिखर से दुश्मन को निकाल फेंका जाये। देवताओं ने इसी स्थान को भारतीय सेना द्वारा अपने रक्त और प्राणों से वीरता एवं विजय का एक अध्याय लिखने के लिये चुना था।

26 जून को 18 ग्रेनेडियर्स के मुख्य अधिकारी ने उन्हें अगले हमले के लिये तैयार होने का आदेश दिया। लेफ़्टिनेंट कर्नल डी.वी.एस. पंघल तथा उनके कंपनी कमांडरों और जूनियर कमीशंड अफ़सरों को प्रारंभिक सर्वेक्षण का महत्त्वपूर्ण कार्य दिया गया। 30 जून तक सर्वेक्षण पूरा हो गया। उन्होंने दुश्मन के विषय में पूरी जानकारी ले ली और सभी सैन्य दलों को उचित निर्देश दे दिये गये।

आक्रमण से पहले टाइगर हिल का मिट्टी का एक प्रारूप (मॉडल) बनाया गया। यह प्रारूप हमारे हेलीकॉप्टरों तथा वायुयानों द्वारा लिये गये फ़ोटुओं के आधार पर बनाया गया था। सभी जवानों को इस प्रारूप द्वारा टाइगर हिल का भौगोलिक ज्ञान कराया गया। इसके बाद आक्रमण की तैयारी हुई। हमने एक ऐसे रास्ते से चढ़ने का निश्चय किया जिस पर चढ़ना लगभग असंभव था। आक्रमण करने वाले सैन्य दलों ने दस दिन तक इस चढ़ाई के लिये अभ्यास किया। प्रत्येक टुकड़ी को उसका काम समझाया गया। रेजीमेंट की परंपरा के अनुसार सैनिकों ने मंदिर में परम प्रभु से आशीर्वाद के लिये प्रार्थना की।

# वीरों के वीर योगेन्द्र सिंह यादव

इस युद्ध की रोमांचकारी कहानी का वर्णन परमवीर योगेन्द्र सिंह के शब्दों में प्रस्तुत है, "द्रास क्षेत्र के तोलोलिंग शिखर पर तिरंगा फहराने के बाद हमारी टुकड़ी को गुमरी विश्राम के लिये भेजा गया। हम वहाँ पर अपने अस्त्र-शस्त्रों की देखभाल में व्यस्त थे। उसी समय 8 माउन्टेन डिवीज़न के मेजर जनरल मोहिन्दर पुरी ने हमारी रेजीमेंट 18 ग्रेनेडियर्स को टाइगर हिल को जीतने का कठिन कार्य दिया। उन्होंने कहा कि हमारी रेजीमेंट ने तोलोलिंग में जो वीरता दिखाई उसी कारण यह

काम हमें सौंपा जा रहा है। अब हमें अपने जौहर दिखाने का एक और अवसर दिया गया। हमारे दिलों में अपने साथियों की मृत्यु का बदला लेने की आग धधक रही थी। लेफ़्टिनेंट बलवान के नेतृत्व में 18 ग्रेनेडियर्स की एक घातक (कमांडो) टुकड़ी का गठन किया गया। इस टुकड़ी में एक जूनियर कमीशंड अफ़सर तथा 23 जवान थे। मैं भी इस दल का एक सदस्य था। टाइगर हिल पर पहला हमला हमारे दल ने किया।

"टाइगर हिल क्षेत्र में जून में भी बर्फ़ गिरती है इसी से आप समझ जायेंगे कि यह क्षेत्र कितना ठंडा है। दुर्भाग्य से पाकिस्तानी यहाँ चोटियों पर जमे बैठे थे। यही नहीं उनके पास भारी मात्रा में हथियार, गोला-बारूद और राशन था। इससे आप अनुमान लगा सकते हैं कि वे इस आक्रमण की तैयारी कितने दिनों से कर रहे होंगे।

"हमारी टुकड़ी के दो अफ़सर, दो जूनियर कमीशंड अफ़सर तथा 22 जवान तोलोलिंग की लड़ाई में शहीद हो चुके थे। इतिहास हमें बताता है कि कुछ पाने के लिये कुछ खोना पड़ता है। किन्तु हमारे शहीद भाइयों की याद हमारे हृदय में सजीव थी और पूरे जीवन रहेगी। उनकी याद हमारे हृदयों में आग धधका देती थी। हमने उनकी मृत्यु का प्रतिशोध लेने के लिये और अपनी मातृभूमि से नापाक दुश्मनों को बाहर खदेड़ने के लिये टाइगर हिल पर आक्रमण आरंभ किया।

"युद्ध से पहले हमारे ब्रिगेड कमांडर ने हमारी टुकड़ी को निर्देश दिये। इसके बाद हमारे कमांडर कर्नल खुशहाल चंद ठाकुर ने हमें टाइगर हिल के विषय में बताया। 18 ग्रेनेडियर्स के कमांडिंग अफ़सर कर्नल खुशहाल चंद में आश्चर्यजनक शक्ति और ऊर्जा थी। वे हमारी बटालियन के लिये जीवंत प्रेरणा स्रोत थे।

"उन्होंने टाइगर हिल पर आक्रमण की जो योजना बनाई उसके अनुसार ए-कंपनी को बाईं ओर से आक्रमण करना था, और टुकड़ी की घातक (कमांडो) कंपनी को दाईं ओर से आक्रमण करना था। सी और डी कंपनियों को घातक कंपनी की सहायता करनी थी और बी-कंपनी को आरक्षित रखा गया था।"

हमारे सैनिकों के सामने एक अति विकट कार्य था। उन्हें कमर पर 25 किलो का बोझा लाद कर, रस्सियों के सहारे 80 डिग्री के ढलान पर चढ़ना था। अनुमान था कि हमला कम-से-कम तीन दिन तक चलेगा। ग्रेनेडियर्स के लिये अकेले यह युद्ध जीतना संभव नहीं था। इसलिये निश्चित हुआ कि 8 सिख बटालियन पश्चिम दिशा से, गोरखा रेजीमेंट दक्षिण से और ग्रेनेडियर्स पूर्व दिशा से आक्रमण करेंगे। ग्रेनेडियर्स को दो दलों में विभाजित कर दिया गया था। एक दल

को 8 सिख की सहायता करने का कार्य दिया गया और दूसरे दल को पूर्व से ऊपर चढ़ कर आक्रमण करना था।

30 जून की रात तक प्रत्येक सैनिक तैयार हो चुका था। 1 जुलाई को भारतीय वायुसेना ने बिजली की तेज़ी से शत्रु के ठिकानों पर आक्रमण किया और छिपे हुए दुश्मनों पर गोलों पर गोले बरसाये। भारतीय तोपों ने शत्रु पर भारी गोलाबारी की।

## योगेन्द्र को अदृश्य शक्ति का संदेश

योगेन्द्र ने बताया, "जब हमें हमला करना था उस रात किसी अदृश्य शक्ति ने मुझे बताया कि मुझे गोलियाँ लगेंगी किन्तु मेरी मृत्यु नहीं होगी। इससे मेरे अन्दर विश्वास बढ़ा। मुझे लगा कि यदि मेरी छाती या सिर में गोली नहीं लगीं तो मैं मर नहीं सकता। यदि दुश्मन मेरे हाथ-पाँव काट कर ले जाये तब भी मैं नहीं मरूँगा। मेरे मन-प्राण में एक ही विचार भरा था कि मुझे जो काम सौंपा गया था उसे पूरा करना है।"

## टाइगर हिल पर हमला

"हमने 2 जुलाई की संध्या को चढ़ना आरंभ कर दिया। पूरी रात चढ़ने के बाद हम वहाँ पहुँचे जहाँ पर 8 सिख तैनात थी। हममें से प्रत्येक व्यक्ति 72 घंटे का राशन लेकर चल रहा था। 3 जुलाई को दिन के समय हम एक दम चुप्पी साध कर चट्टानों के नीचे छिपे रहे। हम चुपचाप बैठे थे क्योंकि अगर हम दिन में चढ़ते तो पूरी संभावना थी कि दुश्मन हमें देख लेते और हम उनकी गोलाबारी से मारे जाते। हम अगली रात अपनी कठिन चढ़ाई आरंभ करने वाले थे।

"हमारे दल में दो अफ़सर, एक जूनियर कमीशंड अफ़सर और 22 जवान थे। हमारे लेफ़्टिनेंट बलवान इस दल का नेतृत्व कर रहे थे। चढ़ाई कठिन थी, बहुत ही कठिन थी। हमें चढ़ने के लिये रस्सियाँ बांधनी पड़ रही थीं। मैं एक ही बात सोच रहा था, 'हमें दुश्मन को हराने का काम दिया गया है और हमें कामयाब होना ही होगा।' मैं यही सोच रहा था और शंकर भगवान का स्मरण कर रहा था। मैं अपने अफ़सरों का शुक्रगुज़ार था कि उन्होंने मुझे स्काउट दल का नेता बनाया जबकि उम्र और सेवा-काल के अनुसार मैं सब से छोटा था। वे मेरे साहस की सराहना करते थे।

"हमें 16,000 फुट तक चढ़ने में दो रात और एक दिन लगे। यह लगभग

एक खड़ी चढ़ाई थी। हमें रात में ही चढ़ना पड़ता था क्योंकि दिन में दुश्मन ज़बरदस्त गोलाबारी करता था। बर्फ़ीली हवायें साँय-साँय करके रक्त को जमा देती थीं। किन्तु सब बाधाओं तथा कठिनाइयों का सामना करते हुए हम एक-एक कदम ऊपर चढ़ते गये। इस समय तक सवेरा हो गया था।

"अंतिम हमला 3 जुलाई 1999 की रात को साढ़े आठ बजे आरंभ हुआ। हमारी सेना की योजना पाकिस्तानियों पर अचानक हमला करने की थी। कैप्टेन सचिन निंबालकर के नेतृत्व में डेल्टा कंपनी का पहला दस्ता, खराब मौसम और हमारी तोपों की गोलाबारी का लाभ उठा कर सावधानी से आगे बढ़ा। एक-एक मिनट कीमती था। हमारे तोपची शत्रु को अनिश्चय में डालने के लिये लगातार गोलाबारी कर रहे थे। उस गोलाबारी के नीचे से हमारे सैनिक आगे बढ़ रहे थे। किन्तु शत्रु की गोलाबारी से हमारे बहुत से सैनिक मारे जा रहे थे। यह एक ऐसा विकट युद्ध था जो आखिरी साँस तक लड़ा गया।

"हमने रात में चढ़ना आरंभ किया। हम एक पहाड़ी की चोटी पर पहुँचे। हमने सोचा यही टाइगर हिल है। किन्तु हमने अपने सामने एक अन्य पर्वत शिखर देखा। डी कंपनी हमारे साथ मार्च कर रही थी। उसके कमांडर कैप्टेन निंबालकर ने हमारे लेफ़्टिनेंट बलवान से कहा, 'बलवान हम अगली पहाड़ी पर नाश्ता करेंगे।' किन्तु जब तक हम वहाँ पहुँचे हमने सामने एक दूसरा पर्वत शिखर देखा।

"कैप्टेन निंबालकर अपने जवानों के साथ आगे बढ़े। हमने वहीं पर अपनी मीडियम मशीन गन का अड्डा बनाया। कैप्टेन निंबालकर हमसे कुछ ही दूर गये थे कि दुश्मन ने उन पर गोलाबारी शुरू कर दी। हमने उनकी सहायता का प्रयत्न किया किन्तु सफल नहीं हुए। हमने अपने कमांडिंग ऑफ़िसर को स्थिति की गंभीरता के विषय में सूचित किया। अंधेरा हो रहा था। अपनी तोपों की गोलाबारी की आड़ में हम रात को 11 बजे कैप्टेन सचिन और उनके जवानों को सुरक्षित निकाल ले आये। उनमें से केवल एक के हाथ में गोली लगी थी।"

## तीन बंकरों का युद्ध

योगेन्द्र सिंह की घातक पलटन को पाकिस्तानियों के 'तीन बंकर' अड्डे को जीतने का दायित्व दिया गया। 19 वर्ष के योगेन्द्र सिंह ने स्वेच्छा से स्काउट दल का नेतृत्व करने का प्रस्ताव किया। योगेन्द्र ने बताया, "3/4 जुलाई की रात को 11 बजे हमें पाकिस्तानियों के 'तीन बंकर' अड्डे को जीतने का आदेश मिला। वहाँ पहुँचने के लिये हमारे घातक दल को रात के समय 16,000 फुट ऊँची बरफ़ की

दीवार पर चढ़ना था। मैं घातक पलटन का एक स्काउट था और उन्हें कारगिल शिखर की राह दिखा रहा था। मेरे पास उम्र और तजुर्बा तो नहीं था किन्तु मुझे अनुभवी शिक्षकों से प्रशिक्षण मिला था और बुजुर्गों के आशीर्वाद मेरे साथ थे।

"हमें पाकिस्तानियों को 'तीन बंकरों' से खदेड़ना था किन्तु अब हमें आक्रमण करने के लिये रात तक प्रतीक्षा करनी थी। 3 जुलाई की रात को हम एक नाले के बाजू से जा रहे थे। नाले के दोनों बाजुओं में दुश्मन के बंकर थे। हम बिना कोई आहट किये, चुपके-चुपके आगे बढ़ रहे थे। हम इतनी चुप्पी से आगे बढ़े कि दुश्मन को हमारे पहुँचने की सूचना तभी मिली जब हम चोटी के समीप पहुँच गये। हमारे पहुँचने की आहट पाकर पाकिस्तानियों ने नाले के दोनों ओर से गोलियाँ चलानी आरंभ कर दीं और हमारे आगे बढ़ने का रास्ता रोक दिया।

## दूसरे योगेन्द्र सिंह यादव

"हममें से दो का नाम योगेन्द्र सिंह यादव था और हम दोनों स्काउट थे। दूसरे योगेन्द्र एक लंबे-चौड़े देव के समान थे। जब मुझे दल को राह दिखाने का कार्य सौंपा गया तब उन्होंने एतराज़ किया। मैंने उनसे पूछा, 'आपको मेरे आगे जाने में क्या परेशानी है?' उन्होंने उत्तर दिया, 'मैं बाल-बच्चों वाला हूँ जबकि तेरा विवाह कुछ ही सप्ताह पहले हुआ है। खतरे का काम मुझे मिलना चाहिये।' मैंने उत्तर दिया, 'अगर तकदीर में मौत लिखी है तो गोली सामने वाले को सुरक्षित छोड़ कर, बीच वाले या पीछे वाले के लग सकती है। इसलिये आप मेरी चिन्ता न करें।'

## सात रणबाँकुरे

"सवेरे साढ़े पाँच बजे हम एक चट्टान तक पहुँचे जिस पर चढ़ने के लिये रस्सियाँ बांधना आवश्यक था। रास्ता बहुत सँकरा था। हम एक दूसरे को सहायता देते हुए आगे बढ़ रहे थे। अब दुश्मन ने चट्टान के दोनों ओर से गोलियाँ चला कर हमारा रास्ता रोक दिया। मैं चट्टान पर चढ़ गया और अपने साथियों के लिये रस्सियाँ बांध दीं। हम सात ही ऊपर चढ़ पाये; एक हवलदार कमांडर उदयसिंह, दूसरे मेरे मित्र योगेन्द्र सिंह यादव, तीसरे अन्नतराम तथा चौथे राजकुमार। शेष दो के नाम मुझे याद नहीं। लेफ़्टिनेंट बलवान सहित हमारे शेष साथी भारी गोलाबारी के कारण ऊपर नहीं चढ़ सके।

"ऊपर से पाकिस्तानी गोलियाँ बरसा रहे थे और नीचे से हमारे साथी हमें एम.एम.जी. (मीडियम मशीन गन) से गोलियाँ चला कर जितनी सहायता देना

संभव था, दे रहे थे। इस प्रकार हम सात को ही यह जंग जीतनी थी। बिना किसी भय के, बिना अपनी जान की परवाह किये, मैं उस खड़ी चट्टान पर चढ़ता गया। मेरी जांघ और कंधे में तीन गोलियाँ लगीं। फिर भी भगवान् ने मुझे जो साहस और शक्ति दी उसकी सहायता से मैं उस बर्फ़ानी ढाल के अंतिम 60 फुट चढ़ कर चोटी पर पहुँच गया। मैं रेंग कर दुश्मन के पहले बंकर तक गया और कुछ हथगोले अंदर फेंक कर बंकर के अंदर बैठे चार पाकिस्तानियों को मार दिया।

"यह पहला बंकर तो जल्दी से जीत लिया गया। अब पाकिस्तानियों को पता चल गया था कि हम आ रहे हैं और उनमें से कुछ भयभीत होकर थोड़ा ऊपर बने हुए दूसरे बंकर में चले गये। उन्होंने सोचा कि भारतीयों का कोई बड़ा दस्ता ऊपर चढ़ आया है। अपने घावों की परवाह किये बिना मैंने अपने दो साथियों के साथ दूसरे बंकर पर हमला कर दिया और आमने-सामने की लड़ाई में तीन पाकिस्तानी सैनिकों को मार दिया।

"हम आगे बढ़े और ऊपर चढ़ने लगे। अंधेरे में, कुछ दूर पर मैंने चार साये देखे, चार पाकिस्तानी सिपाही। मैं उनकी ओर रेंग कर गया। मैंने उनकी ओर एक हथगोला फेंका। वह ज़ोर की आवाज़ करके फटा और मैंने उन चारों को गिरते हुए देखा। उनके पास पहुँच कर मैंने देखा कि वे चारों आखिरी साँसें ले रहे थे। मैंने उनकी 'पिका' बंदूक उठा ली और उन्हें गोलियाँ मार कर ठंडा कर दिया। मैं गोलियाँ छोड़ते हुए ऊपर चढ़ रहा था। जब हम ऊपर पहुँचे मैंने एक बंकर देखा। उस बंकर में करीब बीस पाकिस्तानी सिपाही जमे हुए थे। हमने उन सब को हथगोलों और गोलियों के द्वारा मार दिया और बंकर को कब्जे में ले लिया।

"दुश्मन ने करीब 60 सिपाहियों के साथ हमारे ऊपर जवाबी हमला किया। वे पत्थरों और गोलियों की बौछारें करते हुए हमारे समीप आये। सबसे पहले उन्होंने हमारी लाइट मशीन गन पर गोलियाँ चला कर उसे बेकाम कर दिया। हमारे हवलदार कमांडर उदयसिंह ने मुझसे लाइट मशीन गन उठा कर लाने के लिये कहा जिससे हम उसकी नाल की मरम्मत कर सकें। उसी समय दुश्मनों ने हथगोलों से हमारे ऊपर आक्रमण कर दिया। एक हथगोला मेरे और दूसरे योगेन्द्र के बीच में फटा। उनके दायें हाथ की एक अंगुली उड़ गयी। मैंने उसकी प्राथमिक मरहमपट्टी की और लाइट मशीन गन उठा कर उसे हवलदार कमांडर उदयसिंह के पास ले गया। हवलदार ने मुझे एक दूसरे मोर्चे पर डटने के लिये कहा। जब मैं दूसरे मोर्चे पर पहुँचा दुश्मन ने मेरी ओर एक हथगोला फेंका। उसकी किरचों से मेरे पैर में घाव हो गया। जब मैं घाव पर पट्टी बाँध रहा था उन्होंने दूसरा हथगोला

फेंका जिसके आघात से मेरी नाक और चेहरे पर गहरे घाव हो गये। अब मुझे दिखाई देना बंद हो गया। मैंने आँखें खोलने की कोशिश की किन्तु खोल नहीं पाया। जब तक मैं आँख खोलने में सफल हुआ मेरी वर्दी खून से तर हो गयी थी। मैंने एक सिपाही से अपनी नाक पर पट्टी बाँधने को कहा। जब वह मेरी नाक पर बाँधने को पट्टी फाड़ रहा था एक गोली ने उसे खत्म कर दिया। मैंने दूसरे सिपाही से कहा, 'अरे, इसे गोली लगी है।' उसने इतना ही कहा, 'क्या?' इसी बीच वह भी एक गोली से मारा गया। मैंने अपने हवलदार उदयसिंह से कहा कि हममें से दो मर गये हैं।

"दुश्मन का मुख्य अड्डा वहाँ से केवल 50 मीटर पर था। उन्होंने वहाँ से हथगोलों और स्वचालित हथियारों द्वारा हमारे ऊपर एक भीषण आक्रमण किया। हमने उनके हमले का जवाब दिया किन्तु हमारी गोलाबारूद लाने की व्यवस्था टूट गयी थी और दुश्मन की ओर से गोलाबारी ज़ोर की हो रही थी। हम केवल पाँच थे और पाँच में से दो घायल थे किन्तु देशप्रेम और वीरता की अग्नि हमारी रग-रग में धधक रही थी। हमने स्वयं को देश को अर्पित कर दिया और दुश्मन पर टूट पड़े और उनमें से 25 को मार डाला। मेरे कई घाव लगे और मैं लगभग बेहोश हो गया।

"साहस और विश्वास के साथ हम पूरे पाँच घंटे तक उनसे लड़ते रहे। करीब दस बजे सवेरे दुश्मन ने एक सैनिक दल को यह पता लगाने के लिये भेजा कि हम कितने सैनिक हैं। हमने उनमें से नौ को मार डाला। केवल दो बच निकले। किन्तु इन दो ने हमें देख लिया था। उन्होंने अपने अफ़सरों को बता दिया कि हम केवल पाँच-छह थे। अब पाकिस्तानियों को पता चल गया कि हम संख्या में कितने कम थे। उन्होंने हमें तीन तरफ से घेर लिया और हमारे ऊपर गोलियाँ बरसाने लगे। एक पल में मेरे सभी साथी मारे गये।"

## बेजोड़ वीरता

योगेन्द्र कहते हैं, "अब अकेला मैं बचा था। सोचने का समय नहीं था। मैं घायल अवस्था में पड़ा था। करता भी क्या! एक तो घायल, दूसरे गोलाबारूद की कमी थी। मैं इतना उत्तेजित था कि मुझे कोई पीड़ा नहीं हो रही थी। मैं अन्दर ही अन्दर उबल रहा था और आखिरी साँस तक लड़ना चाहता था लेकिन एक सही मौके की तलाश कर रहा था।

"दुश्मनों ने हमें गालियाँ देनी शुरू की। बहुत देर तक गालियाँ देने के बाद उन्होंने हमारे सैनिकों की लाशों को गोलियाँ मारना शुरू किया। मुझे भी उस

दौरान कई गोलियाँ मारीं। उन्होंने मेरे बायें हाथ में तीन और दायें पाँव में तीन गोलियाँ मारीं। मैं देख रहा था कि मेरे हाथ और पैर से गोलियों का धुँआ निकल रहा था। लेकिन मैंने उफ़ तक नहीं की और अपने शरीर में कोई हरकत नहीं होने दी।

"हमें जी भर कर गालियाँ देने के बाद पाकिस्तानियों ने मुश्कोह घाटी में अपने साथियों को बेतार से खबर भेजी कि वे रात में हमारी उस एम.एम.जी. चौकी पर हमला कर दें। यह वही चौकी थी जहाँ से हमने रात में चढ़ना शुरू किया था। यह चौकी मुश्कोह घाटी के पास थी। आधी बेहोशी की हालत में मैंने सोचा, 'अगर इन्होंने हमारी एम.एम.जी. चौकी पर हमला किया तो हमारे जो साथी पीछे रह गये थे वे भी मारे जायेंगे।' मगर मैं अकेला कर भी क्या सकता था? मैं दुश्मनों से घिरा था। मैंने निश्चय किया कि जैसे भी हो मुझे अपने साथियों को बचाना है। किन्तु कैसे? तब मुझे वह मंत्र याद आया, 'जोश के बीच में होश'। मैंने मृत होने का नाटक किया।

"एक घंटे बाद दुश्मन के कमांडर ने अपने सिपाहियों को आदेश दिया कि हमारे हथियार उठा लें। दुश्मन का एक सिपाही यह निश्चित करने के लिये कि हममें से कोई जीवित तो नहीं है हमारे गोलियाँ मारता था और दूसरा हमारे हथियार उठा लेता था। अन्त में उसने फिर से मेरे हाथों और टाँगों में गोलियाँ मारीं। इसके बाद एक गोली मेरे दिल में मारी। दिल में गोली का धक्का लगने पर मैंने सोचा कि मैं मर जाऊँगा। किन्तु हमारे बुजुर्गों ने कहा है, 'जिसे भगवान् बचाते हैं उसे कोई नहीं मार सकता।' मेरी जेब में ठीक मेरे दिल के ऊपर मेरा बटुआ था, ठीक उसी जगह जहाँ उस सिपाही ने गोली मारी थी। बटुए में पाँच रुपये के कुछ सिक्के थे। वे सब एक जगह इकट्ठे हो गये थे। गोली उनसे टकराई और दूसरी ओर छिटक गयी। तब जो दूसरा पाकिस्तानी सिपाही हमारे हथियार उठा रहा था वह मेरी ए.के. 47 राइफल उठा कर वापस चल दिया।"

## पाँच रुपये के सिक्के

जब योगेन्द्र के शरीर में दुश्मन गोली पर गोली दाग रहे थे, जब गोलियों के आघात से उनकी बायीं बाँह की हड्डियाँ टूट कर खाल के बाहर निकल आयीं, तब भी परम वीर योगेन्द्र सिंह कराहे नहीं, उफ़ तक नहीं की, एक हरकत तक नहीं की। एक विलक्षण आत्मसंयम के द्वारा वे निश्चल पड़े रहे और मरा हुआ होने का अभिनय किया।

इन पाँच रुपयों की कहानी बहुत हैरतअंगेज है। जब हमारे सैनिक इन 16,000-17000 फुट ऊँचे पहाड़ों के बर्फ़ानी ढलानों पर चढ़ते थे तो वे कभी-कभी अपना बोझ हल्का करने के लिये अपना खाना भी फेंक देते थे क्योंकि अतिरिक्त बोझ से चढ़ाई और भी कठिन हो जाती थी। फिर ये पाँच रुपये के सिक्के हमारी कथा के नायक की जेब में क्या कर रहे थे? इसके अतिरिक्त जब वे चढ़ाई के दौरान बार-बार झुके होंगे, झपटे होंगे, चित पड़े होंगे, लुढ़के होंगे, छिपे होंगे तब यह बटुआ कैसे उनकी जेब में सुरक्षित रहा? इसका एक ही उत्तर है कि नियति या ईश्वर कृपा विचित्र ढंग से कार्य करती है। ये सिक्के ही वह रक्षा कवच था जिसे देवी दुर्गा ने हमारे वीर योगेन्द्र सिंह की जेब में दुश्मन के सैनिक की उस गोली को छिटकाने के लिये रखा था।

# एक वीर के आँसू

योगेन्द्र ने बताया, "मेरी आँखें खुलीं और मुझे पता चला कि मैं अब भी जीवित था। तब मेरी अन्तरात्मा से आवाज़ आयी, 'योगेन्द्र अगर तू अब तक नहीं मरा तो अब नहीं मरेगा।' पाकिस्तानी सिपाही वापस जा रहे थे। वे एक ढलान पर उतर रहे थे। मेरे पास एक हथगोला था। मैंने हथगोला सबसे पीछे वाले पाकिस्तानी सिपाही पर फेंका। वह उसके हुड में गिरा जब तक वह हथगोला निकालता, गोला फट गया और उस सिपाही के टुकड़े-टुकड़े हो गये तथा उसकी स्वचालित राइफ़ल एक ओर गिर पड़ी। मैं रेंग कर आगे बढ़ा और उस स्वचालित राइफ़ल द्वारा उन पाकिस्तानी सिपाहियों पर गोलियों की बौछार कर दी। वे बुरी तरह बौखला गये क्योंकि उन्होंने सोचा था कि उन्होंने हम सब को मार दिया था। उन्हें ताज्जुब हो रहा था कि उन पर किसने हमला किया! मैंने रेंग-रेंग कर कभी दायें पत्थर के पीछे से गोली चलाई, कभी बायें पत्थर के पीछे से। पाकिस्तानियों ने सोचा होगा, 'ज़रूर कहीं से हिन्दुस्तानी सिपाहियों का दूसरा दल आ गया है।' मैंने उनमें से कुछ को मार गिराया, कुछ घायल हो गये और बाकी भागे। मैंने रेंग कर 10-15 मीटर तक उनका पीछा किया और उनके अड्डे को ध्यान से देखा। फिर मैंने सोचा, 'शायद मेरी तरह मेरा कोई साथी जिन्दा हो!' यह देखने के लिये मैं रेंग-रेंग कर वापस आया और अपने सभी साथियों के शरीरों को देखा। किन्तु उनमें से कोई भी ज़िन्दा नहीं था। मैं वहीं बैठ कर फूट-फूट कर रोने लगा। किन्तु अब मैंने दृढ़ निश्चय कर लिया कि मेरे साथियों ने देश के लिये अपने को बलिदान कर दिया है। मैं उनका बलिदान व्यर्थ नहीं होने दूँगा।"

योगेन्द्र के माता-पिता बताते हैं, "योगेन्द्र कभी नहीं रोये, अपने बाल्यकाल में भी नहीं। उन्हें रुलाना लगभग असंभव था।" वास्तव में परिवार के किसी सदस्य ने योगेन्द्र को कभी रोते हुए नहीं देखा। तब भी नहीं जब वे कारगिल युद्ध के बाद क्षत-विक्षत शरीर से सोलह महीने तक अस्पताल में मृत्यु से जूझते रहे, न ही तब जब सन् 2004 में उनके पिता का देहांत हुआ।"

## एक दैवी शक्ति द्वारा पथ-प्रदर्शन और अतिमानवीय शक्ति का दान

योगेन्द्र कहते हैं, "अब मेरा लक्ष्य अपनी एम.एम.जी. पोस्ट तक पहुँच कर वहाँ तैनात अपने साथियों को बचाना था। किन्तु मुझे रास्ता नहीं मालूम था। कोहरे के कारण मैं यह भी नहीं समझ पा रहा था कि किस ओर पाकिस्तान है और किस ओर हिन्दुस्तान। मैं सोच रहा था, 'जब मैं रस्सियों की सहायता से ऊपर चढ़ा था, मेरे हाथ-पाँव घायल नहीं थे, अब मेरा एक हाथ और एक पाँव बेकार हो गया है तब मैं किस प्रकार नीचे उतरूँगा?' मेरे अन्दर बिलकुल ताकत नहीं बची थी। लेकिन हमारे बुजुर्गों ने कहा है, 'जब कोई व्यक्ति एक महान् काम करता है, और उसके अन्दर कोई ताकत बाकी नहीं रहती तब वह अगर एक पत्थर को भी पुकारे तो पत्थर उसे सहायता देगा। जब कोई सच्चे दिल से किसी काम को आरंभ करता है और उसका लक्ष्य ऊँचा होता है, तब लक्ष्य पूरा करने में भगवान् उसकी सहायता करते हैं।

"उसी समय, सफ़ेद कपड़े पहने हुए कोई दैवी शक्ति, जो न स्त्री थी न पुरुष, मेरे सामने प्रकट हुई। कोहरे के कारण मैं उन्हें स्पष्ट नहीं देख सका। इस दैवी शक्ति ने मुझे भारत की ओर नीचे जाने का रास्ता दिखाया और हिंदी में कहा, 'तू नीचे लुढ़क जा।' उन्होंने मुझे एक अतिमानवीय शक्ति से भर दिया।

"किन्तु उन बर्फ़ से ढकी चट्टानों पर ऊपर से नीचे मैं कैसे लुढ़कता! मेरी बायीं बाँह से हड्डियाँ बाहर निकल रही थीं। वे लुढ़कने में बाधक होतीं। मैंने उन्हें तोड़ने की कोशिश की किन्तु सफल नहीं हुआ क्योंकि खाल अभी तक जुड़ी थी। तब मैंने बाँह की हड्डियों को अपनी पेटी के द्वारा अपने शरीर से बाँध दिया। खड़ा होना असंभव था इसलिये मैंने रेंग-रेंग कर नीचे लुढ़कना शुरू कर दिया। 16,000 फुट ऊँचे पर्वतशिखर की चट्टानों पर से नीचे लुढ़कना कैसा कठिन कार्य है यह आप समझ सकते हैं। बहुत दूर तक लुढ़कने के बाद अचानक मेरी राह में एक गड्ढा आया। मैं उस गड्ढे के ऊपर एक हाथ से लटका था। मुझे शंका हुई कि कहीं मैं पाकिस्तानी क्षेत्र में तो नहीं आ गया! किन्तु जब मैंने नीचे देखा तो मेरी नज़र अपने साथियों पर पड़ी जो गोलाबारी के कारण ऊपर नहीं चढ़ पाये थे और अब

एम.एम.जी. पोस्ट पर वापस जा रहे थे। मैंने उन्हें आवाज़ दी। उनमें से कुछ जवानों ने आकर मुझे उतारा। मेरे कपड़े फटे हुए थे और खून से गीले थे। वे मेरी हालत देख कर घबराए और उन्होंने मेरा बहता हुआ खून रोकने के लिये पट्टी बांधने की कोशिश की। मैंने उनसे कहा, 'मुझे कुछ नहीं होगा। तुम मुझे जल्दी से जल्दी एम.एम.जी. पोस्ट तक ले चलो। हमें उसे बचाना है। पाकिस्तानी हमला करने वाले हैं। एक-एक मिनट कीमती है।' वे मुझे पोस्ट तक ले आये और वहाँ मैंने कैप्टेन सचिन और लेफ़्टिनेंट बलवान को रात में होने वाले पाकिस्तानी हमले के बारे में पूरी-पूरी सूचना दी।

"उन्होंने उसी समय हमारे कमांडिंग अफ़सर कर्नल खुशहाल चंद को वायरलैस से यह सूचना दी। इसके बाद उन्होंने मेरी प्राथमिक चिकित्सा की और मुझे सी.ओ. (कमांडिंग आफ़िसर) साहब के पास भिजवा दिया। जब तक मैं नीचे की पोस्ट पर लाया गया, रात होने लगी थी। मेरे पाँव, छाती, जंघा और बाँहों में कम से कम 15 गोलियाँ लगी थीं। बम की एक किरच मेरी नाक में घुस गयी थी। मेरे जख्मों से बहुत खून बह रहा था। मैं आठ बजे वहाँ पहुँचा। उस समय तक खून इतना निकल गया था कि कमज़ोरी के कारण मुझे दिखाई पड़ना बंद हो गया था किन्तु मैं बोल सकता था। मुझे घबराहट महसूस नहीं हो रही थी। कर्नल खुशहाल चंद ने मुझे अपने तंबू में लिटाया। मेरे कपड़े चिथड़े-चिथड़े हो गये थे। उन्होंने उन्हें काटा। वहाँ मौजूद डॉक्टर ने मेरी प्राथमिक चिकित्सा की। मैंने पीने के लिये पानी माँगा। डॉक्टर ने मुझे ग्लूकोज़ पिलाया। ग्लूकोज़ पी कर मेरे अन्दर कुछ ताकत आयी। मैंने सी.ओ. साहब को एम.एम.जी. पोस्ट पर होने वाले हमले के बारे में सारी सूचना दी। उन्होंने पूछा, 'तुझे कैसा महसूस हो रहा है?' मैंने उत्तर दिया, 'आप मुझे वापस ऊपर लड़ने के लिये भेजें।' उन्होंने कहा, 'तेरी हालत अच्छी नहीं है। मैं तुझे नीचे भेज रहा हूँ।' मैंने कहा, 'सर, मैं वापस लड़ने जाना चाहता हूँ। उनकी एक पोस्ट और बाकी है। हमें उसे जीतना है।' उन्होंने कहा, 'तेरे अन्दर कुछ बाकी नहीं है। तू खड़ा भी नहीं हो सकता, लड़ेगा कैसे?' मेरी जाकेट में बम की किरचें घुसी हुई थीं। यह आश्चर्य की बात थी कि मैं बेहोश नहीं हुआ था। खून अभी भी बह रहा था। इसके बाद डॉक्टर ने मुझे दर्द कम करने का एक इंजेक्शन दिया। घायल होने के आठ घंटे बाद मेरे घावों की मरहम-पट्टी हुई। इसके बाद वे मुझे एक स्ट्रेचर पर हालीवाल ले गये। वहाँ पहुँच कर मैं बेहोश हो गया। फिर क्या हुआ मुझे मालूम नहीं। तीन दिन बाद मुझे अड्डे के अस्पताल में होश आया।"

# 5 जुलाई : टाइगर हिल पर तिरंगा

उसी रात कर्नल खुशहाल ठाकुर ने सी कंपनी को एम.एम.जी. पोस्ट की रक्षा करने और बी कंपनी को टाइगर हिल पर कब्जा करने भेजा। रात में जब पाकिस्तानियों ने एम.एम.जी. पोस्ट पर हमला किया उनके स्वागत की पूरी तैयारी हो चुकी थी। सी कंपनी के सतर्क सैनिकों ने उन्हें भून दिया। और बी कंपनी ने 5 जुलाई को टाइगर हिल पर झंडा फहरा दिया।

हम कल्पना भी नहीं कर सकते कि हमारे सैनिक अधिकारी तथा सैनिक किस धातु के बने हुए हैं। जब उनकी साँस खुरदरी हो जाती थी और उनके फेफड़ों को घायल करती थी, जब उन्हें दो-तीन दिन तक भोजन नहीं मिलता था, जब उनके शरीरों के टुकड़े-टुकड़े हो जाते थे, जब उनका खून बह कर हमारी पवित्र मातृभूमि को धोता था तब भी उनका उत्साह और दृढ़ निश्चय कम नहीं होते थे। भारतीय सैनिकों के वस्त्र उन ऊँचाइयों के लिये पर्याप्त गरम नहीं थे, उनके थैले अत्यधिक भारी थे, उनके जूते ठीक नाप के नहीं होते थे, तापमान शून्य से नीचे होता था, हर साँस लेने में फेफड़ों को कष्ट होता था, हर कदम उठाने के लिये अत्यधिक परिश्रम करना पड़ता था, फिर भी भारतीय सैनिक उन ऊँचाइयों पर चढ़ते गये। दुश्मन की गोलियों की बौछारें उनको रोक नहीं पाती थीं। कभी-कभी सैनिक अपने खाने के अंतिम डिब्बे फेंक देते थे जिससे अतिरिक्त हथगोले ले जा सकें। दुश्मन हमारे सैनिकों पर हथगोलों के गुच्छे फेंक रहे थे और उन्हें चूर-चूर करने के लिये ऊपर से बड़ी-बड़ी चट्टानें लुढ़का रहे थे, उनके ऊपर गोली-गोलों की बौछारें कर रहे थे। फिर भी हमारे वीर ऊपर चढ़ते गये। उनके सामने दो ही विकल्प थे—'जीत या मौत'।

सेना की विजय किसी एक व्यक्ति की नहीं वरन् एक सामूहिक विजय होती है। कारगिल युद्ध में हमारे सैनिकों ने अनेक बार अद्भुत वीरता दिखाई। उल्लेखनीय वीरता की अनेक घटनाएँ घटित हुईं किन्तु उन स्मरणीय घटनाओं में कुछ वीरों के कारनामें बेजोड़ हैं। दो महीने के उस अल्पकालिक युद्ध में दो अफ़सरों तथा दो सैनिकों ने भारतीय सेना का वीरत्व का सबसे बड़ा पदक परम वीर चक्र प्राप्त किया। 19 वर्षीय योगेन्द्र सिंह इन चार परम वीरों में से एक हैं जिन्होंने असंभव को संभव बना दिया, अकल्पनीय को साकार करके दिखा दिया।

## भीष्म पितामह के पदचिह्नों पर

मैंने परम वीर योगेन्द्र सिंह से पूछा, "जब आपको गोली पर गोली मारी जा रही थी तब आप किस तरह बिना हिले-डुले, पूरी तरह निश्चेष्ट होने का अभिनय कर सके?" योगेन्द्र ने उत्तर दिया, "जब मैं बालक था मैं दूरदर्शन पर 'महाभारत' धारावाहिक देखा करता था। जब मेरे गोलियाँ मारी जा रही थीं तब मैंने सोचा, 'जब भीष्म पितामह के शरीर में अनगिनत तीर लग रहे थे, तब भी वे हिले नहीं, कोई हरकत नहीं की, तब मैं क्यों ऐसा नहीं कर सकता?' उनकी तुलना में मुझे तो केवल 15 गोलियाँ लगी थीं!"

योगेन्द्र सिंह को युद्ध समाप्त होने के बाद अस्पताल में 16 महीने रहना पड़ा। उनकी बाईं बाँह, जिसकी हड्डियाँ उन्होंने तोड़ कर फेंकने की कोशिश की थी, 2005 तक भी पूरी तरह ठीक नहीं हुई थी। किन्तु वीरता का ऐसा गौरवशाली अध्याय लिखने वाली उस बाँह को देवता कैसे टूटने दे सकते थे! आज योगेन्द्र की बाँह पूरी तरह ठीक हो गई है और शत्रुओं को सबक सिखाने के लिये तथा आवश्यकता पड़ने पर देश की रक्षा में फिर से हथियार उठाने के लिये पूरी तरह सक्षम है।

## परम वीर चक्र विजेता

जब योगेन्द्र सिंह अस्पताल में स्वास्थ्य लाभ कर रहे थे भारतीय सेना के अध्यक्ष जनरल वी.पी. मलिक उन्हें देखने आये। योगेन्द्र को एक महान् सम्मान मिलने वाला था। सेना के एक बाबू की गलती से परम वीर चक्र पाने वाले के नाम के साथ हमारे इन योगेन्द्र सिंह के स्थान पर दूसरे योगेन्द्र का शिनाख्त नंबर टाइप कर दिया था। हमारे महायोद्धा योगेन्द्र सिंह समझ रहे थे कि उनके साथी दूसरे योगेन्द्र सिंह को मरणोपरांत परम वीर चक्र मिला था। सबसे पहले हमारे सेनाध्यक्ष जनरल मलिक ने उन्हें सूचित किया कि उन्हें परम वीर चक्र मिला है, दूसरे योगेन्द्र को नहीं। यह एक विचित्र संयोग था कि एक ही टुकड़ी के दो जवानों के न केवल नाम, वरन् कुलनाम (सरनेम) भी एक ही थे तथा दोनों एक ही दिन सेना में भरती हुए थे और दोनों ने टाइगर हिल की सपाट चढ़ाइयों पर चढ़ कर एक साथ युद्ध किया था। और उनमें से एक गोली खाकर शहीद हो गया और दूसरे ने देश का उच्चतम सम्मान परम वीर चक्र जीता!

# सम्मान पत्र (साइटेशन)
## ग्रेनेडियर योगेन्द्र सिंह यादव
## (2690572) 18 ग्रेनेडियर्स
### (पुरस्कार की प्रभावी तारीख : 3 जुलाई 1999)

ग्रेनेडियर योगेन्द्र सिंह यादव 3/4 जुलाई 1999 की रात को टाइगर हिल पर कब्ज़ा करने के लिये गठित घातक प्लाटून की एक अग्रिम टुकड़ी के सदस्य थे। टाइगर हिल तक पहुँचने का रास्ता एकदम खड़ा, बर्फ़ीला तथा चट्टानी था। ग्रेनेडियर योगेन्द्र सिंह यादव ने संभावित ख़तरे की परवाह किये बिना, अपनी मर्ज़ी से टुकड़ी के आगे चलने की पेशकश की तथा अपनी टीम के पहाड़ पर चढ़ने के लिये रस्सी लटका दी।

इस दल को ऊपर आता देख शत्रु ने स्वचालित हथियारों, ग्रेनेड, रॉकेट और तोपखाने से घनी गोलाबारी शुरू कर दी। परिणामस्वरूप टुकड़ी के कमांडर और इनके दो साथी मारे गये और यह घातक प्लाटून वहीं रुक गयी। स्थिति की गंभीरता भाँपते हुए ग्रेनेडियर योगेन्द्र सिंह दुश्मन को ख़त्म करने के लिये रेंगकर उसके ठिकाने तक पहुँच गये। परन्तु इस दौरान उनको अनेक घाव लग गए। अपने घावों की परवाह किये बिना और शत्रु की भारी गोलाबारी के मध्य ग्रेनेडियर यादव ने ग्रेनेड फेंकते हुए दुश्मन के ठिकाने की ओर चढ़ना जारी रखा तथा अपने हथियारों से गोलाबारी भी करते रहे। आमने-सामने की इस लड़ाई में उन्होंने चार शत्रु सैनिकों को मार गिराया और उनके स्वचालित हथियारों की गोलाबारी को शांत कर दिया।

गोलियों के भारी हमले के दौरान उन्हें कई गोलियाँ लग गई किन्तु ऐसी नाज़ुक हालत में भी उन्होंने वहाँ से हटाए जाने को मना कर दिया और आक्रमण जारी रखा। उनके इस साहस से प्रभावित होकर प्लाटून ने शत्रु के अन्य ठिकानों पर हमला किया और टाइगर हिल पर कब्ज़ा कर लिया जो कि एक राष्ट्रीय लक्ष्य था।

इस प्रकार ग्रेनेडियर योगेन्द्र सिंह यादव ने कर्तव्यपरायणता से बढ़कर अत्यंत विकट परिस्थितियों में असाधारण साहस, अदम्य वीरता, उच्च मनोबल तथा दृढ़ निश्चय का परिचय दिया।

भारतीय गजट अधिसूचना
संख्या 16–प्रेस/2000

# 17 ग्रेनेडियर ने क्या खोया, क्या पाया!

योगेन्द्र कहते हैं, "कारगिल युद्ध में हमारी बटालियन के 2 अफ़सर, 2 जूनियर कमीशंड अफ़सर तथा 32 जवान शहीद हुए। हमारी बटालियन ने जो पदक जीते उनकी सूची इस प्रकार है :

1 परम वीर चक्र, 2 महावीर चक्र, 36 वीर चक्र, 1 युद्ध सेवा पदक, 1 शौर्य चक्र और 19 सेना पदक।"

भारत का सर्वोच्च सम्मान 'परम वीर चक्र' पाने वाले के सम्मान में, उच्च सैन्य अधिकारियों की तो बात ही क्या, भारत के राष्ट्रपति को भी खड़ा होना पड़ता है। यह उचित ही है। क्योंकि यह पदक अकल्पनीय वीरता दिखलाने वालों को मिलता है और अधिकतर मरणोपरान्त ही प्रदान किया जाता है।

## जय जवान, जय किसान

हवलदार योगेन्द्र सिंह यादव को 19 वर्ष की आयु में भारत के तत्कालीन राष्ट्रपति के.आर. नारायण ने परम वीर चक्र प्रदान किया। इतनी कम आयु में किसी अन्य वीर को यह पदक प्राप्त करने का सौभाग्य प्राप्त नहीं हुआ। इस महान् सम्मान को प्राप्त करने के बाद भी योगेन्द्र सिंह पहले ही के समान एक निराभिमान सिपाही हैं। जब वे छुट्टी में घर जाते हैं तब अपने खेतों में काम करते हैं। हमारे भूतपूर्व प्रधानमंत्री लाल बहादुर शास्त्री ने 'जय जवान, जय किसान' का जो नारा बनाया था वह योगेन्द्र सिंह यादव पर पूर्णतया लागू होता है। वे एक सच्चे सिपाही और सच्चे किसान हैं। वे वीरता के साक्षात् प्रतिमान हैं। ईश्वर से प्रार्थना है कि वे दूसरा परम वीर चक्र जीतें।

टाइगर हिल पर भारत की विजय से पहले ही पाकिस्तानी सरकार भयभीत हो गयी थी। जून में ही उन्हें अपनी हार स्पष्ट दिखाई दे रही थी। दहशत के मारे पाकिस्तानी प्रधान मंत्री नवाज़ शरीफ़ 4 जुलाई को अमरीका के राष्ट्रपति बिल क्लिंटन से भेंट करने वाशिंगटन गये। उन्होंने अमरीकी राष्ट्रपति बिल क्लिंटन से भारत से संधि कराने की प्रार्थना की। अतीत में भारतीय और पाकिस्तानी विवादों में अमरीका सदा पाकिस्तान का पक्ष लेता आया था। इस बार राष्ट्रपति बिल क्लिंटन ने सत्य का पक्ष लिया। उन्होंने पाकिस्तान से खरी-खरी बातें की तथा पाकिस्तान से स्पष्ट कह दिया कि समझौता वार्ता से पहले उन्हें अपनी सेनाएँ नियंत्रण सीमारेखा (लाइन ऑफ़ कंट्रोल) से पीछे ले जानी होगी। कोई और चारा न देख कर नवाज़ शरीफ़ सहमत हो गये। 7 जुलाई को युद्धविराम घोषित हुआ

और पाकिस्तानी सेनाएँ भारतीय क्षेत्र से वापस चली गईं।

सन् 1948 में पाकिस्तान ने कबायलियों की आड़ में अपने सैनिक कश्मीर में भेजे थे और दुनिया की आँखों में धूल झोंकने की कोशिश की थी कि ये उनके सैनिक नहीं थे। उसी तरह उन्होंने अब भी यही बहाना किया कि कारगिल में लड़ने वाले कश्मीरी मुजाहिद्दीन थे। किन्तु वहाँ पर मृत पाकिस्तानी सैनिकों के पास जो पहचानपत्र, डायरियाँ, तमगे और हथियार मिले उनसे यह निर्विवाद सिद्ध हो गया कि वे पाकिस्तान की *उत्तरी हल्की पदाति टुकड़ी* के सैनिक थे। अपने इसी बहाने को बनाये रखने के लिये पाकिस्तान ने अपने मृत अफ़सरों के शव भी नहीं उठाये। कारगिल में पाकिस्तान के 45 अफ़सर तथा 700 सैनिक मरे।

## योगेन्द्र सिंह का वर्तमान

परम वीर चक्र विजेता योगेन्द्र सिंह का सम्मिलित परिवार है। उनके पिता सिपाही करन सिंह यादव को अपने पुत्र की वीरता पर बहुत अभिमान था। 9 सितम्बर 2004 को उनकी मृत्यु हो गयी। योगेन्द्र के छोटे भाई गाँव में रहते हैं। कारगिल विजय के बाद उत्तर प्रदेश के तत्कालीन मुख्य मंत्री मुलायम सिंह यादव ने योगेन्द्र सिंह को पुरस्कार में गाजियाबाद में घर बनाने के लिये ज़मीन का एक टुकड़ा दिया। उनकी पत्नी रीना वहाँ पर अपने दोनों बेटों प्रशांत कुमार और विशांत कुमार के साथ रहती हैं। आरंभ में उत्तर प्रदेश सरकार परम वीर होने के उपलक्ष्य में योगेन्द्र सिंह को वार्षिक 1000 रुपये पेंशन देती थी। सन् 2008 में तत्कालीन मुख्य मंत्री मायावती ने उनकी पेंशन बढ़ा कर 1 लाख 50 हज़ार रुपये वार्षिक कर दी है। यह एक सराहनीय कदम है। केंद्रीय सरकार ने उन्हें मुफ़्त में रेल यात्रा की सुविधा, भूमिगत फ़ोन और इलाज की सुविधाएँ प्रदान की हैं। देश में वायुयान यात्रा में उन्हें केवल 45 प्रतिशत किराया देना पड़ता है।

## पदोन्नति

1 अप्रैल 2010 को परम वीर योगेन्द्र सिंह को नायब सूबेदार बना दिया गया। सेना में अफ़सरों की कमी तथा देश के नौजवानों में सेना में काम करने की अनिच्छा की गंभीर समस्या पर अपने विचार अभिव्यक्त करते हुए परम वीर योगेन्द्र सिंह कहते हैं, "अगर घर में चार में से तीन सदस्य बाहर चले जायें तो घर में बचे हुए एक सदस्य को उन सब का काम करना पड़ता है। इसी प्रकार आजकल सेना का प्रत्येक अफ़सर और जवान कई आदमियों का कार्य कर रहा है। इस कारण

कभी-कभी उनका मानसिक संतुलन तक बिगड़ जाता है। यह सच है कि देश में स्वार्थपरता बढ़ रही है और देशप्रेम घट रहा है। देश के युवक-युवतियाँ सेना में भरती नहीं होना चाहते क्योंकि अन्य स्थानों पर उन्हें अधिक वेतन मिलता है। लेकिन जिनके हृदय में देशप्रेम है वे वेतन की परवाह नहीं करेंगे। अगर हमारे युवक देश के स्वतंत्रता संग्राम की कहानी पढ़ें तो वे देखेंगे कि चंद्रशेखर 'आज़ाद' और शहीद भगत सिंह का एकमात्र लक्ष्य देश की सेवा करना, देश को स्वतंत्र बनाना और भारतमाता पर अपने को बलिदान करना था।

"अगर हम केवल रुपये के बारे में सोचेंगे, तब हमारे अन्दर देशभक्ति का उदय नहीं होगा। आज देश में ऐसी मानसिकता हो गयी है कि अगर आपके फ़्लैट के नीचे वाले फ़्लैट में रहने वालों पर आतंकवादी हमला करें तो लोग सोचते हैं, "हम अपने दरवाज़े बंद करके अपनी जान बचा लें।" यदि हम मिल कर आतंकवादियों और आक्रमणकर्ताओं का सामना करें तो हमारे अन्दर एकता की भावना आयेगी। भारतीयों में देशप्रेम का अभाव नहीं है। उनके अंदर देशप्रेम का भाव सोया हुआ है। हमें उसे पुनः जगाना है। श्याम कुमारी की योजना 'हर विद्यालय एक वीर को अपनाए' शिशु कक्षाओं से ही लागू की जानी चाहिये। अगर बच्चे रोज़ देशभक्तों और देश के लिये प्राण देने वालों की कहानियाँ सुनेंगे तो वे देशप्रेमी बन जायेंगे। हमारे हीरो चंद्रशेखर 'आज़ाद', शहीद भगत सिंह और नेताजी सुभाष चंद्र बोस थे इसी कारण हम यह सब कर सके। हर व्यक्ति के अंदर क्षमता और शक्ति छिपी होती है। किन्तु उन्हें इसका ज्ञान नहीं होता है। हमें उनकी सहायता करनी है जिससे वे अपने अन्दर की शक्ति से परिचित हो सकें। हमें उन्हें यह विश्वास दिलाना है कि वे भी वीर बन सकते हैं।"

## कवि योगेन्द्र सिंह

मुझे यह जान कर हर्ष हुआ कि योगेन्द्र सिंह कवि भी हैं। मैं उनकी ओज-तेज भरी कविताएँ उद्धृत कर रही हूँ।–श्याम कुमारी

## जवानों के लिये

वीरों को नहीं रोक सकता, कोई कभी युद्ध करने से,
मार सकता है कौन उसको, न डरता कभी जो मरने से?

योगेन्द्र यादव को भारतीय युद्ध नायकों की सम्मान समिति द्वारा
सम्मानित किया गया (विल्लुपुरम्)

स्कूल के बच्चों द्वारा सम्मान (विल्लुपुरम्)

## वीर के उद्‌गार

लिखा हुआ है जो भाग्य में वह कभी नहीं मिट सकता है,

उसकी मरजी के बिना इक पत्ता भी नहीं हिल सकता है।

लागी जिसे सच्ची लगन वह तोड़-तोड़ लाता है तारे,

जिसे भरोसा उस केवट का, नाव उसकी लगती किनारे।

इस खाली धरती पर अंगारे किलस-किलस बुझ जाते हैं,

चोटी पर चढ़ने वालों के पैरों में पत्थर गड़ते हैं,

पलकों के तटों पर आँसुओं के दीप जलाने पड़ते हैं।

लोहे के चने चबाते जो, उनसे दुश्मन थर्रते हैं।

कहीं चले जाओ चाहे, मौत न पीछा छोड़ा करती है,

वीरों से मौत डरती है आगे हाथ जोड़ा करती है।

नहीं मिट सकती हस्ती इस देश की किसी के मिटाने से,

मिटाने की कोशिश की जिसने, मिटा देंगे उसे दुनिया से।

## परम वीर योगेन्द्र सिंह यादव : टाइगर हिल का युद्ध और विजय

टाइगर हिल पर चढ़ते थे वीर,

दुष्कर आरोहण करते थे वीर,

तर्पण करते निज रक्त वीर,

समिधा बनते भारत के वीर।

युद्ध-वेदी में जा गिरते धीर,

टुकड़े-टुकड़े हो जाते थे वीर,

देश-रक्षा को बलि होते वीर,

पल-पल प्राणदान कर रहे वीर।

तोपों का ऐसा भीषण गर्जन,

शिव करते हों ज्यों तांडव नर्तन,

अपना खप्पर लेकर रणकाली,

मानों नाची होकर मतवाली।


योगेन्द्र वह रणवीर सिपाही,

क्या अपूर्व वीरता दिखलाई,

कि चकित हुए यक्ष और देवगण,

महाबली भीम करते ज्यों गर्जन,

धनुष राम का, या चक्र सुदर्शन,

मानों कर रहा शत्रु का मर्दन।

"धाँय-धाँय" वैरी की तब गोली,

लागी परम वीर के पंद्रह गोली,

पर नहीं गिरा वह, नहीं मरा वह,

हारा नहीं अजब सूरमा वह,

!! हमारे परम वीर चक्र विजेता !!

भीषण पीड़ा थी उसके तन में,

डटा योगेन्द्र तब भी रण में,

पी ली पीड़ा अपने ही अन्दर,

पड़ा रहा वह मुरदे-सा बन कर।

चले गर्व से जब दुश्मन आगे,

तब घिसट-घिसट कर, बढ़ कर आगे,

फेंके ऐसे अचूक हथगोले,

'हाय मरे', गिर कर दुश्मन बोले।

मार शत्रुओं को वापस लौटा,

अपने हरेक साथी को देखा।

हाय, नहीं था कोई भी जिन्दा,

हाय, पड़े थे वे सब ही मुरदा।

रोया फूट-फूट तब वह परम वीर,

अग्निल आँखों से बह चला नीर।

उसको थी अपनी परवाह नहीं,

छलनी तन की थी परवाह नहीं,

"कैसे साथियों को सूचना दूँ,

जैसे भी हो बस उन्हें बचा लूँ,"

यही एक चिन्ता थी बस उसको,

प्रश्न यही सता रहा था उसको।

मौसम ऐसा था किन्तु बर्फ़ानी,

घेरे थी हर ओर हिमानी,

राह नहीं पड़ती थी दिखलाई

नहीं पड़ रहा था कुछ दिखलाई।

वीरत्व परम का ऐसा अर्पण,

पाकर ऐसा परिपूर्ण समर्पण,

माँ दुर्गा प्रकटी स्वयं सामने,

तब राह बतायी उसे सामने,

अंग-प्रत्यंग में भर दी शक्ति,

उसके तन-मन में भर दी स्फूर्ति।

तब लुढ़क-रेंग कर बढ़ा चला वह,

अद्भुत साहस का परम धनी वह,

अपने अफ़सर को यह बतलाने,

हमला होगा उनको जतलाने।

अविचल था योगेन्द्र अभिमानी,

मर-मिटने की थी उसने ठानी,

थी हुई खून से लाल हिमानी,

संपूर्ण किया जो मन में ठानी।


लटका था जब वह एक गड्ढे पर,

साथी ले गये उसे उतार कर।

अपने अफ़सर को खबर सुनाई,

कर्तव्य कठिन की करके भरपाई,

तब परम धीर ने संज्ञा खोई।

लेफ़्टिनेंट बलवान ने खबर पायी,

दुश्मन की ऐसी की अगुवाई,

पूरी तैयारी से हुई लड़ाई,

दुश्मन को ऐसी धूल चटाई,

दोजख की सबको राह दिखाई।

!! हमारे परम वीर चक्र विजेता !!

भारत माँ पर जब थी बन आई,
तब योगेन्द्र ने लाज बचाई।
बेजोड़ रहा वह शौर्य-प्रदर्शन,
अभिभूत हुआ भारत का जन-जन।
हे परम वीर! तुम हो चिर प्रणम्य,
तुम हो यशस्वी, तुम हो वरेण्य!

# परम वीर चक्र विजेता : राइफ़लमैन संजय कुमार

## शहीद की विधवा—परम वीर चक्र विजेता की माता

हिमाचल प्रदेश को 'देव भूमि' कहा जाता है। संभवतः उसे 'वीर भूमि' भी कहा जा सकता है। इसी प्रदेश के बिलासपुर जिले के बकैण नाम के एक गाँव में जन्मे 09 जम्मू और कश्मीर राइफ़ल्स के सिपाही बाबूराम 1965 के युद्ध में शहीद हो गये। भागदेई इस शहीद की विधवा थीं। संयोगवश शहीद बाबूराम के बड़े भाई दुर्गाराम की पत्नी की मृत्यु हो गयी। उन्होंने अपने शहीद भाई की पत्नी भागदेई से विवाह कर लिया।

श्री दुर्गाराम ठाकुर की पत्नी भागदेई ने तीन पुत्रों और तीन पुत्रियों को जन्म दिया। 3 मार्च 1976 को उनके सबसे छोटे पुत्र का जन्म हुआ। दंपती ने अपने इस कनिष्ठ लाड़ले पुत्र का नाम 'संजय कुमार' रखा। उन्होंने कभी कल्पना भी नहीं की थी कि भविष्य में यह शिशु देश में वीरता के लिये प्रदान किया जाने वाला सर्वोच्च पदक प्राप्त करेगा।

## जीवंत प्रेरणा–वीरता का मंदिर

संजय के घर में एक कमरे में उनके शहीद चाचा का चित्र लगा था और वहाँ उनकी वरदी, टोपी और अन्य पवित्र स्मृतिचिह्न संभाल कर रखे गये थे। अपने घर में ही अपने आदर्श, अपने पूज्य का मंदिर हो ऐसा सौभाग्य कितनों को मिलता है! चाचा की वीरता की कहानियों ने और उनके बलिदान की स्मृति ने संजय और उनके भाइयों के सपनों को देशभक्ति के रंग से रंग दिया था। तीनों बालक नित्य अपने चाचा के चित्र को प्रणाम करते थे। बाल्यकाल ही में उनका लक्ष्य स्थिर हो गया था, उनका पथ स्पष्ट हो गया था। वे अपने चाचा के उज्ज्वल पदचिह्नों पर चल कर देश की सेवा करना चाहते थे। बालक संजय कुमार का दृढ़ निश्चय था कि वह भी अपने चाचा की तरह भारतीय सेना में भरती होकर, प्राणपण से देश की सेवा करेगा। सामान्य बालक मृत्यु के नाम ही से भयभीत हो जाते हैं किन्तु संजय और उनके भाइयों को देश की सेवा में प्राण देने से महान् अन्य कोई लक्ष्य नहीं लगता था।

संजय कुमार की शिक्षा कलोल के हाई स्कूल में हुई। स्कूल में वे एन.सी.सी. के सदस्य बने और उसके कई शिविरों में भाग लिया। उन्हें निशानेबाजी का भी बहुत शौक था। उनके गाँव में 12 बोर की एक देसी राइफ़ल थी। संजय के बड़े भाई जब शिकार पर जाते तो उन्हें भी साथ ले जाते थे। वे जंगल में निशानेबाजी करते थे। एक प्रकार से निशानेबाजी के इस अभ्यास से उनके भावी जीवन की तैयारी आरंभ हो गयी। संजय ने 1993 में दसवीं कक्षा पास की। उन्होंने पिता से कहा कि वे कॉलेज में प्रवेश लेना चाहते थे। दुर्गाराम जी में पुत्र को आगे पढ़ाने की आर्थिक सामर्थ्य नहीं थी। अतः दसवीं पास करने के बाद संजय कुमार की पढ़ाई समाप्त हो गयी। वे दिल्ली में खानपुर आ गये और वहाँ नौकरी करने लगे।

## सपना साकार हुआ

संजय कुमार बताते हैं, "1993 से 1995 तक मैं दिल्ली में नौकरी करता रहा। मुझे ड्राइविंग का बहुत शौक था अतः वहाँ मैंने जीप और कार चलाना सीखा। मेरे मौसेरे जीजाजी तिब्बत सीमा पुलिस दल में इंस्पेक्टर थे। वे मुझसे कहते थे, 'संजय, तुम पुलिस में भरती हो जाओ। पुलिस और सेना में अंतर क्या है? केवल खाकी और हरी वर्दी का अंतर है।' किन्तु मेरा निश्चय दृढ़ था कि चाहे कुछ भी हो, मुझे सेना ही में जाना है। दो वर्ष बाद मैं दिल्ली से बिलासपुर लौट आया और वहाँ पर टैक्सी चलाने का काम करने लगा। लेकिन मुझे फौज में जाने का इतना

शौक था कि जहाँ कहीं भी सेना की भरती होती, मैं वहाँ चला जाता था। हम कई मित्र एक साथ आवेदन देते थे। मेरे साथियों में से दो का चुनाव सेना में हो गया। फिर मैंने अपने शेष दोस्तों के साथ 1995 में जबलपुर केंद्र में भरती के लिये आवेदनपत्र भर दिया। हम एक आवेदनपत्र से तीन बार परीक्षा दे सकते थे। मैं जनवरी 1996 में भरती के लिये गया किन्तु असफल रहा। मार्च में मैं फिर भरती के लिये गया लेकिन इस बार भी रह गया। अपनी असफलता से मैं निराश नहीं हुआ क्योंकि मुझे विश्वास था कि कभी-न-कभी मेरे परिवार की आशा और मेरी मेहनत रंग लायेगी। इसके बाद मैं मई में भरती के लिये गया तो मुझे सेना के लिये चुन लिया गया। उस समय मैं 21 साल का था। वह भरती का आखिरी साल था। जून में मेरे पास सेना में मेरी नियुक्ति और प्रशिक्षण (ट्रेनिंग) का आदेश आ गया। इस प्रकार मेरा और मेरे परिवार का सपना साकार हुआ।"

## सेना में प्रशिक्षण और आतंकवादियों से लड़ाई

संजय की उत्कट अभीप्सा थी कि सेना में अपने शहीद चाचा की यूनिट 09 जम्मू-कश्मीर राइफ़ल्स में भरती होकर देश की सेवा करें। वीरों की विशुद्ध इच्छाओं को भगवान् अवश्य पूर्ण करते हैं। संजय कुमार की नियुक्ति उनकी इच्छित यूनिट में तो नहीं हुई लेकिन बटालियन में ही हुई।

संजय ने बताया, "26 जून 1996 को मुझे जबलपुर प्रशिक्षण के लिये भेजा गया। एक साल के प्रशिक्षण के बाद 28 अप्रैल 1997 को मुझे 13 जम्मू-कश्मीर राइफ़ल्स में नियुक्त करके बैरकपुर कोलकाता भेज दिया गया। तीन महीने बाद जुलाई 1997 को हमारी यूनिट श्रीनगर-सोपोर आ गई। 1997-1998 तक हमारी यूनिट इसी इलाके में कार्य करती रही। इन दो सालों में मेरी टुकड़ी ने कई आतंकवादियों को मार गिराया किन्तु इन अभियानों में हमने अपने कई साथियों को खो दिया था। युद्ध बहुत क्रूर होता है।

## द्रास की ओर

"लगभग दो वर्ष तक कश्मीर में आतंकवादियों से लड़ने के बाद अप्रैल 1999 में मैं एक महीने की छुट्टी पर घर आया। छुट्टी के दौरान प्रमिला नाम की एक लड़की से मेरी सगाई हो गयी। सगाई के बाद, छुट्टी समाप्त होने पर जब मैं वापस अपनी यूनिट में लौटा तो पता चला कि पाकिस्तानी सैनिकों ने चोरी-चोरी घुस कर हमारे देश की धरती पर कब्ज़ा कर लिया है और उन्हें वापस खदेड़ने के लिये हमारी

यूनिट द्रास जा रही है। हमारे दिलों में जोश और उमंग लहरें लेने लगे। हम अभी कुछ ही समय पहले सेना में भरती हुए थे और अब हमें देश के लिये लड़ने का अवसर मिलने वाला था। हमें अपना कर्तव्य निभाने का, अपनी वफ़ादारी दिखाने का, अपने देश की रक्षा करने का सौभाग्य मिल रहा था। सैनिक इसी उद्देश्य से सेना में भरती होता है। देश की रक्षा के लिये हमने जो कसमें खाईं, जो वचन दिये, अब उन्हें निभाने का अवसर मिल रहा था। हमें गर्व हो रहा था कि हम भारतीय सेना के उन सैनिकों में थे जिन्हें अपने देश की रक्षा करनी है, जिन्हें अपनी यूनिट, अपनी रेजीमेंट का नाम रोशन करना है। न जाने कितने सैनिक ऐसे हैं जिन्हें ऐसा मौका नहीं मिलता। यही सोचते-सोचते हम द्रास की ओर चल दिये।"

## कारगिल युद्ध की पृष्ठभूमि :
## हमारे गुप्तचर विभाग की असफलता

आरंभ में भारत यही समझता रहा कि कारगिल के घुसपैठिये अर्ध-प्रशिक्षित, कट्टरपंथी मुजाहिद्दीन थे। जबकि यह घुसपैठ पाकिस्तान की *उत्तरी हल्की पदाति सेना* (नर्दर्न लाइट इन्फ़ैन्ट्री) के द्वारा की गयी थी। फरवरी 1999 से ही पाकिस्तानी सेना की *उत्तरी हल्की पदाति* सेना के सैनिक, अपने अफ़सरों के नेतृत्व में, कमर-कमर तक बर्फ़ में होकर, चोरी-चोरी कारगिल की चोटियों पर चढ़ आये। उनके साथ थे पाकिस्तान के *स्पेशल सर्विसेज़ ग्रुप* के चुने हुए सदस्य और कमांडो। मुजाहिद्दीन उनका सामान ढो रहे थे। चोटियों पर जाकर उन्होंने बर्फ़ में रहने योग्य विशेष उत्तर-ध्रुवीय तंबू गाड़ दिये। उन्होंने बंकर और संगर बनाये और अपने बंकरों की सुरक्षा के पक्के प्रबंध किये। युद्ध के बाद हमारी सेना के हाथ पाकिस्तानियों के रजिस्टर पड़े। उन्हें पढ़ने पर स्पष्ट हो गया कि वे फ़रवरी से ही भारतीय क्षेत्र में घुस आये थे।

(टिप्पणी : संगर—पहाड़ की चोटी पर खंदक खोद कर उसमें से बाहर निकले पत्थरों से छोटी दीवार खड़ी करके छिपने के लिये जगह बनाते हैं उसे संगर कहते हैं। बंकर में जिस प्रकार पक्की छत या छप्पर होता है वैसा संगर में नहीं होता। ऐसे संगर को हथगोले से ही ध्वस्त करना पड़ता है। लेकिन इसके लिये सैनिकों को संगर के बहुत नज़दीक जाना पड़ता है। क्योंकि एक बाजू से पहाड़ी के चढ़ाव की सहायता लेकर हथगोले को दूसरे हाथ से फेंकना होता है। हथगोला काफ़ी भारी होता है और इसके लिये दुश्मन के 15 से 17 मीटर पास तक जाना होता है। इसलिये घातक (कमांडो) कंपनियों को स्वचालित *ग्रेनेड लांचर्स* दिये जाते हैं।)

पाकिस्तान की *उत्तरी हल्की पदाति सेना* के इन पूर्णतया प्रशिक्षित, शस्त्र-सज्जित सैन्य दलों ने भारत में मीलों अन्दर तक घुस कर अपने बंकर बना लिये और तोलोलिंग, टाइगर हिल, बजरंग और बटालिक आदि पर्वत-शिखरों पर बंकरों में जम गये। यह हमारी गुप्तचर संस्थाओं की अक्षम्य असावधानी का परिणाम था कि हमारी सेना को बड़े पैमाने पर हुई इस घुसपैठ का पता भी नहीं चला। उस क्षेत्र में उड़ान भरने वाले हमारे हेलीकॉप्टरों और उपग्रहों (सेटेलाइट्स) से लिये गये चित्रों से भी इस घुसपैठ की भनक तक नहीं लगी। यद्यपि हमारी सेना का 121 वाँ ब्रिगेड उस क्षेत्र में तैनात था किन्तु वे शत्रु की घुसपैठ का सुराग भी न पा सके, मानों उनकी आँखों पर पट्टियाँ बंधी थीं। हमारी सेना निश्चिंत होकर बैठी थी कि पाकिस्तान से अब और युद्ध नहीं होंगे। पाकिस्तानियों ने हमारी आँखों में अच्छी तरह धूल झोंकी। उन्होंने सुदृढ़ सुरक्षात्मक कार्यवाही करके ऐसा प्रबंध किया कि मई-जून में जोजीला का दर्रा खुलने पर वे श्रीनगर-लेह राजमार्ग पर जाने वाले भारतीय सैनिक वाहन-दलों पर गोले-गोलियाँ बरसा कर यातायात असंभव कर देंगे। और इस प्रकार लद्दाख से कश्मीर का संपर्क तोड़ देंगे तथा कारगिल पर कब्ज़ा करके वहाँ से सियाचिन जाने का रास्ता बंद कर देंगे। तब सियाचिन में तैनात भारतीय सैनिक भूखों मर जायेंगे।

फ़रवरी 1999 में पाकिस्तानियों के गोलों ने हमारी सेना के दो गोला-बारूद भंडारों को नष्ट कर दिया किन्तु हमारी सेना फिर भी स्थिति की गंभीरता को नहीं समझ सकी। सैनिक अधिकारी कुछ चिंतित अवश्य थे कि पाकिस्तानी इतनी अधिक गोलाबारी क्यों कर रहे हैं किन्तु उन्होंने इसे गंभीरता से नहीं लिया। उन्हें यही विश्वास था कि ये घुसपैठिये मुजाहिद्दीन थे, जिन्हें वे आसानी से बाहर निकाल फेंकेंगे। पाकिस्तानी सरकार भी दुनिया की आँखों में धूल झोंकने के लिये जोर-शोर से प्रचार कर रही थी कि मुजाहिद्दीन कश्मीर को मुक्त कराने वाले थे। इस प्रचार ने भी हमारी सेना को भ्रम में डाले रखा।

## लेफ्टिनेंट सौरभ कालिया और उनके दल के पाँच सैनिकों की मर्मान्तक हत्या

एक गडरिये ने सबसे पहले पाकिस्तानी सैनिकों की उपस्थिति के विषय में सेना को सूचित किया। भारतीय सेना ने मई 1999 में लेफ्टिनेंट सौरभ कालिया को पाँच सैनिकों के एक दल के साथ स्थिति का पता लगाने भेजा। 15 मई 1999 को जब सौरभ कालिया अपने दल के साथ भारतीय सीमा क्षेत्र में गश्त लगा रहे थे,

पाकिस्तानियों ने दल के सभी सदस्यों को बंदी बना लिया। पाकिस्तानियों ने उन्हें तीन सप्ताह तक बंदी बनाकर रखा और 9 जून 1999 को उनके शव भारतीय सेना को सौंप दिये। शवों के परीक्षण से स्पष्ट हो गया कि बर्बर पाकिस्तानियों ने हमारे छः वीरों को ऐसी पाशविक यंत्रणाएं दीं जैसी पहले कभी सुनने में नहीं आयीं। पाकिस्तानी सेना ने इस बर्बरता के द्वारा अपने माथे पर कलंक का एक ऐसा टीका लगा लिया, जो कभी भी मिटने वाला नहीं है।

अंत में जब यह स्पष्ट हो गया कि यह आक्रमण पाकिस्तानी सेना द्वारा किया गया है तब हमारे प्रधानमंत्री ने सेना को आदेश दिया कि वे पाकिस्तानियों को भारतीय क्षेत्र से निकालें अवश्य किन्तु किसी भी स्थिति में नियंत्रण सीमा रेखा (लाइन ऑफ़ कंट्रोल) का उल्लंघन न करें। इस प्रकार सरकार ने हमारी सेना के हाथ बाँध दिये। वे शत्रु के क्षेत्र में प्रवेश करके उनके ऊपर पीछे से आक्रमण नहीं कर सकते थे।

हमने पाकिस्तान पर विश्वास करके बहुत बड़ी भूल की। अपनी इस भूल की हमें भारी कीमत चुकानी पड़ी। इन घमंडी पाकिस्तानियों ने यह नहीं सोचा था कि भारतीय सेना के वीर उनके नापाक मनसूबों को अपने बूटों के तले कुचल देंगे। भगवान् हमेशा सच का साथ देते हैं। भगवान् ने भारतीय वीरों को दुर्गा की शक्ति से और आत्मबलिदान के हौसलों से भर दिया।

# कारगिल के उत्तुंग शिखरों पर लिखी गयी शौर्य की स्वर्णिम गाथा

आइये देखें कि कैसा है 16,000-17000 फुट ऊँचे पर्वत शिखरों वाला कारगिल, जहाँ हमारे सैनिकों ने वीरता और बलिदान के रक्तिम अध्याय लिखे। कारगिल में जाड़े के मौसम में तापमान -29 डिग्री सेलसियस हो जाता है। इन पर्वत शिखरों पर जून में भी हिमपात होता है। हमारे सैनिक भारी-भरकम कपड़े और विशेष जूते पहन कर इस पर्वत की सपाट चढ़ाइयों पर, बर्फ़ से ढकी, उन फिसलन भरी चट्टानों पर चढ़ते थे, जहाँ एक कदम फिसलने पर सैकड़ों फुट नीचे गिर कर अंग चूर-चूर हो जाते हैं, जहाँ हवा में ऑक्सीजन इतनी कम होती है कि चार कदम चलने पर दम उखड़ने लगता है, जहाँ बर्फ़ीली हवायें फेफड़ों को जलाती हैं और हड्डियों तक को भेद डालती हैं और जहाँ ठंड के कारण साँस नथुनों के नीचे जम जाती है।

हम लिख चुके है कि हमारे सैनिक छह-सात दिन का राशन, गोला-बारूद और अपनी राइफ़लें लेकर इन शिखरों के ऊपर चढ़ते थे। कारगिल के दुर्गम पर्वतीय

ढलानों पर चढ़ते समय, अपना बोझ हल्का करने के लिये वे अपनी रोटियाँ भी फेंक देते थे जिससे वे अपने साथ अतिरिक्त गोला-बारूद ले जा सकें। कभी-कभी उन्हें दो-तीन दिन तक खाना नहीं मिलता था। प्यास लगने पर वे पानी न होने पर बर्फ़ के टुकड़े चूस लेते थे। जबकि दुश्मन के गोले-गोलियों की बारूद के कारण यह बर्फ़ काली और जहरीली हो जाती थी और उसे चूसना खतरे से खाली नहीं था।

कारगिल क्षेत्र में मश्कोह घाटी, द्रास, काक्सर और बटालिक क्षेत्र आते हैं। पाकिस्तानी सेना 1999 की शीत ऋतु में दोनों देशों की *नियंत्रण सीमा रेखा,* (लाइन ऑफ़ कंट्रोल) को पार करके चार से आठ किलोमीटर तक भारतीय क्षेत्र में बढ़ आयी। लगभग 2000 पाकिस्तानी भारतीय क्षेत्र में घुस आये।

## युद्ध का आरंभ

युद्ध का आरंभ हुआ। बहुत कठिन स्थिति थी। भारतीय सैनिकों के पास उन चढ़ाइयों पर चढ़ने के लिये उपयुक्त जूते नहीं थे। उनके थैले इतने भारी थे कि उन खड़ी चढ़ाइयों पर उन्हें लेकर चढ़ना कठिन था। पाकिस्तानी, चोटियों पर से, ऊपर चढ़ते हुए भारतीय सैनिकों पर ताक-ताक कर निशाना लगा रहे थे। भारतीय सैनिकों के चारों ओर मौत नाच रही थी। उनकी आँखों के सामने उनके साथी मर-मर कर गिर रहे थे किन्तु भारत के वे हिम्मती वीर, बलिदानी जवानों के जत्थे, मौत से बिना डरे आगे बढ़ते जा रहे थे। उनके दिलों में उमंग का दरिया लहरा रहा था। जैसे होड़ लगी हुई थी कि कौन पहले देश के लिये जान देगा।

पाकिस्तान की *नर्दन लाइट इन्फ़ैन्ट्री* के सिपाही पर्वतीय युद्ध में दक्ष थे। उन्होंने पर्वत के दूसरी ओर ढलान पर अपने बंकर बनाये थे। वहाँ लोहे की चादरें और खूँटे लगा कर अपने बंकरों की सुरक्षा का ऐसा पक्का प्रबंध किया था कि हमारी तोपों के गोलों के लिये उन्हें तोड़ना मुश्किल था। पाकिस्तानी यह मान कर चल रहे थे कि उन्हें तोलोलिंग के शिखरों से हटाना असंभव है। किन्तु भारत के वीरों ने जान की बाजी लगा कर और अपनी बलि देकर, असंभव को संभव करके दिखा दिया।

## तोलोलिंग का युद्ध

द्रास-मश्कोह क्षेत्र में सबसे आवश्यक था तोलोलिंग पर्वत-शिखर को जीतना क्योंकि वहाँ से ही पाकिस्तानी सैनिकों ने राष्ट्रीय राजमार्ग 1 ए पर यातायात असंभव कर दिया था। 2 राजपूताना राइफ़ल्स और 18 ग्रेनेडियर्स को तोलोलिंग जीतने का अति कठिन कार्य सौंपा गया। 20 मई से 18 ग्रेनेडियर्स ने तोलोलिंग

पर्वत पर तीन आक्रमण किये किंतु सफल नहीं हुए। 2 जून को उन्होंने चौथी बार हमला किया। पाकिस्तानी तोपों की भयानक गोलाबारी का सामना करते हुए भारतीय तोपों के गोलों की आड़ में हमारे सैनिक आगे बढ़े। अंधेरे में बड़ी-बड़ी चट्टानों पर रस्सियाँ बाँध-बाँध कर उनकी सहायता से चोटी तक पहुँचने में हमारे वीर सैनिकों को पाँच-छः घंटे लगे।

आक्रमण के लिये गोरखा राइफ़ल्स के सैनिक चट्टानों पर होकर चढ़े, 18 ग्रेनेडियर्स की टुकड़ी सैंडो नाले से ऊपर चढ़ी और 2 राजपूताना राइफ़ल्स के योद्धा प्वाइंट 4700 नामक शिखर से आगे बढ़े। पूरी रात लोमहर्षक युद्ध होता रहा। भारतीय तोपें गोले बरसा रही थीं। पाकिस्तानी अपने सफ़ेद पारका पहने, अपनी यू.एम.जी. (यूनिवर्सल मशीन गन) से मौत बरसा रहे थे। उनके संतरियों के पास रात में देख सकने वाले चश्मे थे। वे ताक-ताक कर हमारे सैनिकों को गिरा रहे थे। जब हमारे सैनिक उन बंकरों से केवल दो सौ मीटर दूर रह गये तब हमारी तोपों ने गोले बरसाने बंद कर दिये और हमारे सैनिक दुश्मन के बंकरों की ओर रेंगने लगे। वहाँ पहुँच कर उन्होंने अपने हथगोले बंकरों में फेंके और अपनी राइफ़लों से गोलियाँ बरसाते हुए पाकिस्तानी बंकरों में घुस गये। आमने-सामने की लड़ाई में दोनों पक्षों के सैनिक जूझ रहे थे। हमारे सैनिक एक बार नहीं अनेक बार मौत के खुले जबड़े में बढ़ते गये, चढ़ते गये। उन्हें ज्ञात था कि उनके जीवित लौटने की संभावना कम थी किन्तु 'मरना या जीतना' की कसम खाकर ये रणबाँकुरे कारगिल के शिखरों पर चढ़ते समय पाकिस्तानियों को मानों चुनौती दे रहे थे,

"कर लो तुम अपनी मनमानी,

हँसते-हँसते मिट जायेंगे,

खुशी-खुशी हम मर जायेंगे

किन्तु तुम्हें है धूल चटानी।"

सवेरे साढ़े सात बजे हमारी सेनाओं ने उस क्षेत्र के अंतिम मोर्चे लोन हिल को जीत लिया। 2 राजपूताना राइफ़ल्स और 18 ग्रेनेडियर्स ने तोलोलिंग की चारों चोटियों पर कब्ज़ा कर लिया था। उन्होंने अपने दर्जनों जवानों और सैनिक अधिकारियों की बलि देकर यह असंभव प्रतीत होने वाला कार्य किया था। इस युद्ध को भारतीयों ने दूरदर्शन पर देखा।

इस विजय में उल्लास से अधिक विषाद था क्योंकि सेना के अनेक जवान और अफ़सर शहीद हो गये थे। भारतीय सैनिकों की मृत्यु के लिये बहुत अंश तक उत्तरदायी थीं पाकिस्तानी सेना की वायुयान भेदी तोपें और उनकी यूनिवर्सल

मशीन गनें (यू.एम.जी.)। विजय के बाद हमारी सेना को पाकिस्तानी सेना के जवानों और अधिकारियों के अस्त्र-शस्त्र मिले। उनके पास भारी संख्या में उत्तम मोर्टार, मशीन गन, रॉकेट लांचर्स, ग्रेनेड लांचर्स, कैलसनिकोव राइफ़लें, रात में देखने के चश्मे और ढेरों गोला-बारूद था। घी और मेवों का भंडार था। पाकिस्तानियों के अस्त्र-शस्त्र, राशन आदि के अलावा इन बंकरों में पाकिस्तानी सैनिकों की निजी वस्तुएँ, उनके पत्र, परिवारों के चित्र, बिल्ले आदि अनेक वस्तुएँ मिलीं। इस विजय का श्रेय शहीद लेफ़्टिनेंट विजयंत थापर, शहीद मेजर पद्मपाणि आचार्य तथा अन्य बलिदानी अफ़सरों एवं सैनिकों को है।

## 13 जम्मू और कश्मीर राइफ़ल्स : घुमरी में प्रशिक्षण

संजय कुमार बताते हैं, "6 जून 1999 को हमारी यूनिट घुमरी पहुँची। वहाँ हमें पाँच दिन तक पहाड़ों पर चढ़ने का प्रशिक्षण दिया गया। 12 जून 1999 को, 13 जम्मू और कश्मीर राइफ़ल्स को तोलोलिंग में लड़ रहे 2 राजपूताना राइफ़ल्स और 18 ग्रेनेडियर्स की सहायता के लिये भेजा गया। हमारी बटालियन ने उन दोनों बटालियनों से दायित्व ले लिया। हमारी बटालियन के कमांडिंग अफ़सर लेफ़्टिनेंट कर्नल वाई.के. जोशी थे। बटालियन की 'ए' कंपनी के कमांडर मेजर एस.वी. भास्कर, 'बी' कंपनी के कमांडर कैप्टेन एस.एस. जामवाल, 'सी' कंपनी के कमांडर मेजर गुरप्रीत सिंह और 'डी' कंपनी के कमांडर कैप्टेन विक्रम बतरा थे। हमारी 'ए' कंपनी और 'सी' कंपनी को 'हम्प' और 'रॉकी नॉब' पर कब्ज़ा करना था। लेकिन दुश्मन ने आगे बढ़ने के सभी रास्तों को भारी गोलाबारी से रोक दिया। दुश्मन हमें आगे बढ़ने ही नहीं दे रहा था। दो दिन और दो रात हम दुश्मन से लड़ते रहे और थोड़ा-थोड़ा आगे बढ़ते गये। दो दिन बाद हमारे सैनिकों ने दिन में ही हमला बोल कर दुश्मनों को मौत के घाट उतार दिया। लेकिन हमने भी पाँच जवानों को खो दिया। 17 जून को हमारी 13 जम्मू-कश्मीर राइफ़ल्स के रणबाँकुरों ने भीषण लड़ाई के बाद 'हम्प' और 'रॉकी नॉब' पर कब्ज़ा कर लिया। पाकिस्तानी सैनिक भारी मात्रा में गोलाबारूद, तथा अस्त्र-शस्त्र छोड़ गये जिन में तीन यूनिवर्सल मशीन गनें भी थीं।"

## प्वाइंट 5140 पर आक्रमण और विजय

अब 13 जम्मू और कश्मीर राइफ़ल्स को तोलोलिंग पहाड़ के 15,000 फुट ऊँचे शिखर प्वाइंट 5140 पर विजय का काम सौंपा गया। संजय ने बताया, "यह काम हमारी 'बी' कंपनी और 'डी' कंपनी के नेताओं कैप्टेन जामवाल और कैप्टेन

विक्रम बतरा को सौंपा गया। 19 जून 1999 को इन दोनों कंपनियों ने प्वाइंट 5140 नाम के इस शिखर पर कब्ज़ा कर लिया। यह एक विकट काम था और इस विजय ने हमारी यूनिट, हमारी रेजीमेंट और हमारे देश का नाम रोशन कर दिया। 19 जून से उस पर्वत शिखर पर हमारा तिरंगा लहरा रहा है। 22 जून 1999 को हमें दोबारा घुमरी में विश्राम करने और अपने हथियारों की देखभाल तथा गोला-बारूद की कमी पूरी करने के लिये भेजा गया।"

## प्वाइंट 4875 फ़्लैट टॉप पर पहला हमला

13 जम्मू-कश्मीर राइफ़ल्स के विश्राम और हथियारों की देखभाल को बीच में ही रोक दिया गया तथा 30 जून 1999 को उन्हें 79 माउन्टेन ब्रिगेड की अध्यक्षता में मश्कोह घाटी में प्वाइंट 4875 को जीतने के लिये भेजा गया। सारा काम रात्रि के समय चुपचाप हुआ क्योंकि प्वाइंट 4875 की चोटी पर से दुश्मन हमारी सेना की सब गतिविधियों को देख सकता था।

जब हमारे सैनिकों ने प्वाइंट 4875 के पर्वत पर पहला हमला किया तब उनके पास न उन ऊँचाइयों पर चढ़ने योग्य जूते थे और न ही उपयुक्त वस्त्र एवं अस्त्र-शस्त्र। पाकिस्तानी सैनिक ऊपर से ताक-ताक कर निशाना लगा रहे थे और हमारे सैनिक ढेर होते जा रहे थे। सबसे दुख की बात थी कि आरंभ में भेजे गये ये सैनिक इतनी ऊँचाइयों पर लड़ने के अभ्यस्त भी नहीं थे। इस कारण उन्हें पर्वतीय रोग हो जाता था जिसके कारण सैनिक कमज़ोरी, चक्कर आना, लड़ने की क्षमता खो देना, दिशाभ्रम आदि बीमारियों के शिकार हो जाते थे। जल्दी-जल्दी में स्थापित अस्थायी अस्पतालों में गंभीर रूप से घायल हुए सैनिकों की चिकित्सा के लिये उपकरण नहीं थे। गंभीर रूप से घायल सिपाहियों को हेलीकॉप्टर द्वारा युद्धक्षेत्र से दूर अस्पतालों में ले जाना पड़ता था।

1 जुलाई 1999 को 13 जम्मू-कश्मीर राइफ़ल्स के कमांडिंग अफ़सर कर्नल वाई.के. जोशी ने मेजर विजय भास्कर के साथ एक ऊँचे पर्वत-शिखर पर चढ़ कर उस सारे क्षेत्र का निरीक्षण किया और एक रण-योजना बनाई। 2 जुलाई को मेजर जनरल मोहिन्दर पुरी, ब्रिगेडियर कक्कड़ तथा कर्नल जोशी ने इस रण-योजना पर विचार-विमर्श किया और कंपनी कमांडरों को उचित निर्देश दिये। संजय की बटालियन प्वाइंट 4875 से लगभग 1500 मीटर नीचे ऐसे स्थान पर पहुँची जहाँ हमारी सेना ने गोलियों से बचने के लिये ओट लेकर मोर्चाबंदी करके और बंदूकें लगा कर गोलाबारी अड्डा (फ़ायर बेस) बनाया था।

## 2 जुलाई

इस अविस्मरणीय अभियान के विषय में संजयकुमार ने बताया, "हमारी कंपनी को मश्कोह घाटी में 4875 फ़्लैट टॉप नाम की चौकी पर कब्ज़ा करके दुश्मनों को मार भगाने का कार्यभार सौंपा गया। हमारे सी.ओ. ने 4 जुलाई को हमारी 'सी' कंपनी को यह कार्य सौंपा। 'सी' कंपनी के कमांडर मेजर गुरप्रीत सिंह थे। उन्होंने कंपनी को इकट्ठा किया और आने वाले अभियान के विषय में सब बताया। चढ़ाई इतनी कठिन थी कि इस अभियान के लिये अधिकतर कम उम्र के और हल्के वजन वाले सैनिक चुने गये थे जो पूरी-पूरी तरह स्वस्थ, चुस्त और दुरुस्त थे। 2 और 3 जुलाई को 13 जम्मू-कश्मीर राइफ़ल्स के तथा 28 राष्ट्रीय राइफ़ल्स के सिपाहियों ने भारी हथियारों और गोला-बारूद को ढो-ढो कर इस अड्डे पर पहुँचा दिया। 4 जुलाई को 13 जम्मू-कश्मीर राइफ़ल्स की 'ए' कंपनी के मेजर विजय भास्कर और 'सी' कंपनी के मेजर गुरप्रीत सिंह ने युद्धक्षेत्र का अंतिम निरीक्षण किया और सैनिकों को निर्देश दिये।

## 4 जुलाई

"हमें जिस दिन का इंतज़ार था वह पास आ गया। हमने अपने कमांडर को वचन दिया कि हम अपने प्राणों की बाजी लगा कर अपने कार्य को पूरा करेंगे। 4 जुलाई 1999 की शाम को हमारी कंपनी गोलाबारी अड्डे की ओर चल पड़ी। 17 जाट रेजीमेंट वहाँ पहले से ही पहुँच गयी थी। हम दुश्मन की गोलाबारी से बचते हुए ऊपर चढ़ते गये। चढ़ाई बहुत खड़ी और दुश्वार थी और वहाँ ऑक्सीजन बहुत कम थी। हम जितना ऊपर चढ़ते गये ऑक्सीजन उतनी ही कम होती गयी। घोर अंधेरा था। जब हम गोलाबारी अड्डे पर पहुँचे तो दिन निकल आया था। दिन का सारा समय हमने वहीं चट्टानों की आड़ में छिप कर बिताया।

## 4 जुलाई : रात्रि

"शाम होने पर हम आगे बढ़े। बर्फ़ में चट्टानों पर चढ़ना बहुत कठिन था। ऊपर से दुश्मन की भारी गोलाबारी हमारे काम को और भी कठिन बना रही थी। सारी रात की कठिन चढ़ाई के बाद हम पर्वत के दक्षिण-प्रसार (साउथ स्पर) पर पहुँचे। यह स्थान दुश्मन की चौकियों से केवल 200 मीटर दूर था। वहाँ पर तीन चोटियाँ थीं 'पिंपल एक', 'पिंपल दो' तथा 'प्वाइंट 4875 फ़्लैट टॉप'। दुश्मन 'पिंपल एक' से हमें देख रहा था। 17 जाट को 'पिंपल एक' पर हमला करना था और प्वाइंट

4875 फ़्लैट टॉप पर हमारी 13 जे.के. राइफ़ल्स को कब्ज़ा करना था। दुश्मन ने हमारे ऊपर लगातार गोलियाँ चलानी शुरू कीं जिसमें मेरी कंपनी के कई जवान घायल हो गये। रास्ता बहुत सँकरा था। 'सी' कंपनी कमांडर मेजर गुरप्रीत सिंह ने कमांडिंग ऑफ़िसर लेफ़्टिनेंट कर्नल जोशी से बात की और उन्हें बताया किस जगह से हमारे ऊपर गोलाबारी हो रही थी। तब लेफ़्टिनेंट कर्नल जोशी ने स्वयं दो फैगट मिसाइल दुश्मन पर छोड़े जो सीधे दुश्मन के बंकरों से टकराये और दुश्मन के सैनिकों को वहाँ से भागते हुए देखा गया।

## 5 जुलाई : दिन

"जैसे ही हमने आगे बढ़ना शुरू किया हम दुश्मन की गोलियों की मार में आ गये। दुश्मन उस क्षेत्र में रह चुके थे। उन्हें उस क्षेत्र के विषय में सब जानकारी थी। वे हमारे रास्ते पर गोले-गोलियों की बौछार कर देते थे। उन्हें यह भी पता चल जाता था कि रात में उनके ऊपर आक्रमण होने वाला है तो वे गोलाबारी तेज़ कर देते थे। ऊपर चढ़ने के आसान रास्तों पर वे इतनी अधिक गोलाबारी करते थे कि हम आसान रास्तों से ऊपर चढ़ ही न सकें। दिन में हम जिन रास्तों से चढ़ने का निश्चय करते थे उनसे हम कभी ऊपर नहीं चढ़ पाये। कठिन रास्ते से भी नहीं जा पाये, वास्तव में हम उस रात आक्रमण ही नहीं कर पाये। हम अपने लक्ष्य तक पहुँच भी नहीं पाये थे कि दिन निकल आया। दुश्मन ने सवेरे आठ बजे हमें ताक-ताक कर दो तरफ से गोलियाँ मारनी शुरू कीं। हमारे सैनिक ढेर होने लगे। तब हमारे कंपनी कमांडर गुरप्रीत सिंह साहिब ने हमारे कमांडिंग ऑफ़िसर लेफ़्टिनेंट कर्नल जोशी को स्थिति बता कर मदद की मांग की और कहा कि यदि ठीक समय पर मदद मिली तो हम दुश्मन पर हमला कर देंगे। हमारे सी.ओ. साहब ने गोलाबारी अड्डे से गोलाबारी आरंभ की। उस गोलाबारी का बहुत प्रभाव हुआ और उसकी आड़ में हमारे अग्रिम दस्ते के एक जे.सी.ओ. और मैं तथा मेरे नौ साथी सिपाही आगे बढ़ गये।

"अब जो कुछ भी करना था हम 11 को ही करना था। हमने 'दुर्गा माता की जय' का नाद किया और दुश्मन पर टूट पड़े। उस समय दिन के 10.30 हुए थे। दिन के समय हमला करना बहुत ही कठिन था। हमें बर्फ़ पर रेंग-रेंग कर बढ़ना था। खड़े होने पर हम दुश्मन की गोलियों का शिकार हो सकते थे। तीन दिन तक भूखे-प्यासे रह कर, उस दुर्गम स्थान पर पहुँचना और दुश्मन का मुकाबला करना एक असंभवप्राय कार्य था। लेकिन हमने हिम्मत नहीं हारी।"

# विलक्षण वीरता

"मैं और मेरा एक साथी दुश्मन के एक बंकर के पास पहुँचे। उस बंकर में से दो यूनिवर्सल मशीन गनें आग उगल रही थीं। ये मशीन गनें हमारे रास्ते में रुकावट बन गयी थीं। उनकी गोलाबारी के कारण हम आगे नहीं बढ़ पा रहे थे। मैंने अपने साथी के साथ एक योजना बनायी। हर सिपाही के पास दो पट्टियाँ रहती हैं जिससे वह अपने घावों की तत्कालिक चिकित्सा के लिये उनका उपयोग कर सके। मैंने अपने हाथों पर अपनी पट्टियाँ लपेट लीं। इसके बाद अपने साथी को इशारा किया। उसने एक हथगोला उस बंकर के अंदर फेंका। हथगोले के फटने पर अंदर के पाकिस्तानी घायल हो गये और तीन-चार सेकेंड के लिये दोनों यूनिवर्सल मशीनगनों की गोलियाँ चलनी बंद हो गयीं। मैंने बिजली की तेज़ी से झपट्टा मार कर दोनों हाथों से एक-एक यू.एम.जी. को पकड़ कर बंकर के बाहर खींच लिया। 16,000 फुट ऊँची चोटी पर रक्त जमाने वाली इतनी भीषण ठंड थी कि गोले उगलती हुई उन यू.एम.जी. बंदूकों की दहकती हुई नालें पकड़ने से मेरे हाथ पर लपेटी हुई पट्टियाँ तो अवश्य जल गयीं किन्तु मेरे हाथ नहीं जले।"

निश्चय ही उस क्षण संजय कुमार दुर्गा का सिंह बन गये थे। किसी दैवी शक्ति ने उनके अन्दर अद्भुत साहस और शक्ति का संचार कर दिया था। वीरता के उस चरम क्षण में संजय कुमार ने बंकर के छेद में अपनी ए.के. 47 राइफ़ल द्वारा गोलियाँ चलाकर अंदर बैठे तीन घुसपैठियों को मार गिराया। उन्होंने बताया, "बंकर के अंदर जाने का रास्ता पीछे से था। हमने सामने से बंकर के अंदर जाने का रास्ता बनाया और बचे हुए दुश्मनों को मार गिराया। इस कार्यवाही में मेरे चार साथी घायल हो गये। हम उन्हें बंकर में ले आये और उनकी प्राथमिक चिकित्सा की।

"पहला बंकर सबसे मज़बूत होता है, उसमें ज़्यादा आदमी और ज़्यादा हथियार होते हैं। अगर उस पर अधिकार कर लिया जाये तो आगे के बंकरों को जीतना आसान हो जाता है क्योंकि उनमें सामान्यतया तीन-चार सैनिक और लाइट मशीन गन ही होती हैं। कैंप कमांडर की सूझ-बूझ और शुरू में आक्रमण करने वालों की बहादुरी से ही कामयाबी मिलती है। बंकर में दुश्मनों ने काफ़ी गोला-बारूद और राशन एकत्रित कर रखा था। हमने उनकी यू.एम.जी. उठा कर अगले बंकर पर गोलियाँ चलानी शुरू कीं। हमने योजना बनाई कि केवल छह जवान अगले बंकर पर आक्रमण करेंगे और शेष पाँच इसी बंकर से गोलियाँ चला कर हमारी मदद करेंगे जिससे हम दूसरे बंकर तक आसानी से पहुँच सकें। लेकिन

दुश्मन हमारी योजना समझ गया। उन्होंने एक घुसपैठिये को बंकर के बाईं ओर चुपचाप बैठाया। हमने उसे नहीं देखा। हम दो-दो जवान आगे बढ़ रहे थे कि उस छिपे हुए घुसपैठिये ने गोलियाँ चलाईं और मेरे दो साथी उसी समय शहीद हो गये। शेष हम चारों भी घायल हो गये। दुश्मन ने ऐसी धुआँधार गोलाबारी की कि हम 10-15 मिनट तक वहाँ से हिल भी नहीं सके। मेरी बायीं टाँग और कूल्हे में गोलियाँ लगीं। लेकिन मेरे पास अपने जख्मों की मरहम-पट्टी करने का भी समय नहीं था और न ही प्राथमिक चिकित्सा का सामान था। मेरी पट्टियाँ तो मशीनगन उठाने में जल गयी थीं।

"मेरे साथियों को मुझसे भी ज़्यादा चोटें लगी थीं। मेरी टाँग में चोट अधिक लगी थी और खून बह-बह कर मेरे गमबूट में भर रहा था। किन्तु ठंड इतनी अधिक थी कि दर्द अधिक नहीं हो रहा था। इसलिये मैंने अपने घावों को नहीं देखा। मेरे साथियों के एक ही जगह दो-दो, तीन-तीन गोलियाँ लगी थीं, किसी की बाँह में, किसी की टाँग में। मैं उनकी देखभाल करने लगा।

"कुछ समय बाद गोलियाँ चलनी बंद हो गयीं। हमने देखा कि दुश्मन अपने ऊपर के अड्डे वाले बंकर की ओर आराम से जा रहे थे। उन्होंने समझा कि इतनी गोलाबारी के बाद हममें से कोई जीवित नहीं बचा होगा। लेकिन हममें से चार जीवित थे। मैंने उन्हें ऊपर जाते हुए देखा तो उन्हीं की यू.एम.जी. से उनके ऊपर गोलियों की बौछार कर दीं और उन्हें मार गिराया। यह देखकर ऊपर के बंकर में बैठे हुए दुश्मन घबरा कर बंकर छोड़ कर भाग गये। हमने ऊपर चढ़ना शुरू किया।

"हम सभी घायल थे, इस कारण उन बर्फ़ से ढकी हुई फिसलन भरी, खड़ी चट्टानों पर चढ़ना और भी कठिन था। रेंगते हुए और गोलियाँ चलाते हुए हम उस बंकर तक पहुँचे। हमने बंकर में हथगोला फेंका किन्तु वहाँ कोई हलचल नहीं हुई। तब हमने बंकर में गोलियाँ दागीं और छेद में से झाँका किन्तु वहाँ कोई नहीं था। अब हमने इस बंकर पर अधिकार कर लिया। उसी समय मेरी निगाह बंकर के पीछे नीचे की ओर भागते हुए दो शत्रु सैनिकों पर पड़ी। मैंने बंकर के दूसरी ओर यू.एम.जी. लगाई और उन भागते हुए दुश्मनों को ढेर कर दिया।

## प्वाइंट 4875 पर भारत का तिरंगा

"अब तक पीछे की गोलाबारी भी बंद हो गयी थी। अब हमारी कंपनी के अन्य जवान भी वहाँ पहुँच गये। हमने दुश्मन के 15 जवानों को मारा था। बहुत सारे

हथियार, गोला-बारूद तथा राशन हमारे हाथ लगा। हमें जो काम दिया गया था वह हमने पूरा कर लिया था इसलिये हम प्रसन्न थे। किन्तु यह खुशी अधूरी थी क्योंकि हमने अपने दो बहादुर साथियों को खो दिया था। दिन के पाँच बज गये थे। हमने प्वाइंट 4875 पर भारत का तिरंगा लहरा दिया।

"कंपनी के डॉक्टर साहब ने हम सब जख्मी जवानों की प्राथमिक चिकित्सा की और हमें नीचे भेजने का प्रबंध किया। हम रात में अपने गोलाबारी अड्डे पर पहुँचे और उसके बाद नाले में पहुँचे जहाँ हमें गाड़ियाँ मिलीं जो हमें घुमरी ले गईं। घुमरी में हमारे घावों का इलाज हुआ। उसके बाद 6 जुलाई को हमें हेलीकॉप्टर द्वारा श्रीनगर ले गये। चार दिन श्रीनगर में रहने के बाद हम पाँच दिन चंडीगढ़ अस्पताल में रहे। इसके बाद मुझे लखनऊ कमांड अस्पताल में भेज दिया गया। मेरे जख्म तेज़ी से भर रहे थे अतः 15 दिन बाद मुझे अस्पताल से छोड़ दिया गया और मैं 45 दिन की छुट्टी पर घर आ गया।"

## कारगिल-युद्ध का अंत

जुलाई के आरंभ में ही भारतीय सेना ने अधिकांश पाकिस्तानी सेना को पीछे धकेल दिया था। हमारी सेना अंतिम आक्रमण के लिये तैयार थी। पाकिस्तान के विजय के सपने ताश के पत्तों से बने घर की तरह टूट गये थे। 4 जुलाई को पाकिस्तानी प्रधान मंत्री नवाज़ शरीफ़ वाशिंगटन गये और अमरीकी राष्ट्रपति बिल क्लिंटन से युद्ध-विराम कराने के लिये प्रार्थना की। पाकिस्तान ने घोषणा की कि वह 11 जुलाई से अपनी सेनाएँ 'नियंत्रण सीमा रेखा' (एल.ओ.सी.) के पीछे हटा लेगा। पाकिस्तान ने पराजय के कलंक से बचने के लिये यह घोषणा की थी। क्योंकि भारतीय सेना ने लगभग पूरी पाकिस्तानी सेना को पीछे धकेल दिया था। युद्धविराम की घोषणा के बाद भी पाकिस्तानी सेना कुछ चौकियों पर डटी रही और भारतीय सेना को उन्हें वहाँ से बलपूर्वक हटाना पड़ा। 25 जुलाई को हमारी सेना ने पाकिस्तानी सेना को सभी मोरचों से पीछे धकेल दिया और 'विजय' नाम का यह अभियान समाप्त हो गया।

## परम वीर चक्र विजेता

संजय अस्पताल से मुक्त होने पर अपने घर लौट आये। उन्हें इसका अनुमान भी नहीं था कि उन्हें देश का वीरता के लिये दिया जाने वाला सर्वोच्च सम्मान मिलने वाला है। उन्होंने बताया, "अभी छुट्टी के कुछ दिन बाकी थे कि मेरे गाँव का एक

आदमी एक अखबार लेकर आया और उसने कहा, 'संजय, आपने तो देश का और अपने गाँव का नाम रोशन कर दिया। यह देखिये आपका चित्र और आपकी वीरता की कहानी अखबार में छपी है।' उसी समय मेरी यूनिट के एक मेजर साहब, एक जे.सी.ओ. तथा एक जवान को लेकर मेरे घर आये और मुझे उसी रात वापस ले गये। मुझे तो विश्वास ही नहीं हो रहा था कि मुझे भारतीय सेना का सर्वोच्च सम्मान मिला है। अभी सेना में आये हुए मुझे केवल तीन ही वर्ष हुए थे और मैं समझता था कि परम वीर चक्र केवल मरणोपरान्त दिया जाता है और यहाँ तो यह मुझे जीवित ही मिल रहा था। मैं अपने आप को बहुत खुशनसीब मान रहा था। मेरे परिवार की खुशी का अंदाज़ा लगाना कठिन है। वे गर्वित हो रहे थे कि हमारे लाड़ले ने हमारा नाम ऊँचा किया है। 26 जनवरी 2000 को भारत के तत्कालीन राष्ट्रपति के द्वारा मुझे यह पुरस्कार प्रदान किया गया।"

## सम्मान पत्र (साइटेशन)

### राइफ़लमैन संजय कुमार (13760533)

### 13 जम्मू-कश्मीर राइफ़ल्स

**(पुरस्कार की प्रभावी तारीख : 4 जुलाई 1999)**

राइफ़लमैन संजय कुमार 4 जुलाई 1999 को मश्कोह घाटी में पाइंट 4875 के फ़्लैट टॉप क्षेत्र पर कब्ज़ा करने के लिये भेजे गए। वे आक्रमण दस्ते के अग्रिम स्काउट के रूप में कार्य करने के लिये स्वेच्छा से आगे आए।

इस आक्रमण के दौरान जब एक संगर से दुश्मन ने स्वचालित गोलाबारी करके ज़बरदस्त चुनौती देते हुए दस्ते को रोक दिया तो स्थिति की गंभीरता भाँपते हुए राइफ़लमैन संजय कुमार ने अपनी जान की परवाह न करते हुए अदम्य भाव व साहस का प्रदर्शन किया और दुश्मन के संगर पर धावा बोल दिया। आमने-सामने की इस लड़ाई में उन्होंने तीन घुसपैठियों को मार गिराया लेकिन खुद भी गंभीर रूप से घायल हो गए। अपने घावों की परवाह न करते हुए उन्होंने दूसरे संगर पर धावा बोल दिया जिससे शत्रु एकदम भौचक्के रह गये तथा वे एक यूनिवर्सल मशीनगन को छोड़ कर भागने लगे। राइफ़लमैन संजय कुमार ने यह यूनिवर्सल मशीनगन संभाली और भागते हुए दुश्मन को मार गिराया। अपने ज़ख्मों से भारी खून बहने के बावजूद उन्होंने वहाँ से हटाए जाने को मना कर दिया। उनकी इस कार्यवाही से उनके साथियों को प्रेरणा मिली और उन्होंने दुर्गम भू-भाग की परवाह

न करते हुए दुश्मन पर आक्रमण कर दिया और उनके कब्ज़े से फ़्लैट टॉप क्षेत्र छीन लिया।

इस प्रकार राइफ़लमैन संजय कुमार ने दुश्मन के सामने अत्यंत उच्च कोटि की उत्कृष्ट वीरता, अदम्य साहस तथा असाधारण कोटि की उच्च कर्तव्यनिष्ठा का परिचय दिया।

भारतीय गजट अधिसूचना
संख्या 16–प्रेस⁄2000

राष्ट्रपति द्वारा परम वीर चक्र प्राप्त किया

## भारतीय सेना की शान : 13 जम्मू और कश्मीर राइफ़ल्स

13 जम्मू और कश्मीर राइफ़ल्स भारतीय सेना की शान है। भारतीय सेना के इतिहास में प्रथम बार ऐसा हुआ कि एक ही युद्ध की एक ही लड़ाई में, एक ही बटालियन के दो सेनानियों को देश का वीरता के लिये दिया जाने वाला सर्वोच्च पुरस्कार परम वीर चक्र प्रदान किया गया। इनमें से परम वीर कैप्टेन विक्रम बत्रा

ने देश की रक्षा के लिये प्राण न्योछावर करके, मृत्यु का वरण करने के उपरान्त यह पुरस्कार प्राप्त किया और हमारी इस कहानी के नायक परम वीर राइफ़लमैन संजय कुमार ने दुश्मन और मृत्यु दोनों को पराजित करके यह पुरस्कार प्राप्त किया। साधारणतया सैनिक अपनी बटालियन के गौरव से गौरवान्वित होते हैं किन्तु संजय कुमार ने तो अपनी बटालियन का नाम रोशन करके उसमें चार चाँद लगा दिये।

# मूर्तिमान विनम्रता

परम वीर संजय के समान निरभिमानी व्यक्ति कम ही होते हैं। औसत कद और काठी के शान्त और नम्र परम वीर संजय कुमार को देखकर यह आभास नहीं होता कि ये शूरवीरता की साक्षात् प्रतिमा हैं। आप उन्हें देख कर शायद कल्पना भी न कर पायें कि यह व्यक्ति एक धधकता हुआ अग्निपुंज है, पुंजीभूत साहस है। परम वीर चक्र पाने पर उन्होंने कहा, "मैं इस सम्मान का पूरा श्रेय अपनी यूनिट और कंपनी को देता हूँ। यह पुरस्कार मुझे अपने साथियों के सहयोग और बलिदान से मिला है। मैंने अकेले कुछ नहीं किया। जो कुछ भी किया हम सबने मिल कर किया था। मुझ से अधिक वीरता अन्य सैनिकों ने दिखायी होगी किन्तु परम वीर चक्र देने वालों की नज़र में दोनों यूनिवर्सल बन्दूकों को खींचना एक परम वीरता का काम था। मैंने तो अपने कमांडर की आज्ञा का पालन करते हुए जैसी परिस्थिति थी उसके अनुरूप कार्य किया। हमारे कमांडरों ने ऐसी योजना बनाई जिससे हम विजयी हुए। उन्होंने हमारा हौसला बढ़ाया।"

## युद्ध के समय वीर सैनिकों की मनोदशा

संजय कुमार ने युद्ध के समय सैनिकों की मनोदशा के विषय में बताया, "जब हम हमला करते हैं तो हमारा ध्यान केवल अपने लक्ष्य पर रहता है। हमें अपने घर वालों का तो क्या अपने आगे-पीछे वालों का भी ध्यान नहीं रहता। जब हम विश्राम करते हैं तब हमें घर का ध्यान आता है। हमारी डाक ऊपर तक आती है। हमारे लिये गोला-बारूद लाने वाले सिपाही हमारी डाक ऊपर तक ले आते हैं लेकिन जब युद्ध चार-पाँच दिन तक चलता है तब ऊपर कुछ नहीं आ पाता। जब ऐसा लगता था कि युद्ध तीन-चार दिन तक चलेगा तब हमसे कहा जाता था कि अपने खाने का सामान साथ ले जाओ। उस स्थिति में हम कुछ गुड़-चना साथ में ले लेते थे लेकिन गोला-बारूद यथासंभव अधिक-से-अधिक रखते थे। अगर

तीन-चार दिन तक युद्ध करते-करते हमारा खाना समाप्त हो जाता तब हम कुछ गुड़-चना खा लेते और पानी की जगह बारूद से काली बर्फ़ का टुकड़ा उठा कर चूस लेते थे। हम सैनिक हँसी में कहते थे कि अगर हम दुश्मन के गोलों की बारूद से नहीं मरे तो इस बारूद से दूषित बर्फ़ को चूस-चूस कर मर जायेंगे। बहुत बार ऐसा भी हुआ कि जब तक हम लक्ष्य पर कब्ज़ा कर लेते तब तक हमारा गोला-बारूद समाप्त हो जाता था। उस समय हम दुश्मन के द्वारा छोड़े हुए गोला-बारूद से काम लेते थे। इस युद्ध में हमें दुश्मन द्वारा छोड़ा हुआ ढेरों गोला-बारूद मिला।

"चढ़ाई इतनी कठिन थी कि ऊपर पहुँचने के बाद सवेरे जब हम नीचे झाँकते थे तब हमें आश्चर्य होता था कि हम कैसे इस दुर्गम पथ पर ऊपर चढ़ सके। सबसे बड़ी मुश्किल यह थी कि हमें ऊपर चढ़ते समय युद्ध भी करना पड़ता था। रात में शत्रु हर पाँच मिनट बाद गोले-गोलियाँ छोड़ते थे। शत्रु जब अग्नि-भभूके छोड़ते थे तब हम लेट जाते थे तथा उनके प्रकाश में हम आगे का रास्ता भी देख लेते थे और यह निश्चय कर लेते थे कि किस रास्ते पर जाना होगा। दिन में हम चट्टानों की आड़ में एक अड्डा बना लेते थे जहाँ से शत्रु हमें देख न सके किन्तु जहाँ से हमारी बड़ी बन्दूकों के गोले दुश्मन के अड्डे तक मार कर सकें और जब हम आगे बढ़ें तो बढ़ने के समय हमें सुरक्षा दे सकें।

"मश्कोह नाले से ऊपर की ओर एक रास्ता जाता था। अगर आप फ़्लैट टॉप से नीचे देखें तो द्रास का गाँव तथा लेह जाने वाला राष्ट्रीय राजमार्ग साफ़ दिखाई देता है। फ़्लैट टॉप पर शत्रु बैठे थे। वे नीचे जाती हुई हमारी सैनिक टुकड़ियाँ किस ओर जा रही हैं, क्या कर रही हैं, ये सूचनाएँ अपने तोपखाने को दे देते थे और वे हमारी सेना पर गोलों की वर्षा कर देते थे। इस युद्ध में हमारे एक दर्जन से भी अधिक सिपाही मारे गये और 60-70 घायल हुए।

## वर्तमान

"परम वीर चक्र पाने के बाद 16 अप्रैल 2000 को मेरी मंगेतर प्रमिला से मेरा विवाह हुआ। 21 अगस्त 2001 में हमारे पुत्र का जन्म हुआ जिसका नाम हमने नीरज ठाकुर रखा। 17 जनवरी 2005 को हमारे एक पुत्री हुई जिसका नाम हमने मुस्कान ठाकुर रखा। अब मैं अपनी यूनिट 13 जम्मू-कश्मीर में सानन्द कार्य कर रहा हूँ।

"हिमाचल सरकार ने मुझे एक लाख पिचहत्तर हज़ार रुपये पुरस्कार दिया।

केन्द्र सरकार की ओर से 1500 रुपये प्रतिमाह विशेष राशि मिलती थी अब यह राशि 10,000 कर दी गयी है। पहले राज्य सरकार की ओर से 4500 रुपये प्रति वर्ष विशेष राशि मिलती थी अब उसे बढ़ा कर एक लाख पच्चीस हज़ार कर दिया गया है। सेना में किसी सैनिक की मृत्यु हो जाये तो मृत्यु के समय से सेवा काल समाप्त होने के समय तक उसका पूरा वेतन उसके परिवार को दिया जाता है। सेवा काल समाप्त होने के बाद पेंशन मिलती है।"

## भारतीय अफ़सरों और सिपाहियों की पारस्परिक घनिष्ठता

भारतीय विजय का श्रेय हमारे अफ़सरों और सिपाहियों के आपसी अपनत्वपूर्ण संबंधों और भाइचारे को भी है। भारतीय सेना के अधिकारी अपने जवानों का बहुत ध्यान रखते हैं। हमारे अफ़सर अपने सिपाहियों का सामने रह कर नेतृत्व करते हैं। वे जवानों के साथ कंधे से कंधा मिला कर लड़ते हैं। भारतीय सेना के अधिकारी संसार के अन्य सैनिक अधिकारियों की तुलना में सैनिकों के अनुपात में कहीं अधिक संख्या में आत्म-बलिदान करते हैं। जबकि पाकिस्तानी सेना के अफ़सरों तथा सैनिकों के बीच में एक बड़ी खाई है। पाकिस्तानी अफ़सर अपने सैनिकों से मिलने-जुलने तथा उनके साथ समानता का व्यवहार करना असम्मानजनक समझते हैं। वे अपने सैनिकों को सामने मरने के लिये भेज देते हैं तथा स्वयं पीछे रह कर लड़ते हैं।

## कारगिल विजय दिवस : 26 जुलाई

कारगिल विजय दिवस 26 जुलाई को मनाया जाता है। इस दिन सभी भारतीयों को उन शहीदों, घायलों और विजयी वीरों को श्रद्धांजलि देनी चाहिये जिन्होंने कारगिल के अजेय प्रतीत होने वाले, बर्फ़ से ढके, भय उत्पन्न करने वाले शिखरों पर भारतमाता की रक्षा के लिये अपने प्राणों की बाजी लगा दी, अपने खून से होली खेली और अपंग या बलिदान हो गये। इतना कठिन था यह कार्य कि संसार के सेनाविद साँस रोक कर भारतीय सैनिकों की वीरता को देख रहे थे जो अपने सीनों पर गोलियाँ खाते थे। उनमें से कुछ शहीद हो जाते थे और शेष सेनानी अपने दिलों पर पत्थर रख कर, अपने मृत और घायल साथियों की ओर बिना देखे आगे बढ़ते जाते थे। कुछ लोगों को संदेह था कि भारत इस असंभव परिस्थिति से उबर भी पायेगा या नहीं। लेकिन उच्च प्रशिक्षण प्राप्त भारतीय सैनिकों, नॉन कमीशन्ड अधिकारियों, जूनियर कमीशंड अधिकारियों और कमीशंड अधिकारियों

ने अपने शौर्य एवं पराक्रम द्वारा असंभव को संभव कर दिखाया। उन्होंने इस प्रकार शत्रु पर विजय पायी मानों यह कोई बहुत सरल कार्य हो। हमें इस वीरता का स्मरण एवं अभिनंदन करना चाहिये, इससे गौरवान्वित होना चाहिये, इसे अपने हृदयों पर अंकित कर लेना चाहिये। सदियों से हारते और पराजित होते हुए देश में हमारी सेना ने 1971 के 14 दिन के बांगला देश युद्ध में तथा 1999 में कारगिल युद्ध में विजय पाकर दीर्घकालीन पराजयों के कलंक को अंशतः धो दिया है। हमें सतर्क रहना है कि कारगिल युद्ध की पुनरावृत्ति न हो, हमें देश की चप्पा-चप्पा भूमि पर निगाह रखनी है कि कहीं फिर से शत्रु चोरी-चोरी अंदर न घुस आये।

सेना प्रमुख द्वारा सम्मानित किया गया

## परम वीर संजय

संजय था जैसे जलता अंगार,

अर्जुन के गांडीव की टंकार,

शेषनाग की ये विषमय फुंकार,

काली भरती हो मानों हुंकार।

श्री राम ने या करके संधान

छोड़ दिया हो अपना अचूक वाण।

उतरे उसकी बाँहों में हनुमान,

ऐसे झपटा वह महा-शक्तिमान

खींच लायेगा अग्निल मशीन गन—

हो सकता था किसको यह अनुमान!


संजय! तूने अद्भुत जो किया काम

होगा युग-युग तक उसका यशगान।

भारतीय हों संजय जैसे बलवान,

भगवन्, हमको दे दो यह वरदान!

## रक्त-तिलक

खुशी से मर जाओ भारत के मान पर,

कुरबान हो जाओ भारत के नाम पर,

अपने को मिटा दो भारत की शान पर,

बाजी लगा दो तुम भारत की आन पर।


पाँवों से कुचल दो तुम इन दुश्मनों को,

चीर के रख दो अब तुम इन सरकशों को,

मिट्टी में मिला दो तुम इन लश्करों को,

कड़ी से कड़ी सज़ा दो इन तस्करों को।


फ़ख्र भारत को तुम्हारी शमशीर पर,

फूल चढ़ायेंगे तुम्हारी तस्वीर पर,

भाग से मिलता है लड़ने का अवसर,

देश पर बलि होने का मुबारक अवसर।


सूरज से सजो तुम भारत के शीश पर,

नाज़ है भारत को अपने हर वीर पर।

लिखा रहे सरनाम तुम्हारा काल पर,

लहू से तिलक कर दो भारत के भाल पर।

# परिशिष्ट 1

## संदर्भ ग्रंथ


1. *परम वीर–आवर हीरोज़ इन बैटल*, मेजर जनरल इयान कारडोज़ो, ए.वी.एस.एम., वी.एस.एम. रोली बुक्स प्रा. लि.

2. *स्लेंडर वाज़द थ्रेड,* ब्रिगेडियर एल.पी. सेन ओरियन्ट लौंगमैन

3. *द लाइटनिंग कैम्पेन, द इंडो-पाक वार 1971*, मेजर जनरल डी.के. पालित वी.सी. लांसर्स इंटर नेशनल

4. *द इंडियन आर्मी : ए ब्रीफ़ हिस्ट्री*, एडिटर–मेजर जनरल इयान कारडोज़ो, ए.वी.एस.एम., वी.एस.एम.

5. *द ब्रेव, परम वीर चक्र स्टोरीज़*, सुश्री रचना विष्ट रावत, पेंगुइन बुक्स

6. *हिमालयन ब्लंडर*, ब्रिगेडियर जे. दल्वी, थैकर नटराज

7. *फ़ख्र-ए-हिंद, द हिस्ट्री ऑफ़ पूना हॉर्स*, लेफ़्टिनेंट जनरल हनूत सिंह एम.वी.सी. रेजीमेंटल हिस्ट्री

8. *ए सोल्जर्स वॉयेज ऑफ़ सेल्फ़ डिस्कवरी*, मेजर जनरल के.के. तिवारी पी.वी.एस.एम., ए.वी.एस.एम. औरोविल प्रेस

9. *इंडियन प्रिज़नर्स ऑफ़ वार इन पाकिस्तान*, ले. कर्नल राजकुमार पट्टू, ब्रिगेडियर मन मोहन शर्मा एफ़.आर.सी.एस., त्रिशूल पब्लिकेशन्स

10. *राजौरी रिमेम्बर्ड*, अमरनाथ सराफ़, गांधीनगर जम्मू 180004

11. *डेटलाइन कारगिल*, गौरव सी. सावंत, इंडिपेन्डेन्ट इंडियन पब्लिशिंग हाउस

12. *डिस्पैचेज़ फ़्रॉम कारगिल*, श्रींजय चौधरी, पेंगुइन बुक्स

13. *सलाम सैनिक*, हीरालाल यादव

14. *स्मृति ग्रंथ राष्ट्रवीर मेजर शैतान सिंह*, संपादक : श्री राजेन्द्र सिंह राठौड़

15. *वीरों के वीर*, प्रो. किट्टू रेड्डी, प्रभात प्रकाशन

# सर्च इंजिन्स—इंटरनेट

हीरोइज़्म—भारत रक्षक।
द इंडियन बिहाइंड द परम वीर चक्र—गूगल डॉट कॉम।

सुश्री श्याम कुमारी का जन्म सन् 1934 में उत्तर प्रदेश के मुज़फ़्फ़रनगर नामक शहर में हुआ। वहीं पर वैदिक पुत्री पाठशाला और सनातन धर्म डिग्री कॉलेज में बी.ए. तक शिक्षा प्राप्त की। सन् 1965 में लखनऊ विश्वविद्यालय से हिंदी में एम.ए. किया। हिंदी और अंग्रेज़ी साहित्य तथा धार्मिक-आध्यात्मिक ग्रंथों का व्यापक अध्ययन किया।

बाल्यकाल से भगवान् को पाने की लगन थी। 1969 में श्री अरविन्द आश्रम की अधिष्ठात्री श्री माँ ने अंगीकार किया और 'श्री अरविन्द अन्तर्राष्ट्रीय शिक्षा-केंद्र' में शिक्षण कार्य दिया।

हिंदी और अंग्रेज़ी में 70 से अधिक पुस्तकों का लेखन-प्रकाशन किया। इन पुस्तकों के भारत की विविध भाषाओं में अनुवाद प्रकाशित हुए। अनेक लेख और कविताएँ देश-विदेश की प्रसिद्ध पत्रिकाओं में प्रकाशित हुईं। बच्चों के लिये नवीन दिशा-दान देने वाली कहानियाँ और कविताएँ लिखीं। 1998 में 'ब्रज सार्वजनिक न्यास' की स्थापना की। सन् 1998 से 20 वर्ष तक हिंदी में 'स्वर्ण हंस' नाम की त्रैमासिक पत्रिका का लेखन-प्रकाशन-संपादन किया। सन् 2001 में संस्कृत में निःशुल्क शिक्षा देने के लिये 'श्री अरविन्द संस्कृत विद्यालय' की स्थापना की और उसकी अध्यक्षा हैं। सन् 2005 में 'प्रत्येक स्कूल एक वीर को अपनाये' योजना का सूत्रपात किया। सन् 2006 में 'हम अपने सैनिकों का सम्मान करें' तथा 'भारत के हर बच्चे को महान् वीर एवं योद्धा बनायें' योजनाएँ आरंभ कीं।